Metropolen im Wandel

Forschungen zur Geschichte und Kultur
des östlichen Mitteleuropa

Metropolen im Wandel

Zentralität in Ostmitteleuropa an der Wende
vom Mittelalter zur Neuzeit

Herausgegeben von
Evamaria Engel, Karen Lambrecht
und Hanna Nogossek

Akademie Verlag

Gedruckt mit Unterstützung der Förderungsgesellschaft Wissenschaftliche Neuvorhaben mbH

Die Deutsche Bibliothek – CIP-Einheitsaufnahme

Zentralität in Ostmitteleuropa an der Wende vom Mittelalter zur Neuzeit / hrsg. von Evamaria Engel ... – Berlin : Akad. Verl., 1995
  (Forschungen zur Geschichte und Kultur des östlichen Mitteleuropa)
  ISBN 3-05-002816-5
NE: Engel, Evamaria [Hrsg.]

© Akademie Verlag GmbH, Berlin 1995
Der Akademie Verlag ist ein Unternehmen der VCH-Verlagsgruppe.

Gedruckt auf alterungsbeständigem Papier

Alle Rechte, insbesondere die der Übersetzung in fremde Sprachen, vorbehalten. Kein Teil dieses Buches darf ohne schriftliche Genehmigung des Verlages in irgendeiner Form – durch Photokopie, Mikroverfilmung oder irgendein anderes Verfahren – reproduziert oder in eine von Maschinen, insbesondere von Datenverarbeitungsmaschinen, verwendbare Sprache übertragen oder übersetzt werden.
All rights reserved (including those of translation into other languages). No part of this book may be reproduced in any form – by photoprinting, microfilm, or any other means – nor transmitted or translated into a machine language without written permission from the publishers.

Druck: GAM Media GmbH, Berlin
Bindung: Dieter Mikolai, Berlin

Printed in the Federal Republic of Germany

Inhalt

Zur Einführung 7
Evamaria Engel/Karen Lambrecht
   Hauptstadt - Residenz - Residenzstadt - Metropole - Zentraler Ort
   Probleme ihrer Definition und Charakterisierung. 11
Thomas DaCosta Kaufmann
   Das Problem der Kunstmetropolen im frühneuzeitlichen Ostmitteleuropa 33
Hanna Nogossek
   Die Wege der Renaissance nach Buda, Prag und Krakau.
   Übernahme und Aneignung neuer Kunstströmungen 47
Leszek Belzyt
   Demographische Entwicklung und ethnische Pluralität in den größten Städten
   Ostmitteleuropas 1400-1600 61
Maria Bogucka
   Krakau - Warschau - Danzig. Funktionen und Wandel von Metropolen
   1450-1650 71
Jan Harasimowicz
   Bürgerliche und höfische Kunstrepräsentation in den Zentren
   Krakau und Danzig 93
Mariusz Karpowicz
   Das königliche Schloß in Warschau (1597-1619). Der erste Schritt
   zur Metropole 109
Antoni Czacharowski
   Aufstieg und Untergang von Metropolen im polnischen Königreich
   des späten Mittelalters und der frühen Neuzeit 115
Janusz Małłek
   Königsberg - von der Hauptstadt des Deutschen Ordens zur Residenz
   und Hauptstadt des Herzogtums Preußen 127
Jacob Goldberg
   Metropolen und Zentren der Judenschaft in Polen 135

András Kubinyi
 Der königliche Hof als Integrationszentrum Ungarns von der Mitte
 des 15. bis zum ersten Drittel des 16. Jahrhunderts und sein Einfluß
 auf die städtische Entwicklung Budas 145

Ernő Deák
 Preßburgs politische Zentralfunktionen im 15./16. Jahrhundert 163

Ernő Marosi
 Zentrifugale Kräfte als zentripetales Deutungsschema der Geschichte der Kunst
 in Ungarn am Ende des Mittelalters. Kunsthistorische Überlegungen zu:
 Hauptstadt - Kunstzentrum - Regionalzentrum - Kunstproduktion 173

František Šmahel
 Prag in der zweiten Hälfte des 15. Jahrhunderts 185

Jiří Pešek
 Prag auf dem Weg zur kaiserlichen Residenz (1483-1583) 213

Zdeněk Hojda
 Prag um 1600 als multikulturelle Stadt: Hof - Adel - Bürgertum - Kirche 225

Jaroslav Pánek
 Olmütz als Bischofs- und Landeszentrum an der Schwelle zur Neuzeit 233

Hugo Weczerka
 Breslaus Zentralität im ostmitteleuropäischen Raum um 1500 245

Karl Vocelka
 Du bist die port und zir alzeit, befestigung der christenheit -
 Wien zwischen Grenzfestung und Residenzstadt im späten Mittelalter
 und in der frühen Neuzeit 263

Winfried Eberhard
 Metropolenbildung im östlichen Mitteleuropa. Eine vorläufige Diskussionsbilanz 277

Autorenverzeichnis/Bildnachweis 283
Ortsregister 285
Personenregister 291
Tafelteil 299

Zur Einführung

Unter den schmückenden Beiworten für das "Venedig des Nordens", Amsterdam im 16./17. Jahrhundert, darf das Epitheton "Metropole der frühen Neuzeit" nicht fehlen. Kein Historiker, kein Leser würde an solcher Charakterisierung Anstoß nehmen, und er fände damit umrissen, was diese Metropole zu Beginn der Neuzeit auszeichnete: pluralistische Vielfalt im ethnischen, konfessionellen, kulturellen und alltäglichen Bereich, Attraktivität für Zeitgenossen vom Westen bis zum Osten Europas, kulturelles Zentrum in breiter Fächerung, vom Buchwesen bis zur Malerei, Widersprüche im äußeren Antlitz der Stadt wie in den sozialen Verhältnissen - vom wirtschaftlichen Reichtum ganz zu schweigen[1].

Wer aber möchte dem böhmischen Prag, dem polnischen Krakau, dem ungarischen Buda im 15./16. Jahrhundert Metropolencharakter zugestehen? Ganz mangelt es an solcher Charakterisierung dieser und anderer ostmitteleuropäischer Zentren im Zeitalter des Humanismus und der Renaissance freilich nicht. Da ist - allerdings meist als gängige und zugkräftige Überschrift - von Breslau als der Metropole des Südostens, von der Handelsmetropole Danzig, von der sakralen Metropole Krakau, von Prag als der Metropole Mitteleuropas im Zeitalter Karls IV. die Rede. Unter den inhaltlichen Kriterien haben zumeist auch für diesen Raum kulturelle Vielfalt und Zentralität als herausragende Funktionen von großen Siedlungsagglomerationen ein hohes Gewicht. Diese und weitere Kennzeichen von Metropolen für das östliche Mitteleuropa und für die Wende vom Mittelalter zur Neuzeit in Anspruch zu nehmen, den Typ und Begriff "Metropole" als heuristisches Prinzip in die Untersuchung von Zentren miteinzubeziehen, hat ein Projekt zum Ziel, das sich mit diesem Band vorstellt.

Am 1. Januar 1992 begann der vorläufig von der Max-Planck-Gesellschaft unterstützte Forschungsschwerpunkt "Geschichte und Kultur Ostmitteleuropas" in Berlin seine Tätigkeit. Schon damals wurde in diesem Rahmen ein Arbeitsfeld konzipiert, dem man gute Chancen einräumte, die erkenntnisleitenden Aspekte der Forschungen zu Ostmitteleuropa weiter zu akzentuieren und zu präzisieren: Die Metropolen Ostmitteleuropas. Regionalkul-

---

1 Vgl. den Sammelband: Amsterdam 1585-1672. Morgenröte des bürgerlichen Kapitalismus. Hg. v. Bernd Wilczek unter Mitarbeit von Jos van Waterschoot. Baden-Baden 1993.

tur - Nationalkultur - Weltkultur[2]. Die konkrete Arbeit begann mit der Einstellung der ersten wissenschaftlichen Mitarbeiter Anfang 1994.

Das Projekt basiert auf zwei methodischen Voraussetzungen, der komparatistischen Bearbeitung und der Interdisziplinarität der Untersuchungen. Das bedeutet die vergleichende Betrachtung des Zusammenwirkens der in den ostmitteleuropäischen Metropolen Prag, Krakau und Buda sowie in weiteren Zentren dieses Raumes - u.a. Warschau, Danzig, Königsberg, Olmütz, Brünn, Breslau, Preßburg, unter Einschluß von Wien - lebendigen slawischen bzw. magyarischen, deutschen und jüdischen Kulturfaktoren; deren Verbindung, Abgrenzung und Konkurrenz mit kulturellen Einflüssen aus mittel- und nord-, süd- und westeuropäischen Regionen ist darin eingeschlossen. Ferner macht der ausgeprägte kulturelle Aspekt des Arbeitsfeldes die Zusammenarbeit von Historikern, Kultur- und Kunsthistorikern sowie Kultursoziologen erforderlich.

Um die Tragfähigkeit der Konzeption zur Diskussion zu stellen, Fragen an das begonnene Projekt zu präzisieren, komparatistische Methoden auszuprobieren und die historisch-kunsthistorische internationale Kooperation am konkreten Gegenstand zu fördern, veranstaltete der Forschungsschwerpunkt "Geschichte und Kultur Ostmitteleuropas" vom 8.-10. Juni 1994 in Berlin ein internationales Symposium zu dem Thema "Die ostmitteleuropäischen Metropolen im Zeitalter des Humanismus und der Renaissance (1450-1600). Zentralität als politische und kulturelle Integration"[3]. Die Beiträge dieses Bandes gehen auf die Tagung zurück.

Die Veranstalter stellten bei der Vorbereitung des Symposiums Fragen in den Mittelpunkt, auf die sie sich aus Vorträgen und Diskussion Antworten bzw. Anregungen erhofften. Zunächst steht der Untersuchungszeitraum zur Debatte. Bieten die zwei Jahrhunderte zwischen 1400 und 1600, die mit den Begriffen Humanismus und Renaissance grundlegende Veränderungen in der Gesellschaft und Kultur ganz Europas umreißen, einen günstigen zeitlichen Rahmen, um auch den Wandel im System, im Charakter, in den Strukturen und Funktionen von Metropolen, Hauptstädten oder Orten herausgehobener Zentralität zu erfassen? Lassen sich während des 15. und 16. Jahrhunderts im östlichen Mitteleuropa Metropolen in der Entstehung oder auch "Metropolen im Wandel" erkennen? In diesem Zusammenhang interessiert vor allem das Spannungsfeld von eigenständiger ostmitteleuro-

---

2 Vgl. die Tätigkeitsberichte 1992 und 1993 der geisteswissenschaftlichen Forschungsschwerpunkte. Hg. v. d. Förderungsgesellschaft wissenschaftliche Neuvorhaben mbH. Die zunächst vorgesehene zeitliche Festlegung des Arbeitsbereiches auf die Wende vom Mittelalter zur frühen Neuzeit (1400-1600) führte zu seiner thematischen Präzisierung auf: Metropolen - Hauptstädte - Zentralstädte. Ihre Entwicklung als Faktoren und Orte staatlicher Repräsentation sowie kultureller und gesellschaftlicher Integration.

3 Vgl. die Tagungsberichte von Detlev Kraack/Kiel (Mitteilungen der Residenzen-Kommission der Akademie der Wissenschaften zu Göttingen 4/1994, Nr. 2, S. 24-39), Karen Lambrecht/Berlin (Arbeitsgemeinschaft außeruniversitärer historischer Forschungseinrichtungen in der Bundesrepublik Deutschland e.V., Information Nr. 49 vom 15.9.1994, S. 1-8), Jiří Pešek/Prag (Český Časopis historický 92/1994, H. 3, S. 606) und Karl Vocelka/Wien (Frühneuzeit-Info 5/1994, H. 2, S. 222-224).

Zur Einführung

päischer kultureller Regionalentwicklung, von forcierter Ausbildung und Repräsentation der Staatlichkeit und nationalen Kultur sowie von Impulsen europäischer Kulturströmungen auf Gesellschaft und Kultur in Metropolen und zentralen Orten Ostmitteleuropas in einer Zeit intensiver gesamtgesellschaftlicher Umbrüche und Veränderungen.

Sodann sind die Tragfähigkeit und Anwendbarkeit des Begriffs Metropole für einen Zeitraum zu überprüfen, der gemeinhin - zumal für Ostmitteleuropa - nicht in dem Maße als Zeitalter der Metropolen gilt wie etwa die neuzeitliche Epoche der Industrialisierung und Verstädterung. Zu diesem Zweck wird der Stadttyp Metropole in das Beziehungsgeflecht von Residenz - Residenzstadt - Hauptstadt - Zentraler Ort - Metropole in einem Städtenetz gestellt, wobei Ergebnisse langjähriger, europaweiter Forschungen zur Hauptstadtfrage in Geschichte und Gegenwart, zur Residenzenforschung, zur Zentralität als Problem der mittelalterlichen Stadtgeschichtsforschung[4] zu nutzen sind. Eine begriffliche Verständigung in Form von Arbeitsthesen und als Ausgangsposition für weitere Forschung und Diskussion wurde angestrebt, um Ursachen für den Verlust und Gewinn an Metropolencharakter und Metropolenfunktion, für die Bildung und Rückbildung von Metropolen zu erkennen und um die Konkurrenz zwischen regionalen Zentren, etwa zwischen Brünn und Olmütz, zu verstehen. In dem Beziehungsgeflecht von Metropolen und Umland war die Erscheinung der sekundären oder regionalen Zentren, die zumeist adlige und kirchliche Mittelpunkte darstellten, von vornherein mit zu berücksichtigen. Den vergleichenden Analysen moderner europäischer Stadtgeschichtsforschung über Hauptstadt- und Metropolenentwicklung in West- und Mitteleuropa und auch in Osteuropa sollte sich der ostmitteleuropäische Raum zwischen Ostsee und Adria stärker als bisher als Untersuchungsobjekt hinzugesellen.

Inhaltliche Leitmotive, die über dem Arbeitsfeld der ostmitteleuropäischen Metropolen stehen, sind gesellschaftliche und ethnische Pluralität, Zentralität, Multifunktionalität und Integrationsfähigkeit. Die Herausgeberinnen konstatieren dankbar, daß die Autoren diese Leitthemen aufnahmen, variierten und zusammenführten. So untersuchen sie z.B. die integrative Funktion von Metropolen als gesellschaftliche, politische und kulturelle Schmelztiegel für ethnische und soziale Pluralität unter besonderer Berücksichtigung des deutschen und jüdischen Faktors in ihnen. Sie beschäftigen sich mit der Bedeutung eines Königs- oder Fürstenhofes, dessen Existenz als politischer Faktor für den Metropolencharakter eines zentralen Ortes vorausgesetzt wird, bzw. eines königlichen Zentralraumes für die Integration von Herrscher, Adel, Kirche, Geistlichkeit, städtisch-bürgerlicher Gesellschaft, Wissenschaft (Universität), Kunst und Kultur. In diesem Zusammenhang geht es auch um die integrative Kraft von Königshof/Residenz durch Formung des politischen Bewußtseins und kulturelle Repräsentation für die Ausbildung, Formierung und Selbstdarstellung von

---

4 So der Titel eines Kolloquiums des Kuratoriums für vergleichende Städtegeschichte in Münster 1975 und der gleichlautende, von Erich Meynen herausgegebene Band der Reihe Städteforschung (Reihe A, Bd. 8), Köln/Wien 1979.

Staatlichkeit und Nationalkultur. Unzweifelhaft muß der hohe Stellenwert einer Metropole für Integration und Ausbildung kultureller Zentralität einerseits, für interkulturellen Austausch und Pluralität andererseits betont werden. Haben Metropolen europäische Kulturströmungen in Kunst, Bildung, Religion und politischer Theorie rezipiert und im Lande weitergegeben, z.B. Humanismus, Renaissance und Reformation, technisch-naturwissenschaftliche Erkenntnisse, Staats- und Naturrechtslehren? Unter den Leitmotiven stellt ein breites Untersuchungsfeld die Integration von Metropole und sozial differenzierter bürgerlich-städtischer Gesellschaft in ihr dar: Herrschten Spannung oder Arrangement? Änderte sich die soziale Struktur in Metropolen? Förderten oder behinderten sie die städtische Wirtschaftsentwicklung?

Schließlich interessieren das Problem der Dauer und Stabilität oder des Wandels und der Verlagerung von Metropolen sowie die anscheinend stärker politisch-dynastischen, also außerstädtischen Faktoren für solche Veränderungen im Verlauf der Geschichte von Metropolen, Hauptstädten und zentralen Orten.

Am Zustandekommen des Symposiums und dieses Bandes haben viele Anteil. Zu danken ist vor allem den Autoren, die ihre Beiträge für die Publikation fertigstellten. Die Aufsätze der ausländischen Mitarbeiter wurden von den Herausgeberinnen redigiert, inhaltlich zeichnen selbstverständlich die Verfasser für ihre Texte verantwortlich. In Übereinstimmung mit den Autoren wurden die Orts- und Personennamen im Text in ihren deutschen Formen (Ausnahme: Buda) verwendet, das Ortsregister verweist zusätzlich auf die heutigen Ortsnamen; das Personenregister bringt zu den historischen Persönlichkeiten kurze annotierende Ergänzungen. Unser Dank gilt weiterhin insbesondere Prof. Dr. Winfried Eberhard für viele inhaltliche Anregungen zur Gestaltung des Symposiums und bei der Entstehung dieses Bandes. Die Förderungsgesellschaft wissenschaftliche Neuvorhaben mbH unterstützte freundlicherweise den Druck. Herzlich danken wir den Mitarbeiterinnen und Mitarbeitern am Metropolenprojekt, vor allem Dr. Leszek Belzyt und Andrea Langer, für vielfältige Hilfe, Uta Bock für die redaktionelle Durchsicht der Texte, Jürgen Heyde für die Textgestaltung.

Berlin, im April 1995   Evamaria Engel

Evamaria Engel/Karen Lambrecht

Hauptstadt - Residenz - Residenzstadt - Metropole - Zentraler Ort.
Probleme ihrer Definition und Charakterisierung

Von den Begriffen zentraler Ort, Hauptstadt, Residenz, Residenzstadt und Metropole[*] ist letzterer - die Metropole - am unklarsten und umstrittensten, besonders, wenn es um seine Anwendung auf Stadttypen vor dem 19./20. Jahrhundert geht. Für gegenwärtige Städte wird der Begriff ungehemmt, aber auch nicht ohne Widerspruch benutzt. Mitte Mai 1994 fand in Berlin die vierte Gipfelkonferenz der Weltmetropolen statt, auf der 25 Millionenstädte aus aller Welt vertreten waren, darunter neben Berlin aus dem hier interessierenden Raum Bukarest, Prag, Warschau und Wien. Interessant war der thematische Bezug dieses Treffens, die Einfügung heutiger Metropolen in ihr Umland. Damit wurde ein Problem berührt, das auch für das Zeitalter des Humanismus und der Renaissance zu den wichtigsten Kriterien des Metropolencharakters einer Stadt gerechnet wird: die Integrationsfähigkeit von Metropolen und ihre Lage im Städtenetz einer Region[1].

Am Metropolencharakter des gegenwärtigen Berlin werden von anderer Seite allerdings Zweifel angemeldet. So sieht der Geograph Alfred Zimm Berlin heute "am Scheideweg zwischen einer hochkarätigen Metropole oder einer Megacity mit eingeschränktem Funktionsspektrum"[2]. Auf einer Veranstaltung zum 25jährigen Bestehen des Wissenschaftszentrums Berlin für Sozialforschung im Winter 1994 warnte man vor der "Möchtegernmetropole" Berlin, prangerte das "Metropolgerede" an und äußerte sogar Zweifel am Metropolencharakter Berlins in den "goldenen zwanziger Jahren" unseres Jahrhunderts[3], die gemeinhin als geradezu klassischer Fall einer Weltmetropole in der neueren Zeit gelten.

Die Frage, ob in dem hier zur Debatte stehenden Zeitraum des Spätmittelalters und der frühen Neuzeit und in dem ausgewählten Teil Europas eine Stadt die Bezeichnung Metropole beanspruchen kann, wird nur für das karolinische Prag eindeutig bejaht. Elisabeth

---

[*] Den Begriffen und Typen Hauptstadt, Residenz und Residenzstadt hat sich vor allem E. Engel, der Metropole und dem zentralen Ort K. Lambrecht gewidmet.
[1] Vgl. auch: Metropolitan Cities and their Hinterlands in Early Modern Europe. Hg. v. Erik Aerts/ Peter Clark. Leuven 1990.
[2] Alfred Zimm: Berlin als Metropole - Anspruch, Wirklichkeit, Tendenzen. In: Beiträge zur Geschichte der Arbeiterbewegung 35 (1993), Heft 3, S. 3-15, hier S. 4.
[3] Vgl. den Bericht von Dieter Wulf "Eine Metropole kann man nicht herbeireden". In: Berliner Zeitung, Nr. 53, vom 4. März 1994.

Lichtenberger bezeichnet wiederholt "Prag als d i e Metropole Mitteleuropas im 14. Jahrhundert"[4].

Der Begriff Hauptstadt und die Charakterisierung dieses Stadttyps scheinen weniger umstritten zu sein. Besonders seit den politischen Veränderungen nach dem 1. Weltkrieg sind sie ein bevorzugter Gegenstand der Geschichtsforschung. Zweifellos haben Forschungen zur Hauptstadtfrage in der Geschichte weiterhin durch die Entwicklung nach 1945 und nun durch die politischen Umbrüche in Europa seit 1989/90 an Aktualität und Brisanz gewonnen[5]. Waren die bisherigen Untersuchungen über diesen Gegenstand zumeist vergleichend angelegt - allerdings unter geringerer Berücksichtigung Ostmitteleuropas -, so bleibt zu wünschen, daß das Problem nun nicht auf ein "deutsches Thema" reduziert wird. "Hauptstadt" im modernen Sinne ist nach Georg von Below[6] der ständige Sitz von Zentralbehörden eines Staates. Diese Bedeutung kennt das Mittelalter - soweit ich sehe - nicht und konnte es auch nicht infolge der vorherrschenden politischen Strukturen dieser Zeit. Das entspricht einem Fazit Peter Moraws nach Untersuchung der Frage, ob die zeitgenössische Historiographie eine Mittelpunktsfunktion Prags in der karolinischen Zeit wahrgenommen habe. Er resümiert, daß "die 'Stadt als Hauptstadt' als literarischer Stoff noch nicht entdeckt" war[7].

In lateinischen Quellen des Mittelalters kommt der vieldeutige Begriff *caput - ad urbes* bezogen - dem modernen Gehalt am nächsten. Er wird in mittellateinischen Wörterbüchern

---

4 Elisabeth Lichtenberger: Wien - Prag. Metropolenforschung. Wien/Köln/Weimar 1993, S. 11, 164.
5 Vgl. z.B. die Sammelbände: Das Hauptstadtproblem in der Geschichte. Festgabe zum 90. Geburtstag Friedrich Meineckes (Jahrbuch für Geschichte des deutschen Ostens; Bd.1). Tübingen 1952; Die deutsche Einheit als Problem der europäischen Geschichte. Hg. v. Carl Hinrichs/Wilhelm Berges. Stuttgart o.J.(1959); Edith Ennen/Manfred van Rey: Probleme der frühneuzeitlichen Stadt, vorzüglich der Haupt- und Residenzstädte. Referate und Aussprachen auf der 30. Arbeitstagung des Instituts für geschichtliche Landeskunde der Rheinlande an der Universität Bonn. In: Westfälische Forschungen 25 (1973), S. 168-212; Hauptstädte. Entstehung, Struktur und Funktion. Hg. v. Alfred Wendehorst/Jürgen Schneider. Neustadt a.d. Aisch 1979; The Capitals of Europe. A Guide to the Sources for the History of their Architecture and Construction. Hg. v. Ágnes Ságvári u.a. München/New York/London/Paris 1980; Hauptstädte in europäischen Nationalstaaten. Hg. v. Theodor Schieder/Gerhard Brunn. München/Wien 1983; Residenz - Hauptstadt - Metropole. Zur politischen, ökonomischen und kulturellen Mittelpunktbildung im Mittelalter und in früher Neuzeit. Zusammenfassender Bericht und Beiträge von der gemeinsamen Tagung der Hansischen Arbeitsgemeinschaft und der Fachkommission Stadtgeschichte der Historiker-Gesellschaft der DDR, Berlin, 29. September - 1. Oktober 1987. In: Historiker-Gesellschaft der DDR. Wissenschaftliche Mitteilungen 1988/II-III, S. 7-94; Hauptstadt, Zentren, Residenzen, Metropolen in der deutschen Geschichte. Hg. v. Bodo-Michael Baumunk/Gerhard Brunn. Köln 1989; Residenzen. Aspekte hauptstädtischer Zentralität von der frühen Neuzeit bis zum Ende der Monarchie. Hg. v. Kurt Andermann. Sigmaringen 1992; Die Hauptstädte der Deutschen. Von der Kaiserpfalz in Aachen zum Regierungssitz Berlin. Hg. v. Uwe Schultz. München 1993; dazu zahlreiche Einzelbeiträge, die hier nicht aufgeführt werden können.
6 Georg von Below: Probleme der Wirtschaftsgeschichte. Eine Einfühung in das Studium der Wirtschaftsgeschichte. Tübingen ²1926, S. 499.
7 Peter Moraw: Zur Mittelpunktsfunktion Prags im Zeitalter Karls IV. In: Europa slavica - Europa orientalis. Festschrift für Herbert Ludat zum 70. Geburtstag. Hg. v. Klaus-Detlev Grothusen/Klaus Zernack. Berlin 1980, S. 445-489, hier S. 459.

mit Hauptort, Hauptsitz, Mittelpunkt wiedergegeben und mit den Synonyma *metropolis*, *locus principalis*, seltener *urbs* oder *civitas principalis* bedacht[8]. Wenn eine detailliertere Analyse auch noch aussteht, so ergeben sich bei einer ersten Durchsicht der Quellen[9] vier verschiedene Bedeutungsinhalte von *caput:*

1. *Caput* ist politisches Zentrum, Herrschaftsmittelpunkt eines *regnum* oder einer *provincia*. Regensburg gilt (953/954) als *Bawarii caput regni*[10], Mainz (1081) als *caput ... Galliae atque Germaniae*[11], von Trier heißt es (Ende 10./Anfang 11. Jahrhundert) *caput Europae cognoscitur*[12], bei Cosmas ist Prag *tocius Boemie domna*[13], was sicher als Entsprechung von *caput* zu werten ist. Eine solche bevorzugte Position und dementsprechende Benennung mußte nicht mit dem politischen Rang eines Ortes zusammenhängen, sie konnte auch den Vorrang im geistig-religiösen Bereich ausdrücken, gemessen z.B. an der Anzahl der Reliquien von Heiligen. Im allgemeinen sind die beiden Bereiche allerdings schwer zu trennen, sie gehen ineinander über und bedingen einander[14]. Im Privileg Friedrich Barbarossas für Aachen vom 8. Januar 1166 erklärt der Kaiser die *civitas* Aachen zum *caput civitatum* und zum *caput et sedes regni Theutonici*[15]. Die Paarformel *sedes et caput regni*[16] in der Barbarossa-Urkunde von 1174 bezieht sich auf das Aachener Münster, wie König Ludwig VI. von Frankreich das Kloster von St. Denis 1124 *caput regni nostri*[17] nannte - Belege, die in der Literatur für Aachen und Paris als Hauptstädte in Anspruch genommen werden. Die Paarformel *sedes et caput* verweist auf den Königssitz und damit auf die besondere Bedeutung Aachens als Krönungsort und bevorzugter oder Hauptsitz des

---

8 Mittellateinisches Wörterbuch bis zum ausgehenden 13. Jahrhundert, Bd. II, Lfg. 2. Berlin 1969, Spalte 258-264, hier 261; Latinitatis medii aevi lexicon Bohemorum, Heft 4. Prag 1981, S. 548-550.
9 Für die Möglichkeit zur Einsicht in das Material danke ich den Mitarbeiterinnen und Mitarbeitern, insbesondere Herrn Roland Gründel, beim Mittellateinischen Wörterbuch der Berlin-Brandenburgischen Akademie der Wissenschaften.
10 Vgl. Thietmar von Merseburg: Chronik 2,6. Neu übertragen und erläutert v. Werner Trillmich (Ausgewählte Quellen zur deutschen Geschichte des Mittelalters. Freiherr vom Stein-Gedächtnisausgabe; Bd. 9). Darmstadt 1957, S. 40.
11 Vgl. Liber de unitate ecclesiae conservanda 2,9. Recognovit Wilhelm Schwenkenbecher. In: MGH. Libelli de lite, Bd. II. Hannover 1892, S. 221.
12 Grabschrift des angeblichen Gründers von Trier, Vers 7. In: MGH. Poetae latini medii aevi, Bd. 5, Lfg. 2. Hg. v. Karl Strecker. Berlin 1939, S. 499.
13 Vgl. Cosmae Pragensis Chronica Boemorum I,9. Hg. v. Bertold Bretholz (MGH. SS. rer. Germ. Nova Series; Bd. 2). Berlin 1923, S. 19.
14 Vgl. auch Andreas Kraus: Civitas Regia. Das Bild Regensburgs in der deutschen Geschichtsschreibung des Mittelalters. Kallmünz 1972, S. 44f.
15 MGH. D F I (Bd. 10,2), Nr. 502, S. 430-434, hier S. 433; vgl. auch Aachener Urkunden 1101-1250. Bearb. v. Erich Meuthen. Bonn 1972, Nr. 1-2, S. 81-119, hier S. 95f., 101-104, 117f.
16 MGH. D F I (Bd. 10,3), Nr. 621, S. 113; vgl. Aachener Urkunden (wie Anm. 15), Nr. 36, S. 211-214, hier S. 212.
17 Vgl. Percy Ernst Schramm: Der König von Frankreich. Das Wesen der Monarchie vom 9. zum 16. Jahrhundert. Bd. 1, Darmstadt ²1960, S. 135f.

mittelalterlichen deutschen Königs in einer bestimmten Zeit[18]. Für die Gleichsetzung von *caput* mit *metropolis* in der Bedeutung von Herrschaftszentrum und Hauptort - nicht oder nicht nur im kirchenrechtlichen Sinne - seien wenige Belege angeführt. In der *metropolis* Quedlinburg ließ Otto III. 994 einen Markt errichten[19], Prag ist (zu 1110) bei Ekkehard von Aura *Boemie metropolis*[20], die *civitas* Stettin war *tocius provinciae [Pomeranorum] metropolis*[21]. Dagegen meint Heinrich von Diessenhofen die kirchenrechtliche Stellung Prags als Erzbischofssitz seit 1344, wenn er zu 1359 ausführt: Prag, *que nunc metropolis regni Bohemie existit;* an gleicher Stelle umschreibt er den politischen Herrschaftsmittelpunkt Prag mit der Formulierung *ubi nunc sedes imperii existit*[22].

2. *Caput* ist die erste und angesehenste Stadt einer Region im Reigen weiterer Städte. Der Verfasser der Vita Heinrici IV. verweist mit seiner Formulierung zum Jahre 1106: *Colonia, quae quasi caput inter alias urbes eminebat*[23] auf den Vorrang Kölns unter den anderen deutschen Städten, wie in einer Urkunde von 1052 (Fälschung des 12. Jahrhunderts) Regensburg als *principalis urbs urbium Noricarum*[24] gilt.

3. *Caput* wird für den Oberhof oder die Mutterstadt eines Rechtskreises gebraucht, an den sich andere Städte eines solchen Rechtsbezirks in Rechtsauskünften wenden oder wohin sie appellieren konnten. 1324 ist die Altstadt Brandenburg/Havel das *caput* der Städte mit brandenburgischem Stadtrecht[25], und der Brandenburger Schöffenstuhl behielt diese Bedeutung bis ins 18. Jahrhundert. Auf einem Kolloquium in München im Januar 1994 stellte Eduard Hlawitschka die Frage, ob solche Hauptstadtbildungen auf dem Rechtssektor für das Königtum Ansatz zur Zentralisation hätten sein können[26]. Aachen als Oberhof ei-

---

18 Vgl. Hartmut Boockmann: Aachen. Residenz Karls des Großen und Krönungsort der Könige. In: Hauptstädte der Deutschen (wie Anm. 5), S. 11-21.
19 Vgl. MGH. D O III, Nr. 155, S. 566f.
20 Frutolfs und Ekkehards Chroniken und die anonyme Kaiserchronik. Übersetzt v. Franz-Josef Schmale/Irene Schmale-Ott (Ausgewählte Quellen zur deutschen Geschichte des Mittelalters. Freiherr vom Stein-Gedächtnisausgabe; Bd. 15). Darmstadt 1972, S. 298; vgl. Irene Schmale-Ott: Untersuchungen zu Ekkehard von Aura und zur Kaiserchronik. In: Zeitschrift für bayerische Landesgeschichte 34 (1971), S. 403-461, hier S. 438f. mit Anm. 63a.
21 Die Prüfeninger Vita des Bischofs Otto von Bamberg 2,7. Hg. v. Adolf Hofmeister (Denkmäler der Pommerschen Geschichte; Bd. 1). Greifswald 1924, S. 49.
22 Heinricus dapifer de Diessenhoven. In: Fontes rerum Germanicarum, Bd. 4. Hg. aus dem Nachlasse Johann Friedrich Boehmer's v. Alfons Huber. Stuttgart 1868, S. 116.
23 Quellen zur Geschichte Kaiser Heinrichs IV. Das Leben Kaiser Heinrichs IV., 13. Neu übersetzt v. Irene Schmale-Ott (Ausgewählte Quellen zur deutschen Geschichte des Mittelalters. Freiherr vom Stein-Gedächtnisausgabe; Bd. 12). Darmstadt 1963, S. 462.
24 MGH. D H III, Nr. 402, S. 562f., hier S. 563.
25 Codex diplomaticus Brandenburgensis. Hg. v. Adolph Friedrich Riedel. 1. Hauptteil, Bd. 9. Berlin 1849, Nr. 36, S. 27; vgl. Johannes Schultze: Caput marchionatus Brandenburgensis. Brandenburg und Berlin. In: ders.: Forschungen zur brandenburgischen und preußischen Geschichte. Ausgewählte Aufsätze. Mit einem Vorwort v. Wilhelm Berges. Berlin 1964, S. 155-176, hier S.162.
26 Vgl. den Bericht von Katharina Weigand über das wissenschaftliche Kolloquium "Hauptstadt: Historische Perspektiven eines deutschen Themas". In: Arbeitsgemeinschaft außeruniversitärer historischer Forschungseinrichtungen in der Bundesrepublik Deutschland e.V. Information, Nr. 12, vom

nes Rechtskreises wäre im Zusammenhang mit seinen anderen quasihauptstädtischen politischen Funktionen ebenso zu nennen wie der zentrale Ort und Oberhof Breslau in Rechtsfragen oder der Oberhof Kulm des Kulmer Rechts, der in solchen rechtlichen Zusammenhängen 1233 als *civitas metropolitana* und 1251 als *civitas capitalis* bezeichnet wird[27]. Landesherren und Territorialfürsten in Brandenburg und in den mecklenburgischen Teilfürstentümern nutzten einheitliche Stadtrechte unter einem Stadtrechtsoberhof und politischen Vorort zur Festigung und Vereinheitlichung ihres Territoriums.

4. *Caput* wird für Städte gebraucht, die in einer ständischen Versammlung die "Stimme" oder die "Sprache" führten, also die ständische Vertretung für kleinere Städte eines Territoriums übernahmen.

In den deutschsprachigen Quellen des späten Mittelalters und der frühen Neuzeit entsprechen dem lateinischen *caput* und *locus principalis* die deutschen Bezeichnungen *houbt* und *houbtstat*[28]. Die Belege im Deutschen Rechtswörterbuch zu Hauptstadt laufen auf eine ähnliche Bedeutung wie die eben angeführten lateinischen Bedeutungsgehalte von *caput* hinaus. Hauptstadt ist ein Bischofssitz, Vorort in einem Landfriedensbereich, Rechtsoberhof, ständische Führerin für andere Städte, hansischer Quartiersvorort - wie Lübeck das Haupt der wendischen Städte war[29] -, seit dem 15./16. Jahrhundert Hauptstadt eines Territoriums, für die seit dem 17. Jahrhundert der kombinierte Begriff Haupt- und Residenzstadt aufkam. Der brandenburgische Chronist Engelbert Wusterwitz (gest. 1433), der 1406 in der Matrikel der Prager Universität als "Engelbert Wusterwitz van Brandenburg" erscheint, weiß zu 1410 zu berichten: Als der adlige Räuber Dietrich von Quitzow Berlin überfiel, habe er *wol und weislich bedacht, das* [den Angriff gegen die brandenburgischen Städte] *vom haupt anzuheben. Darumb hat er mit den Berlinschen den anfang zu streiten gemacht, auf das, so er dieselben unter seine gewalt und herrschafft gebracht, er auch der andern stedte in der Marcke deste ehe könte mechtig werden*[30]. Diese Formulierung des Chronisten entspricht der Position der Doppelstadt Berlin-Cölln als eines wirtschaftlich, politisch und militärisch führenden Kopfes im Kreis der brandenburgischen Städte und Stände, nicht als einer landesherrlichen Residenz oder gar Hauptstadt der Mark. In diese

---

16. März 1994, S. 1-8, hier S. 1f.
27 Vgl. Quellen zur deutschen Verfassungs-, Wirtschafts- und Sozialgeschichte bis 1250. Ausgewählt und übersetzt v. Lorenz Weinrich (Quellen zur deutschen Geschichte des Mittelalters. Freiherr vom Stein-Gedächtnisausgabe; Bd. 32). Darmstadt 1977, Nr. 115, S. 444.
28 Vgl. den Artikel "Hauptstadt" in: Deutsches Rechtswörterbuch. Hg. v. der Deutschen Akademie der Wissenschaften zu Berlin. Bd. V, Heft 1. Weimar 1953, Spalte 351f.
29 Lübeck würde auf die Ehre, *dat wii der soesz Wendesschen stede hovet unde oversten weren unnde syn*, gern verzichten, vgl. Hanserecesse, III. Abt., Bd. 2. Bearb. v. Dietrich Schäfer. Leipzig 1883, Nr. 419, S. 411; vgl. Heinz Stoob: Lübeck als "Caput Omnium" der Hanse. In: Blätter für deutsche Landesgeschichte 121 (1985), S. 157-168, hier S. 165.
30 Wolfgang Ribbe: Die Aufzeichnungen des Engelbert Wusterwitz. Überlieferung, Edition und Interpretation einer spätmittelalterlichen Quelle zur Geschichte der Mark Brandenburg. Berlin 1973, S. 119.

Rolle wuchs die Stadt erst seit den vierziger Jahren des 15. Jahrhunderts langsam hinein[31]. Bis dahin war sie Aufenthaltsort und politischer Handlungsort der Markgrafen von Brandenburg neben anderen Städten und seit den dreißiger Jahren des 14. Jahrhunderts ein Herrschaftsschwerpunkt[32].

Ein früher deutschsprachiger Beleg *houbetstat* findet sich im 12. Jahrhundert in der deutschen Kaiserchronik für Regensburg[33], das als *hauptstat* sonst erst wieder im Umfeld der Humanisten erscheint[34]. Wien ist 1281 *houptstat* und wohl 1316 erneut *vordrist* und *haubtstatt... desselben lands* zu Österreich[35]. Im Gründungsprivileg der Universität Wien 1365 wird als Vergleich und Vorbild die *civitas principalis* Paris herangezogen und der lateinische Begriff in der deutschen Fassung der Quelle mit *hauptstat* übersetzt[36].

Den Versuch zu einer Definition von Hauptstadt anhand unerläßlicher Kriterien finden wir um die Mitte des 18. Jahrhunderts in Zedlers Universallexikon: Hauptstadt ist die erste und vornehmste Stadt eines Königreichs, einer Provinz oder eines Staates. Sie erfordert für diese Stellung drei Voraussetzungen. Neben einer guten Fortifikation und Kämmerei ein *wohlbestelltes Rathaus, darinnen die Regenten aus- und eingehen und Gerechtigkeit handhaben. Es müssen daselbst die Räte des Fürsten sich aufhalten, Gesandten großer Herren sich da einfinden und die wichtigsten Dinge verrichtet werden*[37]. Die hier zitierte Funktion führt uns zu dem heute in der Forschung in voller Einmütigkeit gesehenen Hauptkriterium für die Charakterisierung einer Stadt als Hauptstadt eines Landes bzw. Staates. Das ist die Konzentration der zentralen politischen Behörden in ihr, wozu Regierung, Parlament, oberstes Gericht, höchste Verwaltungsstellen, diplomatische Vertretungen, auch Nationalbibliothek und Zentralarchiv sowie der Sitz des obersten Repräsentanten des Staates gehören, also die Residenz, die sich von der Hauptstadt lösen konnte. Diese Hauptstadt könnte man, wenn Bevölkerungsagglomeration und Multifunktionalität hinzutreten, auch als die Metropole des Landes bezeichnen, wie umgangssprachlich Hauptstadt und politische Metropole

---

31 Vgl. Karl-Heinz Ahrens: Residenz und Herrschaft. Studien zu Herrschaftsorganisation, Herrschaftspraxis und Residenzbildung der Markgrafen von Brandenburg im späten Mittelalter. Frankfurt am Main/Bern/New York/Paris 1990, besonders S. 313-348.
32 Vgl. Eckhard Müller-Mertens: Die landesherrliche Residenz in Berlin und Kölln 1280-1486. Markgrafenhof, Herrschaftsschwerpunkt, Residenzstadt. In: Zeitschrift für Geschichtswissenschaft 36 (1988), Heft 2, S. 138-154.
33 Kaiserchronik eines Regensburger Geistlichen. Hg. v. Edward Schröder. In: MGH. Deutsche Chroniken, Bd. I. Hannover 1895 (Neudruck Berlin 1964), Vers 16822.
34 Vgl. Kraus (wie Anm. 14), S. 2-5, 96-98.
35 Vgl. Heinrich Koller: Die Residenz im Mittelalter. In: Jahrbuch für Geschichte der oberdeutschen Reichsstädte. Esslinger Studien 12/13 (1966/1967), S. 9-39, hier S. 35; Günther Hödl: Friedrich der Schöne und die Residenz Wien. Ein Beitrag zum Hauptstadtproblem. In: Jahrbuch des Vereines für Geschichte der Stadt Wien 26 (1970), S. 7-35, hier S. 7, 10 mit Anm. 23.
36 Vgl. Koller (wie Anm. 35), S. 12; Alphons Lhotsky: Die Wiener Artistenfakultät 1365-1497 (Österreichische Akademie der Wissenschaften, philosoph.-histor. Klasse, Sitzungsberichte; Bd. 247, 2. Abh.). Wien 1965, S. 33 und Beilage I, S. 208.
37 Zedlers Universal-Lexicon. Bd. 39. Leipzig/Halle 1744, Spalte 793.

häufig zusammenfallen. In Geschichte und Gegenwart wird die Hauptstadt eines Landes die Entwicklungstendenz zum Rang einer Metropole haben. Von den auf der Berliner Gipfelkonferenz 1994 vertretenen Weltmetropolen waren nur drei Städte nicht zugleich auch die Hauptstadt ihres Landes.

Sicher wäre es vereinfacht, die Hauptstadt - von ihrem nationalen Symbolgehalt abgesehen - auf ihre politischen Funktionen zu reduzieren. Geographische Lage, Einwohnerzahl, Größe und zentrale Funktionen auch auf anderen gesellschaftlichen Gebieten prädestinierten eine Stadt dazu, Hauptstadt zu werden. Die Wahl oder Bestimmung einer Hauptstadt oder das allmähliche Hineinwachsen in Hauptstadtfunktionen zog wiederum Bevölkerung, auch ethnisch gemischte, an, führte zu deren quantitativem Wachstum und zur Ausbildung einer besonderen, von den politischen Institutionen getragenen und beeinflußten Sozialstruktur. Im Mittelalter und in der frühen Neuzeit bedeutete das vor allem Anziehungskraft des Landesmittelpunktes, des *caput regni*, auf Fürsten und Adel. Deren Anwesenheit und das Funktionieren der von ihnen getragenen Behörden und Einrichtungen auch bei Abwesenheit des Herrschers auf Reisen werden daher als wesentliches Kriterium für die hauptstädtische Qualität eines Ortes angesehen. Die nachweisbaren Wohnsitze weltlicher und geistlicher Herren in Paris und Prag oder ihr vom Herrscher bezahlter Aufenthalt am Landesmittelpunkt und eigene Häuser der ungarischen Magnaten in Buda gelten in der Forschung als wesentliches Indiz für den Hauptstadtcharakter dieser Orte zu einem bestimmten Zeitpunkt[38]. Die Untersuchung des sozialen Status solcher Funktionsträger wäre für alle ostmitteleuropäischen Hauptstädte ein lohnendes Unterfangen. Sie würde die Physiognomie einer spätmittelalterlich-frühneuzeitlichen Hauptstadtgesellschaft oder der sozial führenden Schichten eines politischen Zentrums erhellen helfen. Die bisher nur punktuell beleuchteten Beziehungen zwischen einer Hochfinanz von Frankfurt/Main über Nürnberg, Breslau, Prag und Brünn zu den Hofbeamten und europäischen Herrschern seit dem späten 14. Jahrhundert haben zum Teil frappierende Ergebnisse erbracht[39].

Wenn auch die knappen begriffsgeschichtlichen Darlegungen die zeitgenössische Charakterisierung von Städten als Hauptstädte in unserem heutigen Verständnis zumindest für das Mittelalter als fraglich erscheinen lassen, so ist die Existenz von Hauptstädten im modernen Sinne des Wortes in einigen europäischen Ländern und Reichen nicht in Frage zu stellen. Byzanz besaß über Jahrhunderte Hauptstadtcharakter und war die Residenz der

---

38 Vgl. Carlrichard Brühl: Zum Hauptstadtproblem im frühen Mittelalter. In: Festschrift für Harald Keller. Darmstadt 1963, S. 45-70; Josef Semmler: Die Residenzen der Fürsten und Prälaten im mittelalterlichen Paris (12.-14. Jahrhundert). In: Mélanges offerts à Renné Crozet, Tome II. Poitiers 1966, S. 1217-1236; Moraw (wie Anm. 7), S. 460-468; Hans Patze: Die Hofgesellschaft Kaiser Karls IV. und König Wenzels in Prag. In: Kaiser Karl IV. 1316-1378. Forschungen über Kaiser und Reich. Hg. v. Hans Patze. Neustadt/Aisch 1978, S. 733-773.

39 Vgl. Wolfgang von Stromer: Oberdeutsche Hochfinanz 1350-1450 (Vierteljahrschrift für Sozial- und Wirtschaftsgeschichte; Beihefte 55-57). Wiesbaden 1970; Peter Moraw: König, Reich und Territorium im späten Mittelalter. (Ms.) Heidelberg 1971.

oströmischen Kaiser. An der Qualität von Paris als Hauptstadt Frankreichs seit Philipp II. August um 1200 mit Sitz von Parlament und Rechenkammer wird nicht gezweifelt[40], wenn auch Formulierungen wie die von der Mittelpunktsfunktion der Städte Paris und London sowie Prags im Zeitalter Karls IV. Vorbehalte gegenüber der Anwendung des modernen Begriffs Hauptstadt vor der frühen Neuzeit erkennen lassen[41]. Zugleich sollten solche begrifflichen Differenzierungen in Hauptstadt oder Landesmittelpunkt nicht überbewertet werden. Peter Moraw z.B. weist an gleicher Stelle dem karolinischen Prag "Hauptstadtqualitäten in einem moderneren Sinne" zu und charakterisiert Prag als "Hauptstadt (des Reiches) über Böhmen hinaus"[42].

In neueren Arbeiten werden die wirtschaftlichen Funktionen von Paris auf die eines Verbrauchers, höchstens noch eines Verteilers, seit der frühen Neuzeit eines Geldverteilers, eingeschränkt und auch für andere Städte als Folge ihres Hauptstadtwerdens "relativ wenig neue Impulse auf wirtschaftlichem Gebiet" gesehen[43]. Daraus ergibt sich die Frage, inwieweit das Fehlen oder die geringe Entwicklung produktiver Wirtschaft und Industrie geradezu ein Kennzeichen von Hauptstädten zumindest bis ins 18. Jahrhundert war. Nach Untersuchungen von Helga Schultz über Berlin kam den politischen Faktoren Residenz und Verwaltungszentrum größere Bedeutung für das Stadtwachstum in der frühen Neuzeit zu als den Städtebildnern des Mittelalters, Handel und Gewerbe[44]. Dieser Tatbestand wird allgemein auch für Prag in der Zeit Karls IV. konstatiert, obwohl zumindest auf Großhandel und königliche Handelspolitik, Handelsgesellschaften, Differenzierung und Spezialisierung des Gewerbes, auch auf seine Exportproduktion, auf Geldwesen und bürgerlichen Landbesitz, auf die durch Hof, Kirche und Universität geprägte besondere Verbrauchsstruktur zu verweisen wäre[45]. Für alle überregionalen Zentren, auch für die Hauptstädte, spielten seit dem Mittelalter ihre günstige Verkehrslage und daraus resultierende Handelsbeziehungen eine entscheidende Rolle.

Gerade im Gegensatz zu Frankreich mit seiner immerwährenden Hauptstadt Paris galt und gilt das römisch-deutsche Reich bis zu seiner Auflösung 1806 nach einem fast schon geflügelten Wort von Wilhelm Berges als "Reich ohne Hauptstadt"[46]. Angemessener wäre es, von einer Verteilung der Hauptstadtfunktionen auf mehrere Zentren, von einem Hauptstadt-Pluralismus auszugehen. Zu unterschiedlichen Zeiten und nie ohne Ausnahme waren

---

40 Vgl. z.B. Edith Ennen: Funktions- und Bedeutungswandel der "Hauptstadt" vom Mittelalter zur Moderne. In: Hauptstädte (wie Anm. 5), S. 154; Karl Hammer: Paris als exemplarische Hauptstadt. In: Hauptstädte (wie Anm. 5), S. 135-151.

41 Auch Edith Ennen bringt Vorbehalte zum Ausdruck: "Ich möchte caput mit Hauptort übersetzen, um den Unterschied zur modernen Hauptstadt zu betonen", vgl. Ennen (wie Anm. 40), S. 157.

42 Moraw (wie Anm.7), S. 460, 474.

43 So Ennen (wie Anm. 40), S. 162; Hammer (wie Anm. 40).

44 Helga Schultz: Berlin 1650-1800. Sozialgeschichte einer Residenz. Berlin ²1992, S. 322.

45 Vgl. Jaroslav Mezník: Der ökonomische Charakter Prags im 14. Jahrhundert. In: Historica 17 (1969), S. 43-91.

46 Wilhelm Berges: Das Reich ohne Hauptstadt. In: Hauptstadtproblem (wie Anm. 5), S. 1-29.

Frankfurt/Main Wahlort, Aachen Krönungsort und bevorzugter Königssitz, Nürnberg Stadt des ersten königlichen Hoftages und Aufbewahrungsort der Reichsinsignien, traten die Reichstage in Regensburg und das Reichskammergericht zunächst in Speyer und dann in Wetzlar zusammen, wurde Wien die kaiserliche Residenz und Sitz von Reichskanzlei und Reichshofrat[47]. Also nicht "Reich ohne Hauptstadt", sondern Aufteilung der politischen Hauptstadtfunktionen auf mehrere Städte. Mit dem Verweis auf die polnischen spätmittelalterlichen und frühneuzeitlichen Verhältnisse sowie auf die Lage in anderen Ländern sollte dem deutschen Entwicklungsgang seine Besonderheit, damit aber auch Paris seine Klassizität genommen werden. Mehrere Varianten von Hauptstadtentwicklung stehen zur Debatte. Maria Bogucka charakterisiert solche als einen monozentrischen und einen polyzentrischen Typ[48]. Unter Varianten wäre auch der Weg des Wandels, der Verlegung von Hauptstädten zu sehen. Aufteilung von Funktionen und Verlegung kann man vielleicht als Kennzeichen der polnischen Hauptstadtentwicklung nennen[49]. Eher den monozentrischen Typ, aber im Unterschied zu Paris nur von kurzfristiger Dauer, verkörperte zwischen der Mitte des 15. Jahrhunderts und 1541 das ungarische Buda mit dem Sitz aller wichtigen zentralen Institutionen. Vorher finden wir eine Aufteilung der Hauptstadt- und Residenzfunktionen zwischen Buda, Stuhlweißenburg, Visegrád und Gran, nach der Mitte des 16. Jahrhunderts - wie Ernö Deák es ausdrückt[50] - eine Not- oder Ersatzhauptstadt Preßburg. Die ungarische Entwicklung demonstriert wie die polnische die Abhängigkeit des Hauptstadtsitzes von politischen und dynastischen Ereignissen und Veränderungen, nicht von inneren städtischen Vorgängen.

Residenzenforschung ist in den letzten Jahren zu einem wichtigen Forschungsfeld in der deutschen Geschichtswissenschaft geworden[51]. Initiiert und befördert wurden und werden

---

47 Vgl. die Beiträge in den Bänden Hauptstadt (wie Anm. 5) und Hauptstädte der Deutschen (wie Anm. 5) sowie Michael Stürmer: "Wir fürchten uns vor einer Hauptstadt". Das Hauptstadtproblem in der deutschen Geschichte. In: Residenzen (wie Anm. 5), S.11-23; Alfred Wendehorst: Das Hauptstadtproblem in der deutschen Geschichte. In: Hauptstädte (wie Anm. 5), S. 83-90.
48 Vgl. den Beitrag in diesem Band.
49 Vgl. die Beiträge von Maria Bogucka, Antoni Czacharowski und Mariusz Karpowicz in diesem Band; ferner Horst Jablonowski: Polens Hauptstädte. Ihr Wechsel im Laufe der Geschichte. In: Hauptstadtproblem (wie Anm. 5), S. 293-308; Stefan Kieniewicz: Warschau als Hauptstadt der neuzeitlichen polnischen Nation. In: Hauptstädte (wie Anm. 5), S. 87-102.
50 Vgl. den Beitrag in diesem Band.
51 Vgl. die Titel in Anm. 5; ferner: Erich Maschke/Jürgen Sydow (Hg.): Die Residenzstadt in Südwestdeutschland. In: Zeitschrift für Württembergische Landesgeschichte 25 (1966), S. 1^x-48^x; Jürgen Sydow: Die Residenzstadt in Südwestdeutschland. Ergebnisse einer Tagung des Arbeitskreises für südwestdeutsche Stadtgeschichtsforschung. In: Die Stadt in der europäischen Geschichte. Festschrift Edith Ennen. Hg. v. Werner Besch/Klaus Fehn u.a. Bonn 1972, S. 771-783; Brigitte Streich: Zwischen Reiseherrschaft und Residenzbildung. Der wettinische Hof im späten Mittelalter. Köln/Wien 1989; Ahrens (wie Anm. 31); Vorträge und Forschungen zur Residenzenfrage. Hg. v. Peter Johanek (Residenzenforschung; Bd. 1). Sigmaringen 1990; Kurt-Ulrich Jäschke: Nichtkönigliche Residenzen im spätmittelalterlichen England (Residenzenforschung; Bd. 2). Sigmaringen 1990; Fürstliche Residenzen im spätmittelalterlichen Europa. Hg. v. Hans Patze/Werner Paravicini (Vorträge und

diese Forschungen seit 1986 von der Residenzen-Kommission der Akademie der Wissenschaften zu Göttingen[52], die mit ihrem von Hans Patze konzipierten Projekt "Entstehung der landesherrlichen Residenzen im spätmittelalterlichen deutschen Reich"[53] an die Erforschung der Königspfalzen[54] als Typ der Residenz anschließt und sich mit dem vor allem von Peter Moraw favorisierten Untersuchungsfeld des Hofes[55] verbindet. Das seit 1990 von Werner Paravicini geleitete Residenzen-Projekt wurde aus sachlichen Erwägungen inzwischen chronologisch bis zum Beginn des 17. Jahrhunderts ausgedehnt. Die besondere Affinität der deutschen Forschung zur Residenzenfrage hängt u.a. mit der Herausbildung des spätmittelalterlich-frühneuzeitlichen fürstlichen Territorialstaates in der deutschen Geschichte sowie mit der Existenz von geistlichen Territorien und dem Spannungsfeld zwischen Bischof, Kathedralstadt und geistlicher Residenz zusammen. Gleichwohl ist Residenzenforschung kein spezielles deutsches Thema und nicht auf landesherrlich-fürstliche Residenzen zu beschränken. Da auf diesem Felde aber die sichtbarsten neuesten Forschungsergebnisse vorliegen, orientiert sich die Bilanz an diesen.

Nach Patze und Paravicini gelten als Residenzen Gebäude oder Gebäudekomplexe, mit denen Aufgaben der Herrschaftsausübung für ein größeres Territorium und der Herrschaftsrepräsentation verbunden sind[56].

Die wenigen in der Sammlung beim Mittellateinischen Wörterbuch vorhandenen Belege für *residentia/residencia* bedeuten meist ganz allgemein Heim, Haus, Wohnung, ohne Beschränkung nur auf Herrschaftsträger und ohne Hinweis auf eine Dauerhaftigkeit der *residentia*. Zwei Beispiele mögen das belegen. 1260 ist in einer Schweizer Quelle die Rede von einem *faber residenciam fecerit in dicta villa*[57]. Zu 1267 heißt es in einer Nürnberger Urkunde: ... *nos Fridericus burggravius in Nurenberg ... monasterio sancti Egidii ... capel-*

Forschungen; Bd. 36). Sigmaringen 1991; Residenzen. Aspekte hauptstädtischer Zentralität von der frühen Neuzeit bis zum Ende der Monarchie. Hg. v. Kurt Andermann. Sigmaringen 1992; Konrad Amann: Die landesherrliche Residenzstadt Passau im spätmittelalterlichen Deutschen Reich (Residenzenforschung; Bd. 3). Sigmaringen 1992; Südwestdeutsche Bischofsresidenzen außerhalb der Kathedralstädte. Hg. v. Volker Press. Stuttgart 1992; dazu eine Fülle von Einzelbeiträgen, die hier nicht genannt werden können.

52 Vgl. deren Mitteilungen, Jg. 1ff.(1991ff.).
53 Vgl. Hans Patze/Gerhard Streich: Die landesherrlichen Residenzen im spätmittelalterlichen Deutschen Reich. In: Blätter für deutsche Landesgeschichte 118 (1982), S. 205-220; vgl. auch Hans Patze: Die Bildung der landesherrlichen Residenzen im Reich während des 14. Jahrhunderts. In: Stadt und Stadtherr im 14. Jahrhundert. Entwicklungen und Funktionen. Hg. v. Wilhelm Rausch. Linz/Donau 1972, S. 1-54.
54 Die deutschen Königspfalzen. Repertorium der Pfalzen, Königshöfe und übrigen Aufenthaltsorte der Könige im deutschen Reich des Mittelalters. Göttingen 1983ff.
55 Vgl. die Rezension von Peter Moraw zum 1. Band der Residenzenforschung: Was war eine Residenz im deutschen Spätmittelalter? In: Zeitschrift für Historische Forschung 18 (1991), S. 461-468.
56 Patze/Paravicini: Zusammenfassung. In: Fürstliche Residenzen (wie Anm. 51), besonders S. 465-470.
57 Fontes rerum Bernensium, Bd. 2. Bern 1877, Nr. 480, S. 501.

lam ... in castro N. in nostra residencia sitam ... contulimus[58]. András Kubinyi hat ebenfalls nur wenige, aber durch die Wortwahl *residencia continua et perpetua* sehr instruktive ungarische Belege aus dem 15. und 16. Jahrhundert gefunden[59]. Ivan Hlaváček macht zu 1365 auf das *castrum* Spielberg bei Brünn aufmerksam, wo Markgraf Johann von Mähren *residenciam suam continuam facit*[60]. Klaus Neitmann führt für die Burg Ronneburg des Erzbischofs von Riga *communis residentia*[61] und für das preußische Königsberg des Herzogs Albrecht 1529 *solita sua residentia* an[62].

Der sicherste und fundierteste Ansatzpunkt für den Übergang zu einer festen, dauerhaften Wohn- und Wirkungsstätte und damit zu einer ständigen Fürstenresidenz im Sinne der modernen Residenzenforschung wurde durch die Itinerarununtersuchung erbracht. Von Neben- und Sommerresidenzen, von Jagdschloß und Witwensitz sehen wir hier ab und auf die weiter praktizierte Reisetätigkeit des Herrschers auch bei sich stabilisierender Residenzherrschaft weisen wir - aber ausdrücklich - nur hin. Anhand der Häufigkeit der Tagesaufenthaltsbelege hat Neitmann als Residenz des livländischen Ordensmeisters im 15. Jahrhundert Riga, nach der Zerstörung des dortigen Ordensschlosses im Jahre 1484 Wenden ausgemacht[63]. Eckhard Müller-Mertens charakterisierte durch die Anzahl der Tagesaufenthaltsnachweise der brandenburgischen Kurfürsten in Berlin-Cölln die Jahre zwischen 1437 und 1486 als Übergangszeit zur Residenzherrschaft in der Mark Brandenburg[64].

Es wurden Kriterien oder Merkmale für den Residenzcharakter eines Ortes herausgearbeitet, ohne daß diese immer alle zusammen und gleichzeitig auf einen Residenzort zutrafen. Die wichtigsten waren:
- Eine entsprechende topographische, architektonische und künstlerische Ausgestaltung des Residenzbaus (Residenzschloß) mit Öffnung zur Landschaft durch Parks, Gärten und Alleen und mit europaweiten Verbindungen, Anregungen und Einflüssen durch die Herrscher selbst und die von ihnen engagierten Künstler, wie die zum Teil erstaunlichen Anregungen aus dem Prag Karls IV., dem Ungarn der Anjou, aus Frankreich und

---

58 Nürnberger Urkundenbuch. Bearb. v. Stadtarchiv Nürnberg. Nürnberg 1959, Nr. 425, S. 262 (1267 Mai 4).
59 András Kubinyi: Residenz- und Herrschaftsbildung in Ungarn in der 2. Häfte des 15. Jahrhunderts und am Beginn des 16. Jahrhunderts. In: Fürstliche Residenzen (wie Anm. 51), S. 421-462, hier S. 449f. mit Anm. 157.
60 Ivan Hlaváček: Brünn als Residenz der Markgrafen der luxemburgischen Sekundogenitur. In: Fürstliche Residenzen (wie Anm. 51), S. 361-420, hier S. 375.
61 Klaus Neitmann: Die Residenzen des livländischen Ordensmeisters in Riga und Wenden im 15. Jahrhundert. In: Stadt und Orden. Das Verhältnis des Deutschen Ordens zu den Städten in Livland, Preußen und im Deutschen Reich. Hg. v. Udo Arnold. Marburg 1993, S. 59-93, hier S. 60f.
62 Klaus Neitmann: Was ist eine Residenz? Methodische Überlegungen zur Erforschung der spätmittelalterlichen Residenzbildung. In: Niedersächsisches Jahrbuch für Landesgeschichte 61 (1989), S. 1-38, hier S. 13 mit Anm. 37. [Wiederabdruck in: Vorträge und Forschungen zur Residenzfrage (wie Anm. 51), S. 11 - 43, hier S. 21].
63 Neitmann (wie Anm. 61), S. 67f.
64 Müller-Mertens (wie Anm. 32), S. 150-153.

Burgund in den schlesischen Residenzen Liegnitz und Brieg im 14./15. Jahrhundert belegen[65].
- Die Grablege der fürstlichen Familie und Grabdenkmäler als Repräsentationszeichen.
- Der ständige Aufenthalt der Gattinnen und Kinder.
- Die Wahrnehmung zentraler Aufgaben von diesem Herrschaftsmittelpunkt aus für ein ganzes Territorium durch zentrale Kämmerei, durch Kanzlei und durch ein Archiv.
- Das Vorhandensein eines Kollegiatstifts mit seiner Bedeutung auch für die Heranbildung eines schriftkundigen Kanzlei- und Verwaltungspersonals.
- Die Gründung einer Universität.

Residenzenforschung kann an dem Verhältnis von Residenz und Stadt nicht vorbeigehen, befand sich doch der Gebäudekomplex Residenz seit dem späten Mittelalter überwiegend in einer Stadt. Der besondere Typ der frühneuzeitlichen Haupt- und Residenzstadt[66], der - sofern er nicht eine bewußte Residenzstadtneugründung des 17./18. Jahrhunderts ist - aus mittelalterlichen Wurzeln herrührt, hat sich zu einem breit untersuchten Gegenstand der Stadtgeschichts- und Residenzenforschung entwickelt. Trotzdem ist Heinz Schilling zuzustimmen, der eine vergleichende Monographie zum Typus der Residenzstadt als Desiderat erklärt[67].

Einige Ergebnisse und offene Fragen der Erforschung des frühneuzeitlichen Stadttyps Haupt- und Residenzstadt seien kurz angemerkt:

1. Von der spezifischen Funktion, Haupt- und Residenzstadt zu sein, hing wesentlich die gesellschaftliche und die engere soziale Struktur dieser Städte ab[68]. Deren innere Geschichte bis in die Neuzeit füllt das Verhältnis von Stadtbürgertum und Hofstaat[69]. Das beginnt mit der Auffüllung der städtisch-bürgerlichen Bevölkerung durch fürstliche Beamte und Hofgesinde und mit deren Ansiedlung in städtischen Palais, Häusern und Wohnungen. Es führt weiter über den Einstieg von Großbürgern, die Fürsten Kredite gewähren, in die fürstliche Hof- und territoriale Ämterverwaltung. Es endet nicht bei einer anscheinend veränderten Physiognomie der bürgerlichen Oberschicht, die sich stärker als im Mittelalter in eine Juristen-, Pfarrer- und Wirtschaftsbürgerelite funktional differenzierte[70]. Demgegenüber veränderte sich die weiterhin zünftisch geprägte Handwerker-Mittelschicht zunächst kaum, wenn man von der Zunahme einiger Luxus- und Modegewerbe absieht. Dagegen

---

65 Vgl. Alicja Karłowska-Kamzowa: Zu den Residenzen Ludwigs I., Ruprechts und Ludwigs II. von Liegnitz und Brieg. In: Fürstliche Residenzen (wie Anm. 51), S. 349-360.
66 Vgl. Heinz Stoob: Über frühneuzeitliche Städtetypen. In: ders.: Forschungen zum Städtewesen in Europa I. Köln/Wien 1970, S. 246-284, hier S. 276-281.
67 Heinz Schilling: Die Stadt in der frühen Neuzeit (Enzyklopädie deutscher Geschichte; Bd. 24). München 1993, S. 68.
68 Vgl. Walter G. Rödel: Im Schatten des Hofes - die Bevölkerung der frühneuzeitlichen Residenzstadt. In: Residenzen (wie Anm. 51), S. 83-111, hier besonders S. 87-98.
69 Vgl. Hans Conrad Peyer: Das Aufkommen von festen Residenzen und Hauptstädten im mittelalterlichen Europa. In: ders.: Könige, Stadt und Kapital. Zürich 1982, S. 69-80, hier S. 78.
70 Vgl. Schilling (wie Anm. 67), S. 35.

wuchs die Zahl der "neuen Armen" weiter an, soziale Spannungen und die Armutsfrage gewannen an Brisanz - Erscheinungen, denen man u.a. mit weltlichen Fürsorge- und Zwangsanstalten und polizeilichen Maßnahmen zu begegnen trachtete[71]. Der veränderte gesellschaftliche Charakter von Haupt- und Residenzstädten führt schließlich bis zu Veränderungen in der städtischen Familienstruktur, wie sie Michael Mitterauer im Zusammenhang mit dem Aufstieg der erzbischöflichen Residenzstadt Salzburg zwischen 1569 und 1647 nachgewiesen hat, so das Anwachsen familiärer Konstellationen um Ledige und Verwitwete. Unter den ledigen Männern waren vor allem Hofbedienstete, ferner Tagelöhner und Bauarbeiter - Beleg für das Baugeschehen in der Residenzstadt[72].

2. Das Verhältnis von frühneuzeitlicher Residenzstadt und bürgerlicher Selbstverwaltung ist wohl differenzierter zu charakterisieren als mit dem in der Literatur noch überwiegenden Begriff vom Verlust der mittelalterlichen städtischen Autonomie. Wenn für Berlin die Vereinbarkeit von Stadtherrschaft des patrizischen Rates einerseits und Markgrafenresidenz andererseits im Spätmittelalter konstatiert wurde[73], so ist zu fragen, wie lange diese Verhältnisse in die frühe Neuzeit hineinragten und welche Rolle dem ständischen Widerstand für ihre Bewahrung beizumessen ist. Die alten städtischen Freiheiten wie Gerichtsbarkeit und Wahl der städtischen Organe blieben im wesentlichen - wenn auch mit fürstlicher Bestätigung - erhalten, neue wie die städtische Polizei und das Institut der Stadtverordneten traten hinzu. Sie unterlagen aber doch gerade in der fürstlichen Residenzstadt - je länger um so mehr - staatlichen Einschränkungen durch Reglements, Aufsichtsbehörden und Untersuchungskommissionen[74]. Doch auch für Wien wird in neueren Publikationen betont, daß etwa durch die Stadtordnung Ferdinands von 1526 die städtische Autonomie "keineswegs vernichtet worden" sei[75]. Zwischen der mittelalterlichen Städtefreiheit und ihrem Untergang im 17./18. Jahrhundert dürfte eine Epoche des Übergangs zu konstatieren sein.

3. Zu betonen sind nicht zuletzt die hervorstechenden kulturellen Leistungen und die alltäglichen Kultur- und Bildungsfunktionen vieler, in bezug auf ihre demographische Entwicklung kleiner und ökonomisch wenig differenzierter Residenzstädte, wie sie in Deutschland z.B. in der thüringischen städtischen Kulturlandschaft begegnen. Das weist

---

71 Vgl. u.a. Edith Ennen: Mitteleuropäische Städte im 17. und 18. Jahrhundert. In: Die Städte Mitteleuropas im 17. und 18. Jahrhundert. Hg. v. Wilhelm Rausch. Linz 1981, S. 1-20.
72 Michael Mitterauer: Vorindustrielle Familienformen. Zur Funktionsentlastung des "ganzen Hauses" im 17. und 18. Jahrhundert. In: ders.: Grundtypen alteuropäischer Sozialformen. Haus und Gemeinde in vorindustriellen Gesellschaften. Stuttgart/Bad Cannstatt, S. 35-97.
73 Vgl. Müller-Mertens (wie Anm. 32), S. 154.
74 Vgl. dazu Gerd Heinrich: Staatsaufsicht und Stadtfreiheit in Brandenburg-Preußen unter dem Absolutismus (1660-1806). In: Städte Mitteleuropas (wie Anm. 71), S. 155-172.
75 Vgl. Max Kratochwill: Wien im 16. Jahrhundert. In: Die Stadt an der Schwelle zur Neuzeit. Hg. v. Wilhelm Rausch. Linz/Donau 1980, S. 75-92, hier S. 79.

gerade den oft übersehenen Kleinstädten auch im frühneuzeitlichen Städtenetz eines Territoriums eine besondere Rolle zu[76].

Der Stadttyp "Metropole" wird in der neueren Forschung bereits selbst als der Vergangenheit zugehörig eingestuft[77], während sich Historiker, Kultur- und Kunsthistoriker noch mit Metropolen in der Vergangenheit beschäftigen. Allgemeine Dezentralisierungstendenzen haben auch Hauptstädte und die Metropolenbildung erfaßt. Es entwickeln sich Megastädte mit 10 Millionen Einwohnern[78], die in Städtelandschaften von kaum vorstellbaren Größenordnungen zusammengefaßt sind. Zunehmende Vernetzung, kommunikative Verdichtung und Mobilität lassen dabei den Unterschied von Metropole und Provinz immer mehr zurücktreten. Wissenschaftler auf der ganzen Welt stehen über "Internet" in Verbindung und bilden eine sogenannte "Netropolis". Das von Karl Schlögel bezeichnete "Laboratorium der Moderne"[79], in dem die zusammenstoßenden Kräfte fusionieren, ist also nicht mehr unbedingt an eine Metropole gebunden.

Trotz dieser Entwicklung und der heute in der politischen Diskussion im Vordergrund stehenden Betrachtung der negativen Auswirkungen von Industrialisierung und Menschenagglomerationen[80] ist der Blick auf die Epoche der Genese von Metropolen gerade in Ostmitteleuropa in vielerlei Hinsicht erkenntnisfördernd. Momente wie der vielschichtige Charakter des deutsch-slawisch-magyarischen Kontaktraumes, die Eigenart der ostmitteleuropäischen Regionalentwicklung, die impulsgebende und vermittelnde Rolle der Metropolen beim kulturellen Transfer[81] in diesem Raum machen das Spannungsfeld von Regionalkultur, Nationalkultur und europäischer Kultur deutlich.

Den erst im 19. Jahrhundert als Bezeichnung für wachsende Großstädte eingeführten Metropolenbegriff[82] für einen weiter zurückliegenden historischen Zeitraum, den von 1400 bis 1600, als historische Kategorie und Paradigma auf ostmitteleuropäische Städte anzuwen-

---

76 Vgl. den Band: Gründung und Bedeutung kleinerer Städte im nördlichen Europa der frühen Neuzeit (Wolfenbütteler Forschungen; Bd. 47). Hg. v. Antoni Mączak/Christopher Smout. Wiesbaden 1991.
77 So kürzlich auf der Tagung "Hauptstadt: Historische Perspektiven eines deutschen Themas" von Tilman Breuer und Hermann Lübbe. Vgl. den Bericht v. Weigand (wie Anm. 26).
78 Megastädte. Zur Rolle von Metropolen in der Weltgesellschaft (Beiträge zur Historischen Sozialkunde; Bd. 2). Hg. v. Peter Feldbauer u.a. Wien/Köln/Weimar 1993.
79 Karl Schlögel: Jenseits des Großen Oktober: Das Laboratorium der Moderne. Petersburg 1909-1921. Berlin 1988.
80 Unter Agglomerationen werden städtische Räume verstanden, in denen mindestens eine halbe Million Menschen wohnen. Vgl. Wolf Gaebe: Agglomerationen in West- und Osteuropa. In: Agglomerationen in West und Ost (Wirtschafts- und Sozialwissenschaftliche Ostmitteleuropa-Studien; Bd. 16). Marburg 1991, S. 3-21. Gaebe unterscheidet zwischen vier Entwicklungsphasen, in denen Bevölkerung und Beschäftigung sich unterschiedlich entwickelten. 1. Urbanisierung, 2. Suburbanisierung, 3. De-Urbanisierung und 4. Re-Urbanisierung.
81 Vgl. Michel Espagne: Sur les limites du comparisme en histoire culturelle. In: Genèses 17 (1994), S. 112-122.
82 Etymologisches Wörterbuch der Deutschen. Berlin 1993, Bd. 1, S. 867.

den, ist allerdings etwas Neues. In der heutigen Zeit, in der zum ersten Mal in der Geschichte der Menschheit mehr Menschen in urbanen als in ländlichen Gebieten leben, wird der Begriff "Metropole" in unserer Alltagssprache geradezu inflationär verwendet, wie beispielsweise die "Modemetropole" Düsseldorf, die "Bankmetropole" Frankfurt etc. Aber auch in der wissenschaftlichen Literatur spricht man schlagwortartig von den "Eurometropolen" Wien und Prag[83], der "Handelsmetropole" Danzig, der "Kunstmetropole" Prag[84], Breslau als der "Metropole des Südostens"[85] und von einer Hauptstadt als der "Metropole eines Staates"[86], ohne eine Begriffsklärung des meist in Titeln verwendeten Terminus vorzunehmen. Offensichtlich werden Städte als Metropolen bezeichnet, wenn einzelne zentrale Faktoren überregionale Bedeutung qualitativer Art bekommen (wie "Handelsmetropole") oder zu einer Region in Beziehung gesetzt werden (wie "Metropole des Südostens"). Fraglich blieb bisher, wo bei dieser Art der Verwendung des Begriffes das historische Erkenntnisinteresse liegen könnte. Um den Terminus "Metropole" als Paradigma der historischen Forschung zu benutzen, müssen zunächst definitorische Überlegungen angestellt werden.

Im ursprünglichen Sinn, wie ihn die Griechen verstanden, bedeutete *metropolis* eine "Mutter-Stadt" in Hinblick auf die von ihr ausgehenden Neugründungen, aber auch "Zentrum" und "Hauptstadt" einer Provinz. Daraus entwickelte sich der lateinische Begriff *metropolis* für eine kirchliche Hauptstadt und "Metropolit" für den Erzbischof.

Am 7. April 1348 ließ Karl IV. den Stiftungsbrief für die Universität Prag ausstellen. Zur Ehre und Wohlfahrt des Königreiches Böhmen sollte ein Studium generale in *nostra Pragensi metropolitica et amenissima civitate* gewährt werden, also *in unserer Metropole und höchst lieblichen Stadt Prag*[87]. Einen Monat zuvor wurde in der Gründungsurkunde für die Prager Neustadt ebenfalls der Begriff *metropolis* verwandt: *civitatem Pragensem in metropolitam ad nostri instantiam et requestem non ante multos hoc dies erectam*. Der Falschübersetzung dieses Zitats, die besagte, daß Prag *vor wenigen Tagen zur Hauptstadt des Römischen Reiches erhoben wurde*[88], ist in der Literatur bereits von Neitmann wider-

---

83 Lichtenberger (wie Anm. 4).
84 Achatz von Müller: Magie und Macht. Die Kunstmetropole Prag unter Rudolf II. In: Die Hauptstädte der Deutschen (wie Anm. 5), S. 100-111.
85 Ludwig Petry: Breslau in der Frühen Neuzeit - Metropole des Südostens: In: Europäische Städte im Zeitalter des Barock. Gestalt - Kultur - Sozialgefüge. Hg. von Kersten Krüger (Städteforschung; Reihe A; Bd. 28). Münster 1988, S. 121-140. Vgl. den Beitrag von Hugo Weczerka in diesem Band.
86 Hödl (wie Anm. 35), S. 24.
87 Vgl. Frank Rexroth: Deutsche Universitätsstiftungen von Prag bis Köln. Die Intention des Stifters und die Wege und Chancen ihrer Verwirklichung im spätmittelalterlichen Territorialstaat (Beihefte zum Archiv für Kulturgeschichte; Bd. 34). Köln/Weimar/Wien 1992, S. 75f.
88 Vilém Lorenc: Das Prag Karls IV. Die Prager Neustadt. Stuttgart 1982, S. 97.

sprochen worden[89]. Hier und wahrscheinlich auch im Gründungsprivileg der Universität meinte man eindeutig die Erhebung Prags zum Sitz eines Erzbistums im Jahr 1344.

Die zeitgenössische Verwendung des Begriffs *metropolis* im kirchenrechtlichen Sinne verschwimmt also - das zeigen die Übersetzungsfehler - mit unserem heutigen Verständnis von Metropolen. Allerdings vermischt sich die Metropole im kirchenrechtlichen Sinne doch wiederum mit zentralen Orten und der Hauptstadt, da die Kirche sich eben diese als Sitz erwählte. Zedlers Universallexikon führt zu Metropolit aus: *Es wurde dieser Nahme eigentlich nur denjenigen Bischöfe[n] gegeben, welche in der Metropoli und Haupt-Stadt einer ganzen Provinz ihren Sitz hatten. Die Gelegenheit darzu ist gewesen, theils dem Volcke einen Gefallen zu erzeugen, als welches öffters zu Beylegung ihrer Geschäfte an die Haupt-Stadt appellirte, und auf solche Weise ihr bürgerliche und geistliche Sache auf einmahl endigen konnte: theils auch, weil das Volck häuffig nach der Stadt zulief ...*[90].

In deutschsprachigen Texten wurde das Fremdwort "Metropole" erst im 16. Jahrhundert verwandt und zwar zunächst im Sinne des griechischen Wortes. Johannes Aventin, ein Schüler des Humanisten Konrad Celtis, beschrieb 1528 in seinem Städtelob auf Regensburg die Stadt als *hauptstat* Bayerns und *metropolis, das ist die mueterstat, darauß al ander stet in disem land geporn ... sein*[91]. Seit etwa 1830 wurde der Metropolenbegriff in einer multifunktionalen Bedeutung verwendet, die aber vielleicht nicht so unhistorisch oder neuzeitlich geprägt ist, wie bisher vermutet. Auch die zeitgenössischen Quellentermini der frühen Neuzeit, wie etwa *hauptstadt*, *caput* und *metropolis* schließen mit unterschiedlicher Nuancierung schon Aspekte der Zentralität ein, aus denen sich unser heutiges - leider ebenso ungenaues - Verständnis der Begriffe entwickeln konnte.

Basis des Bedeutungs- und Funktionsüberschusses von Metropolen ist der von dem Geographen Walter Christaller geprägte moderne Begriff der Zentralität[92], der den Blick auf die Raumfunktion und die Beziehung zum Umland lenkt. Die Funktionen der Städte sind dabei entsprechend der Größe ihrer Ergänzungsgebiete abgestuft, das heißt, es ergibt sich eine Hierarchie der zentralen Orte. Das Hauptzentrum höchster Hierarchie, in dem sich alle Zentralfunktionen vereinigen, wird dann zur Metropole, die überregionale Funktionen erfüllt.

---

89 Neitmann (wie Anm. 62), S. 12.
90 Zedlers Universal-Lexicon, Bd. 20. Leipzig/Halle 1739, Sp. 1383.
91 Kraus (wie Anm. 14).
92 Walter Christaller: Die zentralen Orte in Süddeutschland. Eine ökonomisch-geographische Untersuchung über die Gesetzmäßigkeit der Verbreitung und Entwicklung der Siedlungen mit städtischen Funktionen (1933). [Wiederabdruck als: Das System der zentralen Orte. In: Zentralitätsforschung. Hg. v. Peter Schöller. Darmstadt 1972 (Wege der Forschung; Bd. 301), S. 3-22.

Die heutige funktional-ökonomische Fragestellung auf die Vergangenheit zu übertragen, wurde jedoch auch kritisch beurteilt, z.B. bei Emil Meynen[93]. Allerdings können zentralörtliche Einrichtungen, Funktionen und Sachbereiche für bestimmte Epochen differenziert, klassifiziert sowie in ihrer Bedeutung und Intensität eingestuft und bewertet werden[94], wie dies eben die Geographen tun. Das Besondere liegt darin, daß sich an wenigen oder an einem einzigen Ort Mittelpunktsfunktionen verschiedenster Art häufen, Mittelpunktsfunktionen, die im einzelnen gar nicht neu sind, deren Summierung aber dann doch eine neue Qualität ausmacht[95].

Im Unterschied zur Großstadt, die sich vor allem über Bevölkerungszahl und Flächenmaß definieren läßt, müssen bei einer Metropole drei Hauptmerkmale von zentralen Orten hinzukommen: das politische Zentrum mit der Residenz der Könige, dem Mittelpunkt der Verwaltung, des Adels und der Kirche, das wirtschaftliche Zentrum mit Handel, Verkehr und Produktion sowie das kulturelle Zentrum mit Bildungseinrichtungen und der Kunst. Hierbei konnten jedoch der Grad und die Qualität der Zentralfaktoren und die Kombination durchaus unterschiedlich sein, ganz fehlen dürfen sie jedoch nicht. Von allen Zentralfunktionen ist der Faktor der Kirche der stabilste, weil die Bischöfe - im Gegensatz zur fürstlichen Residenz - einer Residenzpflicht am Ort ihrer Bischofskirche unterlagen[96].

Typisch für den ostmitteleuropäischen Raum scheint die Existenz starker Regionen mit jeweils eigenen Zentren zu sein, die Teilfunktionen von Metropolen übernehmen. Hier wären etwa Breslau und Preßburg zu nennen. In der uns interessierenden Zeit konnte sich die Häufung von Mittelpunktsfunktionen zunächst auch auf den "Zentralraum" eines Königreiches verteilen, so etwa in Böhmen auf Prag, Karlstein und Königsaal, in Ungarn auf Buda, Gran, Stuhlweißenburg und in Österreich auf Wien, Klosterneuburg, Mauerbach[97]. Deutlich wird jedoch der Versuch der jeweiligen Herrscher, einen idealen Mittelpunkt zu schaffen. Dies stieß im flächenmäßig großen Polen, wo man nach dem Zusammenschluß mit Litauen zum geographischen Mittelpunkt Warschau tendierte, auf größere Probleme als in den kleineren geographischen Einheiten Ungarn und Böhmen. Im Gegensatz zu den pol-

---

93 Zentralität als Problem der mittelalterlichen Stadtgeschichtsforschung (Städteforschung; Reihe A; Bd. 8). Hg. v. Emil Meynen. Köln/Wien 1979, S. X.
94 Eberhard Isenmann: Die deutsche Stadt im Spätmittelalter. 1250-1500. Stadtgestalt, Recht, Stadtregiment, Kirche, Gesellschaft, Wirtschaft. Stuttgart 1988, S. 232.
95 Neitmann (wie Anm. 62)
96 Die seit dem ersten Konzil von Nikäa (325) immer wieder eingeschärfte Residenzpflicht konnte jedoch auch nach dem Tridentinum noch nicht endgültig durchgesetzt werden. Vgl. Richard A. Strigl: Residenzpflicht. In: Lexikon für Theologie und Kirche, 2. Aufl., Bd. 8, Sp. 1250.
97 Peter Csendes: Die Aufenthaltsorte der Babenberger in Niederösterreich und Steiermark. In: Jahrbuch des Vereines für Geschichte der Stadt Wien 34 (1978), S. 24-32, hier S. 28; Franz Machilek: Praga caput regni. Zur Entwicklung und Bedeutung Prags im Mittelalter. In: Stadt und Landschaft im deutschen Osten und in Ostmitteleuropa (Studien zum Deutschtum im Osten; H. 17). Hg. v. Friedhelm Berthold Kaiser/Bernhard Stasiewski. Köln/Wien 1982, S. 67-126, hier S. 86.

nischen und ungarischen Zentren wurde in Böhmen die Mittelpunktsfunktion von Prag nie in Frage gestellt, wobei auch Unterschiede zwischen eher föderalistischen und zentralistischen Staatsauffassungen deutlich werden.

Der Faktor Wirtschaft scheint in vorindustrieller Zeit nicht dieselbe Bedeutung für die Zentralität zu haben wie in späterer Zeit. In Ostmitteleuropa bildeten sich parallel zur Staatswerdung städtische Großzentren heraus, die systematisch vom Landesherrn zu Metropolen ausgebaut wurden. Die überwiegend dynastischen Metropolen existierten unter teilweise wirtschaftlichen Minimalbedingungen. Auch die Handelsmetropole Danzig erreichte nie den Stellenwert Krakaus oder Prags, deren wirtschaftliche Kapazität zeitweise äußerst gering war.

Wenn wir von Metropolen sprechen, meinen wird damit doch etwas anderes als "große Städte". Eine Metropole ist der Sonderfall der großen Stadt, des Zentrums, der Residenzstadt und der Hauptstadt. Eine Metropole wurde modern definiert als "die im jeweiligen nationalen Maßstab singuläre Zusammenballung menschlicher, kultureller und materieller Ressourcen und Potenzen an einem von der Geschichte ausgezeichneten Ort, einem Ort, der aufgrund dieser Zusammenballung und aufgrund seiner Geschichte zum Brennpunkt und zum Spiegelbild aller höheren Ambitionen des Gesellschaftssystems, dem er zugehört, wird, zum Ort der Projektion nationalen Ehrgeizes ... und zum Ort nationaler Identitätsfindung und internationaler Kommunikation ..."[98]. Weiterhin werden Metropolen heute typologisch weltweit dadurch charakterisiert, daß sie im höchsten Maße an sich ziehen und bestimmen: die Kapitalströme, die Informationsströme, den technischen und wissenschaftlichen Fortschritt, die Wirtschaftsleitung, die politische Leitung und hochrangige Kultureinrichtungen[99].

In der Übergangsepoche vom Mittelalter zur frühen Neuzeit stellen Metropolen Orte neuartiger Integrationsmöglichkeiten dar. Schon damals funktionierte die wissenschaftliche Vernetzung, die allerdings anders organisiert wurde. Hier liegt die Chance einer Anwendung des komplexen Begriffs der Metropole als historische Kategorie auf diese Zeit. Die Vielfalt der ostmitteleuropäischen Regionalkulturen, die ethnische Pluralität und gegenseitige kulturelle Beeinflussung machen diesen Raum zu einer kulturellen Kontaktzone. Aspekte der Wechselbeziehungen, der Rezeption humanistischer Ideen und der Renaissance lassen sich exemplarisch an den gesellschaftlichen, politischen und kulturellen Funktionen von Metropolen als Schmelztiegel und Brennpunkt erarbeiten.

---

98 Karl Schwarz: Die Metropole wollen. Berlin als Metropole wollen. In: ders. (Hg.): Die Zukunft der Metropolen. Paris/London/New York/ Berlin. Berlin 1984, Bd. 1, S. 21-30, hier S. 21.
99 Zimm (wie Anm. 2), S. 5.

Diese Zentralfunktionen sind jedoch nicht statisch aufzufassen, vielmehr bedingen sie sich gegenseitig. In Ostmitteleuropa handelt es sich offensichtlich um einen dynamischen Metropolentyp, vergleichbar mit dem der oberitalienischen Städte, bei dem sich verschiedene Funktionen auf mehrere Zentren verteilen, die in gegenseitiger Konkurrenz stehen, wie etwa in Polen mit Krakau, Danzig und Warschau. Greift man sich aus diesem Faktorenbündel konkret die kulturvermittelnde Funktion von Metropolen im Vergleich heraus, zeigen sich die Dynamik und das Wechselspiel vielleicht am prägnantesten.

Gemäß dem Ansatz von Matthias Corvinus, der am 10. Februar 1489 an den Rat der Stadt Wien schrieb, daß es sein Ziel sei, *die kunst und lernung zu fördern*[100], wird die kulturbildende und impulsgebende Rolle des Hofes und des Herrschers für die Bildungsgeschichte, aber auch für die Kunstgeschichte, deutlich. Eine von oben initiierte und gelenkte "staatliche" Kunst scheint für den Untersuchungszeitraum prägend zu sein. Die Verbindung von Regierungsgewalt und Gelehrsamkeit gehört zu den allgemein zu beobachtenden Zügen im Erscheinungsbild der europäischen Residenzen jener Zeit[101]. Mehrere Landesherren machten es sich seit Karl IV. zur Tradition, durch Universitätsstiftungen und den Ausbau von Bibliotheken ihren Haupt- und Residenzstädten einen metropolitanen Glanz zu geben.

Städte sind zwar ohne Universitäten, aber Universitäten niemals ohne Städte denkbar. Die Stadt ist die notwendige Rahmenbedingung der Universität, und das bezieht sich nicht nur auf die Unterbringung und die sonstige Infrastruktur, sondern auch auf städtisch-bürgerliche Mentalitäten, die den Wissenschaften aufgeschlossen gegenüberstehen und die intellektuellen Austausch zu fördern vermögen. Die besonders reiche und differenzierte deutsche Universitätslandschaft seit dem Mittelalter spiegelt auch die Situation der Städte bzw. Metropolenlandschaft des Alten Reiches wider.

Universitäten sind zugleich Seismographen und Wegbereiter bei der Schaffung einer kulturellen Einheit beziehungsweise Vielfalt[102]. In ihnen verband sich eine Mischung von einheimischen und ausländischen Studenten und Gelehrten, die in enger Beziehung zur Kirche standen, denn meist oblag dem Bischof oder Erzbischof als Kanzler die Oberaufsicht über die Universität.

Als erste Universität im Alten Reich wurde 1348 die Prager gegründet, die sich allerdings von einer Universität mit überregionaler Bedeutung[103] nach dem Kuttenberger

---

100 Vgl. Jolán Balogh: Die ungarischen Mäzene der Renaissance. In: Matthias Corvinus und die Renaissance in Ungarn 1458-1541. Katalog der Ausstellung auf der Schallaburg (Katalog des Niederösterreichischen Landesmuseums; Bd. 118). Wien 1982, S. 73-81, hier S. 76.
101 Koller (wie Anm. 35), S. 32.
102 Auch Karl Vocelka demonstriert das "Auf und Ab" der Zentralität Wiens an dem Fallbeispiel der Universität. Vgl. seinen Beitrag in diesem Band.
103 Peter Moraw bewertete allerdings kürzlich die bisher allgemein anerkannte Position der Prager Universität in der gesamteuropäischen Universitätslandschaft als eher bescheiden. Vgl. Peter Moraw:

Dekret 1409 zur utraquistischen Landesuniversität mit nationalem Charakter wandelte. In den sechziger Jahren des 14. Jahrhunderts folgten mit Wien, Krakau und Fünfkirchen weitere dynastische Universitätsgründungen, die jedoch nach dem Tod der Gründer wieder eingingen, wie Fünfkirchen, oder sich erst im 15. Jahrhundert nach dem Bedeutungsverlust der Prager Universität durchsetzen konnten, wie Wien und Krakau. Vor allem die Krakauer Universität wurde im Laufe des 15. Jahrhunderts zu einem Bildungszentrum Ostmitteleuropas. Die dominierende Rolle Krakaus verhinderte möglicherweise auch die erfolgreiche Gründung einer Universität in Ungarn, wo drei Gründungsversuche fehlschlugen. Ungarische Studenten gingen bis zur Schlacht von Mohács vor allem nach Krakau und Wien, aber auch nach Italien. Dadurch entwickelte sich trotz Fehlens einer Universität in Ungarn besonders am Hof von Buda eine weltoffene Elite, die europäische geistige Strömungen nach Ungarn brachte. In Polen und Böhmen wurde die kosmopolitische Atmosphäre an den Universitäten durch die Ausländer geprägt, während die Ungarn durch ihre Auslandsstudien das Wissen ins Land transportierten. Das Ausbleiben der Ungarn, die eigene Bursen in Krakau besaßen, trug ebenso wie in Prag der Auszug der deutschen Nation zu einem allgemeinen Rückgang der Studentenzahlen und einem schnellen Verlust der Anziehungskraft der Krakauer Universität im 16. Jahrhundert bei.

Als im 16. Jahrhundert, besonders nach der Reformation, immer mehr Universitäten und Akademien gegründet wurden, wuchs allgemein die Konkurrenz zwischen den Bildungseinrichtungen. 1544 wurde die protestantische Königsberger Universität gegründet, die jedoch ihre Bestätigung erst 1560 vom polnischen König Sigismund August erhielt[104]. Viele protestantische Polen, die "Auslese der polnischen andersgläubigen Jugend", studierten hier[105]. Königsberg entwickelte sich zu einem geistigen Zentrum des Nordostens und darüber hinaus zu einem wichtigen Ausgangspunkt des Protestantismus für Polen und Litauen. Durch die Universität wurde der Ausbau der Stadt zur Metropole sicher wesentlich unterstützt.

Genausowenig wie jedoch die Universität Prag in der Hochphase der Universität Krakau aufhörte zu existieren, veränderte die dynamische Schwerpunktverlagerung von Krakau nach Königsberg und anderen Universitäten lediglich die Position in diesem Mobile des Bildungswesens. Krakau bildete auch weiterhin einen kulturellen Anziehungspunkt.

Wenn man a priori den Faktor Universität als Teil einer Metropole voraussetzt, muß man dann deshalb im Umkehrschluß allen Nicht-Universitätsstädten den Metropolencharakter

---

Prager Universitäten des Mittelalters. In: Spannungen und Widersprüche. Gedenkschrift für František Graus. Hg. v. Susanna Burghartz u.a. Sigmaringen 1992, S. 109-123.

104 Max Toeppen: Die Gründung der Universität zu Königsberg und das Leben ihres erstens Rectors Sabinus. Königsberg 1844.

105 Janusz Małłek: Einwirkungen der polnischen Kultur auf das Herzogtum Preußen und Königreich Preußen vom 16. bis 18. Jahrhundert. In: Jahrbuch für die Geschichte Mittel- und Ostdeutschlands 37 (1988), S. 46-58, hier S. 51f. [Wiederabdruck in: ders.: Preußen und Polen. Politik, Stände, Kirche und Kultur vom 16. bis 18. Jahrhundert. Stuttgart 1992, S. 137-149].

absprechen? Wäre dann beispielsweise Buda mit der Corvinischen Bibliothek und so hervorragender Renaissancekunst niemals Metropole? Bei allen Faktoren, die wir hier theoretisch als konstituierend für Metropolen festhalten, wie etwa die Bevölkerungszahl, die Wirtschaftskraft und die politische Zentrale, werden wir auf eine ähnliche Problematik stoßen. Die Metropolenforschung hat die Schwierigkeit, aber auch die Perspektive, sich auf ein komplexes Wechselspiel der einzelnen zentralen Funktionen einlassen zu müssen.

In der Literatur werden die Begriffe Residenz, Residenzstadt, zentraler Ort, Metropole, Hauptstadt und Mittelpunkt häufig absolut austauschbar verwendet[106]. Aber es wurden auch Definitionen und Charakterisierungen durch jeweils besondere Merkmale und Faktoren versucht, deren Bündelung unterschiedlich sein konnte und die als historische Erscheinungen entstehen und auch wieder Verluste verzeichnen. Besonders für komparatistisch angelegte Projekte sollte neben der Erforschung von städtischen Individualitäten, der die meisten Beiträge dieses Bandes gewidmet sind, auch der Untersuchung von Typen, ihren gemeinsamen Zügen und Unterschieden, Beachtung geschenkt werden.

---

106 Vgl. z.B. Hödl (wie Anm. 35).

Thomas DaCosta Kaufmann

Das Problem der Kunstmetropolen im frühneuzeitlichen Ostmitteleuropa

Das Problem der Kunstmetropolen im frühneuzeitlichen Ostmitteleuropa[1] betrifft zunächst die Frage, ob es so etwas in dieser Region überhaupt gibt. Wenn wir zu dem Schluß kommen möchten, daß es in diesem Zeitraum etliche oder meines Erachtens im strengsten Sinne vielleicht nur eine wirkliche Kunstmetropole gegeben habe, bleiben immer noch mancherlei Fragen zu klären. Vor allem müssen wir zu einer Definition des Begriffs einer Kunstmetropole gelangen[2].

Während des Symposiums, dessen Ergebnisse hier vorliegen, sind Antworten und Thesen zu verschiedenen Problemen der Stadt- und Residenz- oder Hauptstadtgeschichte erörtert worden. Wenn in diesem Zusammenhang eine Metropole mit einem zentralen Ort, einer Hauptstadt oder Residenz gleichgesetzt wird, so wie in einigen der hier abgedruckten Beiträge, dann könnte man vielleicht zu anderen Schlußfolgerungen bezüglich der eventuellen Existenz ostmitteleuropäischer Metropolen und folglich von Kunstmetropolen im Zeitalter des Humanismus und der Renaissance kommen. Nur als Beispiel soll hier die etymologische Definition erwähnt werden, wonach "Metropolis" einen Bischofssitz, die Mutterstadt einer Kolonie bzw. eine neue Stadtgründung oder einen zentralen Punkt bedeutet[3]. Nach jeder dieser Definitionen dürfte man Metropolen in Ostmitteleuropa finden. Als Bischofssitz können z.B. Breslau oder Olmütz gelten. Als "Mutterstadt" könnte sicher Prag, das sich stolz, am Altstädter Platz, immer noch als *Mater urbium, mátka měst*, bezeichnet, gelten. Als zentrale Punkte eines Landes könnten dieselben und manche andere Städte, wie Warschau oder Königsberg, gelten[4]. Ich vermute, daß diese Polysemie die Mannigfaltigkeit der Referate dieses Symposiums und der hier abgedruckten Aufsätze ermöglichte.

---

1 Abbildungen zu diesem Aufsatz befinden sich im Bildteil sowie in den bekannten Standardwerken, so z. B. bei Jan Białostocki: The Art of the Renaissance in Eastern Europe. Oxford/Ithaca 1976; vgl. auch Thomas DaCosta Kaufmann: Court, Cloister and City. The Art and Culture of Central Europe 1450-1800. London/Chicago 1995 (im Druck).
2 In der Diskussion wurden auch die Bereiche Musik, Literatur und Buchproduktion berührt; der vorliegende Aufsatz behandelt jedoch die Problematik der Kunstmetropolen ausschließlich in Bezug auf die bildende Kunst (Malerei, Plastik und Architektur).
3 Vgl. hierzu den Beitrag von Evamaria Engel und Karen Lambrecht.
4 Vgl. die Beiträge von Maria Bogucka, Janusz Małłek, Jaroslav Pánek und Hugo Weczerka.

Auch die Kunstgeschichte, besonders eine vergleichende, kann zu diesen Fragestellungen etwas beitragen. Es sind jedoch von diesem Fach andere Ergebnisse zu erwarten. Da die deutsche Forschungsliteratur zu diesem Thema den Lesern dieses Bandes bekannt sein dürfte[5], wird sich dieser Aufsatz vor allem mit den neueren englischen und italienischen Schriften, hauptsächlich von Emrys Jones, Peter Burke, Enrico Castelnuovo und Carlo Ginzburg befassen[6]. Nach dem Geographen Emrys Jones ist eine Metropolis eine Großstadt, doch kann für ihn "groß" - ebenso wie andere Determinanten für Metropolen - vieles bedeuten, und es können noch weitere Adjektive hinzutreten. Wie Jones erklärt (was eigentlich auch offensichtlich ist), kann die Bezeichnung "groß" quantitativ oder qualitativ benutzt werden. Zur Beurteilung der quantitativen Seite liefert die neuere Stadtforschung über die Verstädterung Europas in der frühen Neuzeit und über Bevölkerungszahlen erste Ergebnisse[7]. Demgemäß wären, verglichen mit anderen europäischen Städten der frühen Neuzeit wie Paris, London, Mailand, Sevilla oder Neapel, keine ostmitteleuropäischen Metropolen zu finden. Obwohl Städte wie Prag im Verhältnis zu ihrer näheren Umgebung als groß bezeichnet werden können, soll meiner Meinung nach doch der Vergleich mit anderen europäischen Städten betont werden, weil die daraus resultierenden Folgerungen für

---

5   Auf folgende Titel sei hier dennoch hingewiesen: Alfred Wendehorst: Das Hauptstadtproblem in der deutschen Geschichte. In: Hauptstädte. Entstehung, Struktur und Funktion (Schriften des Zentralinstituts für Fränkische Landeskunde und Allgemeine Regionalforschung an der Universität Erlangen-Nürnberg; Bd. 18). Hg. v. Alfred Wendehorst/Jürgen Schneider. Neustadt a. d. Aisch, S. 83-90 und andere Aufsätze in diesem Sammelband. Vgl. auch Theodor Schieder: Einige Probleme der Hauptstadtforschung; Karl Othmar Freiherr von Aretin: Das Reich ohne Hauptstadt? Die Multizentralität der Hauptstadtfunktionen im Reich bis 1806; Stefan Kieniewicz: Warschau als Hauptstadt der neuzeitlichen Polnischen Nation; Adam Wandruszka: Wien - Haupt einer Großmacht und eines Kleinstaates. Alle in: Hauptstädte in europäischen Nationalstaaten. Hg. v. Theodor Schieder/Gerhard Brunn. München und Wien 1983, S. 1-4, 5-13, 87-102, 113-119; vgl. ferner: Hauptstadt. Zentren, Residenzen. Metropolen in der deutschen Geschichte. Hg. v. Bodo-Michael Baumunk/Gerhard Brunn. Köln 1989; Vorträge und Forschungen zur Residenzfrage (Residenzenforschung. Hg. v. der Residenzen-Kommission der Göttinger Akademie der Wissenschaften; Bd. 1). Hg. v. Peter Johanek. Sigmaringen 1990; Fürstliche Residenzen im spätmittelalterlichen Europa (Vorträge und Forschungen herausgegeben vom Konstanzer Arbeitskreis für mittelalterliche Geschichte; Bd. 36). Hg. v. Hans Patze/Werner Paravicini. Sigmaringen 1991; Residenzen. Aspekte Hauptstädtischer Entwicklung von der frühen Neuzeit bis zum Ende der Monarchie (Oberrheinische Studien; Bd. 10). Hg. v. Kurt Andermann. Sigmaringen 1992.
6   Emrys Jones: Metropolis. Oxford/New York 1990; Peter Burke: Antwerp. A Metropolis in Comparative Perspective. Antwerpen 1993; Enrico Castelnuovo/Carlo Ginzburg: Centro e periferia. In: Storia dell'arte italiana. Hg. v. Giovanni Previtali. Torino 1979, Bd. 1, S. 285-352; Enrico Castelnuovo: Introduction: Center and Periphery. In: Dissemination and Assimilation of Style. In: World Art. Themes of Unity and Diversity. Acts of the XXVIth International Congress of the History of Art. University Park/London 1989, Bd. 1, S. 43 ff. Vgl. auch: Antwerpen, Story of a metropolis 16.-17. century. Hg. v. Jan van der Stock. Antwerpen 1993, S. 49-58.
7   Vgl. z.B. Jan de Vries: European Urbanization. Cambridge, Mass. 1984; Paul M. Hohenberg/Lynn Hollen Lees: The Making of Urban Europe 1000-1950. Cambridge, Mass./London 1985. Vgl. auch den Beitrag von Leszek Belzyt.

die Fragestellung der Metropolenforschung wichtig sind. Dies betrifft auch den Handel und die wirtschaftlichen Bedingungen.

Von noch weitaus größerer Bedeutung ist die Anwendung eines qualitativen Maßstabes. Hierbei spielen kulturelle und kunsthistorische Fragen eine Rolle. Jones, und nach ihm Burke, scheinen der Meinung von Arnold Toynbee zu folgen, wonach eine Metropole auch in dem Sinn "groß" ist, daß sie der Kulturgeschichte ihren Stempel aufdrückt[8]. Wir kennen die Geschichte des klassischen Altertums und wissen, was eine solche Metropole ist, und die Forschungen von Jones beziehen diese Epoche auch ein[9]. Mit anderen Worten waren Metropolen gleichermaßen "Kosmopolen", Weltstädte wie - um nur einige Beispiele aus dem Mittelmeergebiet zu nennen - Athen, Alexandria und Rom. Diese waren Weltstädte nicht nur als Zentren von politischer Macht, von Kommunikation und Märkten. Sie waren zudem großartig - nicht nur in Reichtum oder Pracht. Sie waren auch Bildungszentren, Zentren der Gelehrsamkeit und der Kunst, Orte, zu denen viele Menschen, darunter Künstler, aus der ganzen Oikumene strömten, und aus denen Erzeugnisse, Vasen, Plastiken aus Bronze und Marmor, nach unseren Kenntnissen auch Gemälde usw. "exportiert" wurden.

Im 20. Jahrhundert gibt es ebenfalls Kunstmetropolen dieser Art. Mutatis mutandis sind Orte wie New York (genauer Manhattan) zweifelsohne als Kunstmetropolen zu betrachten. Seit den vierziger Jahren sind Künstler aus der ganzen Welt, z.B. Arshile Gorky, André Breton, Marc Chagall, um nur einige Europäer zu nennen, nach New York gekommen. Bis heute ist New York ein Anziehungspunkt für ausländische Künstler, es gibt daher Werke, Werkstätten und Ausstellungen von ihnen, wie beispielsweise dem Bulgaren Christo, dem japanischen Bildhauer Isamu Noguchi oder dem koreanischen Videokünstler Nam June Paik. Aus New Yorker Galerien, Werkstätten und Museen strömen Kunstwerke in die ganze Welt zurück. Auch wenn man mit Serge Guilbaut[10] sagen möchte, daß New York die Idee von der modernen Kunst gestohlen habe, so wird dennoch ein großer Teil der modernen und sogenannten postmodernen Kunst und Architektur in der ganzen Welt durch New York bestimmt. Ähnlich verhält es sich im Bereich der "popular culture": Hier genügt ein Blick auf Fernsehprogramme, Schallplatten, CDs, Tonbänder, das Kino, die Musik und Filmvideos, um eine vergleichbare Rolle von Los Angeles mit Hollywood und Universal oder Century City zu konstatieren.

Man könnte einwenden, daß die Anwendung solcher Muster zu unseren Zwecken, bezogen auf die Kunstgeschichte der frühen Neuzeit, anachronistisch und deswegen unangemessen sei. Ich bin nicht dieser Meinung. Obwohl es bisher kaum Fachliteratur darüber

---

8   Jones (wie Anm. 6), S. 12, hier das Zitat von Toynbee: "metropolises are great in the sense that they have made a mark on the subsequent history of civilization". Vgl. auch Burke (wie Anm. 6), S. 9-12.
9   Jones (wie Anm. 6), S. 26-44, weitere Literatur.
10 Serge Guilbaut: How New York Stole the Idea of Modern Art. Chicago 1986.

gibt, haben seit langem Kunsthistoriker, auch Renaissanceforscher, ähnliche Begriffe benutzt.

Die Anwendung des Metropolenbegriffs in Zusammenhang mit internationalen Kunstströmungen im Verlauf der Jahrhunderte ist schon in den sechziger Jahren des 20. Jahrhunderts bei Kenneth Clark u. a. zu finden: "Die Geschichte der europäischen Kunst ist im großen und ganzen die Geschichte einer Reihe von Zentren, aus denen ein Stil ausstrahlte. Über mehr oder weniger lange Perioden hat dieser Stil die Kunst seines Zeitalters beherrscht, und in der Tat ist es ein internationaler Stil gewesen, der in seinem Kern ein metropolitaner Stil gewesen war. Je weiter es zum Rande fortging, um so mehr wurde er provinziell"[11]. Am Ende der siebziger Jahre ist dieser Begriff von Enrico Castelnuovo und Carlo Ginzburg in ihrem Aufsatz über "Centro e Periferia" aufgenommen worden, in dem es hauptsächlich um das Zeitalter der Renaissance geht[12]. In Castelnuovos gleichnamigem Aufsatz von 1986 taucht diese Problematik wieder auf. Folglich wäre ein Kunstzentrum ein Ort der Neuerungen, an dem Paradigmen geschaffen werden, die sich anschließend durchsetzen. Als Bedingungen dafür wären ein gewisses Maß an Reichtum und Entwicklung im künstlerischen Bereich zu nennen, ferner eine große Zahl von Künstlern und spezialisierten Werkstätten, eine wichtige Voraussetzung für die Herstellung von Kunstwerken. Des weiteren sind eine Vielzahl von Auftraggebern und eine differenzierte Bevölkerungsstruktur, d.h. Menschen, die Interesse an Kunstwerken haben, sowie der Zugang zu Informationsmöglichkeiten über Kunst notwendig[13].

Inzwischen ist der Metropolenbegriff im neuesten Beitrag von Peter Burke zum Thema wieder aufgenommen worden; in seinem Buch über Antwerpen gebraucht er ausdrücklich den Begriff "Weltmetropole" im Zusammenhang mit der frühen Neuzeit[14]. Dieser Begriff der frühneuzeitlichen Weltmetropolen, wie er auch von Jones und anderen Geographen verwendet wird, entstammt bekanntlich den Werken von Fernand Braudel und Immanuel

---

11 Vgl. die Definition von Kenneth Clark, "Provincialism". English Association Lecture, 1962, zitiert nach Castelnuovo und Ginzburg (wie Anm. 6) S. 285: "The history of European art has in large measure been a history of a series of centers from each of which a style has irradiated. For a more or less lengthy period this style dominated art of the time, and became in fact an international style, which at its center was a metropolitan style and became more provincial the more it reached the periphery. E. Marosi verwies in einem Gespräch auf Georg Kubler, der in ähnlicher Weise von metropolitanen Stilen in der Kunst (metropolitan styles), gesprochen hat. In der Tat gab es fast gleichzeitig mit Clarks Äußerungen eine Sitzung unter der Leitung Kublers, "Metropolitan Schools in Latin American Archeology and Colonial Art", bei dem zwanzigsten internationalen Kongress für Kunstgeschichte, New York, 1961, wobei Kubler eine Einleitung beigetragen hat: Introduction. In: Latin American Art, and the Baroque Period in Europe. Studies in Western Art. Acts of the Twentieth International Congress of the History of Art. Hg. v. Millard Meiss. Princeton, 1963: S. 145-147.
12 Castelnuovo/Ginzburg (wie Anm. 6).
13 Castelnuovo (wie Anm. 6), S. 45.
14 Burke (wie Anm. 6), hier v.a. S. 5ff.

Wallerstein[15]. Dort werden Zentren der Weltwirtschaft Weltmetropolen genannt. Vor dem Jahre 1600 wären Städte wie Venedig, Antwerpen, Genua und Amsterdam als solche zu bezeichnen. Burke hat dann dieses Muster von Zentren, die sich hauptsächlich in Westeuropa finden und die als Zentren von Erzeugung und Neuerung die übrige Welt beeinflussen, auf die kulturellen Metropolen und insbesondere auf die kunstgeschichtliche Problematik von Zentren der Malerei angewandt[16].

Als solche Zentren betrachtet Burke für die Zeit vor 1600 vor allem Florenz, Venedig, Rom und als einzige beständige außeritalienische Rivalin die Stadt Antwerpen. In allen diesen Städten sieht er Anziehungspunkte, zu denen Künstler in großer Zahl von überall hinströmten. Diese Städte waren zu Zentren von Neuerungen geworden, Zentren, in denen Kunstwerke nicht nur entstanden, sondern auch konsumiert wurden. Ein reger Kunstmarkt und Sammlertum vervollständigten das Spektrum. Kunst galt als Zeichen eines allgemeineren kulturellen Wachstums. Kunst und Künstler aus diesen Orten waren allenthalben begehrt. So konzentrierten sich in diesen Zentren gleichermaßen Mäzenatentum und Künstlerausbildung, Sammlertum und Kunstkennerschaft, Schrifttum über Kunstgeschichte, Erzeugung und Verkauf, ja sogar Kunstfälschungen[17].

Am Schluß seines Aufsatzes stellt Burke einige allgemeinere Thesen über die Entstehung einer Metropolis auf, und darunter versteht er ebenfalls eine Kunstmetropolis. Dabei bezieht er sich auch auf Ideen von Pierre Bourdieu über "champs culturels"[18]. Burke ist insbesondere der Ansicht, daß sie das Mäzenatentum des Staates zur Folge haben, d.h. die Anwesenheit von Hofmalern, Druckern und Akademien befördern würden. Dies ginge mit der Zunahme von Zentralisierungstendenzen eines Staates einher. Aus diesem Grund seien Höfe in oder in der Nähe von Städten errichtet worden, an denen demonstrative Verschwendung (conspicuous consumption) und Konsum als Wettbewerb (competitive consumerism) betrieben wurden. Bedingungen dafür waren Wirtschaftswachstum, die Entste-

---

15 Fernand Braudel: Civilisation and Capitalism from the Fifteenth to the Eighteenth Century, Bd. 3: Perspective of the World. London 1984 (Engl. Übers. von: Le Temps du Monde. Paris 1979); Immanuel Wallerstein: The Modern World-System: Capitalist Agriculture and the Origins of the European World-Economy in the Sixteenth Century. New York 1974. Obwohl Braudels Werk als "a book with a good claim to be regarded as the most important historical work of the century" bezeichnet worden ist (Peter Burke: History and Social Theory. Ithaca 1992, S. 16), ist es während des Symposiums erstaunlicherweise kaum erwähnt worden. Vielleicht weil Braudel Ostmitteleuropa als Provinz bzw. Peripherie eingeordnet hat? Vgl. jedoch auch Anm. 21.
16 Burke (wie Anm. 6), S. 7ff., passim, für den Begriff "cultural metropolis"; vgl. auch Anm. 2.
17 Burke (wie Anm. 6), S. 13-20, für die Zeit vor etwa 1600. Über die italienischen Kunststädte existiert eine sehr reiche Literatur; für Antwerpen vgl. als Überblick zuletzt: Von Bruegel bis Rubens. Das goldene Jahrhundert der flämischen Malerei. Hg. v. Ekkehard Mai und Hans Vlieghe. Ausstellung Köln, Wallraf-Richartz-Museum 4.9-22.11.1992; Antwerpen Koninklijk Museum voor Schone Kunsten 12.12.1992-8.3.1993 u.a. Köln 1992.
18 Burke (wie Anm. 6), S. 67 zitiert Pierre Bourdieu und L. J. D. Wacquant: An Invitation to Reflexive Sociology. Cambridge 1992. Vgl. auch Pierre Bourdieu: The Field of Cultural Production. Essays on Art and Literature. Hg. v. Randal Johnson. New York 1993.

hung von Märkten und ein erleichterter Zugang zu ihnen sowie die Verbreitung von Information[19].

Wie sieht nun die Sachlage in Ostmitteleuropa aus, wenn man diese Paradigmen bei einem Vergleich zugrunde legt? Das wirtschaftsgeschichtliche Paradigma, aus dem dieses Muster von Zentrum und Peripherie entnommen worden ist, setzt vor allem voraus, daß ein Kern oder Kerngebiet existiert. Und dieses Kerngebiet, in dem die Weltmetropolen als Zentren (vor allem des Handels) fungierten, existierte in Westeuropa. Die Teile der Welt wiederum, die als Exportziele galten und die im Gegenzug Rohstoffe lieferten, waren die Neue Welt der westlichen Hemisphäre und auch Osteuropa[20]. Infolgedessen befand sich Osteuropa an der Peripherie, und Ostmitteleuropa war bestenfalls nur "Provinz"[21].

Wenn wir also dieses Muster auf ostmitteleuropäische Verhältnisse anwenden wollen, stoßen wir dabei auch auf ein allgemeineres Problem der kunsthistorischen Bewertung. Es scheint, als wären hier immer noch die geläufigen Vorurteile zu erkennen, die zumindest in der Kunstwissenschaft, die außerhalb dieser Region (Ostmitteleuropa) betrieben wird, funktionieren. Alle Kunstwerke dieser Region geraten in den Verdacht, bestenfalls als provinzielle Erzeugnisse zu gelten, besonders wenn man sie mit den Werken der sogenannten "wirklichen" europäischen Kunstzentren, den Kunstmetropolen der Kerngebiete vergleicht.

Von diesem Blickwinkel betrachtet, dürften auch die wichtigsten Neuerungen und hervorragendsten Beispiele von Kunstwerken des frühneuzeitlichen Ostmitteleuropa lediglich als Absatzgüter angesehen werden. Die sehr frühen Leistungen am Hofe König Matthias' Corvinus von Ungarn wären dann Beispiele von florentinischen Arbeiten, die man mit früheren Leistungen in Italien vergleichen müßte. Um die These von der Kunsteinfuhr zu rechtfertigen, braucht man nur daran zu erinnern, daß Matthias Corvinus tatsächlich Handschriften und Plastiken direkt in Florenz herstellen ließ[22]. So wären auch Meisterwerke der etwas späteren ungarischen Architektur, wie beispielsweise die Bakóczkapelle in Gran von 1507 (Abb. 1), als verspäteter Widerhall florentinischer Erfindungen zu betrachten. Ähnlich sähe es auch für Polen aus. In Krakau entstanden Hauptwerke, die entweder von Künstlern aus Florenz, wie die Sigismundkapelle an der Wawelkathedrale von Bartholomeo Berecci (Abb. 10-12), oder von Künstlern aus dem venezianischen Kunstraum errichtet wurden, darunter Werke von Giovanni Maria Mosca und seiner Werkstatt sowie deren

---

19 Burke (wie Anm. 6), S. 65ff.
20 So bei Wallerstein (wie Anm. 15); ähnlich auch bei Burke (wie Anm. 6), S. 5.
21 Jan Białostocki wertete dies jedoch positiv: vgl. ders.: Some Values of Artistic Periphery. In: Themes of Unity and Diversity (wie Anm. 6), S. 49ff. Zur Abgrenzung Osteuropas von Ostmitteleuropa im kulturellen Bereich vgl. Kaufmann (wie Anm. 1, Introduction).
22 Vgl. Białostocki (wie Anm. 1) und Kaufmann (wie Anm. 1), sowie für weitere allgemeine Literatur: Thomas DaCosta Kaufmann: Art and Architecture in Central Europe, 1550-1620. An Annotated Bibliography. Boston 1988;

Nachfolgern, wie Hieronymus Canavesi[23]. Sogar die Werke von deutschsprachigen Künstlern in Krakau, wie die eines Hans Süss von Kulmbach, Veit Stoß oder Peter Vischer, müßten als Importwaren aus einem anderen Kunstzentrum, das als solches auch von Burke einer Betrachtung unterzogen wurde, nämlich Nürnberg, behandelt werden[24]. Und was Danzig, das nördliche Zentrum bürgerlicher Kunstrepräsentation, angeht, so hat man es dort bekanntlich auch mit Künstlern zu tun, die mit der Kunstmetropole Antwerpen verbunden waren, z.B. mit Hans Vredeman de Vries (Abb. 25).

Die aus dieser Betrachtungsweise resultierenden Schlußfolgerungen stellen für den Zweck der Untersuchung der Kultur Ostmitteleuropas einen Kurzschluß dar, der eine weitere Beschäftigung mit dem Problem der Metropolen in dieser Region vorschnell beenden würde. Und Peter Burke hat als Kulturhistoriker in der Tat auch eine etwas weitere Definition einer kulturellen Metropole geliefert. Demzufolge wäre eine kulturelle Metropole eine Stadt, die als zentraler Punkt für ein großes Gebiet funktioniert und die diese Funktion - wenn schon nicht für die gesamte Kultur - wenigstens für einige wichtige kulturelle Bereiche ausübt. Als solche würde eine kulturelle Metropole - auch im Sinne der Geographen des späten 20. Jahrhunderts - das Kennzeichnende einer Kultur verkörpern[25]. Man könnte folglich diese Definition - unter Berücksichtigung der schon erörterten Bedingungen - für die Entstehung einer Kultur- bzw. Kunstmetropole übernehmen. Dann aber käme man zu einer anderen Interpretation der Sachlage im frühneuzeitlichen Ostmitteleuropa.

Für das späte 15. und vor allem für das 16. Jahrhundert kämen dann meines Erachtens die Königsstädte Buda, Krakau und Prag in Betracht, auch wenn sie die Funktionen einer Kulturmetropole nur zeitweilig erfüllt haben. Nicht aus wirtschaftlichen Gründen allein sind diese Städte als Kulturmetropolen zu bezeichnen, sondern weil hier kulturelle Entwicklungen in dem behandelten Sinn zusammen mit der Anwesenheit eines königlichen Hofes auftraten. Diese Entwicklung entspricht der Hypothese von der Staatsbezogenheit einer Kulturmetropole der frühen Neuzeit in Ostmitteleuropa.

Betrachten wir zuerst Buda, den obengenannten Kriterien folgend. Im späten 15. Jahrhundert ist Buda Sitz eines mächtigen und ausgedehnten Königreiches geworden. Matthias Corvinus hat - ähnlich wie einige seiner Vorgänger auf dem Königsthron (vor allem Sigismund) - seinen Hof auf der Budaer Burg etabliert und auch Schlösser an anderen Orten in der Nähe von Buda, z.B. in Visegrád, erbaut. Das vom König initiierte Kunstschaffen zog viele Künstler an, in deren Werken in Buda die ersten Spuren der italienischen Renaissance außerhalb Italiens überliefert sind. In Ostmitteleuropa dürfen diese Werke als echte Neuerungen gewertet werden. Wie schon erwähnt, kamen einige dieser Künstler aus Flo-

---

23 Vgl. Thomas DaCosta Kaufmann: Italian Sculptors and Sculpture Outside of Italy (Chiefly in Central Europe): Problems of Approach, Possibilities of Reception. In: Cultural Migrations. Hg. v. Claire Farago. Hew Heaven/London 1995 (im Druck).
24 Vgl. Burke (wie Anm. 6), S. 19.
25 Burke (wie Anm. 6), S. 9; Jones (wie Anm. 6), S. 11ff.

renz, doch Corvinus vergab bekanntlich auch Aufträge an Künstler anderer Herkunft, an Niederländer und Deutsche. In der Hauptstadt eines frühneuzeitlichen Vielvölkerstaates war dies nicht anders zu erwarten. Buda lag an wichtigen Handelswegen und verfügte zudem offensichtlich über gute Informationen über Kunstentwicklungen an anderen Orten. Daraus erklärt sich die Tatsache, daß Aufträge an führende Künstler der Zeit in Florenz, z.B. an Verrocchio und Pollaiuolo, gegangen sind. Mit der Zunahme und der Konzentration von Behörden in Folge der Zentralisation des Staates[26] entstanden in Buda auch Kunstwerkstätten. Obwohl es damals keine Druckereien gab, hatte man sozusagen statt dessen die berühmte königliche Schreib- und Malerstube, geleitet von Künstlern wie Attavante, die prächtig illuminierte Handschriften hervorbrachten. Diese Bücher wurden an eine der großartigsten Sammlungen dieser Art in der europäischen Geschichte, die *Bibliotheca Corviniana*, geliefert. Diese Bibliothek zeugt gewiß auch von der allgemeinen kulturellen Blüte Budas.

Corvinus und die von ihm in Gang gesetzten kulturellen und künstlerischen Aktivitäten liefern ebenfalls ein Musterbeispiel für eine Haltung, die man als demonstrativen Konsum bezeichnen kann. In einem anderen Buch hat Burke diese Haltung mit der Entstehung eines neuen Lebensstils gleichgesetzt. Begriffe wie *magnificenza, liberalità, lusso* usw. gehören in diesen Zusammenhang. Diese Worte spiegeln die Anwendbarkeit dieser ethischen Denkart auf die Kunstauftraggeber wider[27]. Es ist unbestritten, daß besonders bei Humanisten diese Terminologie in bezug auf den König oft Anwendung fand[28].

Die neue Kunst des Budaer Hofes fand große Verbreitung und erfaßte eine breite gesellschaftliche Schicht, wie Werke in der innerstädtischen Pester Pfarrkirche beweisen. Doch diese Problematik muß hier weiteren Forschungen überlassen werden. Jedenfalls haben neue Strömungen, die in Zusammenhang mit dem Hof entstanden, als Ergebnisse der Emulation oder des kulturellen Wettbewerbs weit ausgestrahlt. Man findet Werke ähnlichen Stils nicht nur in Mittelungarn, sondern auch in Siebenbürgen und in Mähren (z.B. Tobitschau), das damals ein Teil des Ungarischen Königreiches war; ein späteres prachtvolles Beispiel ist die Bakóczkapelle in Gran. Das Vorhandensein von Werken, die im Vergleich mit Buda wirklich provinziellen Charakter aufweisen, kann als Beweis dafür gelten, daß Buda in dieser Hinsicht als Kunstmetropole und Kern eines "Kunstreiches" angesehen werden kann, der von einer eigenen Peripherie umgeben war. So entstand z.B.

---

26 Vgl. den Beitrag von András Kubinyi.
27 Vgl. Peter Burke: Städtische Kultur in Italien zwischen Hochrenaissance und Barock. Eine historische Anthropologie. Berlin 1986, S. 111ff. (Dt. Übers. von: The Historical Anthropology of Early Modern Italy. Cambridge 1987). Vgl. auch Burke (wie Anm. 15), S. 67ff.
28 Rozsa Feuer-Tóth: Art and Humanism in Hungary in the Age of Matthias Corvinus. Budapest 1990; dies.: The Language of Art at King Matthias' court between 1476 and 1490. In: Acta Historiae Artium 32 (1986), S. 27-58.

in den neunziger Jahren des 15. Jahrhunderts die Dekoration am Schloß in Mährisch Trübau, die ich immer noch in Verbindung mit Buda und nicht mit Prag bringen möchte[29].

Über Buda gingen viele Künstler nach Krakau, wo sie ebenfalls an einer Neuerung in der Geschichte der Kunst Polens mitgewirkt haben. Am Hofe der Jagiellonenkönige der riesigen polnisch-litauischen Adelsrepublik entstanden auf dem Wawelhügel neuartige Denkmale. Als Beispiele mögen hier der Arkadenhof des königlichen Schlosses (Abb. 9), die königlichen Grabmale und - etwas später - die Sigismundkapelle im Waweldom dienen[30].

Alle diese Werke waren Erzeugnisse Florentiner Künstler, die nur ein Teil der internationalen Bevölkerung Krakaus waren. Wie bereits erwähnt, hat der Hof auch Künstler deutscher Herkunft herangezogen, wie Albrecht Dürers Bruder Hans und Hans Süss von Kulmbach. An deutschstämmige Künstler, die in Krakau ansässig waren, wie Veit Stoß und seine Werkstatt, ergingen ebenfalls Aufträge des Hofes. Mit der Herstellung von Wandteppichen für den Hof wurden Werkstätten in den südlichen Niederlanden beauftragt. Nicht nur aus Deutschland, Florenz oder Venedig sind viele Menschen in das multikonfessionelle und internationale Krakau, das an der sogenannten Hohen Straße lag, gekommen. Es kamen bekanntlich zahlreiche Künstler beispielsweise aus der Gegend um Como und Lugano[31]. Ein hervorragendes Zeichen für die Verbindung von Markt, ausländischen Kontakten und neuen Kunstformen bietet die 1556-1560 umgebaute Tuchhalle (Abb. 13) am Krakauer Marktplatz, deren Neugestaltung im Renaissancestil noch immer in Verbindung mit Giovanni Maria Padovano gebracht wird.

In einer Kunstmetropole soll Kunst auch von einer reichen und wachsenden Bevölkerung "konsumiert" werden; die Tuchhalle zeigt deutlich, daß dies in Krakau der Fall gewesen ist. Ein Beispiel sowohl für die weitverzweigten Kontakte der Künstler, als auch für die allgemeine kulturelle Erneuerung und die neue Kunst der bürgerlichen Schichten in Krakau ist die Grabplatte des Filippo Buonaccorsi, genannt Callimachus (Abb. 15), ehemaliges Mitglied des Kreises um Pomponio Leto in Rom. Dieses Grabmal, von Veit Stoß entworfen und wahrscheinlich in Nürnberg von der Vischer-Werkstatt hergestellt, ist das erste Humanistenepitaph nördlich der Alpen überhaupt. Krakauer Kanoniker ließen ihre Häuser mit italienisierenden Architekturformen verzieren. Krakauer Bürger gaben an Italiener Aufträge für Kirchenausstattungen, Ziborien, Tumben usw. Diese Gegenstände findet man

---

29 Vgl. Ivo Hlobil/Eduard Petrů: Humanismus a raná renesance na Moravě. Praha 1992, S. 116; Ivo Hlobil: Die Anfänge der Renaissance in den böhmischen Ländern - namentlich in Mähren. In: Künstlerischer Austausch. Artistic Exchange. Akten des XXVIII. Internationalen Kongresses für Kunstgeschichte Berlin 15.-20. Juli 1992. Hg. v. Thomas W. Gaehtgens. Berlin 1993, Bd. 2, S. 153-163, bes. S. 154f. Vgl. auch Kaufmann (wie Anm. 1).
30 Vgl. die Beiträge von Hanna Nogossek und Jan Harasimowicz.
31 Vgl. vor allem Artisti dei Laghi Lombardi. Hg. v. Edoardo Arslan. 2 vol. Como 1959 und 1964; Mariusz Karpowicz: Artisti Ticinesi in Polonia nel '600. Lugano 1983 und ders.: Artisti Ticinesi in Polonia nel '500. Lugano 1987.

in der Pfarrkirche des deutschen Bürgertums in Krakau, der Marienkirche, in der sich ebenfalls die zeitgleichen Werke von Veit Stoß befinden.

Bekanntlich fanden die Krakauer Neuerungen und Erzeugnisse großen Anklang. Die Sigismundkapelle, eine Zentralkapelle mit übereinander angeordneten Grabmalen, ist - wie Jan Białostocki es erklärte - ein klassisches Beispiel eines *prime object* im Sinne George Kublers, dem viele Nachbildungen, *replications,* folgten. Den Vorbildcharakter der Sigismundkapelle demonstriert beispielsweise ein Vergleich mit der Myszkowski-Kapelle an der Dominikanerkirche oder mit der Wasa-Kapelle am Waweldom[32]. Ähnlich verhielt es sich auch mit den Werken des Veit Stoß; vor allem sein Marienaltar in Krakau (Abb. 16) fand nicht nur in Polen, sondern auch in Schlesien und in der heutigen Slowakei Widerhall[33]. Aus Krakau wurden auch Kunstwerke "exportiert": Erzeugnisse aus der Werkstatt des Veit Stoß gibt es in Hohensalza, Posen und in anderen Orten. Mit Blick auf den Kunstmarkt hat der italienische Bildhauer Canavesi auf seinen Werken in Posen seine Krakauer Anschrift vermerkt - sozusagen als "Reklame" für sein Unternehmen.

Ähnliches ist am Hof der Jagiellonenkönige in Prag zu beobachten. Auch dort entfaltete sich eine lebhafte Kunsttätigkeit. Die ersten Zeichen der neuen Gestaltungsweisen der Renaissance kamen zuerst im Kern des böhmischen Herzlandes, am königlichen Schloß auf der Prager Burg zum Vorschein, u.a. an den Fenstern des sogenannten Wladislawsaales (Abb. 2-3), eines prächtigen, noch spätmittelalterlichen Rittersaales. Diese Fensterrahmungen sind wie viele andere Erzeugnisse dieses prunkliebenden Herrscherhauses ein Zeichen der Selbstdarstellung, das der aufsässigen und der Prachtentfaltung abgeneigten Bevölkerung der Stadt zu trotzen scheint.

Kunstwerke in anderen Teilen des Landes sind ebenfalls in Zusammenhang mit der Königsstadt und besonders mit dem Königshof der Jagiellonen zu sehen. Sie sprechen zumindest für eine gewisse Ausbreitung, wenn nicht sogar für eine Übertragung der dort entstandenen Ideen. So könnte man sogar den Leitmeritzer Altar, dessen Meister auch im Veitsdom gearbeitet hat, in diesem Zusammenhang betrachten. Unangefochten ist die Tatsache, daß der Leiter der königlichen Bauhütte, Benedikt Ried, auch an anderen Orten außerhalb Prags gewirkt hat, z.B. in der königlichen Stadt Königgrätz. Die Ausbreitung seines Stils ging jedoch weiter, nicht nur nach Blatna oder Schwihau in Südböhmen, wo er Schlösser baute, sondern auch nach Schlesien, wo er das Schloß in Frankenstein für die Herren von Münsterberg gebaut hat. Die Nachwirkung seiner Kunst erstreckte sich sogar

---

32 Ich folge hier der Verwendung dieser Begriffe durch Białostocki (wie Anm. 1). Sie wurden von George Kubler geprägt. Vgl. George Kubler: The Shape of Time. New Haven 1962.
33 Vgl. Jörg Ramussen. "...far stupere il mondo". Zur Verbreitung der Kunst des Veit Stoß vgl. Alicja Karłowska-Kamzowa: Der Einfluß der Kunstideen des Veit Stoß in Mittelosteuropa. Ein Diskussionsbeitrag; Anna Ziomecka: Veit Stoß und die spätgotische Skulptur Schlesiens. In: Veit Stoß. Die Vorträge des Nürnberger Symposions. Hg. vom Germanischen Nationalmuseum Nürnberg und vom Zentralinstitut für Kunstgeschichte München. Schriftleitung Rainer Kahsnitz. München 1985, S. 107-122; 260-268; 269-279.

bis nach Görlitz, wo sein immer noch wenig erforschter Mitarbeiter Wendel Rosskopf mehrere Gebäude errichtete.

Doch im Vergleich mit Buda oder Krakau erscheint das jagiellonische Prag als Kunstmetropole eher unbedeutend. Dies betrifft insbesondere die Internationalität bzw. die Anziehungskraft und Durchdringung verschiedener Bevölkerungsschichten und im allgemeinen die Marktbezogenheit der Kunst. Um mehr als nur ein regionales Kunstzentrum der frühen Neuzeit zu werden, mußte Prag noch auf die Habsburger warten[34].

Das eigentlich überwältigend Internationale der neuen Kunstströmungen, das nicht nur auf das Mäzenatentum und daher auf Repräsentation bezogene, kommt erst in den frühen Werken der neuen Herrscher zum Vorschein. Als Kennzeichen dafür mag das für König Ferdinand im königlichen Garten als Lustschloß erbaute Prager Belvedere (Abb. 5) stehen. Dieses Gebäude wurde zwar von Bonifaz Wolmut, gebürtig aus Überlingen und geschult in Wien, vollendet, doch es wurde von dem Italiener Paolo Stella begonnen. Dies sei hier nur erwähnt als eines von vielen Beispielen für die Werke neuer Künstler, darunter vieler Italiener, die neue Renaissancegattungen und Stile in Böhmen schufen. Ein anderes Beispiel sind die schönen Stukkaturen (Abb. 7) im Schloß Stern am Weißen Berg bei Prag. Dieser merkwürdige Bau (Abb. 6) wurde nach eigenen Entwürfen des Erzherzogs Ferdinand II. (von Tirol) 1555/56 errichtet und von unbekannten italienischen Bildhauern ausgestattet. In diesen Zeitraum fallen die Anfänge der Kunstkammer des Erzherzogs, die bis heute auf Schloß Ambras bei Innsbruck aufbewahrt wird. Für diese Sammlung, aber auch für andere Aufgaben hat der Habsburger Hof, dessen königlicher Statthalter in Böhmen Erzherzog Ferdinand war, Künstler von vielen Orten herangezogen, unter ihnen den flämischen Bildhauer Alexander Colin.

Die Wirkung dieser ersten Kunstkreise am Habsburger Hofe wurde oft bestritten. Doch habe ich an anderer Stelle bereits dargelegt, daß es viele Kontakte insbesondere zwischen dem böhmischen Adel und den Kunstkreisen um den königlichen Hof gegeben hat und daß die Erneuerung vor allem in der Architektur in erster Linie von Adligen ausging, die in Verbindung mit dem Prager Hof standen[35]. Ich muß allerdings auch zugeben, daß die Erklärung Prags zur Kunstmetropole noch vor dem Ende des 16. Jahrhunderts in der wissenschaftlichen Diskussion auf Probleme stoßen könnte. Obwohl es in der königlichen Hauptstadt schon um die Mitte des 16. Jahrhunderts eine rege Bautätigkeit und Kunstentfaltung gegeben hat, scheint mir dennoch, daß zwischen den verschiedenen gesellschaftlichen Kreisen und Ständen über einen langen Zeitraum hinweg eine Kluft bestanden hat. Die Nachfrage nach einer Gebäudegattung wie der des Belvedere, eines Gartenlustschlosses und Aussichtspunktes, war in weiten Kreisen sicherlich begrenzt. Es dürfte also schwer sein, von Prag als Kunstmetropole vor dem Ende des 16. Jahrhunderts zu sprechen.

---
34 Vgl. den Beitrag von Hanna Nogossek. Dort auch die entsprechende Literatur.
35 Vgl. meine Rezension von Białostocki (wie Anm. 1). In: Art Bulletin 58 (1978), S. 164-169.

Dann aber geschah etwas ganz Besonderes. Mit dem Regierungsantritt Rudolfs II. und der Verlegung seines Hofes nach Prag ist die böhmische Hauptstadt wieder kaiserliche Residenz geworden. Bekanntlich war Rudolf ein eifriger Mäzen und Sammler, jetzt findet er auch als Bauherr Anerkennung. Zu seinen Motiven zählten sicherlich auch Repräsentation und wetteifernder Konsum, die ihn zur Sammlung von Kunstwerken und zum Mäzenatentum als demonstrativer Verschwendung führten[36]. In einer Welt von Fürsten, die ebenfalls Sammler waren, war Rudolf *princeps inter pares*, der großartigste Sammler und Mäzen von allen. Während seiner Regierung kamen viele Maler, Bildhauer, Drucker, Steinmetze, Steinschneider, Uhrmacher, Goldschmiede, Baumeister und andere mehr an seinen Hof. Sie stammten aus Frankreich, Italien, den Niederlanden (den nördlichen und den südlichen), aus der Schweiz und aus Deutschland. Sie lieferten ihre Werke an den kaiserlichen Gönner und speisten seine großartigen Sammlungen. Dafür wurde sogar die Burg auf dem Hradschin umgebaut. Rudolfs Sammlungen, ihr Ruhm und die Tätigkeit der Hofkünstler haben viele Besucher, darunter Künstler wie Jan Brueghel d. Ä., nach Prag gelockt. Die Werke, die in Werkstätten am kaiserlichen Hof und anderswo in Prag entstanden, waren nicht nur für den Hof bestimmt, sondern ebenso für Kirchen in der Stadt und auch für Privatsammler. Ein Kupferstich, der den bekannten Wladislawsaal zeigt, ist zugleich ein Beweis (unter anderen) für das Bestehen eines regen Kunstmarktes (Abb. 4).

Dieser Kupferstich ist ein Werk des flämischen Hofkupferstechers Egidius Sadeler; seine Werke und auch die Stiche von manch anderem deutschen oder niederländischen Stecher machten die Prager Kunst weltweit bekannt. Die Sammlungen selbst und auch die Stiche gaben wiederum weithin Auskunft über die Kunstgegenstände in Prag. Die Prager Hofkünstler haben ihre Erzeugnisse in weite Ferne geliefert. Sie waren nicht nur für lokale adlige und bürgerliche Auftraggeber (z.B. in der Stephans- oder Jakobikirche) bestimmt, sie wurden vielmehr in viele Regionen Deutschlands und darüber hinaus exportiert. Werke aus der kaiserlichen Gießhütte des Adriaen de Vries sind z.B. nach Stadthagen, Bückeburg, Rothsürben und Breslau gegangen. Zahlreiche Nachahmungen und Nachbildungen von Erfindungen der Prager Hofmaler finden sich von Ermland und Ostpreußen (Elbing und Insterburg) bis nach Apulien (Molfetta) verstreut[37]. Durch Kupferstiche ging der Nachhall noch weiter, sogar bis nach Indien und Amerika: Man findet Erfindungen des Hofmalers Bartholomäus Spranger in der Mogulminiaturmalerei und Anklänge an Kompositionen Sadelers in Peru.

Obwohl Prag keine eigentliche Kunstakademie besaß, kamen sicherlich auch Künstler nach Prag, um hier zu studieren. Dennoch zeigen die ausdrücklichen Äußerungen der Pra-

---

36 Vgl. Thomas DaCosta Kaufmann: The School of Prague. Painting at the Court of Rudolf II. Chicago/London 1988. Hier auch weitere Literatur.
37 Vgl. Thomas DaCosta Kaufmann: Addenda Rudolphina. In: Annales de la Galerie Nationale Hongroise (Études sur l'histoire de l'art en honneur du soixantième anniversaire de Miklós Mojzer). Budapest 1991, S. 141-147.

ger Hofkünstler, die Inhalte ihrer Allegorien auf die Kunst und ihre Beziehung zu Theoretikern, daß akademische Meinungen auch hier vertreten waren[38]. Der spätere Wolfenbütteler Hofmaler Christoph Gaertner (Abb. 22) oder der Dresdener Anton Gasser sind als Prager Schüler zu verstehen. Sie erlernten hier einen Kunststil, der nicht bloß ein Widerhall anderer Kunstzentren war, sondern - wie ebenfalls schon festgestellt wurde - als etwas Neues und Eigenständiges einzuordnen ist. Damit sind alle Kriterien für eine Kunstmetropole erfüllt. Interessanterweise hat in dieser Hinsicht auch Burke das rudolfinische Prag als Kunstmetropole anerkannt[39].

Man kann sogar weitergehen und feststellen, daß Buda und Krakau Kunstzentren bzw. Metropolen von landesweiter Bedeutung waren und in geringem Maße auch Einfluß darüber hinaus hatten. Doch ob sie tatsächlich grenzüberschreitend gewirkt haben und ob sie mehr als nur von regionaler Bedeutung waren, bleibt fraglich. Im Vergleich dazu darf das rudolfinische Prag nicht nur in begrenztem Sinne, sondern auch, weil seine Kunst so weit ausstrahlte, vollends als eine echte Weltkunstmetropole angesehen werden. Was das weitere Kunstschaffen in der Zukunft betrifft, so gilt Prag als Anregungsort für die Entstehung des niederländischen Manierismus[40]. Prag dürfte in gewisser Hinsicht auch als eine der Quellen der sogenannten Schule von Lorraine betrachtet werden[41]. Eine Reihe von Kopien nach Werken des Prager Hofkünstlers Josef Heintz (Abb. 23) läßt sich ebenfalls in Frankreich nachweisen. Und die neuen Gattungen von Stilleben, Tiermalerei und realistischer Landschaft, die sich in den Niederlanden entfalteten, entstanden zuerst - zu einem Teil zumindest - in Prag. In der Diskussion des Symposiums sind die Literatur und Musik der Zeit erwähnt worden, viel wichtiger aber und nicht zu vernachlässigen sind die Leistungen im Bereich einer weiteren Kultursphäre. Mit Johannes Kepler, Tycho Brahe und Jobst Bürgi hat das rudolfinische Prag einen bedeutenden Beitrag zur Naturwissenschaft und Technologie und dadurch zur Fortentwicklung der Kulturen der Welt geleistet[42].

Zum Schluß aber muß doch festgestellt werden, daß die kulturelle Blüte und die führende Rolle von Prag nicht lange andauerten. Mit Rudolfs Tod war die Schar der Künstler verschwunden: wie Schafe ohne ihren Schäfer - so hat es Joachim von Sandrart beschrieben. Eine kurze Lebensdauer als Kunstmetropole ist auch für die anderen Zentren in Ostmitteleuropa wie Buda und gewissermaßen auch Krakau in der frühen Neuzeit kennzeichnend. Auch wenn man Burkes Zahlenangaben als mögliche Unterschätzung in Frage stellen möchte, so trifft im großen und ganzen doch seine Beobachtung zu, daß ohne Kaiser

---

38 Vgl. Thomas DaCosta Kaufmann: The Eloquent Artist: Towards an Understanding of the Stylistics of Painting at the Court of Rudolf II. In: Leids Kunsthistorisch Jaarboek 1 (1982), S. 119-148.
39 Burke (wie Anm. 1), S. 19.
40 Siehe zuletzt: The Dawn of the Golden Age. Northern Netherlandish art. 1580-1620. Hg. v. Ger Luijten u.a. Ausstellung Amsterdam, Rijksmuseum 11.12.1993-6.3.1994. Amsterdam 1993.
41 Vgl. L'art en Lorraine au temps de Jacques Callot. Paris 1992, z.B. S. 382.
42 Vgl. Thomas DaCosta Kaufmann: The Mastery of Nature. Aspects of Art, Science and Humanism in the Renaissance. Princeton 1993.

eine Stadt von der Größe Prags kaum in der Lage war, als Kunstmetropole fortzubestehen. Spätere Kaiser aber haben Wien bevorzugt[43]. Selbst wenn man den Faktor der Stabilität einer Metropole in Frage stellen wollte, so sollte man dennoch über die relativ kurze Lebensdauer dieser Metropolen nicht einfach hinwegschauen. Denn im Vergleich mit den hier erwähnten Städten erfüllten andere, die ebenfalls die Bezeichnung "Kunstmetropole" in Anspruch nehmen, diese Rolle wesentlich länger[44]. Und so ist letzten Endes vielleicht doch die qualitative Frage der Metropolen mit der quantitativen verbunden. Das Problem der Existenz wirklicher Metropolen im frühneuzeitlichen Ostmitteleuropa bleibt also weiterhin offen.

---

43 Burke (wie Anm. 1), S. 19.
44 Beispielsweise Venedig von ca. 1480 bis 1750, Paris von ca. 1720 bis 1950, Rom und Florenz mehrere Jahrhunderte und Antwerpen zumindest von 1550 bis 1650. Sogar New York, dessen Blüte als Kunstmetropole etwa 1940 ansetzt, ist also schon länger als solche zu bezeichnen als Prag es gewesen ist (etwa von 1580 bis 1615).

Hanna Nogossek

Die Wege der Renaissance nach Buda, Prag und Krakau. Übernahme und Aneignung neuer Kunstströmungen

Die ersten Spuren der Renaissance in der Architektur und Plastik der drei Metropolen Ostmitteleuropas findet man zunächst an den Königshöfen von Buda, Prag und Krakau. Es liegt daher nahe, die Persönlichkeit des Herrschers, seine Ambitionen und seine Stellung innerhalb der politischen Machtstrukturen des Landes zu untersuchen, nach seiner Rolle als Auftraggeber, nach den Motiven für sein Mäzenatentum und der Wirkung dieser Faktoren zu fragen.

Bei seinem Regierungsantritt im Jahre 1458 fand Matthias Corvinus auf kulturellem Gebiet eine Reihe günstiger Voraussetzungen vor, auf denen er seine von italienisch-humanistischem Gedankengut geprägte Vorstellung von einem neuzeitlichen Königshof aufbauen konnte[1]. Enge Beziehungen zu westlichen Kulturzentren verbanden nämlich den ungarischen Königshof mit Italien, Deutschland und Frankreich. Italienische Kultur kam bereits mit Karl I. Robert von Anjou-Neapel nach Buda, als dieser nach dem Tod des letzten männlichen Arpaden 1308 den ungarischen Thron übernahm. Unter seinem Sohn, Ludwig dem Großen, der eine ambitionierte Italienpolitik betrieb, herrschte auf der Budaer Burg eine hochentwickelte italienische Hofkultur. Eine große italienische Kolonie vor allem von Kaufleuten siedelte sich in Buda an[2]. Beide Anjou-Könige entfalteten eine rege Bautätigkeit insbesondere in Buda und Visegrád. Sigismund von Luxemburg, König von Böhmen, Ungarn und römischer Kaiser, förderte weiterhin die italienische Kultur und brachte zudem

---

1   András Kubinyi: Der ungarische König und seine Städte im 14. und am Beginn des 15. Jahrhunderts. In: Stadt und Stadtherr im 14. Jahrhundert. Entwicklungen und Funktionen. Hg. v. Wilhelm Rausch. Linz/Donau 1972, S. 198-202; vgl. auch ders.: Buda - die mittelalterliche Hauptstadt Ungarns. In: Budapest im Mittelalter. Hg. v. Gerd Biegel. Braunschweig 1991, S. 15-43.
2   Vgl. Péter Kulcsár: Der Humanismus in Ungarn. In: Matthias Corvinus und die Renaissance in Ungarn 1458-1541. Ausstellungskatalog Schallaburg 1982. Wien 1982, S. 55-65, hier S. 55; vgl. auch: Die Anfänge der Renaissance in Ungarn. Johannes Vitéz und Janus Pannonius. In: ebd., S. 131-134; Zoltán Bencze: Die Handwerker und Kaufleute in der Stadt Buda vom Anfang des 14. Jahrhunderts bis zum ersten Drittel des 16. Jahrhunderts. In: Budapest im Mittelalter (wie Anm. 1), S. 333-350.

Kunst und Künstler aus Deutschland und Frankreich an seinen Hof in Buda[3]. Auch er betätigte sich als Bauherr und errichtete auf der Budaer Burg einen neuen Palast[4].

Vor diesen fruchtbaren Hintergrund europäischer kultureller Traditionen trat 1458 der junge, erst fünfzehnjährige Matthias Hunyadi. Seine Herkunft und Erziehung, seine vielfältigen Begabungen, Interessen und Ambitionen sowie seine starke Persönlichkeit ließen ihn zu einer der schillerndsten Gestalten seiner Zeit werden, die von den Zeitgenossen und auch noch heute kontrovers diskutiert wird[5]. Der Machtmensch, Krieger und Politiker war - nach italienischem Vorbild - gleichermaßen Mars und den Musen zugewandt. Sein Vater Johann Hunyadi[6] entstammte dem niederen Adel und gelangte durch Kriegshandwerk und Politik zu großem Vermögen und zur höchsten Macht in Ungarn. Das Kriegshandwerk erlernte er u.a. bei Filippo Scolari (Pippo Spano)[7]. Hier lernte er auch den Krieger als Kunstmäzen kennen. In den Diensten von König/Kaiser Sigismund war Johann Hunyadi in Italien, wo er zwei Jahre Filippo Visconti in Mailand diente. Nachdem er 1446 zum Reichsverweser in Ungarn gewählt wurde, entsann er sich seiner italienischen Vorbilder und entwickelte noch im fortgeschrittenen Alter den Ehrgeiz, sich humanistische Bildung anzueignen.

Seinem jüngeren Sohn Matthias ließ er eine profunde humanistische Erziehung zuteil werden; er bestimmte zu seinen Lehrern bedeutende Gelehrte: den Bischof von Großwardein, späteren Erzbischof von Gran, einflußreichen Politiker und Humanisten Johannes Vitéz und Gregor von Sanok aus Polen[8]. Die niedere Herkunft im Unterschied zu Kaiser

---

3   Vgl.: Művészet Zsigmond király korában 1387-1437 [Die Kunst in der Zeit König Sigismunds]. Bd. I-II. Ausstellungskatalog. Budapest 1987; Ernő Marosi: Die Skulpturen der Sigismundzeit in Buda und die Anschaulichkeit der Kunst im frühen 15. Jahrhundert. In: Internationale Gotik in Mitteleuropa. Hg. v. Götz Pochat und Brigitte Wagner. Graz 1990, S. 182-195; Michael Viktor Schwarz: Das Budaer Ritteratelier und der Anfang des Weichen Stils in der venezianischen Skulptur. In: ebd., S. 269-280; Károly Magyar: Der königliche Palast in Buda. In: Budapest im Mittelalter (wie Anm. 1), S. 201-235; Ernő Marosi: Gotische Statuen aus dem Königspalast von Buda. In: Budapest im Mittelalter (wie Anm. 1), S. 253-258.
4   László Gerevich: A budai vár Zsigmond király korában [Das Budaer Schloß in der Zeit Sigismunds]. In: Művészet Zsigmond király korában (wie Anm. 3), Bd. II, S. 148-180; Magyar (wie Anm. 3), S. 204-205, 219-229; Emese Nagy: Die gotische Architektur im Königspalast von Buda. In: Budapest im Mittelalter (wie Anm. 1), S. 236-250.
5   Vgl. z.B.: Josef Macek: Jagellonský věk v českých zemích (1471-1526). Hospodářská základna a královská moc. Bd. 1. [Das Jagellonische Zeitalter in den böhmischen Ländern 1471-1526. Wirtschaftliche Grundlagen und königliche Macht]. Praha 1992, S. 263-291.
6   Vgl. Die Hunyadi-Familie. Das Leben des Matthias Corvinus, seine Herrschaft und seine Persönlichkeit. In: Matthias Corvinus und die Renaissance in Ungarn (wie Anm. 2), S. 163-176, hier auch Literatur zu Johann Hunyadi.
7   Zu Filippo Scolari vgl.: Matthias Corvinus und die Renaissance in Ungarn (wie Anm. 2), S. 135-138.
8   Vilmos [Wilhelm] Fraknói: Vitéz János esztergomi érsek elete [Das Leben des Graner Erzbischofs Johannes Vitéz]. Budapest 1879; ders.: Matthias Corvinus, König von Ungarn. Freiburg i. Br. 1891; Elemér Mályusz: Matthias Corvinus, König von Ungarn. In: Matthias Corvinus und die Renaissance in Ungarn (wie Anm. 2), S. 1-5, 177-212; Ignacy Zarębski: Grzegorz z Sanoka. In: Polski Słownik Biograficzny. Wrocław/Warszawa/Kraków 1960/61, Bd. 9, S. 86-89.

Sigismund und auch zu seinem Nachfolger, dem Jagiellonen Wladislaw, wurde dem zu großer Macht gelangten Matthias immer wieder vorgeworfen. Er kompensierte diesen "Makel" nach dem Vorbild italienischer Condottieri durch Bildung und Mäzenatentum. Der Budaer Hof wurde auf sein Betreiben zu einem Zentrum der neuen Wissenschaft und Kunst. Der König korrespondierte mit italienischen Fürsten und Gelehrten, berief Künstler und Philosophen an seinen Hof, der zum ersten Zentrum des Neuplatonismus außerhalb Italiens wurde[9]. Matthias legte eine bedeutende Bibliothek an[10], gründete eine Universität und war selbst ein großer Kunstliebhaber und Kunstkenner. Er sammelte italienische Kunst, vergab Aufträge nach Italien, berief italienische Künstler an seinen Hof[11]. Matthias förderte alle Künste, doch seine Leidenschaft galt der Baukunst. In seiner Bibliothek befanden sich die modernsten Werke über Architektur; Albertis Traktat besaß er in zwei Exemplaren, und Filaretes Abhandlung mußte sein Hofhistoriograph Bonfini für ihn ins Lateinische übersetzen, da der König des Italienischen nicht mächtig war[12]. Im Kreis der Gelehrten wurden unter reger Beteiligung des Königs und der Königin Fragen der Architektur erörtert. Matthias ist selbst nie in Italien gewesen, doch er ließ sich über die Bautätigkeit an italienischen Höfen berichten, so beispielsweise über den Palastbau in Urbino[13].

In den siebziger Jahren des 15. Jahrhunderts begann Matthias mit den großen Palastbauten und Umbauten auf der Budaer Burg. Diese Bautätigkeit ist uns nur aus schriftlicher Überlieferung, durch Ausgrabungen und (hypothetische) Rekonstruktionen bekannt[14]. Ein neuer Palast, der sogenannte "Palast des Königs Matthias" entstand an der Ostseite der Burg, längs der Donau. Im Obergeschoß befanden sich die Räume der Bibliothek. Weitere

---

9 Tibor Klaniczay: Mattia Corvino e l'umanismo italiano. Roma 1974; Petér Kulcsár: Der Humanismus in Ungarn. In: Matthias Corvinus und die Renaissance in Ungarn (wie Anm. 2), S. 55-65; Rózsa Feuer-Tóth: Wrightings on Art by Italian Humanists at King Matthias' Court between 1474-76 and 1490. In: Acta Historiae Artium 32 (1986), S. 27-58; dies.: Art and Humanism in Hungary in the Age of Matthias Corvinus. Budapest 1990.
10 Ilona Berkovits: Corvinen. Bilderhandschriften aus der Bibliothek des Königs Matthias Corvinus. Berlin 1963; Csaba Csapodi/Klára Csapodi-Gardónyi: Bibliotheca Corvina. Die Bibliothek des Königs Matthias Corvinus von Ungarn. Budapest ²1978; Csaba Csapodi: Die Bibliotheca Corvina und das Buchwesen. In: Matthias Corvinus und die Renaissance (wie Anm. 2), S. 66-72, 398-455, Farb-Abb. 23-45.
11 Jolán Balogh: Die Anfänge der Renaissance in Ungarn. Matthias Corvinus und die Kunst. Graz 1975; dies.: Die Kunst der Renaissance in Ungarn. In: Matthias Corvinus und die Renaissance (wie Anm. 2), S. 81-107; Rózsa Feuer-Tóth: Renaissancebaukunst in Ungarn. Budapest 1981, hier bes. S. 5-16.
12 Vgl. Feuer-Tóth, Renaissancebaukunst (wie Anm. 11), S. 7; dies.: Wrightings, dies.: Art (wie Anm. 9), passim.
13 Rózsa Feuer-Tóth: Il giardino pensile rinascimentale e la cisterna regia del castello di Buda. In: Acta Technica Academiae Scientiarum Hungaricae 77 (1974), S. 95-135; dies.: Renaissancebaukunst (wie Anm. 11), S. 15f.
14 Feuer-Tóth, Renaissancebaukunst (wie Anm. 11), bes. S. 16f.; vgl. auch: Der Burgpalast des Königs Matthias Corvinus in Ofen (Buda). In: Matthias Corvinus und die Renaissance (wie Anm. 2), S. 275-294, hier auch Abbildungen von Bruchstücken der ausgegrabenen Baufragmente (Plastik, Ornamentik etc.); Magyar (wie Anm. 3), S. 205, 229.

Räume mit Freskenschmuck und Kassettendecken folgten in südlicher Richtung, darunter der Thronsaal. In den letzten Jahren seines Lebens begann Matthias mit der Umgestaltung des Palastes, den Sigismund errichtet hatte. Arkadenhöfe, Treppenanlagen, Marmorportale, Bronzekandelaber und Brunnen steigerten die Pracht der Schloßanlage, von der nur Bruchstücke in Form einzelner Zierelemente (Baluster, Teile von Portalen und Fensterrahmungen, Teile von Pilastern und Reliefs) erhalten sind[15]. Baumeister des Königs war der Florentiner Chimenti Camicia, neben dem eine ganze Reihe von Bildhauern, Steinmetzen und Werkleuten aus der Toskana, aus Dalmatien und aus Ungarn arbeitete. Von hoher künstlerischer Qualität war insbesondere die große Zahl plastischer Werke aus Stein und Bronze.

Es ist anzunehmen, daß die von Matthias vorgenommenen Zu- und Umbauten im Renaissance-Stil die gotische Palastanlage weitgehend veränderten. Über das Aussehen der Gebäude im einzelnen, über ihre Ausstattung und die Gestaltung der Anlage geben nur die wenigen erhaltenen Bruchstücke Auskunft. Aus schriftlichen Quellen und den ausgegrabenen Stücken können wir allerdings schließen, daß es sich bei den Budaer Palastbauten und deren Ausstattung um die ersten (und gleichzeitigen) Erscheinungsformen der toskanischen Frührenaissance außerhalb Italiens handelt. Sie treten hier erstmalig in großem Umfang und in großen Formen auf. Nicht nur vereinzelte Elemente wurden übernommen, sondern eine ganze neue Lebensform. Wissenschaft, Kunst und Gelehrsamkeit dienten der Repräsentation und der Politik, der Verherrlichung des Herrschers, der sie bewußt dazu einsetzte. Die Architektur der Frührenaissance in Ungarn ist hauptsächlich das Werk von Matthias Corvinus. Als größter Bauherr und Auftraggeber, umfassender Förderer aller Künste und Wissenschaften war er in Ungarn der einzige Mäzen - kaum ein anderer konnte neben ihm bestehen, oder genauer: er ließ kaum jemanden neben sich gelten. Durch seine geschickte, aber auch oft rücksichtslose Innenpolitik gelang es Matthias, den Einfluß des Hochadels zurückzudrängen und stark einzuschränken. Er stützte sich auf den niederen Adel und die Städte, die er förderte, doch aus diesen Reihen konnten in Ungarn noch keine bedeutenden Mäzene kommen. So war es der Hof des Königs, an dem sich die neuen Lebensformen und die neue Kunst entfalteten. Kenner der antiken Kunst hielten sich dort auf, Humanisten spielten eine wesentliche Rolle bei der Entwicklung von Bauprogrammen und achteten darauf, daß die Architektur, die Bauplastik und Ausstattung der königlichen *magnificentia* entsprachen.

Nach dem Tod von Matthias im Jahr 1490 übernahmen die wieder zu Macht gelangten Magnaten die Rolle von Mäzenen und Auftraggebern. Kardinal und Kanzler Thomas Bákocz, der in jungen Jahren noch von Matthias Corvinus gefördert wurde, war einer der

---

15 Jolán Balogh: A budai királyi palota rekonstruálása a tőrteneti forásak alapaján [Die Rekonstruktion des Königspalastes von Buda aufgrund historischer Schriftquellen]. In: Művészettőrténeti Értesitő 1 (1952), S. 29-40; Péter Farbaky: Der Königspalast in Buda im Zeitalter der Renaissance. In: Budapest im Mittelalter (wie Anm. 1), S. 259-271.

mächtigsten und einflußreichsten unter ihnen. Er errichtete mit seiner Grabkapelle (Abb. 1) im Dom zu Gran den ersten zentralen Kuppelbau der Renaissance außerhalb Italiens (1506-1512/19). Dieser Bau ist der einzige, der relativ unbeschädigt erhalten ist[16]. In der ersten Hälfte des 16. Jahrhunderts fand die Renaissancekunst weite Verbreitung in Ungarn[17]. Viele der ehemaligen Hofkünstler wechselten in die Dienste des Adels und reicher Bürger, einige verließen Ungarn und kehrten zurück nach Italien oder Dalmatien, andere aber fanden neue - königliche - Auftraggeber in Prag und Krakau.

Als der fünfzehnjährige polnische Prinz Wladislaw 1471 nach dem Tod Georgs von Podiebrad zum König von Böhmen gewählt wurde, kam er in ein kriegszerrüttetes, gespaltenes, isoliertes und von seinen Nachbarn und dem Papst bekämpftes Reich der "Ketzer". In Matthias Corvinus bekam er zudem einen mächtigen Gegner, der ihm nicht nur die Krone streitig machte, sondern auch große Teile der zur Krone Böhmen gehörenden Länder in seine Gewalt brachte. Nach kriegerischen Auseinandersetzungen blieb Wladislaw letztlich nur das Kernland Böhmen, während Mähren, Schlesien und die Lausitzen von Matthias besetzt wurden. Auch innenpolitisch war die Stellung des jungen Königs sehr schwach: Er kam als Katholik in das Land der hussitischen Revolution, er hatte weder ein großes Vermögen noch eine starke "Hausmacht" mitgebracht. Die eigentliche Macht lag in den Händen des böhmischen Hochadels, die Finanzen des Staates waren durch die Hussitenkriege ruiniert; bei seiner Wahl zum König mußte Wladislaw sich verpflichten, die Schulden Georgs von Podiebrad zu übernehmen. Sein Vater, König Kasimir IV. von Polen, hat ihn wiederholt finanziell unterstützen müssen[18].

Anders als sein großer Gegner Matthias Corvinus, vermochte sich Wladislaw nicht gegen den Hochadel durchzusetzen und die Politik selbst zu bestimmen. Es muß hier gewiß berücksichtigt werden, daß die Situation, die Wladislaw in Böhmen antraf, sich in wesentlichen Elementen von der Ausgangsposition unterschied, die Matthias bei seinem Regierungsantritt in Ungarn vorgefunden hatte und die er zu einem großen Teil seinem einflußreichen und mächtigen Vater verdankte. Doch es waren nicht nur äußere Gegebenheiten

---

16 Vgl. u.a.: Jolán Balogh: La capella Bákocz in Esztergom. In: Acta Historiae Artium 3 (1956), S. 1-197; Die Bakócz-Kapelle in Gran und die Grabplastik. In: Matthias Corvinus und die Renaissance (wie Anm. 2), S. 660-692; Miklos Horler: Die Bakócz-Kapelle am Dom zu Esztergom. Budapest 1990.
17 Jolán Balogh: Die Mäzene der Renaissance. In: Matthias Corvinus und die Renaissance in Ungarn (wie Anm. 2), S. 73-80; Gyöngy Török: Die Verbreitung der Renaissance-Architektur in Ungarn. In: ebd., S. 560-586; dies.: Die Kunstförderung der verschiedenen gesellschaftlichen Schichten in Mitteleuropa. In: Soziale Fragestellungen in der Renaissance-Forschung. Hg. v. August Buck/Tibor Klaniczay. Wiesbaden 1992, S. 119-138.
18 Vgl. Přehled dějín Československa. I/1 (do r. 1526) [Übersicht der tschechoslowakischen Geschichte. I/1: bis zum Jahr 1526]. Hg. v. Jaroslav Pruš/Miroslav Kropilák. Praha 1980, S. 521-560; Josef Petraň: Stavovské království a jeho kultura v Čechách 1471-1526 [Die ständische Monarchie und ihre Kultur in Böhmen 1471-1526]. In: Pozdně gotické umění v Čechách 1471-1526. Hg. v. Josef Petraň. Praha 1978, S. 13-72, hier bes. S. 14-20.

und Machtstrukturen, sondern vielmehr die "inneren" Bedingungen der Herkunft, Erziehung und der Persönlichkeitsstruktur, durch die beide Herrscher in geradezu jeder Hinsicht zu Gegensätzen wurden. Wladislaw war das älteste (*1456) der zahlreichen Kinder von Kasimir IV. Andreas, König von Polen und Großfürst von Litauen, und seiner Ehefrau Elisabeth von Habsburg, Tochter Albrechts II., König von Böhmen und Ungarn. Der Vater von Kasimir IV., Wladislaw II. Jagiello, Großfürst von Litauen, ist noch Heide gewesen; erst durch die Heirat mit Hedwig von Anjou, der Erbin des polnischen Thrones, empfing er die Taufe und wurde in den Kreis der katholischen Herrscher aufgenommen. Kasimir IV. selbst gelang durch die Heirat mit Elisabeth von Habsburg der Anschluß an das bedeutendste Herrschergeschlecht (Ost-)Mitteleuropas. Als noch junge Dynastie im ostmitteleuropäischen Raum war man am Krakauer Hof bemüht, sich an den alten Herrscherhäusern zu orientieren, deren Traditionen zu übernehmen und so vielleicht einem gewissen Legitimationsbedürfnis nachzukommen: nicht das Neue wurde bevorzugt, sondern Bewährtes und Anerkanntes angestrebt. Die Erziehung der Prinzen wurde dem Historiographen und Diplomaten Jan Długosz übertragen[19]. Długosz hatte nicht in Italien studiert, hatte auch kein vollständiges Studium absolviert, ist aber auf diplomatischen Reisen mehrfach in Italien gewesen. Dort ist er mit dem Gedankengut des Humanismus in Berührung gekommen, hat sicherlich auch die italienische Kunst wahrgenommen. Doch er blieb in seiner Überzeugung, seinen schriftlichen Werken und als Bauherr der alten Epoche verhaftet. Der Geist katholischer Orthodoxie und mittelalterlicher Scholastik war ihm vertrauter als die Ideen des Humanismus, und so hat er auch die seiner Obhut anvertrauten Prinzen unterwiesen. Wladislaw hing Zeit seines Lebens ritterlichen Idealen nach, er liebte Rüstungen, Ritterturniere und die Jagd. Er wird als friedfertige, liebenswürdige, zugleich aber als schwache und beeinflußbare Persönlichkeit geschildert. Auch seine körperliche Konstitution war nicht gut: er kränkelte viel, etwa seit 1500 war er oft schwer krank, teilweise gelähmt und wurde als senil geschildert [20].

Nach seiner Ankunft in Prag 1471 bewohnte Wladislaw den Königshof in der Altstadt, in dem auch schon Wenzel residiert hatte. Erst nach dem Bürgeraufstand im Jahr 1483 übersiedelte er aus Sicherheitsgründen auf die inzwischen verfallene Prager Burg, die es nun wieder bewohnbar zu machen galt, aber auch neu zu befestigen und dem Gebrauch moderner Kampfmittel anzupassen. Insbesondere für die letztgenannten Arbeiten wurde

---

19 Vgl. Fryderyk Papée: Jan Długosz. In: Polski Słownik Biograficzny. Kraków 1939, Bd. 5, S. 176-180; Jan Długosz. Wystawa w pięćsetną rocznicę śmierci [Jan Długosz Ausstellung zum 500. Todestag]. Muzeum Uniwersytetu Jagiellońskiego i Biblioteki Jagiellońskiej. Kraków 1980; Dlugossiana. Studia historyczne w pięćsetną rocznicę śmierci Jana Długosza [Dlugossiana. Historische Studien zum 500. Todestag von Jan Długosz]. Warszawa 1980.
20 Vgl. Macek (wie Anm. 5), Kap. 8: Kral Vladislav - pokus o portrét osobnosti [König Wladislaw - Versuch eines Persönlichkeitsporträts], S. 180-225; Götz Fehr: Benedikt Ried. Ein deutscher Baumeister zwischen Gotik und Renaissance in Böhmen. München 1961, S. 12-15.

um 1487/89 Benedikt Ried - als Befestigungsfachmann - nach Prag berufen[21]. Die Bauarbeiten auf der Burg leitete seit einigen Jahren bereits Hans Spieß, die Bauleitung ging jedoch alsbald an Ried über. Ab 1490 wurde im Veitsdom am königlichen Oratorium gebaut, das zum Teil ein Werk von Hans Spieß ist; insbesondere wegen der technisch komplizierten Konstruktion wird aber eine wesentliche Beteiligung Benedikt Rieds angenommen.

Im Jahre 1490 wurde Wladislaw nach dem Tod seines großen Widersachers Matthias Corvinus zum König von Ungarn gewählt und mußte seine Residenz nach Buda verlegen[22]. Von da an hielt er sich nur noch wenige Male und für jeweils kurze Zeit in Prag auf. Seine Position als König in Ungarn unterschied sich nicht von der in Böhmen: die eigentliche Macht lag auch hier bei den Magnaten, die nach dem Tod eines starken Königs nun einen schwachen haben wollten. Über Bautätigkeit des Königs auf der Budaer Burg vor 1502 ist nichts bekannt, obwohl Teile der von Matthias begonnenen Bauten noch in unvollendetem Zustand lagen. Erst aus dem Jahr seiner Vermählung mit Anne de Foix Candale 1502 datieren ein Wappen und eine Inschrift, die annehmen lassen, daß der König auf der Burg Bauarbeiten ausführen ließ[23]. In die kurze Zeit seiner Ehe (Anne starb 1506 bei der Geburt des Sohnes Ludwig) fallen auch die Bauarbeiten am königlichen Jagdschloß Buda-Nyék[24].

Gerade aber in der Zeit der Abwesenheit Wladislaws von Prag ensteht das bedeutendste mit seinem Namen verbundene Werk, das zu den überragenden Werken dieser Epoche zählt: der sogenannte Wladislawsaal (Abb. 2-3) des Benedikt Ried auf der Prager Burg[25]. Er wurde in den Jahren 1493-1502 errichtet und stellt einen grandiosen Schlußakkord der Spätgotik dar, in dem sich der neue Geist nicht nur in den eindeutigen Formen der Renaissance-Fenster ankündigt[26].

---

21 Fehr (wie Anm. 20), passim; ders.: Benedikt Ried und seine Bauhütte. In: Gotik in Böhmen. Hg. v. Karl M. Swoboda. München 1969, S. 329-335.
22 Vgl. Přehled dějín (wie Anm. 18), S. 523-525; Erik Fügedi: Das Königreich Ungarn 1458-1541. In: Matthias Corvinus und die Renaissance (wie Anm. 2), S. 17-32, hier S. 27-29.
23 Vgl.: Farbaky (wie Anm. 15), hier S. 269-271; Magyar (wie Anm. 3), hier S. 229.
24 Jolán Balogh: Nyék, die Villa des Königs Matthias. In: Matthias Corvinus und die Renaissance (wie Anm. 2), S. 361-364 und 605; Miklos Horler: Les édifices de la villa royale de Buda-Nyék. In: Acta Historiae Artium 33 (1987/88), S. 131-177 [Kurzfassung in deutscher Sprache: Die königliche Villa in Buda-Nyék. In: Budapest im Mittelalter (wie Anm. 1), S. 392-401].
25 Fehr (wie Anm. 20), S. 24-35; Jiřina Hořejší: Vladislavský sál pražského hradu [Der Wladislawsaal der Prager Burg]. Praha 1973; Václav Mencl: Architektura. In: Pozdně gotické umění (wie Anm. 18), S. 73-166, hier S. 92-129; Dobroslav Líbal: Umění gotické. Architektura. Vladislavská gotika [Kunst der Gotik. Architektur. Wladislawsche Gotik]. In: Praha středověká. Architektura, sochařství, malířství, umělecké řemeslo. Hg. v. Emanuel Poche u.a. Praha 1983, S. 341-356, hier S. 346-349; Erich Hubala: Palast und Schloßgarten, Villa und Gartenarchitektur in Böhmen. In: Renaissance in Böhmen. Hg. v. Ferdinand Seibt. München 1985, S. 27-167.
26 Eva Šamánková: Architektura české renesance [Die Architektur der böhmischen Renaissance]. Praha 1961, S. 12-17; Hubala (wie Anm. 25), S. 31-52.

Die Person des Königs als Auftraggeber und Bauherr dieses "Großunternehmens", als Kunstmäzen überhaupt, als der er gemeinhin gilt[27], gibt allerdings noch einige Rätsel auf. Seine politische Stellung sowohl in Böhmen als auch in Ungarn war sehr schwach. Er verfügte zudem kaum über die notwendigen finanziellen Mittel[28]. Vor 1490 und nach 1506 ist Wladislaw nicht als Initiator von Baumaßnahmen in Erscheinung getreten. Über seine Hofhaltung ist bekannt, daß sie überaus sparsam gewesen ist. An seinem Hof hielten sich keine Künstler und Gelehrte auf, auch über Sammlungen oder Sammeltätigkeit des Königs ist nichts bekannt. Es bleibt daher nach der Rolle der mächtigen Herren des königlichen Rates zu fragen, nach dem böhmischen Hochadel, in dessen Händen die eigentliche Macht des Staates lag. Welche Rolle spielten sie bei Kunstaufträgen des Staates? Im Bereich der Wandmalerei haben wir ein treffendes Beispiel für solche Initiativen. Die Ausmalung der oberen Wandzonen in der Wenzelskapelle des Veitsdomes war eine Aufgabe von besonderer staatlicher Bedeutung. Der König und seine Gemahlin werden dort mehrfach dargestellt, es ist "höfische Malerei" großen Stils - und doch ist nicht der König der Auftraggeber[29]. Auch reiche Bürger traten als Auftraggeber monumentaler Wandmalerei auf, so beispielsweise in Kuttenberg (drei Chorkapellen der Barbarakirche)[30]. Gemeinsam ist diesen Werken ihr beachtliches künstlerisches Niveau. Spätgotik vereint sich hier harmonisch mit neuen Eindrücken der Renaissance-Kunst in einer Weise, die an dieselbe Erscheinung im Wladislawsaal erinnert[31].

Das Königreich Polen entwickelte sich im Verlauf des 15. Jahrhunderts zu einer führenden Macht in Ostmitteleuropa. Nach der Personalunion mit dem Großherzogtum Litauen entstand ein großer Territorialstaat, der allerdings eine verstärkte Ausrichtung der Politik

---

27 Jarmila Vacková: Program monumentalnego malarstwa w stylu dworskim za panowania Władysława Jagiellończyka [Das Programm der Monumentalmalerei in höfischem Stil in der Regierungszeit von Wladislaw II.]. In: Sztuka i ideologia XV wieku. Hg. v. Piotr Skubiszewski. Warszawa 1978, S. 427-439; Jiřina Hořejší: Podstawy ideowe architektury dworskiej za panowania Władysława Jagiellończyka [Die ideellen Grundlagen der Hofarchitektur in der Regierungszeit von Wladislaw II]. In: ebd., S. 479-492; Jiřina Hořejší/Jarmila Vacková: Die Hofkunst zur Zeit der Jagiellonen-Herrschaft in Böhmen. In: Die Kunst der Renaissance und des Manierismus in Böhmen. Hanau o.J. [1979], S. 15-48; Macek (wie Anm. 5), S. 220-225.
28 Auch über die "Kuttenberger Gelder", mit denen die Baumaßnahmen bezahlt wurden, konnte der König nicht ohne Zustimmung des Rates verfügen. Vgl. Macek (wie Anm. 5), S. 226-263.
29 Vgl. Josef Krása: Nástěnná malba [Wandmalerei]. In: Pozdně gotické umění (wie Anm. 18), S. 255-314, hier bes. S. 308.
30 Vgl. u.a. ebd., S. 261-275; Christian Salm: Malerei und Plastik der Spätgotik. In: Gotik in Böhmen (wie Anm. 21), S. 361-398, hier S. 371-374;
31 Vgl. u.a.: Josef Krása: Renesanční nástěnna výzdoba kaple svatováclavské v chramu sv. Víta v Praze [Die Wandmalereien der Renaissance in der Wenzelskapelle des St. Veitsdomes in Prag]. In: Umění 6 (1958), S. 31-72; Jarmila Vacková: K ideove koncepci renesančních nástěnných maleb ve svatováclavské kapli [Zum Ideenkonzept der Wandmalereien der Renaissance in der St. Wenzelskapelle]. In: Umění 16 (1968), S. 163-173; dies.: (wie Anm. 27) passim; Christian Salm: Malerei (wie Anm. 30), S. 361-398.

nach Osten bedingte[32]. Ständige Auseinandersetzungen mit dem Deutschen Orden erschwerten zudem eine gedeihliche Entwicklung des Landes und banden die Initiativen der Herrscher, die stets auf die Festigung und Sicherung ihrer Stellung nach innen und außen bedacht sein mußten. Dagegen blühten die Städte auf. Insbesondere die Hauptstadt Krakau entwickelte eine bedeutende bürgerliche spätgotische Kunst. Zahlreiche repräsentative Bürgerhäuser entstanden um den Marktplatz herum und in den wichtigsten Straßen (Grodzka, Floriańska, Sławkowska). Der bereits im 14. Jahrhundert begonnene Bau der Marienkirche, der Hauptkirche der deutschen Bürgerschaft Krakaus, wurde vollendet und für den Hauptaltar (Abb. 16) der Nürnberger Meister Veit Stoß verpflichtet. Er blieb 19 Jahre in Krakau (1477-1496) und schuf hier einige seiner Hauptwerke[33].

Der 1467 geborene spätere König Sigismund genoß - im Gegensatz zu seinem älteren Bruder Wladislaw - eine Erziehung im humanistischen Geist: Sein Erzieher war der am polnischen Hof als Diplomat tätige Filippo Buonaccorsi-Callimachus[34]. Als Prinz verbrachte Sigismund um 1500 zwei Jahre am Hof Wladislaws II. von Böhmen und Ungarn in Buda und bereiste einige ungarische Städte. Dort lernte er die neue Kunst aus Italien kennen, die er begeistert für sich entdeckte. Als er 1506 den polnischen Thron bestieg, berief er italienische Bauleute aus Ungarn an seinen Krakauer Hof, den er nach den in Ungarn gesehenen Vorbildern umzugestalten gedachte. Umbauarbeiten am Wawel-Schloß fanden bereits ab 1502 statt[35], doch erst unter Sigismund als König begann der eigentliche Aus- und Umbau zur Residenz im Stil der Renaissance.

Der erste italienische Baumeister war ein gewisser Franciscus Florentinus, der sich schon seit 1502 in Krakau aufgehalten hatte. Seine erste Aufgabe dort war die Gestaltung der Grabnische für das (spätgotische) Grabmal von König Johann Albrecht in der Wawel-Kathedrale. Diese Grabnische ist das früheste Werk des neuen Stils auf polnischem Boden

---

32 Vgl. z.B. Paweł Jasienica: Polska Jagiellonów [Das Polen der Jagiellonen]. Warszawa 1970; Polska w epoce Odrodzenia [Polen im Zeitalter der Renaissance]. Hg. v. Andrzej Wyczański. Warszawa 1970; Jerzy Wyrozumski: Die territoriale Entwicklung Polens im Zeitalter der Jagiellonen. In: Polen im Zeitalter der Jagiellonen 1386-1572. Ausstellungskatalog Schallaburg 1986. Wien 1986, S. 9-12; Krzysztof Baczkowski: Die europäische Politik der Jagiellonen. In: ebd., S. 56-65.
33 Zdzisław Kępiński: Veit Stoß. Warszawa/Dresden 1981; Adam Bochnak: The Polish Period of Wit Stwosz. In: Poland in Christian Civilization. Hg. v. Jerzy Braun. London 1985, S. 277-291; Veit Stoß. Die Vorträge des Nürnberger Symposiums. Hg. v. Rainer Kahsnitz. München 1985, hier auch weitere Literatur. Zur Literatur über Veit Stoß und Krakau vgl. auch den Aufsatz von Jan Harasimowicz in diesem Band, dort Anm. 4.
34 Vgl. Zygmunt Wojciechowski: Zygmunt Stary. 1506-1548 [Sigismund der Alte]. Warszawa 1946; Józef Garbacik: Kallimach jako dyplomata i polityk [Callimachus als Diplomat und Politiker]. Kraków 1948; ders.: Kallimach. In: Polski Słownik Biograficzny. Wrocław/Warszawa/Kraków 1964/65, Bd. 11, S. 493-499.
35 Stefan Komornicki: Franciszek Florentczyk i pałac wawelski [Franciscus Florentinus und das Wawelschloß]. In: Przegląd Historii Sztuki 1 (1929), S. 57-69; Tadeusz Dobrowolski: Zamek na Wawelu, dzieło architektury polskiej [Das Wawel-Schloß, ein Werk der polnischen Architektur]. In: Studia renesansowe. Hg. v. Michał Walicki. Wrocław 1956, Bd. 1, S. 140-185.

(1502/03). Franciscus schuf auch die bauplastischen Elemente am gotischen Schloßflügel (Fensterrahmung, Erker); für die neu errichteten Gebäude war er nicht nur als Architekt, sondern ebenfalls für die bauplastischen Arbeiten zuständig (Fenster- und Portalrahmungen). Für diese Aufgaben beschäftigte er eine Gruppe von Bildhauern und Steinmetzen aus Ungarn (Italiener, Deutsche aus Oberungarn). Das wichtigste Werk von Franciscus aber ist der Plan und zum Teil die Ausführung der dreigeschossigen Arkadengalerien (Abb. 9), die den Schloßbau zum Innenhof abschließen. Die schlanken, überhohen Säulen des zweiten Obergeschosses mit Schaftring in der Mitte und dem sonderbaren Abschluß über dem Kapitell und das steile, weit vorkragende Dach bilden eine originelle, jedoch wenig "italienische" Lösung, die wohl als Anpassung der neuen Ausdrucksmittel an lokale Gegebenheiten und Gepflogenheiten zu werten ist[36].

Als 1516 Meister Franciscus starb, wurde zur Fortführung der Arbeiten am Schloß der ebenfalls aus der Toskana stammende Bartholomeo Berecci berufen. Sehr wahrscheinlich kam auch er über Ungarn nach Krakau[37]. Sigismund beauftragte ihn mit dem Bau einer Grabkapelle für sich und seine Familie. Berecci legte 1517 einen Bauplan vor und begann 1519 mit den Arbeiten. Berecci verpflichtete Mitarbeiter, die wie er aus der Toskana stammten. Daneben waren polnische sowie aus Schlesien und Ungarn stammende Handwerker beschäftigt. Im Jahr 1531 waren die Arbeiten an der bildhauerischen Ausstattung der Kapelle, die ebenfalls ein Werk Bereccis ist, vollendet. Die Sigismundkapelle ist das vollkommenste Werk "all'antica" und Hauptwerk der italienischen Renaissance in Polen, es finden sich darin keine Zugeständnisse an lokale Traditionen mehr. Die Kapelle ist ein überkuppelter Zentralbau (Abb. 10), dessen plastische Ausgestaltung (Abb. 11-12) einem anspruchsvollen und neuartigen ikonographischen Programm folgt[38]. Nach Abschluß der Arbeiten an der Sigismundkapelle war Berecci bis zu seinem Tod im Jahr 1537 mit dem

---

36 Helena i Stefan Kozakiewiczowie: Renesans w Polsce [Die Renaissance in Polen]. Warszawa 1976, S. 9-12, 27-31 [dt. Ausgabe: Die Kunst der Renaissance in Polen. Warszawa 1976].

37 Marian Sokołowski: Italienische Künstler der Renaissance in Polen. In: Repertorium für Kunstwissenschaft 8 (1885), Sp. 411-423; Stefan Komornicki: Bartolomeo Berrecci (+ 1537), budowniczy i rzeźbiarz nadworny Zygmunta I. [Bartolomeo Berrecci, Hofarchitekt und Bildhauer Sigismunds I.]. In: Polski Słownik Biograficzny. Kraków 1935, Bd. 1, S. 467-469; Helena Kozakiewiczowa: Z badań nad Bartłomiejem Berreccim [Untersuchungen zu Bartolomeo Berrecci]. In: Biuletyn Historii Sztuki 23 (1961), S. 311-327; Karol Estreicher: Studia nad Bartłomiejem Berreccim [Studien zu Bartolomo Berrecci]. In: Rocznik Krakowski 43 (1973), S. 45-114.

38 Vgl. z.B. Lech Kalinowski: Die Sigismundkapelle am Waweldom zu Krakau. In: Polen im Zeitalter der Jagiellonen (wie Anm. 32), S. 131-136, hier auch ausführliche Bibliographie; ders.: Treści artystyczne i ideowe kaplicy Zygmuntowskiej [Künstlerische und ideelle Inhalte der Sigismundkapelle]. In: Studia do dziejów Wawelu 2 (1960), S. 1-129; Katalog Zabytków Sztuki w Polsce IV. Miasto Kraków [Katalog der Kunstdenkmäler in Polen. Stadt Krakau], Bd. 1. Wawel. Hg. v. Jerzy Szablowski. Warszawa 1965, S. 84-87, 171-172 (Bibliographie); Stanisław Mossakowski: Tematyka mitologiczna w dekoracjach kaplicy Zygmuntowskiej [Mythologische Thematik in der Dekoration der Sigismundkapelle]. In: Sztuka jako świadectwo czasu. Studia z pogranicza historii sztuki i historii idei. Warszawa 1980, S. 151-187.

weiteren Aus- und Umbau des Wawel-Schlosses beschäftigt. In dieser Bauphase, in der die Innenräume gestaltet wurden, finden wir eine interessante Erscheinung in der Bearbeitung der Türgewände und -rahmungen. Die Steinmetzarbeiten zeigen eine Vermischung, ja geradezu eine Verschmelzung spätgotischer Dekorationsmotive (vor allem Stabwerk) mit Formen der italienischen Renaissance. Diese Art der Portalgestaltung fand sehr rasch Aufnahme in der Stadt: bis heute haben sich zahlreiche Beispiele an Bürgerhäusern erhalten. In Krakau verbindet man diese Dekorationsformen vor allem mit dem Namen eines "Meisters Benedikt", der in Kleinpolen als Baumeister und Steinmetz tätig gewesen ist[39].

Die am Wawel errichteten Bauwerke, die eingeführten und neu entwickelten Architektur- und Dekorationsformen dienten als Vorbilder, die sehr bald übernommen wurden - von hohen staatlichen und kirchlichen Würdenträgern, von Patriziern und Geistlichen in der Stadt. Am schnellsten fanden Dekorationsmotive Eingang in die lokale Bauplastik, doch auch um die großen Vorbilder, den Arkadenhof des Wawel, vor allem aber um die Sigismundkapelle reiht sich eine lange Folge von Nachfolgebauten[40].

Außer in Ungarn, wo allerdings durch die Türkenkriege die Denkmäler nahezu vollständig zerstört wurden, haben wir in Krakau die frühesten ausgeprägten Formen der Renaissance. Kennzeichnend für die erste Phase der Renaissance in Polen, die mit der Regierungszeit von Sigismund I. zusammenfällt, ist ihre toskanisch-florentinische Prägung, die noch bis in die zweite Hälfte des 16. Jahrhunderts hineinwirkte, als sich die Renaissance-Formen über das gesamte Land auszubreiten begannen. Ein weiteres Merkmal ist die Vermittlung durch Ungarn und der Weg der meisten Künstler und Handwerker über Ungarn nach Krakau. Die Verbindung von Formen der Renaissance mit spätgotischen auf hohem ästhetischen Niveau konnte bereits am Wladislawsaal in Prag beobachtet werden; in Krakau kam es zudem zu einer Verschmelzung dieser Dekorationselemente, insbesondere in der Bauplastik. In der zweiten Hälfte des 16. Jahrhunderts kamen vermehrt Künstler aus Norditalien, aus der Lombardei und dem Veneto nach Polen und verliehen der Architektur und Plastik ihre Prägung, über Danzig drangen Formen des niederländischen Manierismus ein[41].

---

39 Vgl. Christian Salm: Malerei (wie Anm. 30), S. 447, Anm. 55; Kozakiewiczowie (wie Anm. 36), S. 15f.
40 Vgl. Józef Łoziński: Grobowe kaplice kopułowe w Polsce 1520-1620. Warszawa 1973; [dt. Kurzfassung ders.: Die Kuppelgrabkapellen in Polen]. In: Évolution générale et développements régionaux en histoire de l'art. Actes du XXIIe Congrès International d'Histoire de l'Art, Budapest 1969. Budapest 1972, Bd. 1, S. 667-676; Mieczysław Zlat: Leżące figury zmarłych w polskich nagrobkach XVI wieku. Treści dzieła sztuki [Liegende Figuren Verstorbener in der polnischen Grabplastik des 16. Jahrhunderts. Inhalte des Kunstwerkes]. Warszawa 1984; Helena Kozakiewiczowa: Rzeźba XVI wieku w Polsce [Die Plastik des 16. Jahrhunderts in Polen]. Warszawa 1984.
41 Stefan Kozakiewicz: Początek działalności Komasków, Tesyńczyków i Gryzończyków w Polsce. Okres Renesansu 1520-1580 [Der Beginn der Tätigkeit von Künstlern aus der Gegend von Como, aus dem Tessin und aus Graubünden in Polen. Zeitalter der Renaissance]. In: Biuletyn Historii Sztuki 21 (1959), S. 3-29; Mieczysław Gębarowicz: Studia nad dziejami kultury artystycznej późnego Renesansu w

Über den Hof der letzten Jagiellonen in Polen gibt es eine Reihe von Untersuchungen[42]. Dennoch weisen bestimmte Bereiche, vor allem über den Hof Sigismunds I., noch immer Lücken auf. Das betrifft besonders die Haltung des Königs und seiner unmittelbaren Umgebung zu Fragen der Wissenschaft, Kunst und Kultur. Auch über den Aufenthalt von Wissenschaftlern und Künstlern am Hof zu Krakau und deren Rolle dort ist wenig bekannt. Gewiß ist der Krakauer Hof Sigismunds nicht mit dem von Matthias in Buda zu vergleichen. Ein so umfassendes und tiefgehendes Interesse an theoretischen und philosophischen Fragen der neuen Kunst und Wissenschaft ist von Sigismund nicht überliefert. Auch trat er nicht in ähnlicher Weise als Auftraggeber und Sammler von Kunstwerken und Büchern hervor wie Matthias.

Bei der Übernahme der Renaissance in Ostmitteleuropa spielen die Königshöfe die bestimmende Rolle. Hier kam die neue Kunst zuerst zum Vorschein, hier schon fand eine Auswahl und Anpassung der italienischen Formen an heimische Vorlieben und Traditionen statt, hier wurden auch bereits eigene Muster ausgebildet. Die initiierende Rolle des Königs als ersten Kunstmäzens seines Landes wird am deutlichsten in der Person des Matthias Corvinus, der in seiner Zeit im ostmitteleuropäischen Raum eine Ausnahmeerscheinung darstellt. Er war eine dominierende Persönlichkeit und ein starker Herrscher, der sich gegen die Magnaten in seinem Land durchzusetzen vermochte. Die von ihm geförderte Kunst setzte er bewußt zu Zwecken der Repräsentation und Verherrlichung seiner Herrschaft ein. Sie diente ihm aber auch zur Legitimation dieser Herrschaft - daher wohl der hohe Anspruch, den er an die Kunst, die Künstler und an sich selbst stellte, indem er sich als umfassend gebildeten Kunstkenner und modernen Politiker sah. Von humanistischem Gedankengut und neuzeitlicher Staatsphilosophie geprägt waren seine Reformen der Verwaltung und des Heeres, auch seine Bemühungen um die Gründung einer ungarischen Universität. Es bleibt festzuhalten, daß die italienische Renaissance-Kunst am Königshof zu Buda am frühesten außerhalb Italiens, am unmittelbarsten und umfassendsten theoretisch und philosophisch fundiert auftrat. Im wesentlichen über Ungarn wurde sie an die Königshöfe in Prag und Krakau vermittelt.

Wladislaw II. von Böhmen und Ungarn kam als polnischer katholischer Prinz in ein Land, in dem die Macht in den Händen einiger hochadliger Persönlichkeiten und Familien lag, gegen die er sich nicht durchsetzen konnte. Für seine Herrschaft sah er kein Legitima-

---

Polsce [Studien zur Geschichte der künstlerischen Kultur der Spätrenaissance in Polen]. Toruń 1962; Kozakiewicz (wie Anm. 36), S. 21-24, 108-266, 269-270 (Literatur); Helena Kozakiewiczowa: Renesans i Manieryzm w Polsce [Renaissance und Manierismus in Polen]. Warszawa 1978; Marian Karpowicz: Artisti ticinesi in Polonia nell' 500. Bellinzona 1987.

42 Vgl. Danuta Quirini-Popławska: Działalność Włochów w Polsce w I połowie XVI wieku na dworze królewskim, w dyplomacji i hierarchii kościelnej [Die Tätigkeit der Italiener am Königshof, im diplomatischen Dienst und in der kirchlichen Hierarchie in Polen in der ersten Hälfte des 16. Jahrhunderts]. Kraków 1973 (hier auch Quellen und weitere Literatur zum Thema).

tionsbedürfnis und hegte bis zu seiner Heirat mit Anne de Foix Candale und der Geburt seiner zwei Kinder auch keine dynastischen Gedanken, die ihn veranlaßt hätten, zur Verherrlichung der jagiellonischen Dynastie auf dem böhmischen und ungarischen Thron Kunstwerke in Auftrag zu geben. Wladislaw als "schwacher König, aber großer Kunstmäzen" muß wohl noch eingehender untersucht werden, vor allem in Zusammenhang mit der Rolle des am Hof und in der Politik bestimmenden böhmischen Hochadels.

Sein jüngerer Bruder Sigismund nahm die Eindrücke vom ungarischen Hof begeistert auf und verpflichtete italienische Baumeister und Handwerker aus Buda an seinen Hof. Bis zum Ende des 15. Jahrhunderts war das Krakauer Bürgertum durch seine Verbindungen zu den süddeutschen Städten bestimmend in der Kunstentwicklung der Stadt. Mit der Renaissance wurde die Kunst des Königshofes musterbildend. Sie wurde zunächst von den hohen Hofbeamten übernommen, drang aber sehr schnell in die Stadt vor, wo sie von einigen Patriziern und Geistlichen früher übernommen wurde als von breiten Schichten des polnischen Adels. Die große Verbreitung der Renaissance-Kunst bzw. der bevorzugten Elemente und Motive dieser Kunst sowohl in zeitlicher wie räumlicher Dimension, ihre lange Dauer sowie eine gewisse Traditionsbildung auf der Grundlage der Renaissance-Kunst sind kennzeichnend für die Entwicklung in Polen und Ungarn. In Prag enstand nach dem Übergang an Habsburg schon unter Ferdinand, vor allem aber unter Rudolf II. für kurze Zeit eine einzigartige Variante der Renaissance[43]. In Böhmen und in den übrigen Ländern der Böhmischen Krone entwickelte sich reiche Renaissance-Architektur in den Städten und auf den Adelssitzen. Durch den Barock jedoch, der in Prag und ganz Böhmen zum dominanten Stil des 17. und 18. Jahrhunderts wurde, blieb der Renaissance keine so lange Wirkung und so bedeutende Rolle in der Geistesgeschichte beschieden wie in Ungarn und Polen. Dort war die Zeit der Renaissance sowohl in der politischen Geschichte als auch auf anderen Gebieten der Kulturgeschichte eine bedeutende und positiv gewertete Epoche. Der Barock hingegen nahm in diesen Ländern keine der böhmischen Entwicklung vergleichbare Stellung ein.

---

43 Vgl. dazu den Aufsatz von Thomas DaCosta Kaufmann in diesem Band und die dort angegebene Literatur zum Thema.

Leszek Belzyt

Demographische Entwicklung und ethnische Pluralität in den größten Städten Ostmitteleuropas 1400-1600

Die hier dargestellte Problematik ist schon mehrmals Gegenstand der Forschung gewesen. Die Aufgabe meines Aufsatzes besteht lediglich darin, einen allgemeinen Überblick zu diesen Fragen zu geben. Der demographische Aspekt, genauer gesagt, die Bevölkerungszahl einer Stadt, wird herangezogen, wenn entschieden werden soll, ob eine Stadt als Metropole zu charakterisieren ist. Exakte quantitative Aussagen sind aufgrund der zur Verfügung stehenden demographischen Quellen zwar nicht möglich, die überlieferten Angaben (vor allem Steuerangaben) bilden jedoch eine ausreichende Grundlage für den Größenvergleich einzelner Städte sowie für die Feststellung der Entwicklungstendenzen im 15. und 16. Jahrhundert.

Die ethnische Pluralität gehört neben den deutlichen Vermögensunterschieden der Bewohner zu den auffallendsten Merkmalen der großen städtischen Agglomerationen nicht nur im späten Mittelalter und in der frühen Neuzeit. Der Zustrom von Fremden in die bedeutendsten Städte Ostmitteleuropas war zunächst mit der deutschen Siedlungsbewegung verbunden, die einen gemeinsamen Faktor in ihrer Geschichte bildet, dann vor allem mit der Wirtschaftsentwicklung, der Gründung von Universitäten sowie mit der Wirkung der Herrscherhöfe auf Kunst und Kultur. Zusammenfassend läßt sich sagen, daß sowohl die demographische als auch die nationale Problematik sehr eng mit Themen wie der Kunstgeschichte dieser Städte und mit den Faktoren ihrer Zentralität in Verbindung steht.

Zu den Quellen, die hier berücksichtigt werden müssen, gehören vor allem Steuerangaben und Aufnahmelisten in das Bürgerrecht. Für einzelne Städte können darüber hinaus Materialien aus dem Wirtschaftsleben, dem Gerichtswesen sowie aus der Hof- und Kirchenverwaltung sehr hilfreich sein. Nicht für alle größeren Städte Ostmitteleuropas fließen die Angaben gleichermaßen reichhaltig. So ist beispielsweise für die demographische Überlieferung für Breslau, Danzig und Krakau die beste Quellenlage festzustellen, die schlechteste für Buda und Pest sowie auch für andere ungarische Städte, für die gar keine Daten überliefert sind.

Der Forschungsstand ist ebenfalls unterschiedlich. Es gibt sehr gute Bearbeitungen der städtischen Bevölkerungsgeschichte und historische Monographien einzelner Städte in den polnischen Gebieten, die sowohl von Polen als auch von Deutschen verfaßt wurden. Es fehlen dagegen vergleichbare neuere Forschungen für böhmische, mährische, slowakische und ungarische Städte[1]. Unter diesen Umständen können die hier vorgelegten Schätzungen der Bevölkerungszahlen nur als Annäherungswerte gelten.

Um 1400 war Prag mit etwa 30 000 Einwohnern die größte Stadt in Ostmitteleuropa, die zu jener Zeit noch einen Rest des Glanzes aus der Epoche, in der sie kaiserliche Residenz Karls IV. war, zu bewahren suchte. In der zweiten Hälfte des 14. Jahrhunderts soll Prag sogar über 40 000 Einwohner in den drei Stadtgemeinden Altstadt, Neustadt und Kleinseite sowie in Hradschin mit der Prager Burg und in Vyšehrad gehabt haben[2]. Mit ungefähr 20 000 Einwohnern besaßen die zwei Herrscherresidenzen Krakau und Wien sowie auch die zwei wichtigen Handelszentren Breslau und Danzig (alle mit Nebenstädten und Vorstädten) eine geringere Bedeutung. Über 15 000 Einwohner konnten in jener Zeit noch in der Bergstadt Kuttenberg gezählt werden, die damals eine starke wirtschaftliche Konkurrenz für Prag bildete. Alle anderen Städte dieses Gebiets waren sehr viel kleiner. Bis zur Marke von 10 000 Einwohnern reichten lediglich Thorn, Elbing, Stettin und möglicherweise Buda mit Pest und Óbuda sowie Lemberg heran[3]. Zum Vergleich sollen hier die Be-

---

1 Neue Monographien für polnische Gebiete: Jerzy Wyrozumski: Dzieje Krakowa. Bd. 1. Kraków do schyłku wieków średnich [Geschichte Krakaus. Krakau bis zum Ausgang des Mittelalters]. Kraków 1992; Janina Bieniarzówna/Jan Małecki: Dzieje Krakowa. Bd. 2. Kraków w wiekach XVI-XVIII [Geschichte Krakaus. Krakau vom 16. bis zum 18. Jahrhundert]. Kraków 1984, ([2]1994); Edmund Cieślak/Czesław Biernat: Dzieje Gdańska [Geschichte Danzigs]. Gdańsk 1975; Historia Gdańska [Geschichte Danzigs]. Bd. 2. 1454-1655. Red. Edmund Cieślak. Gdańsk 1982; Wacław Długoborski/Józef Gierowski/Karol Maleczyński: Dzieje Wrocławia do roku 1807 [Geschichte Breslaus bis zum Jahr 1807]. Warszawa 1958; Dzieje Warszawy [Geschichte Warschaus]. Bd. 1 u. 2. Red. Stefan Kieniewicz. Warszawa 1984; Dzieje Lublina. Próba syntezy [Geschichte Lublins. Versuch einer Synthese]. Lublin 1965; Toruń dawny i dzisiejszy. Zarys dziejów [Das alte und das heutige Thorn. Abriß der Geschichte]. Red. Marian Biskup. Warszawa 1983; Marian Biskup: Historia Torunia. Bd. 2, T. 1. U schyłku średniowiecza i w początkach odrodzenia (1454-1548) [Geschichte Thorns. Am Ausgang des Mittelalters und am Anfang der Renaissance]. Toruń 1992; vgl. auch Maria Bogucka/Henryk Samsonowicz: Dzieje miast i mieszczaństwa w Polsce przedrozbiorowej [Geschichte der Städte und des Bürgertums in Polen vor den Teilungen]. Wrocław/Warszawa/Kraków/Gdańsk/Łódź 1986. Zur Geschichte Prags: Josef Janáček: Dzieje Pragi [Geschichte Prags]. Warszawa 1977; ders.: Das alte Prag. Wien/Köln/Graz 1983. Die beiden Arbeiten behandeln die Geschichte Prags ganz allgemein, deswegen greift man immer noch zu der älteren Monographie von Wácslaw Wladiwoj Tomek: Dějepis města Prahy [Geschichte der Stadt Prag]. Bd. 1-12. Praha 1869-1894. Zur Geschichte Budapests siehe: Budapest története [Geschichte von Budapest]. Bd. 1-2. Budapest 1973.
2 František Graus: Struktur und Geschichte. Drei Volksaufstände im mittelalterlichen Prag. Sigmaringen 1971, S. 26; ders.: Prag als Mitte Böhmens 1346-1421. In: Zentralität als Problem der mittelalterlichen Stadtgeschichtsforschung. Hg. v. Emil Meynen. Köln/Wien 1979, S. 22-47, hier S. 26; Janáček (wie Anm. 1, Das alte Prag), S. 63.
3 Długoborski/Gierowski/Maleczyński (wie Anm. 1), S. 206-207; Paul Simson: Geschichte der Stadt Danzig bis 1626. Darmstadt 1967 ([1]1913), S. 164; Henryk Samsonowicz: Późne średniowiecze miast nadbałtyckich. Studia nad dziejami Hanzy nad Bałtykiem w XIV-XV wieku [Das Spätmittelalter der Ostseestädte. Studien zur Geschichte der Hanse an der Ostsee im 14. und 15. Jahrhundert]. Warszawa 1968, S. 105; ders.: Zagadnienia demografii historycznej regionu Hanzy w XIV-XV wieku [Fragen der

Demographische Entwicklung und ethnische Pluralität 63

völkerungszahlen einiger anderer mittel- und osteuropäischer Großstädte erwähnt werden, z.B. Köln mit etwa 40 000 Einwohnern um 1400 und Lübeck mit etwa 25000, ferner mit ca. 20 000 Einwohnern: Metz, Straßburg, Nürnberg, Augsburg und wahrscheinlich Novgorod[4].

Um die Mitte des 15. Jahrhunderts war die Situation insofern verändert, als Prag seine Bedeutung als Residenzstadt verloren hatte und nach den hussitischen Kriegen weniger als 30 000 Einwohner zählte. Damit glich es dem schnell anwachsenden Danzig, das diese Marke zu jener Zeit möglicherweise schon erreicht hatte. Danzig gehörte neben Krakau, Breslau, Lemberg und Posen zu den Städten, die sich in der ganzen Periode zwischen 1400 und 1600 kontinuierlich und erfolgreich entwickelten. Es wies dabei die höchste Wachstumsrate auf. Wahrscheinlich haben um 1450 Breslau, Wien und Krakau die Grenze von 20 000 Einwohnern schon überschritten; Thorn und Stettin zählten etwa 11 000 Einwohner, Elbing 10 000 und Buda/Pest sogar mehr als 12000. Etwas weniger als 10 000 Einwohner hatten noch Lemberg und Kuttenberg[5].

Am Anfang des 16. Jahrhunderts standen Danzig und Prag weiterhin an der Spitze der ostmitteleuropäischen Städte mit etwa 35 000 und 30 000 Einwohnern. Breslau näherte sich der Zahl von 25 000 Einwohnern, Krakau und Wien hatten dagegen ein paar Tausend Einwohner weniger. Buda/Pest, das zu jener Zeit eine Blüte erlebte, zählte schon etwa 15 000 Einwohner, Thorn 12000, Elbing und Lemberg 10000, Posen, Stettin, Königsberg und Brünn über 8 000. Zu jener Zeit besaß Köln immer noch etwa 40 000 Einwohner,

---

historischen Demographie der Hanseregion im 14. und 15. Jahrhundert]. In: Zapiski Historyczne 28 (1963), S. 523-555, hier S. 538; Wyrozumski (wie Anm. 1), S. 317; Historia Gdańska (wie Anm. 1), S. 30; Danuta Molenda: Miasta górnicze Europy środkowo-wschodniej [Die Bergstädte Ostmitteleuropas]. In: Miasta doby feudalnej w Europie środkowo-wschodniej [Städte der Feudalepoche in Ostmitteleuropa]. Hg. v. Aleksander Gieysztor/Tadeusz Rosłanowski. Warszawa/Poznań/Toruń 1976, S. 189-215, hier S. 200.

4 Vgl. Hektor Ammann: Wie groß war die mittelalterliche Stadt. In: Die Stadt des Mittelalters. B. 1. Hg. v. Carl Haase. Dortmund 1969, S. 408-415, hier S. 412; Erich Maschke: Die Unterschichten der mittelalterlichen Städte Deutschlands. In: ebd., S. 345-454, hier S. 370, 426f.; ders.: Deutsche Städte am Ausgang des Mittelalters. In: Die Stadt am Ausgang des Mittelalters. Hg. v. Wilhelm Rausch. Linz 1974, S. 1-44, hier S. 4f.; Josef Joachim Menzel: Die Entstehung der mittelalterlichen Städtelandschaft Schlesiens. In: Stadt und Landschaft im deutschen Osten und in Ostmitteleuropa. Hg. v. Friedhelm B. Kaiser/Bernhard Stasiewski. Wien/Köln 1982, S. 45-65, hier S. 57. Der Vf. erwähnt als die größten Städte im 15. Jahrhundert in dieser Region Breslau, Wien, Frankfurt/Main und Basel, was mit den Angaben anderer Forscher nicht übereinstimmt. Henryk Samsonowicz: Miejsce Gdańska w gospodarce europejskiej w XV wieku [Der Platz Danzigs in der europäischen Wirtschaft im 15. Jahrhundert]. In: Historia Gdańska (wie Anm. 1), S. 77-87, hier S. 86; Paul M. Hohenberg/Lynn Hollen Lees, The Making of Urban Europe 1000-1950. Cambridge/London 1985, S. 55ff.; Heinrich Reincke: Bevölkerungsprobleme der Hansestädte. In: Die Stadt des Mittelalters. B. 3. Hg. v. Carl Haase. Darmstadt 1973, S. 256-302, hier S. 257ff.; Fritz Rörig: Die europäische Stadt und die Kultur des Bürgertums im Mittelalter. Göttingen 1955, S. 76.

5 Samsonowicz (wie Anm. 3, Późne średniowiecze), S. 77, 88, 105; Janáček (wie Anm. 1, Das alte Prag), S. 97; Elisabeth Lichtenberger: Wien-Prag. Metropolenforschung. Wien/Köln/Weimar 1993, S. 17; Eberhard Isenmann: Die deutsche Stadt im Spätmittelalter. Stuttgart 1988, S. 31.

Lübeck etwa 25 000, Nürnberg und Augsburg ebenfalls 25 000. Eine ähnliche Bevölkerungsgröße konnten möglicherweise auch Moskau und Novgorod aufweisen[6].

In der Mitte des 16. Jahrhunderts sah die Situation etwas anders aus. Spitzenreiter blieben Prag und Danzig mit ungefähr 40 000 Einwohnern. Hinzu kamen Krakau mit schätzungsweise 33 000, Breslau mit etwa 28 000, Wien - als kaiserliche Residenz - mit ebenfalls fast 30 000 und, was ganz neu war, Posen, Lemberg und Joachimsthal mit nahezu 20 000 Einwohnern. Elbing zählte damals 15 000, Thorn 12 000, Lublin und Königsberg etwa 10 000 Einwohner. In Ungarn war nach dem Fall der Hauptstadt 1541 Debreczin die größte Siedlung mit 12 000-13 000 Einwohnern[7]. Warschau und Preßburg hatten weniger als 10 000, Eger, Olmütz und Brünn zwischen 5 000 und 8 000 Einwohner[8]. In Deutschland erreichten damals Nürnberg und Augsburg mit bis zu 45 000 Einwohnern die höchste Bevölkerungszahl.

Um die Wende vom 16. zum 17. Jahrhundert schnellte die Bedeutung Prags als kaiserliche Residenz empor. Die böhmische Hauptstadt erlebte ihre zweite Blütezeit, was der Zuwachs der Einwohnerzahl auf über 60 000 deutlich bestätigt. Danzig zählte damals etwa 10 000 Einwohner weniger, also um 50 000. Breslau, das sich bis zum Dreißigjährigen Krieg ebenfalls günstig entwickelte, erreichte um 1600 die Zahl von etwa 32 000 Einwohnern. Krakau hatte dagegen seine Glanzperiode hinter sich. Doch sank trotz der Verlegung der königlichen Residenz nach Warschau die Zahl der Einwohner zu jener Zeit nur unbedeutend und betrug immer noch fast 30 000. Wie Krakau büßte auch Wien seine Bedeutung ein und zählte wahrscheinlich ebenfalls weniger als 30 000 Einwohner. Warschau in

---

6   Bogucka/Samsonowicz (wie Anm 1.), S. 120f., 376; Janáček (wie Anm. 1, Das alte Prag), S. 125; Tomek (wie Anm. 1), B. 8, S. 415; in der Anmerkung wird eine Quelle genannt, aus der hervorgeht, daß Prag um 1509 etwa 28000-30000 Einwohner hatte. Tomek rechnet jedoch aufgrund dieser Quelle mit mehr als 50000 Einwohnern. Max Kratochwil: Wien im 16. Jahrhundert. In: Die Stadt an der Schwelle zur Neuzeit. Hg. v. Wilhelm Rausch. Linz 1980, S. 75-92, hier S. 80. In Anmerkung 18 auf S. 91 zitiert er größere Zahlen für Wien - über 30000 Einwohner (nach Kurt Klein). Hermann Kellenbenz: Die Gesellschaft in der mitteleuropäischen Stadt im 16. Jahrhundert. Tendenzen der Differenzierung. In: ebd., S. 1-20, hier S. 2; Samsonowicz (wie Anm. 3, Zagadnienia demografii), S. 538; Biskup (wie Anm. 1), S. 80. In der Diskussion hat András Kubinyi für Buda/Pest um 1500 höhere Zahlen angemeldet: Buda etwa 15 000, Pest etwa 8 000-10 000 und Óbuda 1 000-2 000, also zusammen bis 25 000 Einwohner. Hugo Weczerka schätzte, daß die Einwohnerzahl Novgorods um 1500 zweimal so groß sein sollte wie von mir oben angeführt, also etwa 40 000-50 000. Nach Meinung von Antoni Czacharowski sollten auch die Einwohnerzahlen für Thorn und Elbing im 15. Jahrhundert höher ausfallen: etwa 15 000 und sogar mehr. Für Buda vgl. Martyn C. Rady: Medieval Buda: A Study of Municipal Government and Jurisdiction in the Kingdom of Hungary. New York 1985, S. 41: die Stadt Buda sollte ohne Pest und Óbuda um die Mitte des 15. Jahrhundert bis 15 000 Einwohner zählen. Vgl. auch András Kubinyi: Buda - Die mittelalterliche Hauptstadt Ungarns. In: Buda im Mittelalter. Ausstellungskatalog. Hg. v. Gerd Biegel. Braunschweig 1991, S. 15-41, hier S. 33; am Ende des Mittelalters sollten Buda ca. 12 000-15 000 und Pest etwa 10 000 Einwohner haben.
7   Bogucka/Samsonowicz (wie Anm. 1), S. 376f.; Vera Zimányi: Die wirtschaftliche und soziale Entwicklung der Städte Ungarns im 16. Jahrhundert, In: Die Stadt an der Schwelle (wie Anm. 6), S. 129-141, hier S. 138.
8   Bogucka/Samsonowicz (wie Anm. 1), S. 370-372, 377; Kellenbenz (wie Anm. 6), S. 2.

Demographische Entwicklung und ethnische Pluralität 65

der Rolle der faktischen Hauptstadt des polnisch-litauischen Staates überschritt die Marke von 25 000 Einwohnern. Posen und Lemberg zählten immer noch etwa 20 000, Elbing 15 000, Thorn und Lublin etwa 10 000, Joachimsthal dagegen lediglich 2 000 Einwohner. Die besonders schnelle Entwicklung und der dann ebenso rasche Niedergang Kuttenbergs um die Wende vom 14. zum 15. Jahrhundert und besonders Joachimsthals im 16. Jahrhundert waren charakteristisch für die Bergstädte in dieser Region[9]. Etwa 10 000 Einwohner zählten außerdem Wilna, das in der Mitte des 17. Jahrhunderts 25 000 Einwohner erreichen sollte, und Stettin. Bedeutend weniger Einwohner hatten dagegen Olmütz, Brünn, Preßburg und Debreczin, wobei letzteres damals nur 7 000-8 000, aber um 1660 bis zu 11 000 Bewohner hatte[10].

Die Entwicklungstendenzen der Bevölkerungszahlen sind aufgrund der dargestellten Angaben verhältnismäßig eindeutig. Die ostmitteleuropäischen Großstädte vergrößerten zwischen 1400 und 1600 fast ausnahmslos ständig ihre Einwohnerzahlen. Die mittleren Städte notierten dagegen sehr oft Stagnations- und Rückgangsperioden in ihrer Geschichte, vor allem Thorn, Elbing, Stettin, Brünn, Olmütz und Preßburg. Nach ganz anderen Regeln entwickelten sich die bereits erwähnten Bergstädte Kuttenberg und Joachimsthal. Ein anderes Merkmal, das schnell ins Auge fällt, ist die Tatsache, daß jede einzelne Stadt eigene, nur für sie charakteristische Entwicklungsfaktoren besaß, die das Tempo des Zuwachses beziehungsweise des Rückgangs bestimmten. Politische Ereignisse waren dabei die wichtigsten, wie der Türkenkrieg für die ungarischen und die Hussitenbewegung für die böhmischen Städte, oder die Verlegung des Herrschersitzes, wie im Fall Wiens, Krakaus, Prags und Warschaus. Zusätzlich spielten wirtschaftliche Faktoren eine bedeutende Rolle. Es ist hier nicht der Platz, detailliert darauf einzugehen, aber es muß betont werden, daß sich alle erwähnten Städte zunächst als wirtschaftliche - regionale oder überregionale - Zentren entwickelten. Das ökonomische Element entschied über die Bedeutung einer Stadt. Das gilt insbesondere für die Ortschaften, die keine Residenzen waren.

Überlegungen zur ethnischen Pluralität der größten Städte in Ostmitteleuropa berühren vor allem die Frage des deutschen Bürgertums. In allen Städten dieser Region war um 1400

---

9   Bogucka/Samsonowicz (wie Anm. 1), S. 370-372, 376f.; Długoborski/Gierowski/Maleczyński (wie Anm. 1), S. 206f.; Wrocław. Jego dzieje i kultura [Breslau. Seine Geschichte und Kultur]. Red. Zygmunt Świechowski. Warszawa 1978, S. 199; Maschke (wie Anm. 4, Deutsche Städte), S. 5; Heinz Schilling: Die Stadt der frühen Neuzeit. München 1993, S. 11; Maria Bogucka: Z zagadnień socjotopografii większych miast Polski w XV-XVII wieku [Aus der Problematik der Soziotopographie der größeren Städte Polens im 15.-17. Jahrhundert]. In: Miasta doby feudalnej (wie Anm. 3), S. 147-175, hier S. 147.
10 Maria Bogucka: Rozwój demograficzno-przestrzenny [Die demographisch-räumliche Entwicklung]. In: Warszawa w latach 1526-1795 [Warschau in den Jahren 1526-1795]. Bd. 1. 1526-1655. Warszawa 1984, S. 13-33, hier 16; dies.: Die Städte Polens an der Schwelle zur Neuzeit. Abriss der soziotopographischen Entwicklung. In: Die Stadt an der Schwelle (wie Anm. 6), S. 275-291, hier S. 275; Zimányi (wie Anm. 7), S. 138; Bogucka/Samsonowicz (wie Anm. 1), S. 377.

die Stellung des deutschen Patriziats und der deutschen Handwerker sehr stark, bisweilen sogar ausschlaggebend. Sie dominierten ohnehin in Danzig, Breslau, Thorn und Elbing, und sie überwogen unter der Bürgerschaft in Krakau, Kuttenberg, Olmütz, Brünn, Preßburg und Buda sowie auch in den anderen ungarischen königlichen Städten. In Ungarn stellten sie sogar zwei Drittel der städtischen Bürger[11]. Dagegen verloren die Deutschen in der Prager Altstadt gerade um 1400 ihr Übergewicht in der Stadtobrigkeit[12].

In den vier Städten Danzig, Breslau, Thorn und Elbing veränderte sich die Stellung der Deutschen in der ganzen Periode bis 1600 nur wenig. Polen konnten schon im 16. Jahrhundert das Bürgerrecht in Danzig, Thorn und Elbing erwerben. Ihr Zustrom wurde zwar immer breiter, aber nicht stark genug, um die deutsche Dominanz zu brechen. In anderen Städten wie Krakau, Prag und Buda sank die Bedeutung der Deutschen im Laufe der Zeit deutlich. In Prag wurden sie während der hussitischen Revolution vertrieben (1420), und erst seit Mitte des 16. Jahrhunderts ist ein neuer größerer Zustrom von deutschen Zuwanderern festzustellen[13]. Bis zum Dreißigjährigen Krieg konnten jedoch die Tschechen ihre führende Rolle in der Hauptstadt verteidigen. Im Gegensatz zu Pest, in dem Ungarn dominierten, kam es in Buda, wo das Patriziat überwiegend deutsch war, 1439 zu Ausschreitungen, nach denen Ungarn die Gleichstellung in den Stadtbehörden erreichten. Im Laufe des 15. Jahrhunderts wurde die wirtschaftliche Stellung der Deutschen immer schwächer, weil die Könige, vor allem Matthias Corvinus, Italiener bevorzugten. Italiener standen in Buda wirtschaftlich bis zum Anfang des 16. Jahrhunderts an der Spitze. 1529 wurden dann die Deutschen in den Wirren des Bürgerkrieges endgültig aus Buda ausgewiesen[14]. In Krakau endete die Dominanz des deutschen Patriziats und der deutschen Handwerker dagegen allmählich und auf friedlichem Wege. Entscheidend war die kulturelle und politische Anziehungskraft des polnisch-litauischen Staates, der im 16. Jahrhundert den Höhepunkt seiner imponierenden Entwicklung erreichte. Nicht ohne Bedeutung blieb auch die Attraktivität des polnischen Adels, in den zahlreiche wohlhabende und mächtige deutsche Patrizier eingegangen sind. In der ersten Hälfte des 16. Jahrhunderts kamen viele Italiener nach Krakau, die auf wirtschaftlichem und künstlerischem Gebiet - vor allem am königlichen Hof - eine große Rolle spielten[15].

---

11 Günter Schödl: Ungarns Städtewesen im Spätmittelalter. In: Stadt und Landschaft (wie Anm. 4), S. 127-149, hier S. 131f.
12 Vgl. Jaroslav Mezník: Národnostní složení předhusitské Prahy [Nationalitätenverhältnisse im vorhussitischen Prag]. In: Sborník historický 17 (1970), S. 5-30, hier S. 7-11; ders.: Praha před husitskou revolucí [Prag vor der hussitischen Revolution]. Praha 1990, S. 105-126.
13 Janáček (wie Anm. 1, Das alte Prag), S. 92, 99, 137.
14 Schödl (wie Anm. 11), S. 128, 144f.; András Kubinyi: Die Städte Ofen und Pest und der Fernhandel am Ende des 15. Jahrhunderts und am Anfang des 16. Jahrhunderts. In: Der Außenhandel Ostmitteleuropas 1450-1650. Hg. v. Ingomar Bog. Wien/Köln 1971, S. 342-433, hier S. 384, 420ff.
15 Bieniarzówna/Małecki (wie Anm. 1), S. 74-83, 150-153; vgl. auch Danuta Quirini-Popławska: Działalność Włochów w Polsce w I połowie XVI wieku na dworze królewskim, w dyplomacji i hierarchii kościelnej [Die Italiener in Polen in der ersten Hälfte des 16. Jahrhunderts am königlichen Hof, im

Demographische Entwicklung und ethnische Pluralität 67

Die Polen, Tschechen und Ungarn sowie die Deutschen und die Italiener füllten das ethnische Spektrum der größten ostmitteleuropäischen Städte bei weitem nicht aus. Man muß noch die Juden erwähnen, die in allen diesen Orten trotz sich oft wiederholender Pogrome gelebt haben. Eine besonders große jüdische Gemeinde gab es im 16. Jahrhundert in Kazimierz, das der Krakauer Agglomeration angehörte. Am Anfang des 17. Jahrhunderts sollen dort etwa 4 000 Juden gelebt haben[16]. In anderen Großstädten, so in Prag, Danzig, Breslau, Buda, Lemberg, Lublin, zählten die jüdischen Gemeinden in den Zeitabschnitten, in denen die Juden dort wohnen durften, ein paar Hundert Personen[17]. Ferner müssen noch ausländische Kaufleute in den Wirtschaftszentren Danzig, Breslau, Krakau und Prag sowie in vielen kleineren Städten, wie Buda, Lemberg, Thorn, Elbing, Posen, Lublin und Preßburg erwähnt werden. Es gab unter ihnen neben Deutschen und Italienern auch Niederländer, Engländer, Franzosen, Schotten sowie - speziell in Lemberg und Lublin - Armenier und Ruthenen und vor allem in Ungarn Rumänen, Kroaten, Serben, Griechen und Türken. In den Residenzstädten Prag, Krakau und Buda weilten zusätzlich ausländische Bürger und Adlige als Amtsträger am Hof, als Gäste oder Gesandte. In den Universitätsstädten Krakau und Prag hielten sich ausländische Studenten und Professoren auf. Die größten Städte stellten im 15. und 16. Jahrhundert ein wahres Sprachenmosaik dar. Für Krakau wurde beispielsweise errechnet, daß es im 14. Jahrhundert unter den Einwohnern etwa 50% Polen, 35% Deutsche, 8% Juden, 5% Ungarn und 2% Personen anderer Nationalitäten gab[18]. Am Ende des 16. Jahrhunderts sollen in Krakau unter den etwa 30 000 Einwohnern 84% Polen, 8% Juden, 5% Deutsche, 2% Italiener und 1% andere Personen gelebt haben[19]. Für die Wende vom 15. zum 16. Jahrhundert müssen die Ungarn

---

    diplomatischen Dienst und in der kirchlichen Hierarchie]. Wrocław/Warszawa/Kraków/Gdańsk 1973, S. 124-125; dies.: Die italienischen Einwanderer in Kraków und ihr Einfluß auf die polnischen Wirtschaftsbeziehungen zu österreichischen und deutschen Städten im 16. Jahrhundert. In: Europäische Stadtgeschichte in Mittelalter und früher Neuzeit. Hg. v. Werner Mägdefrau. Weimar 1979, S. 114-129, hier S. 118-120.

16 Feliks Kiryk/Franciszek Leśniak: Skupiska żydowskie w miastach Małopolski do końca XVI wieku [Die jüdischen Zentren in den kleinpolnischen Städten bis zum Ende des 16. Jahrhunderts]. In: Żydzi w Małopolsce [Juden in Kleinpolen]. Przemyśl 1991, S. 13-36, hier S. 21; Bieniarzówna/Małecki (wie Anm. 1), S. 219.

17 Vgl. Tomáš Pěkný: Historie židů v Čechách a na Moravě [Geschichte der Juden in Böhmen und Mähren]. Praha 1993, S. 272: 1380 sollen in Prag etwa 4 000, um 1540 rund 1 000 und um 1600-1606 sogar 15 000 Juden gelebt haben; wegen fehlender Quellenbelege kann die Richtigkeit der Zahlen nicht überprüft werden.

18 Wyrozumski (wie Anm. 1), S. 318; Angaben nach Józef Mitkowski: Nationality Problems and Pattern in Medieval Polish Towns. The Example of Cracow. In: Zeszyty Naukowe Uniwersytetu Jagiellońskiego. Prace Historyczne 39 (1978), S. 31-42, hier S. 42. Für andere Städte in Polen vgl. Bogucka/Samsonowicz (wie Anm. 1), S. 467-473.

19 Kiryk/Leśniak (wie Anm. 15), S. 36.

besonders hervorgehoben werden, die damals in Krakau wohnten und zusammen 3-5% der Bevölkerung stellten, darunter etwa 15% aller Studenten an der Universität[20].

Aufgrund der oben angeführten Fakten ist festzuhalten, daß es in den drei ostmitteleuropäischen Staatsgebilden lediglich vier wirkliche Großstädte gab: Prag, Danzig, Breslau und Krakau. Von ihnen erfüllten nur zwei, nämlich Prag und Krakau, Funktionen, die man von einer Metropole erwartet. Sie hatten große wirtschaftliche Bedeutung und waren Sitz eines Herrschers mit seinem Hof sowie einer Universität und fungierten darüber hinaus auch als kirchlich-geistliche Zentren. Prag kannte zudem im Laufe der zwei Jahrhunderte von 1400 bis 1600 längere Perioden, in denen die Stadt kein Herrscher- und Bischofssitz war und die Universität keine größere Bedeutung besaß. Für eine kurze Zeit, vor allem während der Herrschaft von Matthias Corvinus, war auch Buda ein wichtiges politisches, wirtschaftliches und künstlerisches Zentrum in Ostmitteleuropa.

Zum Schluß muß noch einmal betont werden, daß die hier vorgelegten Schätzungen der Bevölkerungszahlen der größten ostmitteleuropäischen Städte nur eine Auswahl aus den mitunter sehr unterschiedlichen Berechnungen darstellen. Bevorzugt wurden die neuesten Angaben, die jedoch in einigen Fällen mit Fragezeichen zu versehen sind. In der Kürze des Beitrages konnten ausschließlich die wichtigsten Fragen der demographischen und nationalen Problematik angesprochen werden. Viele davon sind ohnehin nicht eindeutig zu beantworten, da es an Einzelforschungen auf diesem Gebiet mangelt.

---

20 Jan Dąbrowski: Kraków a Węgrzy w wiekach średnich [Krakau und die Ungarn im Mittelalter]. In: Rocznik Krakowski 13 (1911), S. 189-250, hier S. 244.

Demographische Entwicklung und ethnische Pluralität

Die geschätzten Bevölkerungszahlen der größten Städte Ostmitteleuropas[21]

Stadt	1400	1450	1500	1550	1600
Breslau	unter 20 000	20 000	25 000	28 000	32 000
Danzig	unter 20 000	30 000	35 000	40 000	50 000
Krakau	unter 20 000	20 000	22 000	33 000	30 000
Prag	30 000	28 000	unter 30 000	40 000	60 000
Wien	unter 20 000	20 000	22 000	unter 30 000	unter 30 000
Brünn	-	-	8 000-9 000	5 000-8 000	6 000-8 000
Buda/Pest	10 000	12 000	über 15 000	-	-
Debreczin	-	-	-	12 000-13 000	6 000-8 000
Elbing	10 000	10 000	10 000	15 000	15 000
Königsberg	-	-	8 000-9 000	10 000	-
Lemberg	10 000	unter 10 000	10 000	20 000	20 000
Olmütz	-	-	-	5 000-8 000	6 000-8 000
Posen	-	-	8 000-9 000	20 000	20 000
Preßburg	-	-	-	unter 10 000	6 000-8 000
Stettin	10 000	11 000	8 000-9 000	-	unter 10 000
Thorn	10 000	11 000	12 000	12 000	10 000
Warschau	-	-	-	unter 10 000	unter 25 000
Augsburg	20 000	-	25 000	45 000	-
Köln	40 000	-	40 000	-	-
Lübeck	25 000	-	25 000	-	-
Novgorod	20 000	-	über 20 000		
Nürnberg	20 000	-	25 000	45 000	

---

21 In der Tabelle sind diejenigen Städte berücksichtigt, die im Text mehrmals erwähnt werden. Um die Übersichtlichkeit zu vergrößern, wurden sie in drei Gruppen eingeteilt: 1. Die fünf größten Städte Ostmitteleuropas; 2. Die mittleren Städte; 3. Zum Vergleich die größten Städte aus dem deutschen Reich und aus dem Osten (Novgorod).

Maria Bogucka

Krakau - Warschau - Danzig.
Funktionen und Wandel von Metropolen 1450-1650

Zur Erforschung der Stadttypologie haben mehrere Historiker beigetragen[1]. Trotz vieler Arbeiten sind jedoch die Begriffe Hauptstadt, Residenzstadt, Metropole, auch der Begriff Zentralort, nicht klar definiert und werden sehr oft als Synonyme benutzt. Darum wollen wir zu Beginn nach einer Definition suchen.

Das Wort "Zentralort" paßt zu allen Stadttypen. Jede Stadt ist für ihre Umgebung, ihre Region, ihr Land ein "Zentralort"; in dieser Bedeutung eines Zentralpunktes bündelt sich die tiefste, doch sehr allgemeine Stadtnatur. Das heißt aber zugleich, daß diese Bezeichnung für die Unterscheidung der verschiedenen Stadttypen nicht brauchbar ist.

Die Begriffe Hauptstadt und Residenzstadt hat am besten Edith Ennen definiert. Sie schreibt: "Die Besonderheit dieses Stadttyps ergibt sich primär aus der politischen Funktion der Hauptstadt ... Eine Hauptstadt ist Sitz der zentralen Organe und Behörden eines Staates, zum mindesten der wichtigsten, also 1. des Staatsoberhauptes, wenn es nicht als Fürst eine Residenzstadt neben der Hauptstadt besitzt oder durch seine Anwesenheit in der Hauptstadt diese zur Residenz- und Hauptstadt macht; 2. des Parlamentes bzw. der Ständeversammlungen; 3. der klassischen Ministerien bzw. vor 1800 der diesen entsprechenden obersten Kollegialbehörden ...; 4. der diplomatischen Vertretungen; 5. meistens, aber nicht unabdingbar, des obersten Gerichtshofes und des zentralen Archivs. Die Hauptstadt beherbergt also die Spitze der Staatsapparatur ..., von der Hauptstadt gehen die entscheidenden

---

1 Vgl. Hauptstadt, Zentren, Residenzen, Metropolen in der deutschen Geschichte. Hg. v. Bodo-Michael Baumunk/Gerhard Brunn. Köln 1989; Hauptstädte. Entstehung, Struktur und Funktion. Hg. v. Alfred Wendehorst/Jürgen Schneider. Neustadt an der Aisch 1979; Hauptstädte in europäischen Nationalstaaten. Hg. v. Theodor Schieder/Gerhard Brunn. München/Wien 1983; Residenzen. Aspekte hauptstädtischer Zentralität von der frühen Neuzeit bis zum Ende der Monarchie. Hg. v. Kurt Anderman. Sigmaringen 1992; Kersten Krüger: Die deutsche Stadt im 16. Jahrhundert. Eine Skizze ihrer Entwicklung. In: Zeitschrift für Stadtgeschichte, Stadtsoziologie und Denkmalpflege 2 (1975) Heft 1, S. 31-47; Heinz Stoob: Über frühneuzeitliche Städtetypen. In: Dauer und Wandel der Geschichte. Festgabe für Kurt von Raumer. Münster 1965, S. 163-212; Andrzej Wyrobisz: Functional Types of Polish Towns in the 16th-18th Centuries. In: The Journal of European Economic History 12 (1983), S. 69-103.

politischen Impulse aus; die dort verabschiedeten Gesetze und gefaßten Beschlüsse werden über die der zentralen Exekutive unterstehenden Behörden im ganzen Land durchgeführt"[2].

Im Unterschied zu mehreren anderen Forschern sieht Ennen die Verknüpfung einer Hauptstadt mit dem Nationalstaat nur als eine Möglichkeit, nicht als Conditio sine qua non[3]. Eine Residenzstadt dagegen ist eine Stadt, in der sich die Residenz eines Königs, Fürsten oder Magnaten befindet[4]. Hauptstadt und Residenzstadt sind oft, wenngleich nicht immer, ein und dieselbe Stadt, haben aber viele Berührungspunkte[5].

Es ist zu unterstreichen, daß nur wenige Forscher eine Metropole zu definieren versucht haben. In der Literatur kann man aber eine allgemeine, fast instinktive Überzeugung verspüren, daß die Metropole eine sehr große Stadt sein müsse; man knüpft den Begriff der Metropole an deren demographische Dimensionen[6]. Philip S. Florence definiert eine Metropole als die größte Stadt in einem Land, zumindest zweimal so groß wie die nächst große Stadt[7]. Roger Finlay führt in seinem Buch über London aus, daß in der zweiten Hälfte des 16. Jahrhunderts London schon als eine Metropole bezeichnet werden könne. Um 1600 zählte die Stadt ca. 200 000 Einwohner, das waren etwa 5% der gesamten Landesbevölkerung. Londons demographische Größe war in dieser Zeit in England ohne Beispiel: die Metropole überragte die größte Provinzstadt um das Zwanzigfache[8].

Auf die Übergröße der Stadt wie auch auf die Übergröße ihres Hinterlandes - erstes Kennzeichen einer Metropole - stützen sich die verschiedenen Funktionen, die eine Metropole ausübt. Eine ausgebaute Multifunktionalität soll also als ein zweites wichtiges Merkmal einer Metropole genannt werden.

Das Wort Metropole stammt vom altgriechischen Wort *metropolis*, d. h. Mutterstadt[9]. Und unabhängig davon, ob wir die Metropole vom Stadtstaat streng abgrenzen, kann man doch behaupten, daß quasi "mütterliche" Funktionen für eine Metropole typisch sind. Die Übergröße bildet nämlich einen Grund für die außergewöhnliche Anziehungs- und Ausstrahlungskraft, durch die eine Metropole mit ihrem Hinterland verbunden ist. Die Größe dieses Hinterlandes entspricht der Größe der Metropole und deckt sich meist mit einer ganzen Region oder mit einem ganzen Land; das Hinterland einer Metropole kann auch

---

2   Edith Ennen: Funktions- und Bedeutungswandel der "Hauptstadt" vom Mittelalter zur Moderne. In: Hauptstädte in europäischen Nationalstaaten (wie Anm. 1), S. 154f.
3   Ebd., S. 155f.
4   Vgl. Edith Ennen: Residenzen. Gegenstand und Aufgabe neuzeitlicher Städteforschung. In: Residenzen (wie Anm. 1), S. 189-198.
5   Dies. (wie Anm. 2), S. 154.
6   Vgl. Roger Finlay, Population and Metropolis. The Demography of London 1580-1650. Cambridge 1981; Patterns of European Urbanisation since 1500. Hg. v. H. Schmal. London 1981.
7   Philip S. Florence: Economic Efficiency in the Metropolis. In: The Metropolis in Modern Life. Hg. v. Robert M. Fisher. New York 1955, S. 85.
8   Finlay (wie Anm. 6), S. XI.
9   Vor kurzem behandelte das Problem Basilica Papoulia: Megalopolis in the Greek World. In: Chronia 50 (1992), S. 141-148.

weltweite Dimensionen haben. Wir werden also eine Regionalmetropole von einer Nationalmetropole oder einer Weltmetropole unterscheiden.

Um diese außergewöhnliche Anziehungs- und Ausstrahlungskraft ausüben zu können, muß eine Metropole ein leicht zugänglicher Ort sein[10]. In älteren Zeiten bedeutete das die Lage an einer Kreuzung wichtiger Landstraßen oder am Wasser, in der Neuzeit am Knotenpunkt von Zug- und Flugverkehr. Leichte Zugänglichkeit wird man also als das dritte wichtige Kennzeichen einer Metropole nennen. Selbstverständlich steht das auch mit der Entwicklung der Transporttechnik in Verbindung. Ein bestimmtes Entwicklungsniveau des Transports ist also eine Conditio sine qua non für die Entstehung und Entwicklung einer Metropole.

Die Anziehungskraft der Metropole bedeutet, daß der Zustrom von Neuankömmlingen sehr groß ist; neue Einwohner kommen nicht nur aus der Umgebung der Stadt, sondern auch aus entfernten Regionen, sogar aus dem Ausland. Diese Zuwanderung bildet die Grundlage eines außergewöhnlich raschen demographischen - auch wirtschaftlichen und kulturellen - Wachstums der Metropole. Für das Hinterland ist die Auswirkung dieser Erscheinung jedoch zweischneidig: Sie kann die Probleme der Überbevölkerung im Lande lösen oder das Land demographisch, wirtschaftlich und kulturell veröden lassen. Hier berühren wir das oft umstrittene Problem des angeblichen Parasitentums der Metropole. Wir kommen später darauf zurück.

Die Ausstrahlungskraft einer Metropole, die die Ausstrahlungskraft benachbarter Städte um ein Vielfaches übertrifft und oft zu ihrer Dominanz führt, wirkt in verschiedene Richtungen, die mit der Multifunktionalität der Metropole verknüpft sind und Wirtschaft und Politik, Kultur und Religion betreffen. Die Ausstrahlungskraft einer Metropole bildet also die Grundlage für die Herausarbeitung einer Typologie von Metropolen, zu der vier Haupttypen gerechnet werden sollen: die wirtschaftliche Metropole, die kulturelle Metropole, die religiöse und sakrale Metropole, die politische Metropole, letztere auch Hauptstadt genannt. Das bedeutet, daß eine Hauptstadt zur gleichen Zeit eine Metropole sein kann, wie z.B. Paris oder London. Es kann aber auch sein, daß Hauptstadt und Metropole als verschiedene Zentralorte eines Landes existieren, wie z.B. Den Haag und Amsterdam, Washington DC und New York, Ankara und Istanbul, im 16. Jahrhundert Brüssel und Antwerpen. Selbstverständlich können auch gemischte Typen von Metropolen existieren, und diese sind in der Realität am häufigsten anzutreffen.

Mit der Multifunktionalität, die besser ausgebaut ist als in anderen Städten, verknüpfen sich Intensität des Lebens und struktureller Reichtum der Metropole. In der Metropole konzentrieren sich vielfältig entwickelte Bereiche von Handel, Gewerbe, Kreditwesen, kulturelle Einrichtungen (Schulen, Universitäten, Gesellschaften, Bibliotheken, Museen, Druckereien, Buchverlage, später auch Zeitungsredaktionen), religiöse Einrichtungen (Kirchen

---

10 Florence (wie Anm. 7), S. 149.

und Klöster, religiöse Bruderschaften, kirchliche Ämter). Hier entstehen neue Formen des Denkens, neue künstlerische Strömungen, von hier aus gehen Impulse technischer, kultureller und wissenschaftlicher Innovationen auf das ganze Hinterland aus. Das soll nicht heißen, daß Fortschritt nur in einer Metropole entstehen kann, sondern daß die Intensität des technischen, wissenschaftlichen und kulturellen Lebens in einer Metropole einen besonders günstigen Boden für einen solchen Fortschritt schafft. Auch diese Erscheinung hat jedoch - wie im Fall der Demographie - eine zweischneidige Wirkung. Eine Metropole kann als ein Faktor der Entwicklung für ihr ganzes Hinterland wirken, sie kann aber auch wie ein Parasit alles in sich einsaugen. Die Diskussion über einzelne Beispiele ist in dieser Hinsicht sehr lebhaft[11].

Mehrere Forscher unterstreichen nicht nur die äußere zweischneidige Wirkung einer Metropole, sondern betonen auch ihre inneren Widersprüche und Kontraste. Robert M. Fisher schreibt: "The metropolis displays many of the most advanced and most retarded aspects of national life. It ist a breeder of slums and palace; an incubator of artistic and scientific progress and of disease, crime and delinquency"[12]. Der "metropolitan way of life"[13] - eine besondere Art zu leben im guten und schlechten Sinne dieses Wortes - soll also auch als ein wichtiges Kennzeichen der Metropole erwähnt werden.

Zum Schluß dieser - notwendigerweise kurzen - Betrachtungen schlagen wir sieben Kennzeichen einer Metropole vor:

1. Übergröße der Stadt selbst
2. Übergröße des Hinterlandes
3. leichte Zugänglichkeit
4. außergewöhnlich starke Anziehungskraft im Bereich der Demographie, Wirtschaft, Kultur und Politik
5. außergewöhnlich starke Ausstrahlungskraft (Dominanz) in allen diesen Bereichen
6. außerordentlich ausgebaute Multifunktionalität
7. eine besondere Lebensweise, die von tiefen Widersprüchen und Kontrasten geprägt ist.

Man kann sagen, daß alle diese Kennzeichen - in begrenztem Umfang - auch für andere Stadttypen gelten. Das wichtigste Merkmal einer Metropole, ihr Wesen, liegt in den Dimensionen. Eine Metropole ist eine Stadt, die in allen Aspekten und Bereichen an Elephantiasis leidet.

Die wichtigste Funktion jeder Metropole ist ihre Integrationsfähigkeit. Dank ihrer Ausstrahlungs- und Anziehungskraft integriert sie ein Land oder eine Region im kulturellen

---

11 Auf eine solche Diskussion zu Danzig werden wir später zurückkommen.
12 Preface to: The Metropolis in Modern Life (wie Anm. 7), S. VII.
13 Ebd.

oder im wirtschaftlichen Sinne. Die politische Integration ist als wichtige Funktion und Aufgabe einer politischen Metropole, also einer Hauptstadt, zu betrachten[14].

Es unterliegt keinem Zweifel, daß die Metropole eine historisch und geographisch bestimmte Erscheinung ist. Unsere Betrachtungen sollen sich chronologisch auf die Zeit zwischen 1450 und 1650 und geographisch auf Ostmitteleuropa konzentrieren. Es sollen hier nicht die klassischen oder außereuropäischen Metropolen oder die Metropolen des 20. Jahrhunderts analysiert werden. Es ist jedoch festzustellen, daß Metropolen von mehreren Forschern als eine moderne Erscheinung, als ein Phänomen gesehen werden, das typisch für die Zeit nach den großen Industrialisierungs- und Verstädterungsprozessen des 19./20. Jahrhunderts ist. Kann man also überhaupt von Metropolen im Mittelalter oder in der frühen Neuzeit sprechen?

Die Entstehung und Entwicklung von Metropolen war ohne Zweifel mit dem allgemeinen Prozeß der Urbanisierung Europas verbunden. Man kann drei Etappen dieser Urbanisierung unterscheiden:

1. Mittelalter: kleine (10 000-20 000 Einwohner) Städte, bewegliche Zentren von Macht und Kultur ("ambulante" oder Reiseherrscher), schwachentwickelter Verkehr und niedriger Stand der Technik. Es existiert - mit wenigen Ausnahmen (etwa Paris) - kein günstiger Boden für die Entstehung von Metropolen.

2. Frühe Neuzeit: schnelle demographische Entwicklung Europas, Fortschritt von Technik und Verkehr, Wachstum der Städte (mehrere schon mit 50 000-100 000 Einwohnern), Entwicklung neuer Typen von Städten (Haupt- und Residenzstädte). Es gibt schon mehrere Zentren, die als Metropolen bezeichnet werden können: London, Antwerpen, Amsterdam.

3. 19./20. Jahrhundert: auf Grund der Industrialisierung, der Entwicklung neuer Technik und einer Welle demographischer und gesellschaftlicher Umbrüche entsteht eine dichte Verstädterung, die mehrere Metropolen umfaßt[15].

Dieses Modell entspricht den Verhältnissen in Westeuropa. Für Mittel- und Ostmitteleuropa, wo die Urbanisierungsprozesse schwächer waren und sich später entfalteten, sollte man an ihm einige Korrekturen anbringen. Vor allem ist zu unterstreichen, daß es im allgemeinen zwei Verstädterungstypen gab: die monozentrische Verstädterung (Frankreich, England) und die polyzentrische Verstädterung (Deutschland, Polen), was auf die Entstehung und Ausbildung von Metropolen einen großen Einfluß ausübte. Leider sind wir hier nicht imstande, auf die Ursachen dieser Erscheinung einzugehen. Man muß jedoch hervorheben, was die Bezeichnung polyzentrische Urbanisierung überhaupt beinhaltete. Sie bedeutete nämlich, daß im Lande keine Stadt zur wichtigsten heranwuchs, sondern im Gegenteil, daß mehrere Zentralorte existierten, die sich nebeneinander entwickelten und je-

---

14 Vgl. Hauptstädte in europäischen Nationalstaaten (wie Anm. 1).
15 G. Hurd: Human Societies. An Introduction to Sociology. London 1973, S. 45f. beschreibt drei Etappen der Verstädterung: 1. bis zum Ende des 18. Jahrhunderts, 2. Frühindustrialisierung, 3. die Zeit der "metropolisation".

weils nur durch einige Merkmale metropolitanen Charakters gekennzeichnet waren. In Polen gab es zumindest drei Städte, die in den Jahren 1450-1650 bestimmte Kennzeichen von Metropolen ausbildeten - es waren Krakau, Warschau und Danzig.

Die Karriere von Krakau begann in der zweiten Hälfte des 11. Jahrhunderts, als nach der Zerstörung der ersten polnischen Hauptstadt, Gnesen, durch den böhmischen Fürsten Břetislav (1039) der Sitz der staatlichen Zentralinstitutionen hier eingerichtet wurde. Die Stadt spielte auch die Rolle eines religiösen Zentrums, weil hier schon im Jahre 1000 ein Bistum gegründet wurde. Während der feudalen Zersplitterung Polens war Krakau als Sitz des Seniorfürsten (*princeps*) im ganzen Lande anerkannt. Seit 1320 (der Krönung von Wladislaw Ellenlang und dem symbolischen Ende der Zersplitterung) war Krakau für über 200 Jahre unumstrittene Hauptstadt Polens: das Wawelschloß wurde zum Sitz des Königs und der höchsten Regierungsinstitutionen und Ämter. Hier fanden die großen politischen Ereignisse statt, z.B. der berühmte Monarchenkongreß im Jahre 1364, die Säkularisierung des Deutschen Ordens (1525), die Huldigungen für polnische Könige (die letzte im Jahre 1550). Die Stadt spielte in diesen Jahren auch eine führende kulturelle Rolle (seit 1364 Sitz einer Universität, seit Ende des 15. Jahrhunderts größtes polnisches Zentrum der Druckkunst) und war wirtschaftlicher Zentralort (umfangreicher Handel mit Deutschland, Italien, Böhmen, Ungarn; ausgedehntes Kreditwesen)[16]. Krakaus demographisches Wachstum war ebenfalls bedeutend: hatte die Stadt im 14. Jahrhundert ca. 10 000 Einwohner, so waren es Ende des 15. Jahrhunderts 15 000, im 16. Jahrhundert mehr als 20 000[17]. Im Durchschnitt war also Krakau zweimal so groß wie andere große Städte Polens in dieser Zeit. Es ist aber bemerkenswert, daß Krakau kein ständiger Versammlungsort des polnischen Adels geworden ist. Von den 67 Zusammenkünften des Sejm in den Jahren 1493-1569 fanden nur 19, das sind ca. 30%, in Krakau statt; 34 tagten dagegen in Petrikau, vier in Lublin, vier in Warschau, zwei in Sandomir, eine in Radom, eine in Thorn, eine in Bromberg, eine in Parczów[18]. Das kann als Beweis dafür dienen, daß der polnische Adel das polyzentrische Modell der Urbanisierung unterstützte und die Entstehung eines einzigen mächtigen Zentrums des Staates fürchtete.

Nicht die eigene innere Entwicklung, sondern drei wichtige politische Ereignisse haben im Laufe des 16. Jahrhunderts das weitere Schicksal von Krakau bestimmt: die Umwandlung Polens aus einer Ständemonarchie in eine Adelsrepublik, die Inkorporation des Fürstentums Masowien in die polnische Krone im Jahre 1526 und die polnisch-litauische Union von Lublin im Jahre 1569. In der Folge dieser Ereignisse befand sich Krakau plötzlich nicht mehr im Zentrum, sondern am Rande des Staates: die westliche Staatsgrenze

---

16 Vgl. Andrzej Żaki: Początki Krakowa [Die Anfänge von Krakau]. Kraków 1965.
17 Vgl. Dzieje Krakowa [Geschichte von Krakau] Bd. 1: Jerzy Wyrozumski: Kraków do schyłku wieków średnich [Krakau bis zum Ende des Mittelalters]. Kraków 1992, S. 314; Bd. 2: Janina Bieniarzówna/Jan M. Małecki: Kraków w wiekach XVI-XVIII [Krakau im 16.-18. Jahrhundert]. Kraków 1984, S. 13.
18 Bronisław Włodarski: Chronologia polska [Polnische Chronologie]. Warszawa 1957, S. 481-483.

war jetzt 55 km von der Stadt entfernt, während die Ostgrenze 1200 km und die Nordgrenze 1100 km von Krakau entfernt verliefen. Zum Mittelpunkt dieses riesigen neuen Staates wurde nun Warschau: als Versammlungsort des polnisch-litauischen Parlaments proklamiert (1569) und bald (1572) auch als Ort der Königswahlen bestimmt, wurde Warschau schließlich auch zur königlichen Residenz.

Kann man diese Umwandlungen als einen totalen Übergang der Hauptstadtfunktionen von Krakau an Warschau interpretieren? Die Tradition spielte in der frühen Neuzeit - wie im Mittelalter - eine sehr große Rolle im gesellschaftlichen Leben wie in der gesellschaftlichen Mentalität. Krakau blieb offiziell eine Hauptstadt des Landes und wurde in den Quellen immer als *caput Regni Poloniae, civitas metropolitana, totius Poloniae urbs celeberrima* bezeichnet[19]. In Krakau wurden die sogenannten *regalia* - Krone, Apfel und Szepter - bis zum Ende des 18. Jahrhunderts aufbewahrt sowie das königliche Archiv (bis 1765) belassen[20]. Hier wurden die Könige gesalbt und gekrönt - eine Zeremonie, die wegen ihres sakralen Gehalts als höchste Staatsangelegenheit zu gelten hatte. Als im Jahre 1637 Königin Cecilia Renathe in Warschau gesalbt wurde, geriet das ganze Land in Aufregung, und der nächste Sejm beschloß, daß die Salbung - nach alter Tradition - immer in Krakau durchgeführt werden solle[21]. Hier in Krakau wurden auch die polnischen Könige beigesetzt[22].

Warschaus Sieg über Krakau war also nicht vollständig. Man muß auch betonen, daß die Verlegung des Zentralortes des Staates nach Warschau keineswegs das Resultat eines Konkurrenzkampfes zwischen beiden Städten war. Die entscheidende Rolle hatten hier die allgemeinen politischen Ereignisse und die Politik des Adels gespielt, also außerstädtische Faktoren.

Krakaus demographische Stagnation seit dem Ende des 16. Jahrhunderts wie auch sein ökonomischer und kultureller Niedergang (Verfall des Handels und des Gewerbes, Reduzierung des städtischen Marktes zum Lokalmarkt mit einem Radius von 25-30 km, der Verfall der Universität)[23] sind im Zusammenhang mit der allgemeinen wirtschaftlichen und kulturellen Konjunktur in Polen zu sehen[24]. Auch hier sind also außerstädtische Faktoren zu beachten.

---

19 Jan M. Małecki: La dégradation de la capitale. Cracovie aux XVIe, XVIIe et XVIIIe siècles. In: Studia Historiae Oeconomicae 19 (1988), S. 90.
20 Ebd.
21 Maria Bogucka: Między stolicą, miastem rezydencjonalnym i metropolią. Rozwój Warszawy w XVI-XVIII w. [Zwischen Hauptstadt, Residenzstadt und Metropole. Warschaus Entwicklung im 16.-18. Jahrhundert]. In: Rocznik Warszawski 18 (1993), S. 173.
22 Małecki (wie Anm. 19), S. 89.
23 Ebd., S. 92ff.
24 Vgl. Maria Bogucka/Henryk Samsonowicz: Miasta i mieszczaństwo w Polsce przedrozbiorowej [Städte und Bürgerschaft in Polen vor den Teilungen]. Wrocław 1986, S. 321ff.

Gleichwohl kann man Krakau in diesen Jahren als ein mächtiges religiöses Zentrum Polens bezeichnen. Hier konzentrierten sich - wie ausgeführt - die wichtigsten staatlich-sakralen Funktionen (Salbung und Beisetzung der Könige), hier entstand die größte Konzentration kirchlicher Institutionen in Polen und entwickelten sich intensiv verschiedene Formen des religiösen Lebens. Im Jahre 1580 besaß die katholische Kirche in Krakau 35% der Parzellen, im Jahre 1667 schon 55%[25]. In der ersten Hälfte des 17. Jahrhunderts gab es in Krakau 65 Kirchen und Klöster, unter denen 17 Klöster seit dem Ende des 16. Jahrhunderts entstanden waren[26]. Die Stadt wurde zum Sitz fast aller in Polen damals existierenden männlichen (17 von 20) und weiblichen (9 von 13) Konvente[27]. Der Klerus machte schon mehr als 40% der städtischen Bevölkerung aus. Die Forschung unterstreicht, daß Krakaus Stadtraum in dieser Zeit durch die Existenz religiöser Gebäude geprägt war, und nennt diese Erscheinung "kirchliche Agglomeration Krakaus"[28]. Trotz des politischen und ökonomischen Niedergangs entwickelte sich also Krakau im Laufe des 17. Jahrhunderts als ein mächtiges religiöses Zentrum, dessen Ausstrahlungs- und Anziehungskraft ganz Polen erfaßte. Krakau ist ein sehr interessantes Beispiel für die Umwandlung von einer politischen zu einer sakralen Hauptstadt, zu einer sakralen Metropole, die trotz politischer und wirtschaftlicher Stagnation ein religiöser Zentralort des Staates blieb.

Die rasche Karriere von Warschau war mit Krakaus Niedergang verknüpft; auch sie wurde nicht durch die eigene innere Entwicklung der Stadt, sondern durch äußere politische Ereignisse bestimmt. Warschau lag sehr vorteilhaft an der Kreuzung wichtiger Landwege von Osten nach Westen und von Süden nach Norden, zudem an der Weichsel, dem größten schiffbaren Fluß Polens, hatte also eine gute Verbindung nach Danzig. Von allen Teilen des polnisch-litauischen Staates konnte man Warschau schnell und bequem erreichen. Diese günstige Situation machte die Stadt zu einem gefragten Versammlungsort für den König, für die Magnaten sowie auch für den Adel. Eine Rolle spielte zusätzlich der Umstand, daß das noch kurz zuvor selbständige Masowien, das keine bedeutendere Anzahl großer Landbesitzer aufwies und zumeist vom Kleinadel bewohnt war, sich hinsichtlich der komplizierten politischen Verhältnisse zwischen Polen und Litauen sozusagen neutral verhielt. So war das in dieser Region gelegene Warschau sowohl für die litauischen als auch für die polnischen Magnaten und den polnischen Adel als Versammlungsort und Zentrum des Staates durchaus annehmbar.

Mit der neuen Würde als königliche Residenz und Versammlungsort des Sejm gewann Warschau - ein kleine Stadt, die noch am Anfang des 16. Jahrhunderts nur 3 000 bis

---

25 Mieczysław Niwiński: Stanowy podział własności nieruchomej w Krakowie w XVI i XVII w. [Stände und Immobilienbesitz in Krakau im 16. und 17. Jahrhundert]. In: Studia historyczne ku czci Stanisława Kutrzeby. Bd. 2. Kraków 1938, S. 549-585.
26 Henryk Gapski: Klasztory krakowskie w końcu XVI i w pierwszej połowie XVII w. [Krakauer Klöster am Ende des 16. und in der ersten Hälfte des 17. Jahrhunderts]. Lublin 1993, S. 291.
27 Ebd.
28 Ebd.

4 000 Einwohner zählte[29] - eine neue Dimension echter "metropolitaner" Großzügigkeit. Ein erstes Zeichen für die Wandlung war die enorme Bautätigkeit, die die Stadt schon seit Ende des 16. Jahrhunderts zum größten und lebendigsten Bauplatz im Lande machte[30]. An diesen Bauinitiativen hatte jedoch das Warschauer Bürgertum nur einen bescheidenen Anteil, obwohl eben in jener Zeit die Anzahl der Bürgerhäuser in Alt- und Neu-Warschau von 706 (1564) auf 861 (1655) stieg[31]. Die wichtigsten Bauten wurden vom König (Umbau des Warschauer Schlosses, des Schlosses von Ujazdów, Bau der Villa Regia) und von Magnaten ausgeführt[32]. Charakteristisch für das Warschau jener Zeit war die sprunghafte Entwicklung der sogenannten *iurisdictiones*, der Besitztümer der Geistlichen und des Adels. Die Residenzstadt und der Versammlungsort des Sejm zogen Magnaten und Adel aus dem ganzen Lande magnetisch an, und am leichtesten konnte man sich hier einrichten, indem man ein eigenes Haus baute.

Der Adel und die Magnaten siedelten sich nicht im Stadtzentrum, sondern vor allem in den ausgedehnten Vorstädten an. In der ersten Hälfte des 17. Jahrhunderts war aus der Krakauer Vorstadt ein Stadtteil geworden, in dem schon 75% der Parzellen Adligen gehörten[33]. Neben den früheren bescheidenen Bürgerhäusern wurden hier prachtvolle Barockpaläste der Magnaten (der Kazanowski, Koniecpolski, Ossoliński usw.) erbaut, die den königlichen Residenzen in nichts nachstanden. Herrliche Paläste entstanden auch an anderen Stellen der Stadt, z.B. das Ossoliński-Palais an der Wierzbowa-Straße und der Palast der Krakauer Bischöfe an der Ecke der Miodowa- und Senatorska-Straße. Auch zahlreiche Sakralbauten wurden in Warschau errichtet, und die alten gotischen Kirchen im neuen Renaissance- und später im Barockstil umgebaut[34].

In der ersten Hälfte des 17. Jahrhunderts war Warschau also ein bedeutsamer Residenzort des Königs und der Magnaten, in dem aber kein Zentrum bestand, das die ganze Stadt zu dominieren vermochte; viele Magnatensitze kann man hier dank ihrer Prachtentfaltung und Herrlichkeit dem Wohnsitz des Königs vergleichen. Waren der königliche Hof in Warschau und die Stadt selbst Ende des 16. und im 17. Jahrhundert Mittelpunkt des kulturellen Lebens für das ganze Land - ein Zentrum, das Vorbilder für das Land schuf, wie das in der ersten Hälfte des 16. Jahrhunderts der Krakauer Hof in der Regierungszeit Sigis-

---

29 Wanda Szaniawska: Mieszkańcy Warszawy w latach 1525-1655 [Die Bewohner von Warschau in den Jahren 1525-1655]. In: Rocznik Warszawski 7 (1966), S. 135.
30 Maria Bogucka: Warschau als königliche Residenzstadt und Staatszentrum zur Zeit der Renaissance und des Barock. In: Zeitschrift für Ostforschung 33 (1984), S. 180-195.
31 Szaniawska (wie Anm. 29), S. 128.
32 Bogucka (wie Anm. 30), S. 181-183.
33 Wanda Szaniawska: Zmiany w rozplanowaniu i zabudowie Krakowskiego Przedmieścia do 1733 [Die Änderungen in der Planung und Bebauung der Straße "Krakauer Vorstadt" bis 1733]. In: Biuletyn Historii Sztuki i Kultury 29 (1967), S. 285-316.
34 Bogucka (wie Anm. 30), S. 183.

munds des Alten und noch Sigismund Augusts vermochte[35]? Sowohl Sigismund III. als auch sein Sohn Wladislaw IV. waren ausgesprochene Kunstliebhaber, sie kauften Bücher, Bilder, Skulpturen, sammelten Kunsthandwerkserzeugnisse und Kuriosa jeglicher Art[36]. Dank des Mäzenatentums der Wasa entwickelten sich in Warschau das Theater sowie Musik und Oper[37]. Das literarische und wissenschaftliche Mäzenatentum war dagegen schwächer ausgebildet, obwohl es besonders im Bereich der Historiographie nicht gering war[38]. Die aus Frankreich stammende Gemahlin von Wladislaw IV., später auch von Johann Kasimir - Louise Marie Gonzague - eröffnete in Warschau einen "wissenschaftlichen Salon", wo man nicht nur diskutierte, sondern auch physikalische und astronomische Experimente durchführte[39]. Obwohl am Königshof berühmte Gelehrte wirkten, fehlte es Warschau doch an einem günstigen Boden, auf dem ein bedeutenderes intellektuelles Zentrum entstehen konnte, weil hier keine höhere Schule existierte[40].

Im großen und ganzen war der Königshof in Warschau zweifelsohne ein intensives Kulturzentrum, doch wirkte dieses nur auf einen begrenzten gesellschaftlichen Bereich. Die Forscher sind der Meinung, daß der königliche Hof in Polen als das alleinige Vorbild hinsichtlich der Kultur und Lebensweise von der zweiten Hälfte des 16. Jahrhunderts an seine Bedeutung zu verlieren begann. Im Gegenteil - jetzt bemühten sich die Magnaten und der Adel, dem König ihren Lebensstil und ihre Gewohnheiten aufzuzwingen. Eine scharfe Konkurrenz für die von Warschau ausgehenden kulturellen Strömungen bildeten in jener Zeit die Magnatenhöfe im Lande, die oft dem königlichen Hof in nichts nachstanden und überdies dem Adel näher waren, da sie nicht unter jenen fremden Einflüssen standen, die am Hofe der Wasa vorherrschten und die den Unwillen der "sarmatischen", immer stärker fremdenfeindlichen Gesellschaft hervorriefen. Im Endergebnis befand sich der polnische Adel unter dem Einfluß der Magnaten, und zwar nicht nur kulturell, sondern auch in politischer Hinsicht. Er hegte Mißtrauen gegen alle fremden Neigungen der Wasa, gegen deren Hof mit seinen absolutistischen Ambitionen und ebenso gegen ganz Warschau, das als Groß- und Residenzstadt für den einfachen adligen Landbewohner ein "Sitz des Lasters

---

35 Vgl. dies.: Bona a rola dworu monarszego jako centrum kulturalno-obyczajowego 1518-1548 [Bona Sforza und die Rolle des königlichen Hofes als Kultur- und Sittenzentrum 1518-1548]. In: Tryumfy i porażki. Studia z dziejów kultury polskiej XVI-XVIII w. [Triumphe und Niederlagen. Studien zur Geschichte der polnischen Kultur vom 16. bis 18. Jahrhundert]. Red. Maria Bogucka. Warszawa 1989, S. 97-120.
36 Władysław Tomkiewicz: Z dziejów polskiego mecenatu artystycznego w XVII w. [Aus der Geschichte des polnischen Kunstmäzenatentums im 17. Jahrhundert]. Wrocław 1952.
37 Bogucka (wie Anm. 30), S. 186.
38 Ebd.
39 Karolina Targosz: Uczony dwór Ludwiki Marii Gonzagi 1646-1667 [Der gelehrte Hof von Louise Marie Gonzague 1646-1667]. Wrocław 1975.
40 Bogucka (wie Anm. 30), S. 186.

und der Lüge"[41] war. Er verwarf also die meisten von hier ausgehenden Impulse und Vorbilder[42], was die Einflußmöglichkeiten Warschaus auf das ganze Land im Bereich von Kultur, Sitten und Lebensweise sehr begrenzte. Das war von großem Nachteil für Warschaus Werdegang zu einer Metropole.

Es erhebt sich auch die Frage, in welchem Maße man Warschau im hier behandelten Zeitabschnitt als politisches Zentrum des Landes, also als eine wirkliche Hauptstadt betrachten kann. Gewiß, die Stadt war nicht nur der Sitz des Königs und der Reichstage - die Königswahlen inbegriffen -, sondern auch der zentralen Ämter der Adelsrepublik: des Marschalls, des Schatzmeisters und des Kanzlers, die im Königsschloß wirkten. Von nicht geringer Bedeutung war ferner die Tatsache, daß einflußreiche Magnaten wenigstens einige Wochen oder Monate im Jahr in Warschau verbrachten. Hierher pflegten auch die ausländischen Gesandten zu kommen, hier wurden wichtige Verhandlungen geführt, hier konzentrierten sich die politischen Kämpfe zur Zeit der Königswahlen ebenso wie die feierlichen politischen Akte (Triumphzüge, Huldigungen usw.). Doch der Kronschatz wurde nicht in Warschau, sondern in einem kleinen masowischen Städtchen - Rawa Mazowiecka - verwahrt (1563); die höchsten Appellationsgerichte wurden im Jahre 1578 für Polen in Petrikau, für Litauen in Lublin eingerichtet. Hier wirkte ganz offensichtlich die mißtrauische Politik des Adels gegenüber großen Städten. An der Wende vom 16. zum 17. Jahrhundert war also Warschau sicher ein Staatszentrum, doch seinen kulturellen und politischen Rang kann man nicht mit der Bedeutung der absolutistischen Zentren jener Zeit, wie z. B. Paris oder London oder einiger Hauptstädte deutscher Fürstentümer, vergleichen.

Die Tatsache, daß Warschau zur Residenzstadt des Königs gewählt wurde, brachte eine schnelle Zunahme der Einwohnerzahl mit sich. In der ersten Hälfte des 17. Jahrhunderts zählte die Stadt schon ca. 25 000-30 000 Einwohner (die Vorstädte inbegriffen) und während der Königswahlen bis zu 100 000[43]. Damit war Warschau zu einem der größten Zentren des Landes geworden und stand neben Danzig mit 100 000 sowie vor Lemberg und Krakau mit je 20 000-25 000 Einwohnern in der Reihe der mittelgroßen europäischen Städte jener Zeit[44]. Es ist bemerkenswert, daß diese demographische Entwicklung auf einem Zustrom der Bevölkerung nicht nur - wie im Mittelalter - aus dem dicht besiedelten Masowien, sondern auch aus weiter entfernten Gegenden der Adelsrepublik beruhte. Es gab auch einen Zuzug aus dem Ausland, der von 3,7 bis 9,7% im 16. Jahrhundert auf 17 bis 18% im 17. Jahrhundert wuchs[45]. Die demographische Entwicklung Warschaus zeigt also einige Merkmale eines "Metropolentums".

---

41 Dies.: L'attrait de la culture nobiliaire? Sarmatisation de la bourgeoisie polonaise au 17e siècle. In: Acta Poloniae Historica 33 (1976), S. 25.
42 Dies. (wie Anm. 30), S. 186.
43 Ebd., S. 188.
44 Ebd.
45 Szaniawska (wie Anm. 29), S. 123; Stanisław Gierszewski: Obywatele miast Polski przedrozbiorowej [Die Stadtbürger Polens in der Zeit vor den Teilungen]. Warszawa 1974, S. 131-132.

Die gesteigerten Bedürfnisse in bezug auf die Versorgung des königlichen Hofes und der Magnatenhöfe führten in Warschau bald zu einer Wirtschaftskonjunktur. Es blühte vor allem der Großhandel, der die Einfuhr von Luxuswaren umfaßte, die aus dem Westen wie aus dem Osten, aus Danzig, Thorn, Posen, Krakau, Lublin, Lemberg oder direkt aus Nürnberg und Augsburg, aus italienischen und französischen Städten kamen[46]. Was den Export von Agrarerzeugnissen betrifft, so waren die Warschauer Kaufleute weniger daran beteiligt, da die Konkurrenz des Adels und der Danziger in diesem Bereich sehr stark war[47]. Warschau entwickelte sich dagegen schnell zu einem Zentrum für das Kredit- und Bankwesen, wo der Geldverkehr mit dem Ausland vermittelt wurde und wo der König, die Magnaten, der Adel und sogar die Bauern mit Anleihen bedient wurden[48]. Doch Großhandel und Kredit wurden zum großen Teil mit Hilfe von Kapital aus Danzig betrieben[49].

Die Konjunktur für das Warschauer Gewerbe entwickelte sich dagegen nicht so gut, wofür der sehr starke Import ausländischer Erzeugnisse verantwortlich war. So verfielen die im Mittelalter für die Stadt und ihre Umgebung arbeitenden Gewerbe der Weberei, Töpferei und Zinngießerei. Das Handwerk stellte sich vor allem auf die Befriedigung des Bedarfs des königlichen Hofes sowie des die Stadt besuchenden Adels ein. Es entfalteten sich die Produktion von Lebensmitteln und verschiedene Dienstleistungen (Schneiderei, Kürschnerei, Bortenmacherei, Schuhmacherei, Wagenbauerei usw.). Im Zusammenhang mit den Bedürfnissen des Hofes, der Magnaten, der Edelleute und auch der reich werdenden Bürger entwickelten sich die Goldschmiedekunst und verschiedene mit dem Bauwesen zusammenhängende Gewerbe[50]. Im großen und ganzen war jedoch Warschau zu jener Zeit nicht ein Produktions-, sondern ein Handels-, vor allem aber ein Importzentrum[51].

Die neue Situation hatte zu einer Umschichtung innerhalb der Warschauer Bevölkerung geführt. Die ansehnliche Zahl der hier ansässigen Magnaten mit ihrem Gefolge und der Edelleute gemeinsam mit vielen Geistlichen machte schon am Anfang des 17. Jahrhunderts gegen 25% der Gesamtbevölkerung aus, also mehr als in anderen Städten der Adelsrepublik (mit Ausnahme Krakaus)[52]. Als Resultat der Wirtschaftskonjunktur bildete sich in Warschau eine verhältnismäßig reiche Führungsschicht aus[53]. Sie war durch viele verwandtschaftliche Beziehungen miteinander verbunden und im Großhandel und Kreditwesen tätig, oft zusammen mit Kaufleuten aus Danzig[54]. In ihren Händen konzentrierte sich

---

46 Warszawa w latach 1526-1795 [Warschau in den Jahren 1526-1795]. Hg. v. Andrzej Zahorski. Warszawa 1984, S. 52ff.
47 Ebd. S. 46 ff.
48 Ebd. S. 74.
49 Ebd.
50 Ebd. S. 60, 194, 339.
51 Bogucka (wie Anm. 30), S. 190.
52 Ebd. S. 189.
53 Warszawa w latach 1526-1795 (wie Anm. 46), S. 85ff.
54 Ebd.

ein bedeutender Immobilienbesitz in der Stadt und auch außerhalb derselben. Die Warschauer Patrizier wollten als Mäzene von Kultur und Kunst auftreten; die ehrgeizigsten unter ihnen strebten nach Adelstiteln, was zur Folge hatte, daß die hervorragendsten Vertreter der Bürgerschaft schon in der zweiten oder dritten Generation die Stadt verließen[55].

Bereits am Ende des 16. Jahrhunderts wurde Warschau - wie jede Metropole - zum Ort großer Gegensätze. Vor allem muß die Diskrepanz zwischen der Pracht und dem Luxus des königlichen Hofes und der Magnatenhöfe sowie der Bescheidenheit der Bürgerhäuser erwähnt werden. Die Gegensätze innerhalb der Bürgerschaft selbst nahmen zu. Der Abstand zwischen den reichen Kaufleuten und den Handwerkern vertiefte sich[56]. Dazu kam ein schnelles Anwachsen der Unterschichten; in immer größerer Zahl wurden Gesellen, Knechte und Mägde in den Palästen und reicheren Häusern als Hausgesinde benötigt. Dienstleute beiderlei Geschlechts machten schon im 17. Jahrhundert in einigen Stadtvierteln etwa 40% der Bewohner aus[57]. Die Vermögens- und Sozialunterschiede brachten bemerkenswerte Kontraste im Lebensstandard und in der Lebensweise mit sich. In der unmittelbaren Nachbarschaft eines Adelshofes, eines prächtigen Kaufmannshauses, einer gewerblichen Werkstatt, wo reges Leben herrschte, befanden sich kleine Holzhütten der Armen sowie landwirtschaftliche Parzellen, wo Geflügel, Schweine und anderes Vieh gemästet wurden[58].

In jenen Jahren, in denen Warschaus Wachstum es nahelegt, diese Stadt als politisches und kulturelles Zentrum Polens - vielleicht als Metropole? - zu bezeichnen, war Danzig zweifellos eine wirtschaftliche Metropole nicht nur für ganz Polen, sondern auch für den gesamten Ostseeraum. Die Stadt paßt genau zu dem Modell, das der englische Wirtschaftshistoriker Norman Gras vor fast 80 Jahren so beschrieben hat: "The metropolitan market may be described as a large district having one center in which is focused a considerable trade. Trade between outlying ports of course may take place, but it is that between the metropolitan town and the rest of the area that dominates all. This is chiefly the exchange of the raw products of the country for the manufactured or imported goods of the town. The prices of all goods sent to the metropolitan center are 'made' there, or, in other words, prices diminish as the distance from the center is increased"[59]. Es finden sich in dieser Definition alle charakteristischen Merkmale des Danziger Handels im 16./17.

---

55 Ebd., S. 332ff.
56 Maria Bogucka: Mieszczaństwo Warszawy w XVI i w pierwszej połowie XVII w. [Die Bürgerschaft von Warschau im 16. und in der ersten Hälfte des 17. Jahrhunderts]. In: Społeczeństwo Warszawy w rozwoju historycznym [Die Warschauer Gesellschaft in der geschichtlichen Entwicklung]. Warszawa 1977, S. 465-406. Zu Beginn des 17. Jahrhunderts verhielt sich das kleinste zum größten Vermögen Warschauer Bürger wie etwa 1:150, wie auf Grund von Steuerlisten geschätzt werden kann.
57 Ebd., S. 405.
58 Etwa 70 Prozent der Bevölkerung, insbesondere in Neu-Warschau und in den Vorstädten, befaßten sich mit Viehzucht und Ackerbau; vgl. ebd.
59 Norman S. B. Gras: The Evolution of the English Corn Market. Cambridge 1915, S. 95.

Jahrhundert: 1. ein übergroßes Hinterland, das nach den neuesten Forschungsergebnissen nicht nur Masowien, Groß- und Kleinpolen, sondern auch Podolien und die Ukraine zusammen mit großen Teilen Litauens umfaßte; 2. eine Dominanz des sich in Danzig konzentrierenden Großhandels über den zwischen anderen Städten des polnisch-litauischen Staates betriebenen Kleinhandel; 3. eine Struktur des Handels, die im Austausch von Rohstoffen und Lebensmittel gegen Industriewaren bestand, die teilweise importiert, teilweise direkt in Danzig hergestellt wurden; 4. die bestimmende Rolle Danzigs bei der Preisgestaltung, was zur Folge hatte, daß mit zunehmender Entfernung von Danzig die Preise für polnische Exportwaren fielen, während die Preise für importierte Waren anstiegen[60].

Die Voraussetzungen für die Karriere Danzigs als Metropole waren durch die Entwicklung des gemeinsamen europäischen Marktes um die Wende zur Neuzeit entstanden[61]. Mit dem schnell wachsenden Bedarf an Lebensmitteln in Westeuropa, der sich in jener Zeit bemerkbar machte, nahm die Bedeutung des Danziger Hafens rasch zu. Die Ausfuhr von Getreide stieg besonders schnell an: im Jahre 1557 waren es 40 000 Last, 1583 schon 62 000, 1618 und 1619 bereits mehr als 100 000 Last pro Jahr. Der Wert der Umsätze schwankte in der ersten Hälfte des 17. Jahrhunderts zwischen 25 000 und 45 000 Preußischer Mark, dreimal so viel wie in den Hafenstädten Rostock, Königsberg oder Riga[62]. Obwohl Danzig offiziell nie das Stapelrecht besaß, war es seit dem 16. Jahrhundert das wichtigste Emporium des polnischen Gebietes, da hier ca. 80% des polnischen Überseehandels abgewickelt wurden. Auch für den Ostseeraum insgesamt kam dem Danziger Hafen eine besondere Bedeutung zu; seit Ende des 16. Jahrhunderts waren hier ca. 50% des Handels von Amsterdam - dem größten Handelspartner der Ostsee - konzentriert[63].

Mit der Steigerung des Umfangs des Danziger Handels ging eine Vermehrung der städtischen Produktion einher, was zur Folge hatte, daß Danzig schon in der zweiten Hälfte des 16. Jahrhunderts zum größten Produktionszentrum an der Ostsee und in Polen wurde. Die Bewohner von Danzig nutzten hier die ausgezeichnete Konjunktur für handwerkliche Erzeugnisse aus, die sich alljährlich einstellte, wenn die Edelleute zum Verkauf ihrer Agrarerzeugnisse aus ganz Polen anreisten und auf diese Weise ihren Bedarf an verschiedenen anderen Gütern decken konnten. Auch auf dem städtischen Markt wuchs der Bedarf an Handwerksartikeln, da sich der Wohlstand der Bewohner Danzigs steigerte und ihre An-

---

60 Maria Bogucka: Handel zagraniczny Gdańska w pierwszej połowie XVII wieku [Der Außenhandel Danzigs in der ersten Hälfte des 17. Jahrhunderts]. Wrocław 1970, S. 124ff.
61 Vgl. dies.: Danzig an der Wende zur Neuzeit: Von der aktiven Handelsstadt zum Stapel- und Produktionszentrum. In: Hansische Geschichtsblätter 102 (1984), S. 91-103.
62 Dies. (wie Anm. 60), S. 30ff.
63 Dies.: Amsterdam and the Baltic in the First Half of the 17th Century. In: The Economic History Review, Second Series 26 (1973), S. 433-447; dies.: Dutch Merchants' Activities in Gdańsk in the First Half of the 17th Century. In: Baltic Affairs. Relations between the Netherlands and North-Eastern Europe 1500-1800. Hg. v. Jacques Ph. S. Lemmink/John S. A. M. van Koningsbrugge. Nijmegen 1990, S. 19-32.

zahl zunahm[64]. So kam es zu einer raschen Entwicklung der holzverarbeitenden Gewerbe (darunter der sich eines ausgezeichneten Rufes erfreuenden Möbelherstellung), der Textilien und Leder verarbeitenden Gewerbe, der Metall- und Rüstungsindustrie, der Herstellung von Glas und Präzisionsgeräten (u.a. der berühmten Danziger Uhren), der Erzeugung von Papier und Büchern, der dem Luxus dienenden Gold- und Silberschmiedekunst, der Verarbeitung von Bernstein usw.[65]. An der Wende vom 16. zum 17. Jahrhundert arbeiteten in Danzig schon über 3150 Zunftmeister, wobei solche Handwerker, die keiner Innung angehörten, die sogenannten freien Künstler, nicht mitgezählt sind, z.B. die Bortenmacher und die Färber. Auch die sogenannten Bönhasen, also die unzünftigen Handwerker, die ihre Arbeit illegal betrieben, sind in dieser Zählung nicht berücksichtigt. Im ganzen bestanden in der ersten Hälfte des 17. Jahrhunderts in Danzig und in seinen Vororten etwa 7000 Handwerksstätten verschiedener Größe, in denen zuweilen ein Dutzend oder noch mehr Menschen arbeiteten[66]. In einigen Produktionszweigen bildete sich das Verlagssystem heraus, z.B. bei der Textilherstellung[67]. Fast die Hälfte der Gesamtbevölkerung lebte in jener Zeit in Danzig von gewerblicher Produktion[68]. Zum Vergleich sei erwähnt, daß Krakau in denselben Jahren nur etwa 700 - dazu noch recht kleine - Werkstätten zählte. In den Ostseestädten Königsberg und Riga gab es deren auch nur einige hundert[69].

Die Herstellungsweise hatte in Danzig einen hohen Grad technischer Vollkommenheit erreicht. Erzeugnisse aus Danzig - Möbel, Keramik, Borten und Posamenten, Uhren, Schmuck - waren im ganzen Land begehrt und wurden massenweise gekauft[70]. Wie im Handel, so auch in der Nachfrage nach Handwerkserzeugnissen deckte sich das Hinterland von Danzig mit dem gesamten Territorium des damaligen polnisch-litauischen Staates: es reichte von der Ostsee bis zu den Karpaten und zum Schwarzen Meer. Danzig exportierte in der ersten Hälfte des 17. Jahrhunderts einige Gewerbeerzeugnisse wie Textilien, Möbel, Glas, Papier, Spinnräder usw. sogar ins Ausland (Schweden, Finnland)[71].

Danzig wurde in dieser Zeit auch zum größten Kredit- und Finanzzentrum des polnischen Staates und des Ostseeraumes, wahrscheinlich dank seiner lebhaften Beziehungen

---

64 Vgl. dies.: Gdańsk jako ośrodek produkcyjny w XIV-XVII w. [Danzig als Produktionszentrum im 14.-17. Jahrhundert]. Warszawa 1962, S. 7ff., 207ff.
65 Ebd., S. 7ff.; vgl. auch dies.: Gdańskie rzemiosło tekstylne od XVI do połowy XVII w. [Danziger Textilgewerbe vom 16. Jahrhundert bis zur ersten Hälfte des 17. Jahrhunderts]. Wrocław 1956.
66 Dies. (wie Anm. 64), S. 281ff.
67 Ebd., S. 272ff.; vgl. auch dies. (wie Anm. 65), S. 133ff.
68 Dies. (wie Anm. 64), S. 392ff.
69 Vgl. dies. (wie Anm. 61), S. 93.
70 Dies. (wie Anm. 64), S. 207ff.
71 Dies.: Handelsbeziehungen im Ostseeraum: Der Handel zwischen Danzig/Gdańsk und Stockholm in der ersten Hälfte des 17. Jahrhunders. In: Seehandel und Wirtschaftswege Nordeuropas im 17. und 18. Jahrhundert. Hg. v. Klaus Friedland/Franz Irsigler. Ostfildern 1981, S. 38-47; dies.: Trade between Gdańsk and Turku (Åbo) in the 16th and the First Half of the 17th Century. In: Acta Poloniae Historica 67 (1993), S. 141-148.

zu den Hauptzentren des damaligen Bankwesens, zu Antwerpen und Amsterdam[72]. Mit Bank- und Kreditoperationen beschäftigte sich in Danzig eine große Anzahl von Institutionen und Personen: der Stadtrat, die Patrizier, wohlhabende Kaufleute, auch Handwerker und ganze Zünfte. Es gab in der Stadt zahlreiche größere und kleinere Pfandhäuser, die die ärmere Bevölkerung aus der Stadt und ihrer Umgebung bedienten. In den dreißiger Jahren des 17. Jahrhunderts wurde in Danzig die Gründung einer öffentlichen Bank geplant[73]. Das Projekt, von einem holländischen Kaufmann, Anthony Kuiper, entworfen, wurde jedoch nicht verwirklicht, wahrscheinlich infolge einer kräftigen Opposition der Privatbankiers, die die Konkurrenz fürchteten[74].

Die Entwicklung des Danziger Kreditwesens stützte sich teilweise auf eigene, in der Stadt angesammelte Geldmittel, teilweise aber auch auf nach Danzig kommendes niederländisches, vor allem holländisches Kapital. Diese Tatsache verweist auf die weiten internationalen Beziehungen der Metropole Danzig. Interessante Ergebnisse bietet auch eine Analyse der Herkunft der Danziger Kreditnehmer. Zu ihnen gehörten in jener Zeit zahlreiche Herrscher, sowohl polnische - Sigismund August, Wladislaw Wasa - als auch schwedische und dänische Könige, polnische Magnaten und polnischer Adel sowie Bürger und sogar Bauern[75]. Die von Danzigern gewährten Kredite hingen oft mit Handelsoperationen zusammen, u.a. mit dem System der Kontraktierung von Getreide auf dem Halm und von Waldprodukten am Stamm (Vorkauf). Dieses System, das schon im 16. Jahrhundert Anwendung fand, entwickelte sich im 17. Jahrhundert zur Hauptform der Versorgung des Danziger Marktes. Vorauszahlungen, die den polnischen Magnaten und dem Adel bei dieser Gelegenheit gewährt wurden, bildeten in der Regel eine versteckte Form verzinster Anleihen. Das ganze Ausmaß dieser Anleihen wird in den vierziger Jahren des 17. Jahrhunderts auf 1 bis 2 Millionen polnischer Złoty pro Jahr geschätzt[76].

Danzig zeigt sich also an der Schwelle zur Neuzeit nicht nur als der größte Hafen der Ostsee, sondern gleichzeitig auch als mächtiges Produktions- und Finanzzentrum, das sich auf die Befriedigung der verschiedenen Bedürfnisse des Adels aus dem riesigen Hinterland

---

72 Vgl. dies.: The Baltic and Amsterdam in the First Half of the 17th Century. In: The Interactions of Amsterdam and Antwerp with the Baltic Region 1400-1800. Leiden 1983, S. 51-70; dies.: Les relations entre la Pologne et les Pays-Bas; XVIe siècle - première moitié du XVIIe siècle. In: Cahier de Clio 78-79 (1984), S. 5-18; dies.: La lettre du change et le credit dans les échanges entre Gdańsk et Amsterdam dans la première moitié du XVIIe siècle. In: Actes du Cinquième Congres International d'Histoire Economique. Bd. 4, Moskau 1975, S. 31-41.
73 Ebd.
74 Ebd.
75 Ebd.; vgl. auch dies.: Obrót wekslowo-kredytowy w Gdańsku w pierwszej połowie XVII w. [Das Kreditwesen in Danzig in der ersten Hälfte des 17. Jahrhunderts]. In: Roczniki Dziejów Społecznych i Gospodarczych 33 (1972), S. 1-31.
76 Vgl. dies.: Gdańskie kontrakty zbożowe w pierwszej połowie XVII wieku [Danzigs Getreidehandelsverträge in der ersten Hälfte des 17. Jahrhunderts] In: Kwartalnik Historii Kultury Materialnej 17 (1969), S. 711-719.

spezialisierte und als Vermittler zwischen Ost- und Westeuropa fungierte. Die Ausstrahlungskraft dieser Metropole hat die staatlichen Grenzen weit überschritten.

Dasselbe kann man über Danzigs Anziehungskraft sagen. Infolge der Handelskonjunktur und der bedeutenden Nachfrage nach Spezialisten wie nach einfachen Arbeitskräften kamen jährlich zahlreiche Immigranten nach Danzig. Ihr Zustrom wurde durch die damaligen internationalen Ereignisse beschleunigt. In der zweiten Hälfte des 16. und zu Beginn des 17. Jahrhunderts emigrierten der religiösen Verfolgung wegen Tausende von Menschen aus den Niederlanden, aus Deutschland, Frankreich, Böhmen, Schlesien und Schweden nach Polen - und vor allem nach Danzig. Da im polnisch-litauischen Staat und auch in Danzig selbst in dieser Zeit religiöse Toleranz herrschte, konnten sich hier Angehörige von Sekten ansiedeln, die besonders heftigen Verfolgungen ausgesetzt waren, wie Wiedertäufer, Böhmische Brüder und Mennoniten. Eine besondere Rolle für die Entwicklung Danzigs spielte die Immigration aus den Niederlanden, denn mit ihr kamen hervorragende Architekten, Maler und Bildhauer, die einen starken kulturellen Einfluß auf die städtische und polnische Kultur ausübten[77]. Weniger bekannt ist die wirtschaftliche Bedeutung der niederländischen Immigration von Kaufleuten und Handwerkern nach Danzig und in dessen Umgebung. Die Ankömmlinge brachten nicht nur bedeutende Geldmengen mit, sondern auch breite Bekanntschaft mit der Welt und gute Beziehungen zu westeuropäischen Handelsfirmen. Unter ihnen waren Fachleute verschiedener Spezialisierung, wie z.B. Weber, Bortenmacher und Färber, die bessere, neue Produktionsmethoden einführten, das Kreditwesen entwickelten und mit neuen Formen der Produktion, des Handels und des Kredits bekannt machten[78].

Es ist nicht möglich, die genaue Zahl der an der Wende vom 16. zum 17. Jahrhundert aus verschiedenen Ländern nach Danzig Eingewanderten zu bestimmen. Meist erwarben die Neuankömmlinge kein Bürgerrecht und sind dann in Bürgerbüchern nicht nachweisbar. Doch ohne Zweifel ging die Zahl der Immigranten in die Tausende. Sie ist spürbar in der sprunghaften Entwicklung der Bevölkerungszahl Danzigs: sie wuchs von 30 000 zu Beginn des 16. Jahrhunderts auf 40 000 in den achtziger Jahren, um am Anfang des 17. Jahrhunderts um die 70 000 bis 100 000 zu erreichen[79]. Danzig hatte sich also zu einem städtischen Mittelpunkt neuzeitlichen Gepräges entwickelt, der demographisch und strukturell den mächtigen Metropolen Westeuropas ähnelte - vergleichbar schon mit Antwerpen und Amsterdam - und im Rahmen des Ostseeraumes und des polnisch-litauischen Staates eine ungewöhnliche Erscheinung darstellte: es war mindestens dreimal so groß wie die nächstfolgenden Städte Krakau, Warschau und Königsberg.

---

77 Dies. (wie Anm. 72, Les relations).
78 Ebd.; vgl. auch dies. (wie Anm. 65), S. 66f.
79 Dies. (wie Anm. 61), S. 95.

Leider ist hier nicht der Raum, auf die Folgen des Metropolewerdens für die innere gesellschaftliche Struktur Danzigs gründlicher einzugehen. Ich möchte nur einige wichtige Erscheinungen erwähnen, u.a. die Entstehung der ersten Elemente des Frühkapitalismus im Handel und Gewerbe und die Zersetzung des klassischen mittelalterlichen Zunftsystems. Das entspricht meiner Sicht auf die Rolle einer Metropole beim Hervorbringen von Innovationen[80]. Sie hatten eine gewaltige Umwandlung in den Lebensverhältnissen der Danziger Einwohner zur Folge: das Aufkommen der Gruppe vermögender Unternehmer und Verleger auf der einen Seite, auf der anderen die Proletarisierung der armen Meister und die Umwandlung zahlreicher Handwerksgesellen in ewige Lohnarbeiter[81]. Dieser Prozeß hat zur Entstehung tiefer Gegensätze - wichtiges Kennzeichen einer Metropole - beigetragen[82].

Die Widersprüche wurden auch dadurch verschärft, daß sich im 17. Jahrhundert das Interesse der Oberschichten in Danzig von Handel und städtischen Geschäften auf den Ankauf von ländlichen Gütern verschob[83]. Das bedeutete eine Entfremdung der Führungsschichten, die durch die luxuriöse, immer deutlicher auf Konsum eingestellte Lebensweise in prächtigen Residenzen noch gefördert wurde[84]. Solch ein Lebensstandard wurde durch die tüchtige Handelstätigkeit der Generationen ermöglicht, die enorme Profite im Danziger Hafen zu schaffen wußten. Die Analyse des Gewinns, den die Danziger Kaufleute durch Ankauf von Getreide und Verkauf desselben an fremde Schiffer oder auch durch den Verkauf von importierten Waren (Tuch, Wein, Spezereien) erzielten, ergibt eine durchschnittliche Rate von 30-40, zuweilen sogar über 100%[85]. Es war ein "Metropolengewinn", der aus der Differenz in der Preisgestaltung zwischen der Metropole einerseits und ihrem Hinterland andererseits gezogen wurde[86].

Da die Führungsschicht sich immer weniger für die spezifisch bürgerlichen Tätigkeiten interessierte, übernahmen die Mittelschichten deren bisherige Obliegenheiten in den Bereichen Handel, Reederei und Finanzen. In dieser Zeit wuchsen die Mittelschichten nach Schätzungen bis auf 40% der Bevölkerung, und sie vermehrten ihren Reichtum sehr schnell. Weil gleichzeitig die Unterschichten sich relativ schnell proletarisierten, kam es zur Entstehung großer Unterschiede im Lebensstandard und in der Lebensweise, die für eine Metropole typisch sind[87].

---

80 Dies. (wie Anm. 64), S. 264ff.
81 Ebd., S. 307ff.
82 Dies.: Zur Lebensweise des Danziger Bürgertums im 16. Jahrhundert. In: Hansische Studien 7 (1984), S. 81-90.
83 Dies. (wie Anm. 61), S. 96f.
84 Ebd.
85 Dies.: Zur Problematik der Profite im Handel zwischen Danzig und Westeuropa 1550-1650. In: Hansische Studien 5 (1981), S. 41-50.
86 Ebd.; vgl. auch dies. (wie Anm. 60), S. 124ff.
87 Vgl. dies. (wie Anm. 82).

Mehrere Forscher unterstreichen parasitäre Züge aller Metropolen, die scheinbar ihr Hinterland ausbeuten und sich auf Kosten von dessen Bevölkerung enorm bereichern. Man behauptet, daß die Ungleichheit im Verhältnis Metropole - Hinterland, die einseitige Dominanz, die in dieser Beziehung herrscht, Voraussetzungen für die unvermeidliche Ausbeutung des Hinterlandes bilden müßten. Es gibt aber auch Historiker, die eine positive Rolle der Metropolen betonen, indem sie ihre Wirkungen als stimulierendes und innovatives Phänomen betrachten.

Angesichts des soeben Gesagten ist die Beurteilung des Einflusses des Danziger Handels auf die Entwicklung des Ostseeraumes und des polnisch-litauischen Staates an der Schwelle zur Neuzeit nicht eindeutig. Einerseits, hauptsächlich dank des Danziger Hafens, erlangten Polen sowie in bedeutendem Ausmaße auch Litauen und Livland enge Wirtschaftskontakte mit den internationalen Märkten. Die Folge war eine Umstellung der gesamten Wirtschaft dieser Länder in Richtung eines maximal hohen Exportes landwirtschaftlicher Produkte und Rohstoffe. Dieser Export, der vom Adel mit großer Energie betrieben wurde, bedeutete Reichtum und Macht für die adlige Gesellschaft, ermöglichte u.a. die rasche Entwicklung der altpolnischen Kultur, die in der Renaissance und im Barock ihren Höhepunkt erreichte. Die andere Seite dieses Aufschwungs bildeten jedoch die Unterdrückung und Ausbeutung der Bauernschaft und die Verarmung des Bürgertums, das von den Exportgeschäften fast ausgeschlossen war und dessen gewerbliche Produktion infolge der Konkurrenz zwischen ausländischen und in Danzig hergestellten Industriewaren seit dem Ende des 16. Jahrhunderts immer deutlicher abzunehmen begann. Auch Danzigs Rolle als Finanzzentrum war eine zwiespältige. In erster Linie drängt sich hier die finanzielle Abhängigkeit der Magnaten und des Adels von den Danziger Kaufleuten auf. Das System der Kontraktierung von Getreide auf dem Halm begünstigte zweifellos ein Leben ohne jede Fessel, was - um die Kreditgeber zu befriedigen - oft zu einer Raubwirtschaft auf den Landgütern führte. Andererseits jedoch bewirkten diese Kreditformen, daß wenigstens ein Teil des Geldes für Land- und Waldprodukte nicht in Danzig als Äquivalent für die hier eingekauften Waren zurückblieb, sondern ins Landesinnere gelangte. Dies hatte eine große ökonomische Bedeutung, was übrigens schon von den Zeitgenossen bemerkt und betont wurde[88]. Dieser Geldstrom wirkte ohne Zweifel stimulierend auf die Entwicklung des Hinterlandes, das ohne diesen Silberzufluß noch rascher in die Stagnation hineingeglitten wäre.

Unter den polnischen Forschern formulierte vor fast 40 Jahren Marian Małowist die These vom entscheidenden Einfluß der "kolonialen" Abhängigkeit der an der Ostsee gelegenen Länder von den wirtschaftlich und sozial höher entwickelten Ländern Westeuropas durch

---

88 Dies. (wie Anm. 76), S. 711ff.

Rohstoffexport und Einfuhr von Gewerbeerzeugnissen[89]. Diese Ansicht wurde von anderen Historikern, wie z.B. Antoni Mączak, Henryk Samsonowicz, Jerzy Topolski, weiterentwikkelt[90]. Man unterbreitete sogar eine Definition des Ostseeraumes, als deren Hauptgrundlage weniger geographische Kriterien, als vielmehr die Tatsache dieser Kolonialabhängigkeit angenommen wurde[91]. Die Kolonialthese fand in Kreisen der Historiker einen breiten Widerhall, da sie tatsächlich recht überzeugend die sozialen, verfassungsmäßigen und politischen Besonderheiten der im Ostseeraum gelegenen und sich in der Neuzeit anders als Westeuropa entwickelnden Länder berücksichtigte, wobei insbesondere auf das Problem der sogenannten zweiten Leibeigenschaft zu verweisen wäre[92].

Danzigs Rolle in der Wirtschaft des damaligen Polen wurde schon im 16. und 17. Jahrhundert diskutiert. Der bekannte polnische Dichter des 16. Jahrhunderts, Sebastian Fabian Klonowic, zeigte in seinem berühmten Poem "Der Flößer" eine farbenreiche Vision Danzigs, des großen Ausbeuters, der sich auf Kosten seines Hinterlandes mästet[93]. Ähnlich wird dieses Problem in zahlreichen danzigfeindlichen Anfragen während der polnischen Reichstage des 16. und 17. Jahrhunderts dargestellt[94].

Wie oben ausgeführt, wurde allen Metropolen häufig die Rolle eines Ausbeuters zugeschrieben. Auf Kosten des Hinterlandes und auf Kosten anderer holländischer Städte sei z.B. im 17. Jahrhundert Amsterdam zu seiner kolossalen Macht herangewachsen. Wir wollen hier wenigstens in aller Kürze auf die Ähnlichkeit der Tätigkeit der Kaufleute dieser beiden Städte - Danzig und Amsterdam - hinweisen: breites Wuchertreiben auf dem Lande, Landaufkauf, räuberische Preispolitik. Die gleiche Handlungsweise hatte jedoch in beiden Fällen ganz verschiedene soziale und verfassungsmäßige Folgen. Auf diese Unterschiede in den Folgen sollte sich also das Hauptaugenmerk richten, nicht auf das Problem der Ausbeutung, da der ganze Komplex der Wirkungen einer Metropole auf ihr Hinterland nicht in moralischen, sondern ökonomischen, politischen und sozialen Kategorien betrachtet werden sollte. Das Beispiel Danzig scheint nur die These zu bestätigen, daß die Wirkung einer Metropole auf ihr Hinterland oft vielschichtig ist.

---

89 Marian Małowist: The Economic and Social Development of the Baltic Countries from th 15the to the 17th Centuries. In: Economic History Review, Sec. Series 17 (1959), S. 155-189.
90 Vgl. Henryk Samsonowicz/Antoni Mączak: Feudalism and Capitalism: a Balance of Changes in East-Central Europe. In: East-Central Europe in Transition. From 14th to 17th Century. Hg. v. Antoni Mączak/Henryk Samsonowicz/Peter Burke. Cambridge 1985, S. 6-23; Jerzy Topolski: Sixteenth-Century Poland and the Turning Point in European Economic Development. In: A Republic of Nobles. Studies in Polish History to 1864. Hg. v. Jan K. Fedorowicz. Cambridge 1982, S. 70-90.
91 Vgl. Antoni Mączak/Henryk Samsonowicz: Z zagadnień genezy rynku europejskiego: strefa bałtycka [Zur Entstehung eines europäischen Marktes: die Ostseezone]. In: Przegląd Historyczny 55 (1964), S. 198-225.
92 Vgl. Jerzy Topolski: Economic Decline in Poland from the 16th to the 18th Centuries. In: Essays in European Economic History 1500-1800. Hg. von Peter Earle. Oxford 1974, S. 127-142.
93 Sebastian Fabian Klonowic: Flis [Der Flößer]. Hg. v. Stefan Hrabec. Wrocław 1951.
94 Historia Gdańska [Geschichte Danzigs]. Hg. v. Edmund Cieślak. Bd. 2. Gdańsk 1982, S. 579ff.

Zugleich bestätigt der Fall Danzig auch die These, daß die Hauptstadt und kulturelle Metropole mit der grundlegenden nationalen Idee verknüpft sein muß. Danzigs ethnische und konfessionelle Struktur, die vor allem deutsche und niederländische Herkunft seiner Einwohner und deren protestantische Konfession erlaubten es dieser Stadt nicht, eine überragende politische und kulturelle Rolle im Polen der Neuzeit zu spielen.

Im Laufe des 16. und 17. Jahrhunderts wurde Danzig, wie bekannt, zum mächtigen Kulturzentrum - Blütezeit des Danziger Gymnasiums, der Architektur, Malerei, Skulptur, Buchdruckerei usw. -, welches auf ganz Polen ausstrahlte[95]. Auf der anderen Seite besaß die polnische Adelskultur für Danzigs Bürger beachtenswerte Attraktivität. Man kann also bei der Charakterisierung der Metropole in diesem Falle eher von Symbiose als von Dominanz sprechen[96]. Politisch wurde Danzig in der Adelsrepublik oft als ein schwieriges Problem angesehen, und der stadtfeindliche Adel wählte das schwache, dafür aber polnische und katholische Warschau zum Staatszentrum. Diese Entscheidung gefiel auch den Danziger führenden Schichten, die immer dem König und nicht dem Sejm ihre Untertänigkeit bekundeten[97].

So läßt sich abschließend sagen, daß die polyzentrische Urbanisierung zwischen 1450 und 1650 in Polen zumindest für drei Städte Grundlagen für die Metropolenentwicklung bildete: Krakau durchlief den Weg von einer Hauptstadt, einer politischen Metropole, zur sakralen Metropole. Warschau als Residenzstadt der Könige und Versammlungsort des Sejm entfaltete sich teilweise auch als Metropole im Bereich von Demographie, Politik und Kultur. Danzig wurde eine wirtschaftliche Metropole. Man muß unterstreichen, daß diese Situation - mit Ausnahme von Danzig - nicht durch die eigene innere Entwicklung dieser Städte, sondern durch außerstädtische Ereignisse verursacht wurde. Das ist ein Zeugnis dafür, daß in Polen Städte und Bürgerschaft in der Neuzeit nur eine passive Rolle zu spielen vermochten.

---

95 Ebd., S. 352ff., 686ff.
96 Vgl. Bogucka/Samsonowicz (wie Anm. 24), S. 574ff.
97 Władysław Czapliński: Problem Gdańska w czasach Rzeczypospolitej szlacheckiej [Das Danziger Problem in der Zeit der Adelsrepublik]. In: Przegląd Historyczny 43 (1952), S. 273-286.

Jan Harasimowicz

Bürgerliche und höfische Kunstrepräsentation in den Zentren Krakau und Danzig

Cracovia Minoris Poloniae Metropolis - so wird Krakau auf einem Stadtbild genannt, das eine Ansicht vom Süden zeigt und im Jahre 1617 nach einem etwa 20 Jahre früheren Bild von Egidius van der Rye für den sechsten Band der "Civitates orbis terrarum" gestochen wurde[1] (Abb. 8). Hinter den niedrigen Mauern der selbständigen Stadt Kazimierz, die von den zwei mächtigen gotischen Kirchen Corpus Christi (D) und St. Katharinen (E) beherrscht wird, ragt das Wawel-Schloß (A) empor, das in einem Panorama der eigentlichen Stadt Krakau seinen Gegenpol im Prachtbau der Marienkirche (H) findet. Das von Georg Braun und Franz Hoghenberg 1618 publizierte Bild weicht kaum von dem Zustand ab, der noch vor etwa hundert Jahren bestand. Damals, am Ende des Mittelalters und zu Beginn der Neuzeit, erreichte Krakau eine Größe, die es bis ins 19. Jahrhundert bewahrte[2]. Dank der ständigen Präsenz des königlichen Hofes und der höchsten Staatsorgane, dank des Wohlstands und der Tüchtigkeit des Bürgertums, vornehmlich der Kaufmannschaft, und nicht zuletzt dank der Erneuerung und Entwicklung der Akademie gehörte die Stadt um das Jahr 1500 zu den wichtigsten Kulturzentren Ostmitteleuropas[3].

Als Inbegriff der spätmittelalterlichen Kultur Krakaus gilt der Hochaltar der Stadtpfarrkirche St. Marien, errichtet in den Jahren 1477-1489 von Veit Stoß (Abb. 16). Es ist einer der größten oder gar der größte gotische Flügelaltar Europas. Ideengeschichtlich gesehen, stellt er eine Summa der Mariologie am Vorabend der Reformation dar[4]. Auf den beiden

---

1 Georg Braun/Franz Hoghenberg: Theatri praecipuarum totius mundi liber sextus. Köln 1618, Tafel 44. Vgl. Jerzy Banach: Dawne widoki Krakowa [Alte Ansichten von Krakau]. Kraków 1967, S. 68-72.
2 Vgl. Jerzy Wyrozumski: Dzieje Krakowa [Geschichte Krakaus]. Bd. 1: Kraków do schyłku wieków średnich [Krakau bis zum Ende des Mittelalters]. Kraków 1992, S. 314-331; Janina Bieniarzówna/Jan M. Małecki: Dzieje Krakowa [Geschichte Krakaus]. Bd. 2: Kraków w wiekach XVI-XVIII [Krakau vom 16. bis zum 18. Jahrhundert]. Kraków ²1994, S. 9-20, 405-421, 561-568.
3 Vgl. Wyrozumski (wie Anm. 2), S. 472-514.
4 Vgl. u.a.: Feliks Kopera: La maître-autel de Wit Stwosz à l'église de Nôtre-Dame à Cracovie. Cracovie 1912; Tadeusz Szydłowski: O Wita Stwosza ołtarzu Mariackim i jego pierwotnym wyglądzie [Über den Marienaltar des Veit Stoß und sein ursprüngliches Aussehen]. In: Prace Komisji Historii Sztuki PAU 2 (1920), S. 1-100; ders.: Le Retable de Nôtre-Dame à Cracovie. Avec une introduction de Pierre Francastel. Paris 1935; Marian Friedberg: Ołtarz krakowski Wita Stwosza. Studium archiwalne [Der Krakauer Altar des Veit Stoß. Ein Archivstudium]. In: Przegląd Zachodni 8 (1952), S. 673-706; Szczęsny Dettloff: Wit Stwosz [Veit Stoß]. Wrocław 1961, Bd. 1, S. 26-44; Wit Stwosz. Ołtarz

Flügelpaaren des Altars sind die Freuden und Leiden Mariä zu sehen. Der Mittelschrein zeigt eine plastische Darstellung des Todes und der Himmelfahrt Mariä, die von der Marienkrönung im oberen Teil des Altars abgeschlossen wird. Die dramatische Szene des Entschlafens diente dem Schnitzer als Gelegenheit, eine wahre Galerie von realistisch aufgefaßten Menschentypen zu gestalten. Auch die Figuren der Seitenreliefs zeigen häufig realistische Züge. In einigen davon vermutet man auch Kryptoporträts. So soll beispielsweise die Gestalt am rechten Rand des Kreuzigungsreliefs Meister Veit Stoß selbst sein; die kleine Gestalt rechts unten auf dem Relief, das den zwölfjährigen Jesus im Tempel zeigt, soll der Stadtschreiber Johann Heydecke, genannt Mirica, sein, der sich um die Errichtung des neuen Hochaltars große Verdienste erworben hatte und später Archipresbyter der Marienkirche wurde. Mirica gehörte zum berühmten Krakauer Humanistenkreis um Konrad Celtis, der im Jahr 1489 die "Sodalitas Litteraria Vistulana", den ersten polnischen literarischen Verein, gründete[5]. Zum selben Kreis gehörte auch Filippo Buonaccorsi, genannt Callimachus, Erzieher der Königssöhne, dessen Epitaph in der Krakauer Dominikanerkirche nach einem Entwurf von Veit Stoß in der Nürnberger Werkstatt Peter Vischers gegossen wurde (Abb. 15)[6].

Krakowski [Veit Stoß. Der Krakauer Altar]. Hg. v. Józef Edward Dutkiewicz/Rafał Glücksman/Jerzy Szablowski. Warszawa ²1964; Zdzisław Kępiński: Wit Stwosz [Veit Stoß]. Warszawa 1981, S. 24-52; Maria Łodyńska-Kosińska: "Ingenium et labor". Uwagi o cechach nowatorskich ołtarza Mariackiego Wita Stwosza [Bemerkungen zu Merkmalen künstlerischer Neuerungen im Marienaltar des Veit Stoß]. In: Biuletyn Historii Sztuki 43 (1981), S. 135-150; Wojciech Marcinkowski: "Współodkupienie" i "Zaślubiny". Przedstawienia we wnętrzu szafy krakowskiego retabulum Stwosza ["Miterlösung" und "Vermählung". Darstellungen im Inneren des Schreines des Krakauer Retabels von Stoß]. In: Folia Historiae Artium 19 (1983), S. 31-54; Tadeusz Dobrowolski: Wit Stwosz, Ołtarz Mariacki. Epoka i środowisko [Veit Stoß, der Marienaltar. Epoche und Milieu]. Kraków/Wrocław ²1985; Piotr Skubiszewski: Der Osterzyklus im Marienaltar des Veit Stoß. In: Veit Stoß. Die Vorträge des Nürnberger Symposions. München/Berlin 1985, S. 123-140; Jerzy Gadomski: Ołtarz Mariacki 1477-1489 [Der Marienaltar]. In: Wit Stwosz w Krakowie. Hg. v. Lech Kalinowski/Franciszek Stolot. Kraków 1987, S. 39-51; Michael Stuhr: Der Krakauer Marienaltar von Veit Stoß. Leipzig 1992.

5 Antonina Jelicz: Konrad Celtis na tle wczesnego Renesansu w Polsce [Konrad Celtis vor dem Hintergrund der Frührenaissance in Polen]. Warszawa 1965; Jerzy Starnawski: Sodalitas Litteraria Vistulana. Nikłe świadectwa o działalności Towarzystwa w świetle korespondencji Celtisa [Karge Zeugnisse über das Wirken der Sodalitas im Lichte der Korrespondenz von Celtis]. In: Rocznik Komisji Historycznoliterackiej Oddziału Krakowskiego PAN 24 (1987), S. 59-68. Vgl. auch: Tadeusz Ulewicz: Życie literackie w Krakowie i Małopolsce doby renesansu (sprawa środowisk i "towarzystw" literackich) [Literarisches Leben in Krakau und Kleinpolen der Renaissancezeit. Zu Milieu und literarischen "Gesellschaften"]. In: Cracovia Litterarum. Kultura umysłowa i literacka Krakowa i Małopolski w dobie Renesansu. Wrocław/Kraków/Warszawa 1991, S. 167-195.

6 Leonard Lepszy: Pomnik Kallimacha [Das Denkmal für Callimachus]. In: Rocznik Krakowski 20 (1926), S. 134-163; Adam Bochnak: Pomnik Kallimacha [Das Denkmal für Callimachus]. In: Studia Renesansowe. Bd. 1. Hg. v. Michał Walicki. Wrocław 1956, S. 124-139; Piotr Skubiszewski: Rzeźba nagrobna Wita Stwosza [Die Grabplastik des Veit Stoß]. Warszawa 1957, S. 77-91; Dettloff (wie Anm. 4), S. 101-105; Kępiński (wie Anm. 4), S. 73-76; Jerzy Kowalczyk: Filip Kallimach i Wit Stwosz [Philippus Callimachus und Veit Stoß]. In: Biuletyn Historii Sztuki 45 (1983), S. 3-24.

Johann Heydecke könnte als Vermittler zwischen den Krakauer Humanisten und dem Meister des Marienaltars fungiert haben, doch blieb letzterer eher dem einfachen Handwerksbürgertum verbunden als den am Königshof verkehrenden Vertretern bürgerlicher Eliten. Den realistisch dargestellten Innenraum eines Krakauer Bürgerhauses in der Szene der Mariengeburt nahm ein nur wenig jüngeres "bürgerliches Universum" vorweg: der Kodex, den im Jahre 1505 der Stadtschreiber Balthasar Behem den Ratsherren der Stadt Krakau schenkte[7]. Die in den Miniaturen des Kodex dargebotene "kleine Welt", wie etwa die Schmiede, die Schneiderwerkstatt oder die Schuhmacherwerkstatt, wurde in einem damals sehr modernen, laizistischen Geist als eine von Gesetzen der Logik und der moralischen Ordnung regierte Welt vorgestellt. In einem solchen Universum konnte der pragmatische Mensch der beginnenden Neuzeit durch seinen Willen, seine Arbeit und sein Bemühen durchaus zu Glück und Wohlstand gelangen.

Während sich die kulturelle Identität des Krakauer Bürgertums im späten 15. Jahrhundert schon weit entwickelt hatte, war diejenige des königlichen Hofes noch weitgehend undefiniert. Die an der Westseite des Waweldomes durch Kasimir IV. Jagiello und seine Ehefrau Elisabeth von Österreich angebaute Heiligkreuzkapelle wurde um das Jahr 1470 mit Wand- und Gewölbemalereien russisch-byzantinischer Art versehen, die mit der gotischen Architektur verschmelzen und eine merkwürdige, einzigartige Einheit bilden[8]. Das berühmte Marmorgrabmal des im Jahre 1492 verstorbenen Königs, ein zweites Krakauer Meisterwerk von Veit Stoß, wurde ebenfalls in dieser Kapelle aufgestellt[9]. Die raffinierte

---

7 Codex picturatus Balthasari Behem (facsimile). Cracovia/Varsovia [1987]. Vgl. auch: Jan Ptaśnik: Codex picturatus Baltazara Behema. Problem autorstwa [Der codex picturatus des Balthasar Behem. Die Frage der Autorschaft]. In: Kwartalnik Historyczny 44 (1930), S. 1-25; Zofia Ameisenowa: Les principaux manuscrits à peintures de la Bibliothèque Jagellonienne de Cracovie. In: Bulletin de la Societé Française de reproductions de manuscrits à peintures 17 (1933), S. 1-155, hier S. 72-91; Karol Estreicher: Miniatury Kodeksu Behema i ich treść obyczajowa [Die Miniaturen des Behem-Kodex und ihre Aussagen bezüglich Sitten und Gebräuchen]. In: Rocznik Krakowski 24 (1933), S. 199-240; Friedrich Winkler: Der Krakauer Behaim Codex. Mit einer rechtsgeschichtlichen Studie von Johann Werner. (Deutscher Verein für Kunstwissenschaft. Denkmäler Deutscher Kunst). Berlin 1941; Zofia Ameisenowa: Kodeks Baltazara Behema (Klejnoty sztuki polskiej) [Der Kodex des Balthasar Behem. Polnische Kunstschätze]. Warszawa 1961; Zofia Rozanow: Mieszczańskie uniwersum Kodeksu Baltazara Behema [Das Bürgerliche Universum des Behem-Kodex]. In: Sztuka miast i mieszczaństwa XV-XVIII wieku w Europie Środkowowschodnie. Hg. v. Jan Harasimowicz. Warszawa 1990, S. 205-216; Barbara Miodońska: Małopolskie malarstwo książkowe 1320-1540 [Kleinpolnische Buchmalerei 1320-1540]. Warszawa 1993, S. 175-182.

8 Tadeusz Wojciechowski: Kościół katedralny w Krakowie [Die Kathedralkirche in Krakau]. Kraków 1900, S. 29-34; Anna Różycka-Bryzek: Bizantyńsko-ruskie malowidła ścienne w kaplicy Świętokrzyskiej na Wawelu [Die byzantinisch-russischen Wandmalereien in der Heiligkreuz-Kapelle auf dem Wawel]. In: Studia do Dziejów Wawelu 3 (1968), S. 175-293.

9 Skubiszewski (wie Anm. 6), S. 14-56; Dettloff (wie Anm. 4), S. 66-76; Maria Skubiszewska: Program ikonograficzny nagrobka Kazimierza Jagiellończyka w katedrze wawelskiej [Das ikonographische Programm des Grabmals von Kasimir IV. Jagiello in der Wawel-Kathedrale]. In: Studia do dziejów Wawelu 4 (1978), S. 117-214; Kępiński (wie Anm.4), S. 58-64; Anna Boczkowska: Herkules i Dawid z rodu Jagiellonów [Herkules und David aus dem Geschlecht der Jagiellonen]. Warszawa 1993, S.

dynastische Idee des Begründers einer Ostmitteleuropa umgreifenden jagiellonischen Machtsphäre, der Anspruch, dem Kaiser gleich zu sein und deshalb zur kaiserlichen Sukzession berechtigt[10], wurde hier in den expressiven Formen der süddeutschen Spätgotik niederländischer Prägung ausgedrückt. Dies bedeutete einen großen Sieg der bürgerlichen Kulturmodelle und hatte immer engere kulturelle Verbindungen der polnischen Hauptstadt mit Nürnberg und dem übrigen Süddeutschland zur Folge. Die Werke aus dem Umkreis von Veit Stoß, wie etwa die Anna-Selbdritt-Gruppe aus der Bernhardinerkirche[11], der ganz im Geist der Nürnberger Frührenaissance gehaltene, im Zweiten Weltkrieg verschollene Altar aus der St. Floriankirche[12] sowie der Katharinenaltar aus der Boner-Kapelle an der Marienkirche, von Hans Suess von Kulmbach gemalt[13], beweisen dies zur Genüge. Noch in den zwanziger und dreißiger Jahren des 16. Jahrhunderts blieb für Krakau das Nürnberger Kunsthandwerk von Bedeutung. Aus Nürnberg kamen sowohl das bronzene Gitter und der silberne Altar in der königlichen Sigismund-Kapelle[14] als auch die bronzenen Grabplatten in der bürgerlichen Marienkirche[15]. Der Krakauer Burggraf Severinus Boner, dessen Grabplatte in der Vischer-Werkstatt gegossen wurde (Abb. 14), kann zudem als Beispiel einer eindrucksvollen Karriere in königlichen Diensten gelten. Alle seine Ämter

---

217-312.
10 Wawrzyniec Kopczyński: Wątek polityczno-dynastyczny w programie ikonograficznym nagrobka Kazimierza Jagiellończyka - próba interpretacji [Das politisch-dynastische Motiv im ikonographischen Programm des Grabmals von Kasimir Jagiello - ein Interpretationsversuch]. In: Wit Stwosz. Studia o sztuce i recepcji. Hg. v. Adam S. Labuda (Prace Komisji Historii Sztuki PTPN; Bd. 16). Warszawa/Poznań 1986, S. 81-85; Boczkowska (wie Anm. 9), S. 255-267.
11 Janusz Kębłowski: Ze studiów nad sztuką Wita Stwosza. Św. Anna Samotrzeć [Studien zur Kunst von Veit Stoß. Anna-Selbdritt]. In: Zeszyty naukowe Uniwersytetu im. Adama Mickiewicza w Poznaniu Nr. 22. Historia Sztuki I. Poznań 1959, S. 71-116; Dettloff (wie Anm. 4), S. 47-58; Kępiński (wie Anm. 4), S. 53-55, Farbtafel IX, Abb. 78-83.
12 Tadeusz Dobrowolski: Sztuka Krakowa [Die Kunst Krakaus]. Kraków ^{5}1978, S. 170, Abb. 111-113.
13 Marian Sokołowski: Hans Suess von Kulmbach, jego obrazy w Krakowie i jego mistrz Jacopo dei Barbari [Hans Suess von Kulmbach, seine Bilder in Krakau und sein Meister Jacopo dei Barbari]. In: Sprawozdania Komisji Historii Sztuki 2 (1884), S. 53-123; Józef Muczkowski/Józef Zdanowski: Hans Suess z Kulmbachu [Hans Suess aus Kulmbach]. In : Rocznik Krakowski 21 (1927), S. 7-85, hier S. 33-44; Józef Zdanowski: Hans Suess von Kulmbach. Sein Leben und seine Werke. Kielce 1927 [Diss. Freiburg/Schweiz], S. 34-44; Wanda Drecka: Kulmbach. Warszawa 1957, S. 43-47, Fig. 26-51.
14 Adam Bochnak: Mecenat Zygmunta Starego w zakresie rzemiosła artystycznego [Das Mäzenatentum Sigismunds des Alten im Bereich des Kunsthandwerks]. In: Studia do dziejów Wawelu 2 (1960), S. 131-301, hier S. 157-202.
15 Karl Simon: Die Vischerschen Grabplatten in Krakau. In: Repertorium für Kunstwissenschaft 29 (1906), S. 19-26; Wojciech Bochnak: Brązowe płyty nagrobne Seweryna i Zofii Bonerów w kościele Mariackim w Krakowie [Die bronzenen Grabplatten von Severinus und Sophia Boner in der Krakauer Marienkirche]. In: Biuletyn Historii Sztuki 34 (1972), S. 279-294; Mieczysław Zlat: Nobilitacja przez sztukę - jedna z funkcji mieszczańskiego mecenatu w XV i XVI w. [Nobilitierung durch die Kunst - eine der Funktionen bürgerlichen Mäzenatentums im 15. und 16. Jahrhundert]. In: Sztuka miast (wie Anm. 7), S. 77-101, hier S. 88-91.

und Würden, die auf der Inschriftentafel des Grabmals sorgfältig aufgezählt werden[16], waren bereits in den folgenden Jahrzehnten, nach der vollständigen Entwicklung der Verfassung des polnischen Adelsstaates, für einen Bürger, auch einen nobilitierten, kaum mehr zugänglich.

Einen Bruch mit dem schon heimisch gewordenen bürgerlichen Kulturmodell bedeutete der Umbau des königlichen Schlosses in den Jahren 1502-1536[17] und der Bau der Sigismundkapelle am Waweldom (1517-1533)[18]. Die Arkaden des Schloßhofes und vor allem die reine, ungetrübt toskanische Form der Bartholomeo-Berecci-Kapelle (Abb. 11-12) übten eine sehr große Wirkung aus. Schon am Beginn der zwanziger Jahre des 16. Jahrhun-

---

16 Die Inschrift lautet: MAGNIFICUS DOMINVS SEVERINVS BONAR DE BALICZE / IN OGRODCZENECZ ATQ[VE] CAMENECZ ET C[AETERA] CASTELLA / NUS BIECZEN[SIS] ZVPPARIVS BVRGRABIVS MAGNUSQUE / PROCVRATOR TERRE CRAC[OVIENSIS] DVCATVVM OSZWIACZI / MEN[SIS] BIECZEN[SIS] [C]ZECHOWEN[SIS] RAPSTINEN[SIS] / ET IN OCZIECZ ET C[AETERA] CAPITANEVS VIVENS SIBI FIERI / CVRAVIT AN[NO] MDXXXVIII MORTVVS VERO CASTELLANV[S] / SANDECEN[SIS] ANNV[M] AETATIS SVAE SEXAGESIMV[M] TERCIV[M] AGE[N]S DIE XII MAY A[NNO] 1549. Zitiert nach: Corpus Inscriptionum Poloniae. Bd. 8: Województwo krakowskie [Krakauer Wojewodschaft]. Hg. v. Zbigniew Perzanowski. Heft 2: Bazylika Mariacka w Krakowie [Die Marienbasilika in Krakau]. Hg. v. Zenon Piech. Kraków 1987, S. 95.
17 Stefan Komornicki: Franciszek Florentczyk i pałac wawelski [Franciscus Florentinus und das Wawel-Schloß]. In: Przegląd Historii Sztuki 1 (1929), S. 57-69; Tadeusz Dobrowolski: Zamek na Wawelu, dzieło architektury polskiej [Das Wawel-Schloß, ein Werk der polnischen Architektur]. In: Studia renesansowe (wie Anm. 2), S. 140-185; Tadeusz Mańkowski: Dzieje wnętrz wawelskich [Geschichte der Innenräume des Wawel]. Warszawa ²1957; Stanisław Mossakowski: Renesansowy pałac na Wawelu a polska myśl polityczna i filozoficzna epoki [Das Renaissance-Schloß auf dem Wawel und die polnischen politischen und philosophischen Ideen der Zeit]. In: ders: Sztuka jako świadectwo czasu. Studia z pogranicza historii sztuki i historii idei. Warszawa 1980, S. 95-149; Antoni Franaszek: Budowa zamku królewskiego na Wawelu (1502-1536). Organizacja i wykonawcy [Der Bau des Königsschlosses auf dem Wawel. Organisation und Ausführende]. In: Z przeszłości Krakowa. Festschrift für Janina Bieniarzówna. Hg. v. Jan M. Małecki. Warszawa/Kraków 1989, S. 95-118.
18 Vgl. v.a.: Stefan Komornicki: Kaplica Zygmuntowska w katedrze na Wawelu 1517-1533 [Die Sigismund-Kapelle in der Wawel-Kathedrale 1517-1533]. In: Rocznik Krakowski 23 (1932), S. 47-120; Zbigniew Hornung: Mauzoleum króla Zygmunta I w katedrze krakowskiej [Das Mausoleum König Sigismunds I. in der Krakauer Kathedrale]. In: Rozprawy Komisji Historii Kultury i Sztuki TNW 1 (1949), S. 69-150; Lech Kalinowski: Treści artystyczne i ideowe Kaplicy Zygmuntowskiej [Künstlerische und ideelle Inhalte der Sigismund-Kapelle]. In: Studia do dziejów Wawelu 2 (1960), S. 1-129; Adam Bochnak: Kaplica Zygmuntowska [Die Sigismund-Kapelle]. Warszawa ²1960; Jan Białostocki: Treści do dzieła sztuki [Inhalte zum Kunstwerk]. Warszawa 1969, S. 83-97; Lech Kalinowski: Motywy antyczne w dekoracji Kaplicy Zygmuntowskiej [Antike Motive in der Dekoration der Sigismund-Kapelle]. In: Folia Historiae Artium 12 (1976), S. 67-94; Stanisław Mossakowski: Tematyka mitologiczna dekoracji Kaplicy Zygmuntowskiej [Die mythologische Thematik in der Dekoration der Sigismund-Kapelle]. In: ders.: Sztuka jako świadectwo czasu (wie Anm. 17), S. 151-187; Karolina Tragosz: Kaplica Zygmuntowska jako neoplatoński model świata [Die Sigismund-Kapelle als neuplatonisches Weltmodell]. In: Biuletyn Historii Sztuki 48 (1986), S. 131-163; Stanisław Mossakowski: Bartolomeo Berecci à Cracovie: la chapelle Sigismond. In: Revue de l'Art 101 (1993), S. 67-85; ders.: Kiedy, jak i przez kogo wznoszona była i dekorowana Kaplica Zygmuntowska [Wann, wie und von wem wurde die Sigismund-Kapelle erbaut und dekoriert]. In: Kwartalnik Architektury i Urbanistyki 39 (1994), S. 87-127.

derts entstanden die ersten "Ableger" der Wawel-Renaissance im bürgerlichen Milieu: eine steinerne Empore im Inneren und ein kleiner Übergangsbalkon außen an der Marienkirche[19]. Als Gianmaria Mosca, genannt Padovano, dort in den Jahren 1552-1554 ein steinernes Ciborium errichtete[20], war der Triumph der italienisch-höfischen Kunst im wichtigsten Heiligtum der Krakauer Bürger besiegelt. Die späteren Altäre, Epitaphien und Grabmäler der Marienkirche folgten zum größten Teil der allgemeinen Kunstentwicklung in Polen[21]. Auch die Veränderungen im Stadtbild, der Umbau der Tuchhallen (1556-1560)[22], der Bau mehrerer Arkadenhöfe[23] sowie die bevorzugte Verwendung der Attika[24], trugen wesentlich zu einer Polonisierung des bürgerlichen Milieus von Krakau bei[25].

Die Polonisierung war jedoch zugleich mit einem erheblichen Rückgang der bürgerlichen Rechte in der ganzen polnisch-litauischen Adelsrepublik verbunden[26]. Welch großer Unterschied zwischen der Krakauer Kultur um 1500 und um 1600 bestand, belegen die zwei folgenden Beispiele. Auf einer Miniatur des Behem-Kodex sehen wir einen Maler, der mit den Ratsherren das Programm für die Wandmalereien im Rathaus bespricht[27]; sie sollten das Modell des symbolischen Universums darstellen. Auf einer Zeichnung, die das Innere der sogenannten Herrenstube des 1820 abgebrochenen alten Krakauer Rathauses schildert, sind nur die Bildnisse der polnischen Könige, im Jahr 1594 von Kaspar Kurcz gemalt, zu sehen[28]. Waren für die polnischen Bürger um das Jahr 1600 die Könige wirklich das einzige Universum?

Die in den angeführten Beispielen aus Krakau deutlich erkennbare Einengung der politisch-ideologischen Perspektive und die faktische Veränderung der Stellung des dortigen Bürgertums von der eines politischen Subjekts hin zu der eines politischen Objekts, sind

---

19 Helena i Stefan Kozakiewiczowie: Renesans w Polsce [Renaissance in Polen]. Warszawa 1976, S. 33, Abb. 43, 44; Helena Kozakiewiczowa: Rzeźba XVI wieku w Polsce [Die Skulptur des 16. Jahrhunderts in Polen]. Warszawa 1984, S. 65, Abb. 97.
20 H. i S. Kozakiewiczowie (wie Anm. 19), S. 144-145, Abb. 127-130; H. Kozakiewiczowa (wie Anm. 19), S. 107-108, Abb. 129, 131, 132.
21 Vgl. Michał Rożek: Mecenat artystyczny mieszczaństwa krakowskiego w XVII wieku [Das künstlerische Mäzenatentum des Krakauer Bürgertums im 17. Jahrhundert]. Kraków 1977, S. 13-81.
22 Stefan Świszczowski: Sukiennice na rynku krakowskim w epoce gotyku i renesansu [Die Tuchhallen auf dem Krakauer Markt in der Zeit der Gotik und Renaissance]. In: Biuletyn Historii Sztuki i Kultury 10 (1948), S. 285-309.
23 Dobrowolski (wie Anm. 12), S. 304-311, Abb. 208, 209.
24 Dobrowolski (wie Anm. 12), S. 301-304, Abb. 205-207; vgl. auch: Wacław Husarski: Attyka polska i jej wpływ na kraje sąsiednie [Die polnische Attika und ihr Einfluß auf die Nachbarländer]. Warszawa 1936.
25 Bieniarzówna/Małecki (wie Anm. 2), S. 71-85, 200-219.
26 Maria Bogucka/Henryk Samsonowicz: Dzieje miast i mieszczaństwa w Polsce przedrozbiorowej [Geschichte der Städte und des Bürgertums in Polen vor den Teilungen]. Wrocław/Warszawa/Kraków/Gdańsk/Łódź 1986, S. 321-328.
27 Codex picturatus (wie Anm. 7), fol. 273.
28 Andrzej Fischinger: Kasper Kurcz - renesansowy malarz krakowski [Kaspar Kurcz - ein Krakauer Maler der Renaissance]. In: Studia renesansowe Bd. 2. Hg. v. Michał Walicki. Wrocław 1957, S. 218-240.

in Zusammenhang mit einer seit der Mitte des 16. Jahrhunderts sich vollziehenden Refeudalisierung, Klerikalisierung und Agrarisierung der polnischen Städte zu sehen[29]. Gehörten den Krakauer Bürgern im Jahr 1580 noch 46% aller städtischen Parzellen, dem Adel 18% und der katholischen Kirche etwa 35%, so besaß im Jahr 1667 der Adel weiterhin 16,69%, die Kirche aber 55,01% der Parzellen, während der bürgerliche Besitzanteil auf 27,77% gesunken war[30]. Ganz andere Eigentumsverhältnisse herrschten zur gleichen Zeit in den reichen protestantischen Städten des Königlichen Preußen (Westpreußen), in Elbing, Thorn und Danzig. Insbesondere das letztgenannte Zentrum, in dem ca. 80% des Exports und ca. 75% des Imports des gesamten polnisch-litauischen Staates konzentriert waren, stellte eine wahrhaftige wirtschaftliche Macht dar[31]. Indem es diese Tatsache geschickt nutzte, sicherte sich Danzig eine Sonderstellung auch im gesellschaftlichen Leben der Adelsrepublik.

Die Kunst des Danziger "goldenen Zeitalters" war eine durchaus bürgerliche Kunst und von der im Polen der letzten Jagiellonen sich vollziehenden Wende nach "welscher Manier" eigentlich unabhängig[32]. Bereits im Spätmittelalter war für die Architektur, Plastik und vornehmlich für die Malerei in Danzig ein dem ganzen Ostseeraum eigener Nieder

---

29 Bogucka/Samsonowicz (wie Anm. 26), S. 489-508.
30 Mieczysław Niwiński: Stanowy podział własności nieruchomej w Krakowie XVI i XVII stulecia [Die ständische Aufteilung des Immobilienbesitzes in Krakau im 16. und 17. Jahrhundert]. In: Studia ku czci Stanisława Kutrzeby. Kraków 1938, S. 549-585.
31 Edmund Cieślak/Czesław Biernat: Dzieje Gdańska [Geschichte Danzigs]. Gdańsk ²1975, S. 99-125.
32 Vgl. Georg Cuny: Danzigs Kunst und Kultur im 16. und 17. Jahrhundert. Frankfurt/Main 1910; Willi Drost: Danziger Malerei vom Mittelalter bis zum Ende des Barock. Ein Beitrag zur Begründung der Strukturforschung in der Kunstgeschichte. Berlin/Leipzig 1938; Władysław Tomkiewicz: Realizm w malarstwie gdańskim przełomu XVI i XVII wieku [Realismus in der Danziger Malerei an der Wende des 16. zum 17. Jahrhundert]. In: Studia pomorskie. Bd. 2. Hg. v. Michał Walicki. Wrocław 1957, S. 113-216; Anna Gosieniecka: Malarstwo Gdańskie XVI i XVII wieku [Danziger Malerei des 16. und 17. Jahrhunderts]. Ausstellungskatalog, Muzeum Pomorskie. Gdańsk 1957; dies.: Sztuka w Gdańsku. Malarstwo, rzeźba, grafika [Kunst in Danzig. Malerei, Plastik, Graphik]. In: Gdańsk, jego dzieje i kultura. Warszawa 1969, S. 267-362, hier S. 289-315; Lech Krzyżanowski: Rozwój nowożytnego mecenatu mieszczańskiego w Gdańsku w XVI wieku [Entwicklung des neuzeitlichen bürgerlichen Mäzenatentums in Danzig im 16. Jahrhundert]. In: Funkcja dzieła sztuki. Warszawa 1972, S. 185-195; Anna Gosieniecka: Ze studiów nad malarstwem pomorskim [Studien zur pommerschen Malerei]. Teil 1: Przełom XVI i XVII wieku w malarstwie gdańskim [Die Wende des 16. zum 17. Jahrhundert in der Danziger Malerei]. In: Gdańskie Studia Muzealne 1 (1976), S. 9-38; Lech Krzyżanowski: Gdańsk [Danzig]. Warszawa 1977, S. 74-156; Maria Bogucka: Mieszczanin a inwestycje kulturalne. Przykład Gdańska w XVI-XVII wieku [Der Bürger und kulturelle Investitionen. Das Beispiel Danzigs im 16.-17. Jahrhundert]. In: Zapiski Historyczne 43 (1978), Nr. 3, S. 53-65; Janusz Pałubicki: Rzeźba kamienna w Gdańsku w latach 1517-1585 [Die Steinskulptur in Danzig in den Jahren 1517-1585]. In: Gdańskie Studia Muzealne 3 (1981), S. 175-183; Teresa Grzybowska: Arystokratyzm kultury mieszczańskiej Gdańska przełomu XVI i XVII wieku [Das aristokratische Element in der Danziger Bürgerkultur an der Wende des 16. zum 17. Jahrhundert]. In: Sztuka miast (wie Anm. 7), S. 239-260; dies.: Złoty wiek malarstwa gdańskiego na tle kultury artystycznej miasta 1520-1620 [Das goldene Zeitalter der Danziger Malerei vor dem Hintergrund der künstlerischen Kultur der Stadt 1520-1620]. Warszawa 1990.

landismus kennzeichnend[33], der in hohem Maße durch den Import mehrerer Kunstwerke direkt aus Flandern gespeist wurde[34]. Diese Orientierung nach Nordwesten festigte sich in der zweiten Hälfte des 16. und zu Beginn des 17. Jahrhunderts noch mehr, diesmal aber hauptsächlich wegen der Niederlassung einiger bedeutender Künstler niederländischer Herkunft an der Mottlau: Abraham, Isaak und Willem van der Blocke, Antonis van Obberghen sowie Hans Vredeman de Vries[35]. Durch Vertrautheit mit der niederländischen Kunst, die er möglicherweise im Kölner Milieu erworben hatte, zeichnete sich bereits der erste Danziger Maler der Renaissance, Meister Georg genannt, aus. Er begann im Jahr 1531 mit der Ausmalung des Artushofes, des Hauptzentrums im gesellschaftlichen Leben der Ostseemetropole.

Die Innenausstattung der *Curia Regis Artus*, 1348 gegründet und 1477-1481 in der heutigen Gestalt errichtet[36], wurde zum prägnantesten Ausdruck eines vom reichen Danziger Bürgertum gepflegten Ritterethos, das sich auf die Artussage stützte. Schon die Einrichtung der Innenräume gemäß dem der Stadt gebührenden Jagdprivileg als "Hirschsaal", den Prunksälen damaliger Schlösser vergleichbar[37], bezeugt die ausdrücklich aristokratischen Ansprüche der Danziger Patrizier. Ihre moralischen Vorstellungen veranschaulicht der in den dreißiger und vierziger Jahren des 16. Jahrhunderts ausgeführte reiche malerische und plastische Schmuck der Reinholds-, Christopher- und Marienburgerbank[38]. Im Vordergrund des Bildprogramms der zuletzt genannten steht die Gestalt des polnischen Königs Kasimir IV. Jagiełło. Er wird dort dreimal dargestellt: als Heerführer auf dem noch aus dem 15. Jahrhundert stammenden Bild "Belagerung der Marienburg", als dem Kaiser gleicher Tri-

---

33 Vgl. Adam S. Labuda: Malarstwo tablicowe w Gdańsku w 2. poł. XV wieku [Die Tafelmalerei in Danzig in der zweiten Hälfte des 15. Jahrhunderts]. Warszawa 1979. Hier auch die ältere Literatur zum Thema.
34 Vgl. Jan Białostocki: Gdańskie dzieło Joosa van Cleve. Z dziejów artystycznych stosunków Gdańska z Niderlandami [Das Danziger Werk des Joos van Cleve. Aus der Geschichte der künstlerischen Beziehungen zwischen Danzig und den Niederlanden]. In: Studia pomorskie Bd. 1. Hg. v. Michał Walicki. Wrocław/Kraków 1957, S. 170-230.
35 Vgl. u.a.: Lech Krzyżanowski: Plastyka nagrobna Wilhelma van den Blocke [Die Grabplastik des Wilhelm van den Blocke]. In: Biuletyn Historii Sztuki 20 (1958), S. 270-298; Eugeniusz Iwanoyko: Gdański okres Hansa Vredemana de Vries. Studium na temat cyklu malarskiego z ratusza w Gdańsku [Die Danziger Zeit des Hans Vredeman de Vries. Ein Studium über den Malereizyklus im Rathaus zu Danzig]. Poznań 1963; Jadwiga Habela: Antonis van Opbergen, architekt i fortyfikator flamandzki z przełomu XVI i XVII wieku [Antonis van Opbergen, ein flämischer Architekt und Festungsbauer der Wende des 16. zum 17. Jahrhundert]. Gdańsk 1965 (Diss., Ms.).
36 Paul Simson: Der Artushof in Danzig und seine Brüderschaften, die Banken. Danzig 1900; Zofia Jakrzewska-Śnieżko: Dwór Artusa w Gdańsku [Der Artushof in Danzig]. Gdańsk 1972; Piotr Paszkiewicz: Arthur's Court and ist Social and Cultural Origin. In: Biuletyn Historii Sztuki 48 (1986), S. 203-214; Katarzyna Cieślak: Wystrój Dworu Artusa w Gdańsku i jego program ideowy w XVI wieku [Die Ausstattung des Artushofes in Danzig und ihr Ideenprogramm im 16. Jahrhundert]. In: Biuletyn Historii Sztuki 55 (1993), Nr. 1, S. 29-48.
37 Cieślak (wie Anm. 36), S. 30.
38 Jakrzewska-Śnieżko (wie Anm. 36), S. 15-18, 24-28; Grzybkowska: Złoty wiek (wie Anm. 32), S. 71-80; Cieślak (wie Anm. 36), S. 29-37.

umphator auf dem 1585 von Lucas Ewert gemalten Fries "Triumphzug des Königs Kasimir IV. nach der Eroberung der Marienburg" und schließlich als "Guter Held", als neuer König Artus, wie ihn die um das Jahr 1540 entstandene Statue zeigt, die ursprünglich von vier kleineren Figuren seiner Söhne umgeben war: Wladislaw, König von Böhmen und Ungarn sowie Johann Albrecht, Alexander und Sigismund I., Könige von Polen. Mit der Erhebung des polnischen Monarchen zum Rang eines neuen "Guten Helden der Christenheit" bezeugte Danzig seine Dankbarkeit für die Befreiung von der Herrschaft des Deutschen Ordens und für die Verleihung zahlreicher Privilegien in den Jahren 1454-1477, die zur Grundlage der zukünftigen Macht und Prosperität der Stadt wurden[39].

Die Tatsache, daß hier einem Herrscher der Vergangenheit gehuldigt wird, und das in einer Situation ständig andauernder Streitigkeiten zwischen der Stadt und den regierenden polnischen Königen, war zweifellos ein wichtiges Element des bewußt gepflegten Mythos von der "guten alten Zeit"[40], das die Danziger Gesellschaft um den ihr Schicksal bestimmenden Rat herum integrierte. Wenn im Jahr 1561 auf der Turmspitze des Rechtstädtischen Rathauses eine vergoldete Statue von König Sigismund II. August aufgestellt wurde[41], so bedeutete dies keinesfalls eine grundlegende Revision der Beziehungen Danzigs zur Monarchie. Der letzte Jagiellone focht lange und unnachgiebige Streitigkeiten mit der mächtigen Ostseemetropole aus, um seine herrschaftlichen Vorrechte in dieser Stadt zu sichern[42]; gewiß nicht aus diesem Grund wurde ihm eine solch große Ehre erwiesen, auf symbolische Weise über dem Sitz des Rates, der sich zu dieser Zeit immer deutlicher als Senat einer unabhängigen Stadtrepublik sah, erhöht zu werden. Die besondere Dankbarkeit der Danziger erwarb sich Sigismund II. mit der im Jahr 1557 erteilten Billigung des Abendmahles in beiderlei Gestalt. Diese Genehmigung sanktionierte öffentlich die zu diesem Zeitpunkt bereits fortgeschrittenen, obwohl bis dahin eigentlich illegalen Wandlungen in der Frömmigkeit, die vor der Mitte des 16. Jahrhunderts zwar nicht so sehr in der Kirchenkunst als vielmehr in der schon erwähnten Bildausstattung des Artushofes ihren Ausdruck fanden[43].

Der Sieg der Reformation hatte ohne Zweifel großen Einfluß auf die Betonung des Subjektiven in der Danziger Gesellschaft. Sie war allerdings immer noch eine Summe von Individuen, die sich hinsichtlich des materiellen Status und ungleicher öffentlicher Rechte unterschied. Diese Unterschiede traten nicht nur in der Größe und dem Ausstattungsreich-

---

39 Zygmunt Kruszelnicki: Historyzm i kult przeszłości w sztuce pomorskiej XVI-XVIII wieku [Historismus und Kult der Vergangenheit in der Kunst Pommerns vom 16. bis 18. Jahrhundert]. (Prace Wydziału Filologiczno-Historycznego TNT; Bd. 29, Heft 3). Warszawa/Poznań/Toruń 1984, S. 22-61.
40 Kruszelnicki (wie Anm. 39), S. 40-41.
41 Grzybkowska: Złoty wiek (wie Anm. 32), S. 76, Abb. 35, 150.
42 Vgl. Cieślak/Biernat (wie Anm. 31), S. 139-143.
43 Cieślak (wie Anm. 36), S. 31-39.

tum der Bürgerhäuser zum Vorschein[44], sie äußerten sich auch in der Wahl von Form und Ideengehalt der sepulkralen Monumente, die von den jeweiligen Schichten der Stadtbevölkerung bevorzugt wurden[45]. Neben einfachen und anspruchslosen Handwerkerhäusern und den von dieser Schicht bevorzugten bemalten Bildepitaphien entstanden in Danzig sowohl prunkvolle Patriziersitze, wie etwa das sogenannte "Goldene Haus" des Bürgermeisters Johann Speymann am Langenmarkt (1609-1618)[46], als auch stattliche Grabdenkmäler reicher kaufmännischer Familien, allen voran das wahrlich aristokratische, freistehende Grabmal von Simon und Juditha Bahr in der Marienkirche, das in den Jahren 1614-1620 von Abraham van der Blocke, dem führenden Danziger Architekten und Bildhauer dieser Zeit, errichtet wurde[47].

Die gesellschaftliche Funktion der Danziger Kunst an der Wende vom 16. zum 17. Jahrhundert beschränkte sich jedoch keineswegs auf die Betonung, Rationalisierung beziehungsweise Glorifizierung der in der Stadt existenten gesellschaftlichen Unterschiede. Einigen individuellen und gemeinschaftlichen Kulturinvestitionen wurde die bedeutungsvolle Idee zugrunde gelegt, den Danziger Bürgern das Gefühl zu vermitteln, einer organisierten Kommune, einer christlichen Gemeinschaft anzugehören. Besonders wichtig waren in dieser Hinsicht die Bilder Anton Möllers, des führenden Danziger Malers dieser Zeit[48], insbesondere diejenigen in der Kämmerei des Rechtstädtischen Rathauses (1601-1602)[49], des

---

44 Vgl. Erich Volmar: Das Danziger Bürgerhaus. Berlin 1944; Janusz Kowalski/Ryszard Massalski/Jerzy Stankiewicz: Rozwój urbanistyczny i architektoniczny Gdańska [Die urbanistische und architektonische Entwicklung Danzigs]. In: Gdańsk (wie Anm. 32), S. 129-265, hier S. 160-180.

45 Vgl. Katarzyna Cieślak: Kościół cmentarzem. Sztuka nagrobna w Gdańsku (XV-XVIII w.). "Długie trwanie" epitafium [Die Kirche als Friedhof. Grabmalkunst in Danzig. 15. bis 18. Jahrhundert. Die "lange Dauer" des Epitaphs]. Gdańsk 1992; dies.: Epitafia obrazowe w Gdańsku (XV-XVII w.) [Bildepitaphe in Danzig. 15.-17. Jahrhundert] (Monografie Wydziału I Nauk Społecznych i Humanistycznych GTN; Bd. 96). Wrocław/Warszawa/Kraków 1993.

46 Halina Sikorska: Jan Speyman. Szkic z dziejów mecenatu gdańskiej sztuki XVI i XVII w. [Johann Speymann. Skizze aus der Geschichte des Mäzenatentums der Danziger Kunst im 16. und 17. Jahrhundert]. In: Rocznik Gdański 27 (1968), S. 249-285; dies.: Złoty Dom Jana Speymana, wielkiego mecenasa nauki i sztuki [Das Goldene Haus des Johann Speymann, eines großen Mäzens der Kunst und Wissenschaft]. In: Zeszyty Naukowe Politechniki Gdańskiej. Architektura 10 (1970), S. 143-145.

47 Lech Krzyżanowski: Gdańskie nagrobki Kosów i Bahrów [Die Danziger Grabmale der Kos und Bahr]. In: Biuletyn Historii Sztuki 30 (1968), S. 445-462.

48 Vgl. insbesondere Walter Gyssling: Anton Möller und seine Schule. Ein Beitrag zur Geschichte der niederdeutschen Renaissance-Malerei (= Studien zur deutschen Kunstgeschichte; Bd. 197). Straßburg 1917; Drost (wie Anm. 32), S. 117-121; Tomkiewicz (wie Anm. 32), S. 120-175; Grzybkowska: Złoty wiek (wie Anm. 32), S. 138-157; Teresa Labuda: Antoni Möller, malarz gdański przełomu XVI i XVII wieku [Anton Möller, ein Danziger Maler an der Wende des 16. zum 17. Jahrhundert]. Poznań 1991 (Diss., Ms.); Jan Harasimowicz: Antoni Möller - malarz, moralista, obywatel [Anton Möller - Maler, Moralist, Bürger]. In: Biuletyn Historii Sztuki 56 (1994), im Druck.

49 Gyssling (wie Anm. 48), S. 92-102; Drost (wie Anm. 32), S. 119-120; Tomkiewicz (wie Anm. 32), S. 132-157; Teresa Labuda: Program obrazowy Komory Palowej w gdańskim Ratuszu Głównego Miasta [Das Bildprogramm in der Kämmerei des Rechtstädtischen Rathauses in Danzig]. In: Sztuka miast (wie Anm. 7), S. 303-316; dies. (wie Anm. 48), S. 52-69.

Artushofes (1602-1603)[50] und in der Marienkirche (1607)[51]. Die Bilder in der Kämmerei, auch Pfahlkammer genannt, und zwar "Die Wiederherstellung des Tempels durch König Joasch", "Der Zinsgroschen" und "Die verschollene Tempelsteuer" bestätigten mit der Autorität der Heiligen Schrift die Legalität und Unerläßlichkeit der Steuererhebung, die das Fundament der wirtschaftlichen Stabilität einer städtischen Kommune bildete. Das im Zweiten Weltkrieg verlorengegangene "Jüngste Gericht" aus der Gerichtslaube des Artushofes, das zugleich als eine für diese Zeit sehr typische "Allegorie der zwei Wege"[52] zu verstehen war, sollte das "gottlose Danzig" ermahnen und es zur Rückkehr auf den Weg der Tugend rufen. Die "Almosentafel" aus der Marienkirche zeigte wiederum die unauflösliche Verbindung, die auf diesem Weg die Werke der Barmherzigkeit mit dem Glauben bilden, dem Grund alles Guten.

Alle hier genannten Bilder und auch die Anton Möller zugeschriebene Bilderfolge der "Zehn Gebote", die seit 1681 in der Pfarrkirche in Praust verwahrt wird[53], bestätigen ohne jeden Zweifel die lutherische Konfessionsidentität der Danziger Bürger. "Was heißt einen Gott haben?" (erstes Gebot) wird hier ganz im Sinne der Auslegung Martin Luthers im "Großen Katechismus" vorgeführt, eine feierliche Trauung (sechstes Gebot) folgt wortgetreu dem lutherischen Ritus (Abb. 26), und eine Sonntagspredigt (drittes Gebot) hält der Wittenberger Reformator persönlich. Die auf dem Hintergrund aller Bilder dieser Folge dargestellten Verstöße gegen einzelne Gebote und noch mehr die drei Bilder, die sich heute im Nationalmuseum in Posen befinden, "Modell der Welt und der Danziger Gesellschaft" genannt[54] (Abb. 24), klagen die "gottlose Stadt" mit einer Kraft an, die derjenigen im "Jüngsten Gericht" aus dem Artushof gleichkommt. Eine so harte Anprangerung des

---

50 Simson (wie Anm. 36), S. 195-200; Gyssling (wie Anm. 48), S. 103-121; Bruno Meyer: Das Jüngste Gericht von Anton Möller im Danziger Artushof. In: Ostdeutsche Monatshefte 5 (1924), S. 775-799; Drost (wie Anm. 32), S. 117-118; Tomkiewicz (wie Anm. 32), S. 157-168; Teresa Labuda: "Sąd Ostateczny" Antoniego Möllera z Dworu Artusa w Gdańsku. Problemy ikonografii [Das "Jüngste Gericht" Anton Möllers im Danziger Artushof. Fragen der Ikonographie]. In: Gdańskie Studia Muzealne 4 (1985), S. 69-78; dies. (wie Anm. 48), S. 36-49.
51 Gyssling (wie Anm. 48), S. 121-124; Drost (wie Anm. 32), S. 120-121; Gosieniecka: Malarstwo gdańskie (wie Anm. 32), S. 49-50; Teresa Labuda: "Tablica Jałmużnicza" Antoniego Möllera z Kościoła Mariackiego w Gdańsku. Problemy ikonograficzne [Die "Almosentafel" Anton Möllers in der Danziger Marienkirche. Fragen der Ikonographie]. In: Gdańskie Studia Muzealne 3 (1981), S. 141-155; Grzybkowska: Złoty wiek (wie Anm. 32), S. 152-153; Labuda (wie Anm. 48), S. 50-51, 100-112.
52 Vgl. Andor Pigler: Barockthemen. Eine Auswahl von Verzeichnissen zur Ikonographie des 17. und 18. Jahrhunderts. Budapest ²1974, Bd. 1, S. 263.
53 Jan Harasimowicz: Doctrina Doctrinarum. Katechetyczne i społeczno-obyczajowe treści "Dziesięciu Przykazań" z Pruszcza Gdańskiego [Katechetische und gesellschaftlich-sittliche Inhalte der "Zehn Gebote" in Praust]. In: Gdańskie Studia Muzealne (im Druck). Dort auch die einschlägige ältere Literatur zum Thema.
54 Eugeniusz Iwanoyko: Model świata i społeczeństwa gdańskiego w trzech obrazach z początku XVII wieku w Muzeum Narodowym w Poznaniu [Modell der Welt und der Danziger Gesellschaft in drei Bildern aus dem Beginn des 17. Jahrhunderts im Nationalmuseum in Posen]. In: Studia Muzealne 11 (1975), S. 44-64; Grzybkowska: Złoty wiek (wie Anm. 32), S. 143-152.

Hochmuts und der Weltzugewandtheit der Danziger steht sehr wahrscheinlich mit den in den Jahren 1605-1610 herausgegebenen vier "Bücher(n) von wahrem Christentum" von Johann Arndt in Zusammenhang[55]. In völliger Übereinstimmung mit der Botschaft des ersten Buches weist Möller in seinem letzten Werk, dem Altarbild der Katharinenkirche, einer großen "Kreuzigung Christi vor dem Hintergrund des Panoramas der Stadt Danzig" (1609-1611)[56], seiner Stadt die einzige Chance, dem höllischen Gefolge der Frau Welt zu entfliehen: eine "Verklärung im Kreuze Christi"[57].

Indem er als gefährlichste "Götzen" die habgierige Verschwendung und Selbstgefälligkeit der an ihrem Reichtum erstickenden Stadt geißelte, geriet Möller indirekt mit einer Gruppe in Konflikt, die die bildliche Ausstattung der Kirchen für den schrecklichsten Götzendienst hielt, den Calvinisten. Seit 1580 wuchs ihr Einfluß in Danzig stetig an, auch ohne die formale Bestätigung dieses Bekenntnisses durch den polnischen König[58]. Im Jahr 1605 stellten sie bereits die Mehrheit der Ratsherren und Schöffen der Rechtstadt, und auch unter den Stadtsekretären, Professoren am Gymnasium und Pfarrschullehrern, Richtern und Geistlichen waren sie überaus stark vertreten. Die radikale Ideologie des Calvinismus, allem voran die Lehre von der Prädestination, begann jetzt die Politik des Rates zu bestimmen, der immer kühner Parolen von einer grenzenlosen "bürgerlichen Freiheit" verkündete. Diese Ideen, die unter den reformierten Eliten Danzigs besonders stark verbreitet waren, fanden einen prägnanten künstlerischen Niederschlag in der reichen Wand- und Deckenausschmückung des Großen Ratssaales im Rechtstädtischen Rathaus (1593-1608), der auch Roter Saal genannt wird[59]. In dem früher ausgeführten Zyklus der Wandtafelbilder,

---

55 Vier Buecher Von wahrem Christentumb / Heilsamer Buße/ Hertzlicher Rewe und Leid uber die Suende und wahren Glauben: auch heiligem Leben und Wandel der rechten wahren Christen. [...] Durch Johannem Arndt / Diener der Kirchen zu S. Andreae in Eißleben. [...]. Magdeburg 1610.

56 Alfred Muttray: Anton Möller, des Danziger Malers Lebensende und letztes Werk. In: Mitteilungen des Westpreußischen Geschichtsvereins 10 (1911), S. 52-58; Gyssling (wie Anm. 48), S. 124-130; Hans Bernhard Meyer: Der Hochaltar der Danziger Katharinenkirche und seine Meister. In: Mitteilungen des Westpreußischen Geschichtsvereins 35 (1936), S. 39-44; Labuda (wie Anm. 48), S. 116-133; Harasimowicz (wie Anm. 48), passim, Abb. 15.

57 "In der Demut Christi stirbet unsere Hoffart / In der Armut Christi stirbs unser Geitz / In dem bittern Leiden Christi stirbs unser Wollust / In der Schmach Christi stirbs unser Ehre / In der Gedult Christi stirbs unser Zorn", so Arndt im "Wahren Christentum". Vgl. Vier Bücher (wie Anm. 55), Das Erste Buch, S. 148.

58 Eduard Schnaase: Geschichte der evangelischen Kirche Danzigs. Danzig 1863, S. 543-597; Paul Simson: Geschichte der Stadt Danzig. Bd. 2. Aalen 1967 (Nachdruck der Ausgabe Danzig 1918-1924), S. 194-205, 362-370, 404-407, 428-434. Vgl. auch: Katarzyna Cieślak: Die "Zweite Reformation" in Danzig und die Kirchenkunst. In: Historische Bildkunde. Probleme-Wege-Beispiele. Hg. v. Brigitte Tolkemitt/Rainer Wohlfeil (Zeitschrift für Historische Forschung; Beiheft 12). Berlin 1991, S. 165-173.

59 Tomkiewicz (wie Anm. 32), S. 116-119, 175-194; Iwanoyko (wie Anm. 35), S. 27-158; ders.: Ikonografia stropu Wielkiej Sali Rady w ratuszu gdańskim (Malowidła układu krzyżowego) [Die Ikonographie der Deckengemälde im Großen Ratssaal des Danziger Rathauses. Die kreuzförmige Disposition der Deckengemälde]. In: Interpretacja dzieła sztuki. Studia i dyskusje. Hg. v. Janusz Kębłowski. Warszawa/Poznań 1976, S. 47-75; ders.: Apoteoza Gdańska. Program ideowy stropu Wielkiej Sali Rady w gdańskim Ratuszu Głównego Miasta [Die Apotheose Danzigs. Ideenprogramm

der in den Jahren 1594-1595 von Hans Vredeman de Vries gemalt wurde und aus Allegorien der Gerechtigkeit, Weisheit, Frömmigkeit, Eintracht, Freiheit und Beständigkeit (Abb. 25) sowie einer "historischen" Darstellung des Jüngsten Gerichts besteht[60], ist noch keine betont politisch-konfessionelle Aussage festzustellen, abgesehen von dem in der polnischen Kunst dieser Zeit sehr seltenen, hier jedoch bewußt provokatorisch verwendeten antikatholischen Inhalt des letztgenannten Bildes. In dem späteren Zyklus dagegen, der 25 Deckenbilder verschiedener Größe in üppigen, bemalten und vergoldeten Rahmen umfaßt, ein Werk des Malers Isaak van der Blocke aus den Jahren 1606-1608[61], äußert sich die politische Ideologie des von kampfesmutigem Geist des Calvinismus beseelten Rates mit einer Prägnanz und Konsequenz, wie sie wohl kaum im gesamten Europa jener Zeit zu finden sein dürften. Stoffe aus der antiken Geschichte sind Gegenstand von Darstellungen über Helvidius Priscus und Kaiser Vespasian (Pflicht zum Ungehorsam gegenüber einem Tyrannen), über Servilius und Appius (Pflicht zur Bewahrung der Einheit), über Attilius Regulus (Pflicht der Ergebenheit der Heimat gegenüber) sowie über Alexander den Großen und Hefaistion (Pflicht, Treue zu halten); es folgen Darstellungen aus der Bibel wie die Einsetzung der Richter durch Josaphat, das Gebet Salomons, der Fall Jerichos; die Folge wird fortgesetzt durch allegorisch-mythologische Bilder von Neptun, Ceres und Hermes und schließlich ergänzt durch ein Programm von Emblemen. Über all' diesen Darstellungen aber steht - wie die Konklusion eines kunstvollen, nach den Gesetzen der Rhetorik geordneten Gedankenganges[62] - eine Apotheose der Stadt Danzig als "auserwählter Christengemeinschaft" (Abb. 27).

---

der Decke im Großen Ratssaal des Rechtstädtischen Rathauses in Danzig]. Gdańsk 1976; ders.: Sala Czerwona ratusza gdańskiego [Der Rote Saal des Danziger Rathauses]. Wrocław/Warszawa/Kraków/ Gdańsk/Łódź 1986.

60 Iwanoyko: Gdański okres (wie Anm. 35), S. 27-158; ders.: Sala Czerwona (wie Anm. 59), S. 35-70; Grzybkowska: Złoty wiek (wie Anm. 32), S. 109-112.

61 Drost (wie Anm. 32), S. 121-122; Tomkiewicz (wie Anm. 32), S. 175-194; Iwanoyko: Ikonografia (wie Anm. 59); ders.: Apoteoza Gdańska (wie Anm. 59); ders.: Sala Czerwona (wie Anm. 32), S. 76-122; Grzybkowska: Złoty wiek (wie Anm. 32), S. 119-128.

62 Sergiusz Michalski: Gdańsk als auserwählte Christengemeinschaft. In: Ars Auro Prior. Studia Joanni Białostocki Sexagenario dicata. Warszawa 1981, S. 509-516; ders.: Protestancka symbolika tęczy [Die protestantische Symbolik des Regenbogens]. In: Rocznik Historii Sztuki 15 (1985), S. 287-293; Grzybkowska: Złoty wiek (wie Anm. 32), S. 122-126; Jan Harasimowicz: Sztuka mieszczańska w Europie Środkowowschodniej. Stan i perspektywy badań [Bürgerliche Kunst in Ostmitteleuropa. Forschungsstand und Perspektiven]. In: Sztuka miast (wie Anm. 7), S. 15-55, hier S. 42-44. Zu früheren, ziemlich einseitigen Deutungen dieses ovalen Mittelbildes vgl.: Drost (wie Anm. 32), S. 121; Władysław Tomkiewicz: "Alegoria handlu gdańskiego" Izaaka van dem Blocke [Die Allegorie des Danziger Handels von Isaak van dem Blocke]. In: Biuletyn Historii Sztuki 16 (1954), S. 404-419; Jerzy Stankiewicz: Kilka uwag do artykułu "Alegoria handlu gdańskiego" [Einige Bemerkungen zum Artikel "Die Allegorie des Danziger Handels"]. In: Biuletyn Historii Sztuki 17 (1955), S. 267-270; Tomkiewicz: Realizm (wie Anm. 32), S. 182-194; Halina Sikorska: Apoteoza łączności Gdańska z Polską [Apotheose der Verbindung Danzigs mit Polen]. In: Biuletyn Historii Sztuki 30 (1968), S. 228-230; Iwanoyko: Ikonografia (wie Anm. 59), S. 70-74; ders.: Apoteoza Gdańska (wie Anm. 59), S. 71-83; ders.: Sala Czerwona (wie Anm. 59), S. 111-122.

Die an den Wänden und an der Decke des Roten Saales entfaltete Glorifizierung des christlichen Stadtregiments als der Macht, die in allen ihren Verfügungen von der starken Hand der göttlichen Vorsehung gelenkt wird, berücksichtigte nicht die Tatsache, daß sich die Mehrheit der Danziger Bevölkerung einer Calvinisierung der Stadt widersetzte und daß in ihren Augen die "Beständigkeit", die im Bildprogramm des Saales so demonstrativ zur Schau gestellt wurde, eine Tugend war, die dem damaligen Rat gänzlich fehlte. Bereits 1612 erzwangen die Danziger Lutheraner von König Sigismund III. Wasa ein Edikt, das die Berufung von Calvinisten auf unbesetzte städtische Ämter verbot. Der Einfluß des reformierten Bekenntnisses sank allmählich so weit, daß König Johann II. Kasimir 1652 ein Mandat erteilen mußte, das die Rechte der diskriminierten Danziger Calvinisten mit denen der Lutheraner gleichsetzte[63].

Die Überwindung der nur kurzen Vorherrschaft des Calvinismus im Geistesleben der Stadt wurde mit einer erheblichen Verschiebung des Danziger Luthertums auf streng orthodoxe Positionen erkauft. Mit einer spürbaren Abneigung begegnete man jetzt an der Mottlau den Schriften des Johann Arndt; mit Mißtrauen, ja sogar mit offener Feindschaft antwortete man hier auf die von Berlin und Halle oder Stargard im nahen Pommern ausstrahlenden Ideen des Pietismus[64]. Die diese konfessionelle Erstarrung begleitenden sozialen Spannungen, die zum Teil auch auf eine andauernde Krise des Ostseehandels zurückgingen, fanden in den dramatischen Ereignissen des 3. Mai 1678 ihren Höhepunkt, als lutherische Gesellen verschiedener Zünfte eine aus Oliva nach Danzig zurückkehrende katholische Prozession überfielen und danach die katholische Karmeliterkirche und das Kloster in der Altstadt weitgehend zerstörten[65]. König Johann III. Sobieski, der noch am Ende des vorangegangenen Jahres geneigt war, eine von den Zünften geforderte Reform des Stadtregiments zu begünstigen, verlangte jetzt vom Rat eine exemplarische Bestrafung der Schuldigen und Schadensersatz für die Karmeliter. Die Forderung, die frühere Bemühungen des Königs um die Verbesserung der Lage der Danziger Katholiken fortsetzte, wurde erst nach mehr als zwei Jahren andauernden Verhandlungen erfüllt. Der Rat festigte dadurch seine Position gegenüber der Opposition der Zünfte, die die volle Verantwortung für die antikatholischen Vorfälle übernehmen mußten[66].

In diesen für Danzig "heißen" Jahren begann in der Nähe der evangelischen Marienkirche, die immer noch unter königlichem Patronat stand, der Bau einer kleinen katholischen

---

63 Vgl. Jan Baszanowski: Statistics of Religious Denominations and Ethnic Problems in Gdańsk in XVII.-XVIII. Centuries. In: Studia Maritima 7 (1988), S. 49-72.
64 Vgl. Schnaase (wie Anm. 58), S. 238-262, 339, 349.
65 Cieślak/Biernat (wie Anm. 31), S. 248-250.
66 Edmund Cieślak: Jan III Sobieski wobec spraw katolików w czasie walk społeczno-politycznych 1674-1680 [Johann III. Sobieski und die katholischen Angelegenheiten in der Zeit der gesellschaftspolitischen Kämpfe 1674-1680]. In: Zeszyty Naukowe Wydziału Humanistycznego Uniwersytetu Gdańskiego. Prace historycznoliterackie Nr. 10-11. Gdańsk 1986, S. 185-203.

Kirche zum Heiligen Geist, die bald als Königliche Kapelle bezeichnet wurde[67]. Sie entstand in den Jahren 1678-1685 (Einweihung) durch ein Legat des in Danzig überraschend verstorbenen Primas Andreas Olszowski und wurde von dem Danziger Baumeister Barthel Ranisch errichtet[68], sehr wahrscheinlich und entgegen früheren Vermutungen[69] ohne Beteiligung des königlichen Architekten Tilman van Gameren[70]. Diese Kapelle war in jener Zeit der einzige sakrale Kuppelbau in Danzig. Seine ausgesprochen "welsche" Form, eng verwandt mit den für die polnische Kultur der Renaissance- und Barockzeit typischen Grabkapellen[71] (Abb. 10), bildete vor dem Hintergrund der städtischen Bebauung ein bescheidenes, aber doch vielsagendes Zeichen der königlichen Macht über die Ostseemetropole. Eine reale und nicht nur symbolische Festigung dieser Macht zu erreichen, gelang Johann III. trotz aller Bemühungen nicht.

---

67 Cuny (wie Anm. 32), S. 66-70; Henryk Kondziela: Kaplica Królewska w Gdańsku i jej twórcy [Die königliche Kapelle in Danzig und ihre Schöpfer]. In: Studia pomorskie. Bd. 2 (wie Anm. 32), S. 280-343; Kowalski/Massalski/Stankiewicz (wie Anm. 44), S. 191 f.; Adam Miłobędzki: Architektura polska XVII wieku [Die polnische Architektur des 17. Jahrhunderts]. (Dzieje sztuki polskiej; Bd. 4,1). Warszawa 1980, Teil 1, S. 397-198.
68 Vgl. Helena C. Kaplan: Barthel Ranisch i sklepienia gdańskie [Barthel Ranisch und die Danziger Gewölbe]. In: Kwartalnik Architektury i Urbanistyki 22 (1977), S. 167-190; Ludger J. Sutthoff: Gotik im Barock: zur Frage der Kontinuität des Stiles außerhalb seiner Epoche (Möglichkeiten der Motivation bei der Stilwahl). (Kunstgeschichte: Form und Interesse; Bd. 31). Münster 1990, S. 219-230.
69 Kondziela (wie Anm. 67), S. 302-316, Abb. 6; Stanisław Mossakowski: Tylman z Gameren, architekt polskiego baroku [Tilman van Gameren, Architekt des polnischen Barock]. (Studia z historii sztuki; Bd. 17). Wrocław/Warszawa/Kraków/Gdańsk 1973, S. 139-141, Abb. 44.
70 Kowalski/Massalski/Stankiewicz (wie Anm. 44), S. 191-192; Miłobędzki (wie Anm. 67), S. 397, 423; Stanisław Mossakowski: Nowe identyfikacje projektów rysunkowych Tylmana z Gameren (Puławy, Ujazdów, Łazienki) i domniemane studia architektoniczne Tytusa Liwiusza Burattiniego [Neue Identifizierungen von Entwurfszeichnungen Tilmans van Gameren [...] und mutmaßliche Architekturstudien von Titus Livius Burattini]. In: Między Padwą a Zamościem. Festschrift für Jerzy Kowalczyk. Warszawa 1993, S. 209-224, hier S. 211-212.
71 Vgl. Jerzy Łoziński: Grobowe kaplice kopułowe w Polsce 1520-1620 [Kuppelgrabkapellen in Polen 1520-1620]. Warszawa 1973. Hier auch weitere einschlägige Literatur.

Mariusz Karpowicz

Das königliche Schloß in Warschau (1597-1619). Der erste Schritt zur Metropole

Die Entscheidung, die Versammlungen des Sejm in die kleine Stadt in Masowien - Warschau - zu verlegen, brachte die Notwendigkeit mit sich, dort entsprechende Gebäude zu errichten. Dies bedeutete vor allem, Räumlichkeiten für beide Kammern des Parlaments zu bauen, aber auch repräsentative Säle für den König, den Hof und die zentralen staatlichen Behörden. In Warschau gab es bereits alte königliche Bauten: die mittelalterlichen, aus dem 15. Jahrhundert stammenden Schlösser der Herzöge von Masowien[1]. Für König Sigismund August versuchte der italienische Architekt Giovanni Battista Quadro in den Jahren 1572-1576, die beiden Schlösser zu vereinen und auszubauen. Unter König Sigismund III. Wasa wurden um 1600 die Arbeiten an der Erweiterung des Schlosses fortgesetzt, doch der Monarch war damit nicht zufrieden. Erst seit 1613, als es dem König im Zuge einer Umstrukturierung des höfischen Kunstbetriebes gelang, an die Spitze der Schloßbaumeister einen hervorragenden Architekten zu stellen, begann das königliche Schloß allmählich, die Gestalt anzunehmen, die wir heute kennen.

Dieser hervorragende Architekt war Matteo Castello aus Melide am Luganer See, ein Schüler und Vetter der großen römischen Architekten Domenico Fontana und Carlo Maderno[2]. Seinen Platz in den Architekturlexika verdankte Matteo bis vor kurzem einer Kapelle, die er 1626 in seinem Heimatort errichtete[3]. In dieser Kapelle gibt es ein Fresko, das den Erbauer als Jüngling zeigt - es ist das einzige bis heute bekannte Porträt des Künstlers. In jüngster Zeit fügten amerikanische, deutsche und italienische Kunsthistoriker dem architektonischen Œuvre Matteos weitere Werke hinzu. Anfänglich Steinmetz und Bildhauer, wurde Matteo in den letzten Jahren des 16. Jahrhunderts zur rechten Hand seines Onkels Carlo Maderno, dann zum Mitentwerfer an dessen Bauten und schließlich zum

---
1 Jerzy Lileyko: Zamek Warszawski. Rezydencja Królewska i siedziba władz Rzeczpospolitej 1569-1763 [Das Warschauer Schloß. Königliche Residenz und Sitz der Behörden der Adelsrepublik]. Wrocław 1984, hier die ältere Literatur.
2 Mariusz Karpowicz: Królewski Zamek Wazów w Warszawie. Wartości artystyczne [Das königliche Schloß der Wasa in Warschau. Künstlerische Aussage]. Warszawa 1978; ders.: Matteo Castello, architekt wczesnego baroku [Matteo Castello, ein Architekt des Frühbarock]. Warszawa 1994.
3 Giuseppe Bianchi: Gli artisti ticinesi, Dizionario biografico. Lugano 1900, S. 47f.; Ulrich Thieme/Felix Becker: Allgemeines Lexikon der bildenden Künstler. Bd. 6. Leipzig 1913, S. 157 (Oskar Pollak).

selbständigen Architekten. In Rom gehörte er zu den wichtigen Baumeistern, die Howard Hibbard zu den Bahnbrechern und Schöpfern des neuen Stils zählt[4]. Zu seinen Werken rechnen so bedeutende Aufgaben wie der Umbau der Basilika S. Maria Maggiore[5], ferner die westlichen Teile und die Kuppel von S. Giovanni dei Fiorentini[6], drei avantgardistische Kapellen in S. Andrea della Valle u.a.m.[7]. Matteo war zudem Hofarchitekt des Kardinals Maffeo Barberini, des späteren Papstes Urban VIII., der wohl - in seiner Funktion als "Protektor Polens" - die Reise Castellos nach Polen veranlaßt hatte.

Die erste Aufgabe, die Matteo vom König erhielt, war die Umgestaltung des königlichen Schlosses in Warschau. Die Bauteile des 16. Jahrhunderts ließen eine ziemlich zufällige und asymmetrische Anlage erkennen. Der Ostflügel zeigte eine unregelmäßige Brechung, noch vor der Ankunft Matteos wurde am Nordflügel gebaut, und der Westflügel wurde gerade entworfen. Aus diesem zufällig gewachsenen Baukörper schuf Castello nun eine einheitliche, harmonische und symmetrische Schloßanlage (Abb. 17). Sie beruht auf zwei einander senkrecht sich schneidenden Achsen, die von den Einfahrtstoren markiert werden. Die eindeutig ausgerichtete Komposition gewinnt dadurch Klarheit, daß sie sich der wichtigeren, der west-östlichen Achse unterordnet. Diese wird von der Einfahrt durch den Turm des Haupttores an der westlichen Seite markiert; sie stößt auf den zweiten Torturm, der in der Biegung des östlichen Flügels steht, und das darunter, im Erdgeschoß befindliche Eingangsportal. Auf diese Weise wird die problematische Brechung des Ostflügels durch den zweiten Torturm betont und vermittelt so den Eindruck, als sei sie beabsichtigt gewesen. Das ganze Gebäude erscheint als bewußt der Hauptachse untergeordnet und unterstreicht diese Ausrichtung. Die hier auftretende Unterordnung unter eine Dominante kann getrost als bereits barocke Lösung bezeichnet werden. Dies war ohne Zweifel eine künstlerische Meisterleistung, besonders, wenn man die unregelmäßige Komposition vor dem Eingreifen Castellos bedenkt[8].

Gleichermaßen beachtlich ist Castellos Leistung bei der kompositorischen Einfügung des Baukörpers des Schlosses in die damals existierende Stadtanlage. Die erste Aufgabe war der Entwurf einer repräsentativen Fassade zur Stadt hin. Bisherige Residenzbauten waren auf das Innere ausgerichtet: Kern der künstlerischen Komposition war - ganz im Geist der Renaissance - der Innenhof. Castello durchbrach diese Tradition. Seine Fassade sollte auf einen davor liegenden Platz gerichtet sein, einen Raum, der die Betrachtung der Fassade von der Stadt aus gestattete und der gleichzeitig dieser Fassade untergeordnet war. Die

---

4 Howard Hibbard: Carlo Maderno and Roman Architecture 1580-1630. London 1971, S. 39ff.
5 Klaus Schwager: Die architektonische Erneuerung von S. Maria Maggiore unter Paul V. Bauprogramm, Baugeschichte Baugestalt und ihre Voraussetzungen. In: Römisches Jahrbuch für Kunstgeschichte 20 (1983), S. 282f.
6 Hibbard (wie Anm. 4), S. 143, Abb. 38c; Marcello Del Piazzo: Ragguagli Borrominiani. Mostra Documentaria. Roma 1968, S. 55f., 193.
7 Cesare d'Onofrio: Roma vista da Roma. Roma 1967, S. 67-69, 404-423.
8 Karpowicz (wie Anm. 2, Królewski Zamek), S. 7-17.

Das königliche Schloß in Warschau (1597-1619) 111

zweite Aufgabe bestand in der Herstellung einer Korrelation zwischen dem Schloß und der Stadtanlage. Das Straßennetz der Warschauer Altstadt, das bis heute seinen ursprünglichen Charakter bewahrt hat, entstammt dem 14. Jahrhundert: Es zeigt ein regelmäßiges, schachbrettartiges Muster. Der Baumeister des Schlosses paßte sein Werk der mittelalterlichen Anlage an. Von dem kleinen Platz vor der Kathedrale St. Johannes stößt die Straße genau auf den großen Uhrturm an der Westfassade des Schlosses. Auf der Achse einer anderen Gasse, der Piwna, erhebt sich das kleine südliche Eckturmchen (Abb. 20), und auf der Achse der ehemaligen Senatorska-Straße befindet sich das nördliche Eckturmchen. Gemäß dem in einem solchen Fall funktionierenden "Teleskopgesetz" nimmt unser Auge den betreffenden Teil des Schlosses als größer wahr, als er in Wirklichkeit ist, die Schräge verschwindet aus dem Blickwinkel, und es scheint uns, als ob das Schloß im rechten Winkel zur Straße stünde. Dieser Effekt wird zusätzlich durch den schmalen Mauerkorridor der auf beiden Straßenseiten stehenden Häuser verstärkt.

Diese Leistung beweist, daß Castello, der in den Jahren 1613-1619 dem Schloß seine endgültige Form verliehen hat, ein ebenso versierter Städteplaner wie Architekt gewesen ist. Die subtilste und avantgardistische, "visuelle" Konzeption des Städtebaus, die der Vater der neuzeitlichen Urbanistik, Domenico Fontana - berühmt wegen seiner Obelisken und der gewaltigen, von Obelisken abgeschlossenen Arterien - in den achtziger Jahren des 16. Jahrhunderts in Rom geschaffen hatte, war ihm bekannt[9]. Bei diesem - daran sei hier nochmals erinnert - hatte der junge Castello seine Karriere begonnen.

Für den Baukörper des Warschauer Schlosses, ein großer Torturm auf der Hauptachse, jeweils zwei kleinere Türme an den Ecken und eine Komposition auf zwei sich senkrecht schneidenden Achsen beruhend, lassen sich dagegen in der Residenzarchitektur Roms keinerlei Parallelen finden. Weder päpstliche Schlösser noch Paläste von Kardinälen oder Fürsten zeigen Ähnlichkeiten mit der Warschauer Lösung. Auch in der zeitgenössischen Residenzarchitektur Mitteleuropas treten keine Analogien auf. Es gibt aber eine andere Gebäudegattung, die bemerkenswerte Übereinstimmungen aufweist, nämlich die öffentlichen Gebäude der italienischen Stadtgemeinden, die "Palazzi Comunali"[10]. Sie waren Sitz der kommunalen Behörden, insbesondere für Justiz und Finanzen, d.h. der Gerichte und der Steuerämter. In der Regel besaßen diese Gebäude einen hohen Turm in der Mitte und ein Portal im Erdgeschoß dieses Turmes, häufig wurden sie auch von Ecktürmen flankiert. Die Renaissance-Rathäuser hielten sich an diese Tradition, so z.B. das Rathaus in Monte

---

9   J.-M. Bulla: Domenico Fontana, créateur de l'urbanisme contemporain. In: Genava N.S. 3 (1959), S. 99-109. Siehe auch die Einleitung von Paolo Porthogesi zur neuen Ausgabe von Domenico Fontana: Della trasportazione dell' obelisco Vaticano. Milano 1978, S. XI-XIX (1. Ausgabe - Roma 1590).
10 Jürgen Paul: Die mittelalterlichen Kommunalpaläste in Italien. Diss. Freiburg 1965, S. 112f.; Gian Maria Tabarelli: Palazzi Pubblici d'Italia. Nascita e trasformazione del Palazzo Pubblico in Italia fino al XVI secolo. Busto Arsizio 1978.

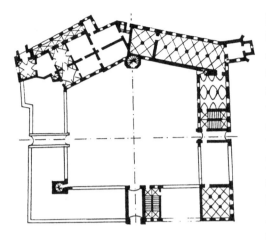

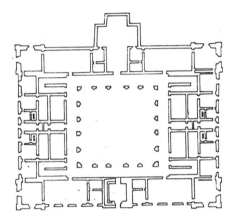

A. Königliches Schloß in Warschau, Grundriß des Erdgeschosses, um 1619.
B. Rom, Palazzo dei Tribunali, Umzeichnung des Erdgeschosses.

pulciano bei Florenz, ein Werk Michelozzos[11]. Architekturtheoretiker, beispielsweise Antonio Filarete, haben bekanntlich besondere Vorschriften bezüglich des Aussehens und Funktionierens von Justizpalästen entworfen[12]. Aus dieser, hier nur oberflächlich erwähnten Tradition entstand das römische Vorbild, auf das unser Schloß in seinem Raumkonzept zurückgreift. Ich denke dabei an den sogenannten Palazzo dei Tribunali bzw. del Giustizia an der via Giulia[13]. Papst Julius II. befahl 1508 seinem Hofarchitekten Donato Bramante, den Plan für ein großes Gebäude zu entwerfen, in dem vier vatikanische Ministerien Platz finden sollten: die Sacra Romana Rota, die Camera Apostolica, das Governato di Roma und die Segnatura di Giustizia, also - wie wir heute sagen würden - für die Justiz-, Finanz- und Verwaltungsbehörden, und er ordnete den Baubeginn an. Der Bau wurde bis zum zweiten Geschoß ausgeführt und dann eingestellt. Die Pläne jedoch waren bekannt, und wir wissen, welch großen Einfluß dieser Bau auf die Künstler hatte. Aus Kopien der Pläne erfahren wir, daß das Bauwerk einen rechteckigen Grundriß mit einem Innenhof sowie vier gleichartige Appartements für die vier Ämter haben sollte. Wie auch in Warschau führten drei Tore zum Innenhof, der repräsentative Flügel hatte einen großen Torturm in der Mitte und schmale Risalite an den Seiten. Die Hauptachse der Anlage führte dagegen nicht zu einem Turm, sondern zu einer kleinen Kirche, die sich in der Mitte des rückwärtigen Flügels befand.

---

11 Howard Saalman: The Palazzo Comunale in Montepulciano, an Unknown Work by Michelozzo. In: Zeitschrift für Kunstgeschichte 28 (1965), S. 1-31.
12 John R. Spencer: Filarete's Treatise on Architecture. Being the Treatise by Antonio di Pieso Averlino, known as Filarete. New Haven/London 1965. Bd. 1, S. 123f.
13 Christoph Luitpold Frommel: Il Palazzo dei Tribunali in via Giulia. In: Studi Bramanteschi. Atti del Congresso Internazionale 1970. Roma 1974, S. 523-534.

Das königliche Schloß in Warschau (1597-1619)

Sowohl das Konzept als auch die Bestimmung des Bauwerks waren in Rom und Warschau identisch. Luitpold Frommel, der Verfasser einer Monographie über den römischen Palazzo dei Tribunali, sieht zu Recht die Avantgardefunktion dieses Gebäudes, dessen künstlerische Aussage erst viel später verstanden wurde. Die Sockelzone war rustiziert, die oberen Geschosse dagegen waren glatt und nur von den Fensterrahmungen durchbrochen. Das unvollendete Bauwerk Bramantes hatte großen Einfluß auf die Architektur des 16. Jahrhunderts. Als beispielsweise Papst Paul III. 1535 das Kapitol zum Regierungszentrum umbaute, ließ er den Hauptpalast mit einem Turm in der Mitte und Eckrisaliten ausstatten. Der gesamte Sockelbereich war rustiziert - wie in dem Entwurf für den Palazzo dei Tribunali.

Ein anderes ähnliches Gebäude, der Palazzo di Giustizia in Mailand, 1570-1578 von Pietro Antonio Barca entworfen (ausgeführt in den Jahren 1586-1605), besaß ebenfalls einen Hauptflügel mit einem Uhrturm in der Mitte und zwei Akzenten an den Ecken[14].

Die obigen Ausführungen lassen den Schluß zu, daß das Warschauer Schloß bewußt als ein öffentliches Gebäude errichtet wurde, als Palazzo di Giustizia und gewissermaßen als Rathaus. Aber nicht als Rathaus der Stadt Warschau, sondern als Rathaus einer viel größeren *civitas*. Die gesamte "Adelsrepublik beider Nationen" (Polen/Litauen) wurde hier als *civitas* verstanden, für die in der neuen Metropole ein Rathaus errichtet wurde.

In diesem Zusammenhang müssen einige Aspekte in Erinnerung gerufen werden, die mit der besonderen Verfassung der polnischen Adelsrepublik verbunden waren, die zwar einen König besaß, der jedoch eher als Präsident auf Lebenszeit angesehen wurde. Das Warschauer Schloß wurde nämlich mit Geldern der gesamten Adelsrepublik gebaut, also mit Staatsgeldern und nicht aus der Privatschatulle des Königs. In Polen waren diese streng getrennt. Das Schloß war demnach - entgegen der geläufigen Bezeichnung "Königliches Schloß" - nie königliches Eigentum, sondern ein staatliches, sozusagen ein "republikanisches" Gebäude. Während der gesamten Geschichte des Schlosses wurden alle Reparaturen und Umbauten mit öffentlichen Geldern finanziert und von Staatsbeamten überwacht, obwohl der König selbstverständlich die eigentlichen Entscheidungen fällte. Die Monarchen besaßen natürlich ihre persönlichen, privaten Residenzen, in denen aber wiederum keine staatlichen Ämter ihren Sitz hatten. Das Schloß, dieses besondere Rathaus des gesamten Staates, beherbergte die gleichen Ämter wie der päpstliche Palazzo di Giustizia: Das Ordnungsamt (Marschallamt), das Ministerial- und das Finanzamt, zudem noch den Sejm der Adelsrepublik, der zugleich höchstes Gericht gewesen ist. Im Schloß befand sich selbstverständlich auch das königliche Appartement, das jedoch als Bestandteil der Regierung galt.

Eine weitere Tatsache, die es ebenfalls verdient, hervorgehoben zu werden, ist die bewußte, bereits barocke Unterordnung der Stadt gegenüber dem Schloß, obwohl hier - an-

---

14 Liliana Grassi: Province del Barocco e del Rococo. Proposta di un lessico biobibliografico di architetti in Lombardia. Milano 1966, S. 33-35.

ders als sonst üblich - die Stadt wesentlich älter war als das Schloß. Der Hauptturm des Schlosses wurde zur Dominante der gesamten Anlage und die Westfassade, die Hauptfassade, stellte die schmucken Schauseiten der Häuser am Schloßplatz in den Schatten. Ich meine, daß diese gesamte städtebauliche Anlage, die von verfassungsbedingten Gegebenheiten und dem besonderen Rang des Gebäudes diktiert wurde, die erste Übernahme des neuen urbanistischen Gedankengutes Domenico Fontanas nördlich der Alpen darstellt.

Die besondere Funktion des Gebäudes bedingte einen ausgesprochen kühlen und ernsthaften Bauschmuck. In seinen anderen Entwürfen für König Sigismund III. ist Matteo Castello viel mutiger, malerischer und phantasievoller. Er ist der einzige avantgardistische Architekt aus dem näheren Umkreis von Carlo Maderno, der den römischen Frühbarock nach Norden getragen hatte. Im Fall des königlichen Schlosses in Warschau mußte er sich den früheren, bereits vorhandenen Architekturdetails anpassen. Dennoch verweist der endgültige Baudekor des Schlosses auf die römischen Erfahrungen Matteos. Das Hauptportal an der Westseite (Abb. 18) und ein identisches im Nordflügel sind minimal veränderte Varianten der Porta Esquilina (Abb. 19) der ehemaligen Villa Montalto, an deren Bau für Kardinal Felice Peretti (den späteren Papst Sixtus V.) durch Domenico Fontana Matteo gewiß persönlich beteiligt gewesen ist[15]. Der monotone Rhythmus der Fensterrahmungen, die auf einer horizontalen Leiste "sitzen", erinnert stark an Fassaden römischer Paläste, die Maderno in seiner frühen Zeit errichtete, besonders an den Palazzo Rusticucci (ab 1592), an dem Castello sicher schon mitgearbeitet hat.

So also tat das kleine provinzielle Warschau den ersten Schritt zur Metropole durch das königliche Schloß, das Rathaus des gesamten Staates, dem sich die städtische Umgebung unterordnete.

Übersetzt von Hanna Nogossek

---

15 Cesare d'Onofrio: Una grande scomparsa: Villa Montalto, la piu vasta esistita entro le mura. In: Capitolium 45 (1970). Nr. 2-3, S. 59-63.

Antoni Czacharowski

Aufstieg und Untergang von Metropolen im polnischen Königreich des späten Mittelalters und der frühen Neuzeit

Die Entwicklung der polnischen Städte als Metropolen im späten Mittelalter und in der frühen Neuzeit war vor allem von ihrer Beteiligung an Handel und Produktion abhängig. Andere Funktionen dieser Städte hatten zumeist sekundäre Bedeutung für den Aufstieg der Metropolen, obwohl ihre Rolle im kulturellen, wissenschaftlichen, politischen und kirchlichen Leben des Landes nicht unterschätzt werden darf. Die Richtigkeit dieser allgemeinen Bemerkungen über die Faktoren der Entwicklung polnischer Handelsmetropolen beweisen ihre Lage und Funktion im Netz der wichtigsten Handelswege.

Die Lage Polens zwischen West- und Osteuropa hat schon im Mittelalter die Entstehung eines Netzes von internationalen Handelswegen zur Folge gehabt[1]. Bis zum Ausgang des 14. Jahrhunderts konzentrierte sich der internationale Handelsverkehr hauptsächlich auf zwei Richtungen: 1. Im Süden des Landes verlief er in West-Ost-Richtung, entlang der Sudeten und Karpaten über Breslau, Brieg, Oppeln, Krakau nach Sandomir, Lemberg oder nach Kaschau. 2. Die zweite Handelsrichtung führte vom Norden nach Süden und Südosten, von Danzig (auch Elbing) über Thorn nach Krakau und von dort nach Kaschau oder über Sandomir nach Lemberg. Zwischen diesen beiden Straßen lagen auch für den internationalen Handelsverkehr weniger genutzte Verbindungen; im Norden des Landes war das die Großpolnische Straße, welche aus Frankfurt/Oder über Meseritz, Posen, Gnesen, Thorn mit Abzweigungen nach Danzig führte und später auch eine Verbindung mit Breslau über Konin und Kalisch hatte.

Entlang dieser Handelsstraßen entstanden im 13. und 14. Jahrhundert zahlreiche Städte. Sie waren meist eine Tagesreise der Kaufleute voneinander entfernt (ca. 30-40 km), damit die Karawanen dort zur Übernachtung und Erholung anhalten konnten. Das Ziel der Reisen waren die Städte, in denen sich zu bestimmten Terminen Kaufleute aus verschiedenen Ländern und Regionen hauptsächlich zur Zeit der Jahrmärkte trafen. Einige Städte waren

---

1 Henryk Samsonowicz: Przemiany osi drożnych w Polsce późnego średniowiecza [Veränderungen der Wegeachsen im spätmittelalterlichen Polen]. In: Przegląd Historyczny 64 (1973), H. 4, S. 697-716; ders.: Die Handelsstraße Ostsee-Schwarzes Meer im 13. und 14. Jahrhundert. In: Der Hansische Sonderweg? Beiträge zur Sozial- und Wirtschaftsgeschichte der Hanse. Hg. v. Stuart Jenks/Michael North. Köln/Weimar/Wien 1993, S. 23-30.

wegen ihrer Lage an den Handelsstraßen oder auch dank ihrer außerordentlichen Privilegien für den Großhandel besonders gut geeignet. Zu dieser Kategorie der Handelszentren gehörten schon im 14. Jahrhundert im Süden Breslau, Krakau und Lemberg, im Norden Danzig, Thorn, Gnesen und Posen. Das Gemeinsame dieser sechs Städte war ihre besonders intensive Beteiligung am internationalen Großhandel, dem sie ihren Aufstieg zu Handelsmetropolen verdankten. Die Lage dieser Städte an den Handelsstraßen war nicht gleichermaßen günstig. Im Mittelalter hatten diejenigen Städte die günstigste Lage, die am Anfang oder am Ende oder an der Kreuzung von internationalen Handelsstraßen lagen. Das waren vor allem folgende Städte: Thorn, Krakau, Breslau und Lemberg, später auch Danzig. Weniger günstig waren Gnesen und Posen bis Ende des 14. Jahrhunderts situiert.

Die sehr günstige geographische und politische Lage der Städte der ersten Gruppe (Thorn, Krakau, Breslau, Lemberg) hat schon im 14. Jahrhundert ihren wirtschaftlichen Aufschwung stark beeinflußt. THORN lag an der Grenze zwischen dem Königreich Polen und dem Deutschordensstaat Preußen. Bis zum Ende des 14. Jahrhunderts war diese Stadt auch ein Hafen für die Ostseeschiffe, welche die Weichsel aufwärts bis nach Thorn fahren konnten. Erst von dort wurden Tuche, Gewürze und andere Waren der hansischen Kaufleute auf den Landwegen weiter in Richtung Krakau oder Posen befördert. Die Schiffe und Weichselkähne luden auf der Rückreise Kupfer aus Ungarn, Pelze (Rauchwerk), Getreide und Waldprodukte. Während des 14. Jahrhunderts entwickelte sich Thorn zu einer großen Stadt mit über 10 000 Einwohnern und zu einem wichtigen Zentrum für den hansischen Handel mit Polen und den Nachbargebieten im Süden und Südosten. Zu Recht wurde diese Stadt als das Tor zur Ostsee bezeichnet[2].

Am anderen Ende der weiten Handelsstraße war LEMBERG eine Stadt, die als Tor zum Orient bezeichnet werden konnte. Es war aber ein gut bewachtes und oft geschlossenes Tor, denn bevor sich die Kaufleute aus dem Westen und Norden weiter auf den "Tartarentrakt" (*via tartarica*) oder in die Moldaufürstentümer begeben konnten, mußten sie seit dem Ende des 14. Jahrhunderts in Lemberg ihre Waren für 14 Tage zum Verkauf niederlegen. Die Stadt hat in der zweiten Hälfte des 14. Jahrhunderts vom polnischen König das Recht zu einer auf 14 Tage befristeten Warenniederlage mit dem Straßenzwang erhalten. Damit hat sie sich die Vermittlung im intensiven Warenaustausch zwischen dem Westen und dem Orient und daraus fließende bedeutende Einkünfte gesichert[3].

---

2 Hermann Oesterreich: Die Handelsbeziehungen der Stadt Thorn zu Polen. In: Zeitschrift des Westpreußischen Geschichtsvereins 28 (1890), S. 3-30; Marian Magdański: Organizacja kupiectwa i handlu toruńskiego do roku 1403 [Die Organisation der Kaufmannschaft und des Handels in Thorn bis 1403]. Toruń 1939, S. 94-141; Antoni Czacharowski: Toruń średniowieczny [Das mittelalterliche Thorn]. In: Toruń dawny i dzisiejszy [Thorn früher und heute]. Hg. v. Marian Biskup. Toruń 1983, S. 31-131, hier S. 50-61.

3 Stanisław Lewicki: Targi lwowskie od XIV-XIX wieku [Lemberger Märkte vom 14.-19. Jahrhundert]. Lwów 1921, S. 9-20; Łucja Charewiczowa: Handel średniowiecznego Lwowa [Der Handel des mittelalterlichen Lemberg]. Lwów 1925.

Die größte schlesische Stadt, BRESLAU, war im Mittelalter und auch in der frühen Neuzeit der wichtigste binnenländische Vermittler zwischen Polen und den westeuropäischen Städten, besonders Leipzig, Frankfurt/Main, Köln, Nürnberg, Prag und Wien[4]. Über Breslau führten die besonders wichtigen Handelsstraßen aus Westeuropa über Krakau nach Lemberg. Auch Thorn hatte enge wirtschaftliche Verbindungen mit Breslau. Über Thorn beteiligten sich die Breslauer Kaufleute am Ostseehandel der Hansestädte. Außer anderen Waren bezogen sie aus Flandern auf Schiffen Tuche und Gewürze, die von Thorn weiter auf dem Landweg nach Schlesien befördert wurden. In Thorn konnten sich die Breslauer Kaufleute sogar mit Waren aus dem Orient versorgen. Bis zum Ausgang des 14. Jahrhunderts waren diese Verbindungen für beide Städte sehr vorteilhaft.

POSEN hatte im Mittelalter anfangs eine weniger günstige Lage für die Entwicklung zu einer wichtigen Handelsstadt[5]. Sie lag an der Warthe, die als Wasserweg lediglich im regionalen Verkehr dienen konnte. Wichtiger waren die zahlreichen Landwege, die sich hier kreuzten, die aber meist auch nur regionale Bedeutung hatten. Allein die Verbindungen mit Gnesen und weiter mit Thorn und anderen Ordensstädten waren für die Kaufleute interessant. Von Posen in Richtung Süden führten alte Handelsstraßen nach Breslau und weiter nach Böhmen. Ein anderer Weg lief über Krakau nach Ungarn. Von dieser Straße gab es weitere Abzweigungen über Lublin nach Kiew und über Sandomir nach Lemberg. Posen hatte auch eine alte Verbindung mit Leipzig über Glogau, Görlitz und Bautzen. Doch trotz dieser zahlreichen Verbindungen lag Posen weit entfernt von den wichtigsten internationalen Handelsstraßen. Es blieb deshalb im Mittelalter nur eine kleine Stadt mit ca. 4 000 Bewohnern, während damals in Breslau ca. 17 000, in Krakau etwa 14 000 und in Thorn ca. 12 000 Einwohner lebten.

Die Stadt GNESEN, die schon im 10. Jahrhundert Sitz der Fürsten war, hat erst im Jahre 1238 die Lokationshandfeste erhalten[6]. Den Aufstieg zur Metropole verdankte sie hauptsächlich ihrer kirchlichen Rolle als Sitz des Erzbischofs (seit dem Jahr 1000) und als Kultstätte des Hl. Adalbert (Wojciech). Gnesen war gleichzeitig auch das Zentrum des erzbischöflichen Großgrundbesitzes. Im Jahre 1374 verfügte der Erzbischof über 330 Dörfer und 11 Städte. Im 16. Jahrhundert erreichten die Besitzungen des Erzbistums eine Fläche von 265 000 ha. Eng mit dem Großgrundbesitz waren auch die Handelskontakte des Erzbischofs und der Stadt Gnesen verbunden.

---

4   Wolfgang Kehn: Der Handel im Oderraum im 13. und 14. Jahrhundert. Köln/Graz 1968, S. 35-106.
5   Leon Koczy: Handel Poznania do połowy wieku XVI [Der Posener Handel bis zur Mitte des 16. Jahrhunderts]. In: Prace Komisji Historycznej 6 (Poznań 1930), S. 165-568, hier S. 195-206.
6   Adolf Warschauer: Geschichte der Stadt Gnesen. Posen 1918, S. 22-137; Jerzy Topolski: Rola Gniezna w handlu europejskim od XV do XVII wieku [Die Rolle der Stadt Gnesen im europäischen Handel vom 15.-17. Jahrhundert]. In: Studia i materiały do dziejów Wielkopolski i Pomorza 8 (1962), H. 2, S. 5-78.

Die folgenreichen Ereignisse am Ende des 14. und während des 15. Jahrhunderts haben eine bedeutende Umgestaltung der Handelsrichtungen in Polen und den Nachbarländern verursacht, wovon der Aufstieg und Untergang einiger Metropolen abhängig wurde[7]. Nach der polnisch-litauischen Union entstand unter der Herrschaft des Königs Jagiello und seiner Nachfolger ein mächtiger Wirtschaftsraum, der Polen, Litauen und weit ausgedehnte russische Gebiete umfaßte. Die Niederlage des Deutschen Ordens in der Schlacht bei Tannenberg und die darauf folgenden Konflikte der preußischen Stände mit den Ordensbehörden ermöglichten im Jahre 1466 den direkten Anschluß des "Königlichen Preußen" an das polnische Königreich. Daher konnte der Handelsverkehr zwischen West- und Osteuropa ohne politische Hindernisse auch über die Ostsee stattfinden. Es ergaben sich neue Möglichkeiten für die Intensivierung der Handelsbeziehungen zwischen den unter dem polnischen König vereinten Ostgebieten und Westeuropa. Aus dem Osten und Südosten konnten in großen Mengen Waldprodukte, Holz, Felle, Wachs, Getreide, Vieh, Kupfer und andere Metalle auf dem Seeweg oder auf Landwegen nach dem Westen befördert werden, wo seit dem Ende des 14. Jahrhunderts die Nachfrage nach diesen Waren stieg. Dagegen wurde der Osten ein gutes Absatzgebiet für Tuche, Heringe und Gewürze, die im Westen, hauptsächlich in Deutschland, den Niederlanden und England, in großen Mengen erzeugt oder angeboten wurden[8].

Die in der zweiten Hälfte des 15. Jahrhunderts gestaltete politische und wirtschaftliche Situation in Ostmitteleuropa lag besonders im Interesse der Stadt DANZIG. Diese Stadt erreichte schon unter der Ordensherrschaft eine dominierende Position als Handelsmetropole. Danzig war der wichtigste Ostseehafen, über den große Mengen von Massengütern transportiert wurden. Nach Danzig führten außer den Wasser- und Landwegen entlang der Weichsel auch neue Landwege aus Masowien, Kujawien und Großpolen - trotz der Proteste der Thorner Kaufleute. Thorn versuchte vergeblich, seine bis zu dieser Zeit (1466) privilegierte Lage als Tor zur Ostsee mittels des Stapelrechts (von 1403) und Straßenzwangs zu verteidigen. Diese Rechte hatte noch im Jahre 1457 König Kasimir der Jagiellone bestätigt. Dagegen opponierten nicht nur Danzig, sondern auch die polnischen Großgrundbesitzer und Städte, die einen freien Handel wünschten. Das Thorner Stapelrecht wurde zwar erst im Jahre 1537 aufgehoben, aber in Wirklichkeit hatte es schon früher seine Geltung verloren. In der Nachbarschaft von Thorn entwickelten sich zwei Konkurrenzstädte, Schuliz und Bromberg, die die Vermittlung im Handel mit Getreide und anderen Agrarprodukten aus dem fruchtbaren Gebiet von Kujawien übernahmen. Die Erzeugnisse aus

---

7   Jerzy Topolski: Faktoren der Entstehung eines internationalen Jahrmarktnetzes in Polen im 16. und 17. Jahrhundert. In: Studia Historiae Oeconomicae 5 (1970), S. 101-116; Antoni Czacharowski: Die Führungsgruppen und ihre politische und ökonomische Problematik. In: Städtische Führungsgruppen und Gemeinde in der werdenden Neuzeit. Hg. v. Wilfried Ehbrecht. Köln/Wien 1980, S.349-356.
8   Henryk Samsonowicz: Późne średniowiecze miast nadbałtyckich [Das Spätmittelalter der Ostseestädte]. Warszawa 1968, S. 109-144.

Masowien und dem Dobriner Land wurden neben Thorn auch auf den Wegen über Golub und Löbau nach Danzig transportiert. Auf diese Weise wurde Thorn seit der zweiten Hälfte des 15. Jahrhunderts aus dem großen Fernhandel fast ganz ausgeschaltet. Um die Stadt vor einem katastrophalen Untergang zu schützen, erlaubte der König im Jahre 1472, drei Jahrmärkte (14 Tage vor Pfingsten für die Dauer von 8 Tagen; am 14. September für 8 Tage; am 6. Januar für 4 Tage) zu organisieren. Die ausländischen Kaufleute haben die Stadt hauptsächlich zum Herbstjahrmarkt besucht[9].

Als Grenzstadt zwischen dem Deutschen Orden und dem Königreich Polen war Thorn ein geeigneter Ort für politische Verhandlungen. Deswegen wurden dort oftmals auch Könige empfangen. Als erster polnischer König war Kasimir der Große Gast der Stadt Thorn. König Wladislaw Jagiello weilte hier in den Jahren 1402, 1404 und 1405 als Gast des Hochmeisters Konrad von Jungingen. Später besuchte er Thorn nach der Schlacht bei Tannenberg. Nach dem Frieden am Melnosee (1422) wurde auf seinen Befehl Schloß Dybow gegenüber von Thorn errichtet, wo Jagiello in den Jahren 1424, 1425, 1426 und 1430 in den Monaten Mai oder Juni wohnte und wiederholt mit den Gesandten des Hochmeisters verhandelte. Sein Sohn Kasimir der Jagiellone hielt sich sehr oft im Schloß Dybow auf, hauptsächlich in der Zeit des Dreizehnjährigen Krieges, als Thorn sich besonders stark für Polen engagierte. Hier war der Sitz des Geheimen Rates, des führenden Gremiums des Preußischen Bundes. Nach dem zweiten Thorner Frieden (19. Oktober 1466) verlor die ehemalige Handelsmetropole des Mittelalters auch ihre bisherige politische Bedeutung als Grenzstadt. Trotzdem wurde sie noch mehrmals von den polnischen Königen besucht, die sich hier öfters für längere Zeit aufhielten, um mit den regionalen Amtsleuten über aktuelle Probleme des Landes zu verhandeln und zu entscheiden. Manchmal kamen sie nur hierher, um sich in den Mauern der schönen Stadt zu erholen. Im Rathaus von Thorn starb im Jahr 1501 König Johann Albrecht, der Sohn Kasimirs des Jagiellonen. Seine Nachfolger, die letzten Jagiellonen Alexander, Sigismund der Alte und Sigismund August, haben sich mehrmals in Thorn aufgehalten. Die Könige wurden von ihren Hofleuten, Beamten und zahlreichen Magnaten, Gelehrten, auch von namhaften Humanisten wie Filippo Buonaccorsi, genannt Callimachus, Laurentius Corvinus, Bernhard Wapowski u.a. begleitet.

Thorn war am Ausgang des Mittelalters und in der frühen Neuzeit trotz wirtschaftlicher Krise und sozialer Unruhen ein bedeutendes Kulturzentrum. Seit dem Mittelalter bestanden hier zwei Pfarrschulen, eine in der Altstadt bei der Johanneskirche und die andere in der Neustadt bei der Jakobikirche. Beide befanden sich von Anfang an unter der Aufsicht der Räte. Die altstädtische Schule wurde von Rektoren (Schulmeistern) mit Hochschulbildung geleitet. Diese Schule besuchten außer den Kindern aus Thorn auch Söhne adliger Familien aus dem Kulmer Land und aus Kujawien. Einige Absolventen dieser Schulen haben später in der Krakauer Universität und auch im Ausland studiert, z.B. Nicolaus Copernicus

---

9 Marian Biskup: Historia Torunia [Geschichte Thorns]. Bd. 2, Teil 1. Toruń 1992, S. 8-66, 98-143.

und Lucas Watzenrode. Insgesamt haben sich in der Zeit von 1457 bis 1548 224 Thorner Studenten an verschiedenen Universitäten immatrikuliert. Auch bei den Thorner Dominikanern gab es in dieser Zeit ein Partikularstudium für Mönche. Dort existierte eine gut ausgestattete Bibliothek, wie es ähnliche auch bei den Franziskanern und in der Johanneskirche gab. Die Gründung eines städtischen Gymnasiums (1568), welches schon im Jahre 1594 den Rang eines Akademischen Gymnasiums erreichte, erweiterte den intellektuellen und kulturellen Einflußbereich der Stadt.

Die Bewohner der Stadt Thorn waren zumeist deutscher Nationalität, aber seit dem Ende des Mittelalters vergrößerte sich die Zahl der polnischen Bürger. Daher wirkten in den Kirchen auch polnische Priester und Prediger. Die Polen gehörten überwiegend zur Mittel- oder Unterschicht der Stadtbewohner, nur wenige von ihnen zum Patriziat. Die lutherische Lehre wurde in Thorn ohne größere Hindernisse eingeführt. Neben den Lutheranern waren hier auch Böhmische Brüder und Calvinisten vertreten. Ein großer Teil der Bewohner blieb jedoch der katholischen Religion treu. Am Anfang der Neuzeit war Thorn sowohl national als auch konfessionell pluralistisch[10].

Zu den Städten, die aus den politischen und wirtschaftlichen Wandlungen am Ende des 14. und in der ersten Hälfte des 15. Jahrhunderts den größten Nutzen zogen, gehörte auch LUBLIN[11]. Den Grundstein seiner schnellen Entwicklung als Handelsmetropole legten die litauischen Fürsten Jagiello und Skirgiello am 15. April 1383, indem sie den Bürgern der Stadt Lublin freien Handel in Litauen gewährten. Danach folgten weitere Privilegien: im Jahre 1392 erhielt die Stadt das Stapelrecht für alle Waren; 1404 errichtete Jagiello einen Jahrmarkt, und sein Sohn Kasimir hat, nach einem großen Brand der Stadt im Jahre 1448, vier Jahrmärkte genehmigt, von denen drei (2.-18. Februar; 14 Tage vor Pfingsten; 28. Oktober bis 15. November) internationale Bedeutung erlangten. Während dieser drei Jahrmärkte wurden zwei Drittel der jährlichen Kaufverträge in die Stadtbücher eingetragen. Ein großer Teil dieser Eintragungen (bis 40%) betraf fremde Kaufleute. In der Mehrzahl waren das Gäste aus Krakau, Wilna, Posen und Danzig, die sich in Lublin trafen, denn diese Stadt war im 16. Jahrhundert der wichtigste Vermittler im Handel zwischen Polen und Litauen. Es war also kein Zufall, daß die polnisch-litauische Union von 1569 in Lublin abgeschlossen wurde, die Stadt hat damals auch auf politischem Gebiet zwischen den vereinten Ländern konstruktiv gewirkt.

In Großpolen existierten in geringer Entfernung von nur 40 km zwei alte Metropolen: GNESEN und POSEN. Beachtenswert ist, daß sie nicht miteinander konkurrierten, sondern sogar kooperierten. Beide Städte waren an denselben wichtigen Handelsstraßen gelegen

---

10 Ebd., S. 201-245.
11 Leon Białkowski: Lublin na starych szlakach handlowych [Lublin auf den alten Handelswegen]. In: Pamiętnik Lubelski [Lubliner Gedenkbuch]. Bd. 3. Lublin 1937, S. 288-293; Henryk Samsonowicz: Handel Lublina na przełomie XV i XVI w. [Der Handel Lublins um die Wende vom 15. zum 16. Jahrhundert]. In: Przegląd Historyczny 49 (1968), H. 4, S. 612-626.

und hatten ähnliche Handelspartner[12]. Die Lage beider Städte an der Großpolnischen Straße ermöglichte schon im Mittelalter enge wirtschaftliche Verbindungen mit den deutschen Handelsmetropolen sowie mit Thorn und seinen Handelspartnern. Jedoch waren diese Verbindungen in dieser Zeit wenig aktiv. Erst im 15. Jahrhundert entstand eine neue, besonders attraktive Verbindung mit dem Osten. Über die schnell wachsende Stadt Warschau und die Provinz Masowien, danach über Brest führte eine Straße nach Wilna. Von ihr zweigte eine Verbindung in Richtung Lublin und weiter nach Weißrußland ab. Über diese Handelswege gelangten die weißrussischen und litauischen Kaufleute bis nach Gnesen und Posen, um während der nacheinander folgenden Jahrmärkte in beiden Städten Handel zu treiben. Sie brachten hauptsächlich Pelze und Felle von Wildtieren, wofür sie Textilien und auch andere westliche Produkte auf der Rückreise mitnahmen. Neben den Handelskontakten mit den russischen Gebieten waren die Verbindungen zwischen Schlesien und der Ostsee von großer Bedeutung. Sowohl über Thorn als auch über Posen und Gnesen wurden die Wege nach Danzig intensiv benutzt. Die Danziger Kaufleute besuchten wiederholt Posen und Gnesen während der Jahrmärkte, um dort mit den Kaufleuten aus Rußland und Litauen Handel zu treiben. Außer den fremden Kaufleuten kamen zu den Jahrmärkten in Posen und Gnesen zahlreiche Händler aus den benachbarten kleineren Städten und brachten eigene handwerkliche Produkte und Rohstoffe (Tuche, Kleidung, Wolle, Federn) mit. Die Rohstoffe, vor allem Wolle und Leder, wurden von den Handwerkern in Posen und Gnesen gekauft und weiterverarbeitet. Auf diese Weise haben die Jahrmärkte sowohl die Entwicklung der großen Städte gefördert als auch ihren Einflußbereich auf das Umland und die Region erweitert.

Gnesen wird mit Recht als ein typisches Jahrmarktzentrum bezeichnet, weil dort außerhalb der Jahrmärkte die Handelsaktivität bedeutend abnahm. Dort waren aber auch der Sitz des Erzbischofs von Polen und der Wallfahrtsort zum Hl. Adalbert (Wojciech). Auf seinen Festtag (23. April) fiel neben den kirchlichen Feiern auch der Anfang eines zwei Wochen währenden Jahrmarktes. Ebenso lange dauerte der Jahrmarkt zu St. Bartholomäus (24. August), der ebenfalls mit einer Messe begann. Neben den Kaufleuten, die an dem Großhandel interessiert waren, tätigten auch zahlreiche Krämer ihre kleinen Geschäfte. Die meisten von ihnen konzentrierten sich nahe beim Dom, wo trotz Verbots nicht nur verkauft, sondern auch Herberge bezogen wurde, denn für die zahlreichen Gäste der Jahrmärkte gab es in der Stadt zu wenig Gasthäuser und Schlafplätze.

Gnesen als Residenz des Erzbischofs, der auf dem Konzil zu Konstanz die Würde des Primas von Polen erhielt, wurde von Johannes Długosz als zweite Hauptstadt des Landes (neben Krakau) bezeichnet. Der Primas war nicht nur ein kirchlicher Fürst und sehr reicher Großgrundbesitzer, sondern auch ein sehr aktiver Politiker. Als Mitglied des königlichen Rates und nicht selten als Gesandter des Königs wurde er mit besonders wichtigen

---

12 Topolski (wie Anm. 6), S. 5-78.

politischen Missionen betraut. Am Hof des Erzbischofs von Gnesen hielten sich viele kirchliche Würdenträger, Beamte und Dienstleute auf. Des öfteren empfing er wichtige Gäste, darunter Fürsten und Könige. König Jagiello war fast alljährlich mit seinem Hof in Gnesen, manchmal in Begleitung der Königin, die ebenfalls einen eigenen Hof hatte. Sowohl der Erzbischof als auch der König und die Königin beschäftigten eigene Musiker. Auch die Kinder aus der Stadtschule und die Jugend aus der Domschule beteiligten sich an den festlichen Konzerten, die nicht nur die noblen Gäste, sondern auch die bei dieser Gelegenheit zuströmenden Leute aus der Stadt und dem Umland erfreuten. Die Beteiligung an kirchlichen und weltlichen Feiern und Vergnügungen stellte für die Bevölkerung ein heiteres Erlebnis dar, denn außer den Musikern erschienen dort auch Schauspieler, Gaukler und Narren. Öfters wurden während der Anwesenheit des Königspaares ritterliche Turniere, Tänze und verschiedene sportliche Veranstaltungen organisiert. Es war auch üblich, daß während des Besuches der Könige und anderer wichtiger Gäste der Kirche Geschenke überreicht wurden, von denen einige bis heute in Gnesen aufbewahrt werden. Der Dom und auch die anderen spätmittelalterlichen Kirchen sind ein eindrucksvolles Zeugnis für die Arbeit der Künstler und Architekten, die sie errichtet und ausgestattet haben. Die permanenten Aufträge der Gnesener Geistlichkeit ermöglichten die Existenz zahlreicher Kunst- und Bauhandwerker.

Zu den wichtigsten Funktionen der Gnesener Kirche im Mittelalter und in der frühen Neuzeit gehörte auch die pädagogische Tätigkeit. Neben den Pfarrkirchen gab es Schulen, in denen die Kinder eine Grundausbildung erhielten. Eine höhere Ausbildung konnten sie danach in der Domschule erhalten. Dort wurden nicht nur Kleriker ausgebildet, sondern auch Jugendliche, die sich auf andere Berufe vorbereiteten. Die Gnesener Domschule hatte am Anfang der Neuzeit einen guten Ruf als beste Unterrichtsanstalt des Landes. Viele Absolventen dieser Schule haben später hohe Ämter und Würden im Lande bekleidet. Gnesen war also ein bedeutendes Wirtschafts- und Handelszentrum sowie eine dominierende kirchliche Metropole, die in Verbindung mit dem König und seinem Hof in politischen Angelegenheiten engagiert war. Die in Gnesen zahlreich konzentrierte Geistlichkeit beeinflußte auch in starkem Maße die Entwicklung und das Klima des kulturellen Lebens. Sie hat sich um die Erziehung und Ausbildung der Jugend verdient gemacht.

Am Ende des 14. Jahrhunderts kaufte der Rat der Stadt Posen das Amt des Vogts und übernahm die Verwaltung der Stadt. Damit begann auch eine neue Etappe der Entwicklung der Stadt auf wirtschaftlicher, sozialer und kultureller Ebene[13]. Die politischen und wirtschaftlichen Wandlungen im 15. Jahrhundert begünstigten ebenfalls die Entwicklung der Handelsstadt Posen. Der Verkehr auf den schon erwähnten alten Wegen nach Breslau,

---

13 Antoni Gąsiorowski: Źródła do dziejów Poznania w XIV-XV wieku [Quellen zur Geschichte Posens im 14. und 15. Jahrhundert]. In: Początki i rozwój Starego Miasta w Poznaniu [Anfänge und Entwicklung der Posener Altstadt]. Hg. v. Włodzimierz Błaszczyk. Warszawa/Poznań 1977, S. 67-84.

Thorn und über diese Stadt nach Danzig war seit dem Ende des 14. Jahrhunderts für Posen weniger bedeutend als die neuen Wege. In West-Ost Richtung verlief eine der wichtigsten Handelsstraßen aus Berlin über Frankfurt/Oder, Meseritz nach Posen, die im 15. Jahrhundert weiter nach Warschau und von dort nach Litauen oder Weißrußland führte. In der zweiten Hälfte des 15. Jahrhunderts erhielt Posen eine wichtige Verbindung mit Lublin. Von dort wurden vornehmlich Rindvieh, Getreide und andere landwirtschaftliche Produkte aus dem Osten und Süden nach Westeuropa befördert. In Nordrichtung zur Ostsee führten aus Posen am Ende des 14. Jahrhunderts zwei weniger bedeutende Straßen nach Pommern zu den Städten Stettin und Kolberg und eine neue sehr belebte Straße nach Danzig über Nakel und Tuchel, die für die Kaufleute viel günstiger war als die alte Straße über Thorn, wo das Stapelrecht dieser Stadt den freien Handelsverkehr behinderte. Dank dieser neuen Handelsstraßen begann der schnelle Aufstieg von Posen zu einer Handelsmetropole. Dabei wurde die Stadt von König Wladislaw Jagiello mit wertvollen Privilegien begünstigt. Er genehmigte (1386) den Bau neuer Tuchhallen, Brotbänke und Schuhbänke, bestätigte alle früher erhaltenen Privilegien (1389), erteilte der Stadt das Münzprägerecht (1410) und das Stapelrecht auf alle Waren, jedoch in milder Form, als Niederlage der Waren für drei Tage. Wahrscheinlich hat die Stadt von diesem Privileg wenig Gebrauch gemacht und größeren Nutzen aus den Jahrmärkten gezogen. Der große internationale Handel verursachte einen starken Zustrom neuer Bewohner, vorzüglich aus dem Umland. In der Stadt haben sich außer den armen Leuten bäuerlicher Herkunft auch Adlige angesiedelt. Während des 15. und 16. Jahrhunderts erwarben auch zahlreiche Ausländer, hauptsächlich Deutsche, Schotten, Italiener und Griechen, das Bürgerrecht dieser Stadt. Durch Ansiedlung neuer Bewohner und starke Erweiterung des Territoriums hat Posen im 17. Jahrhundert die Zahl von ca. 20 000 Einwohnern erreicht und gehörte damit zu den größten polnischen Städten.

Posen war seit dem Jahr 1000 Sitz des Bischofs, um den sich immer zahlreiche ausgebildete Geistliche konzentrierten. Der bischöfliche Hof hat, ähnlich wie in Gnesen, das kulturelle Leben der Stadt stark beeinflußt. Wahrscheinlich entstand hier bald nach der Gründung des Bistums eine Domschule, die wohl nicht nur Kleriker ausbildete. Für die Bedürfnisse der Kirche wurden zahlreiche sakrale Bauten errichtet und mit verschiedenen Kunstwerken ausgestattet. Außer der Domschule gab es auch Pfarrschulen, die, wie in anderen Städten üblich, auch hier der Jugend die Grundausbildung im Lesen, Schreiben und Rechnen vermittelten.

Die intensiven internationalen Handelskontakte und die Entstehung einer breiten Schicht von wohlhabenden Kaufleuten in Posen haben auch das kulturelle Leben der Bewohner stark beeinflußt. Die Kontakte mit fremden Kaufleuten und die mit ihnen durchgeführten komplizierten Transaktionen zeigten die Bedeutung entsprechender Ausbildung und beruflicher Vorbereitung. Ähnlich wie in anderen großen Städten besaßen auch in Posen zahlreiche Personen Hochschulbildung. Sie waren nicht nur in Schulen, sondern auch in städtischen Ämtern, besonders in der Kanzlei, beschäftigt. In der ersten Hälfte des 15. Jahrhunderts haben über 60 Posener Bürger an der Krakauer Universität studiert. Die reichen Bürger verfügten über entsprechende Mittel und hatten auch das Bedürfnis, mit frommen Stiftungen für Kirchen den Schutz und Segen des Allmächtigen für ihre Geschäfte zu erbitten. Sie haben sich aber auch in ihren eigenen Häusern Kapellen eingerichtet und eigene Kapellane engagiert. Die reichen Patrizier besaßen nicht selten Hausbibliotheken und stifteten Bücher für die kirchlichen Bibliotheken. Am Ende des Mittelalters und zu Beginn der Neuzeit gab es in Posen wie auch in anderen Metropolen verschiedene Intelligenzkreise und Gruppen, deren Angehörige eine angemessene Ausbildung besaßen, obwohl sie nicht unbedingt aus wohlhabenden Schichten stammten.

Am Anfang des 16. Jahrhunderts erhielt die Reformation auch in Posen zahlreiche Anhänger. Im Jahre 1520 ordnete der Bischof Tomicki Durchsuchungen nach reformatorischen Büchern in privaten Wohnungen der Posener Bürger an, um auf diese Weise die rapide Verbreitung der reformatorischen Lehre zu begrenzen. Der Erfolg war gering. Trotz aller Bemühungen der Kirche hat die reformatorische Bewegung bei den Bürgern, und noch mehr beim Adel, zahlreiche Anhänger gefunden.

Ähnlich wie die anderen Metropolen hatte auch Posen enge Verbindungen mit seinem Umland, das den Bereich von einer Tagesreise, also ca. 40 km rund um die Stadt umfaßte. Die Bewohner dieser Region wurden von der Metropole sowohl wirtschaftlich als auch kulturell beeinflußt und administrativ verwaltet. Verschiedene Institutionen und Ämter sorgten für die Integration der Stadtbewohner und der Region. In Posen amtierten der Bischof und das bischöfliche Gericht, denen die katholische Bevölkerung der Stadt und der ganzen Diözese untergeordnet war. Bedeutend war die integrative Rolle der Gerichte, des Burggerichts, des Landgerichts und des Schöffengerichts[14]. Der Rat der Stadt Posen besaß auch die Rechte eines Obergerichts für das deutsche Recht. Hier war ferner der Sitz des Generalstarosten, der im Namen des Königs die ganze Provinz Großpolen verwaltete.

Auch Posen wurde wiederholt von den Königen besucht. Wladislaw Jagiello weilte hier fast in jedem Jahr, auch sein Sohn Kasimir besuchte des öfteren diese Stadt. Der König Johann Albrecht verweilte fast ein ganzes Jahr (1493) in Posen. Mit den Königen kamen immer zahlreiche Begleiter. Bei solchen Besuchen wurden oft gleichzeitig Versammlungen der Vertreter des Adels aus Großpolen nach Posen einberufen. Posen hatte sich also unzweifelhaft zu einer regionalen Metropole mit zahlreichen Funktionen in Wirtschaft, Kultur und Verwaltung entwickelt. Ethnisch und konfessionell war diese Stadt pluralistisch.

Wenigstens eine kurze Erwähnung im Zusammenhang mit unserem Thema verdienen drei Hauptstädte des Ordenslandes Preußen, die trotz ihrer politischen Bedeutung das Ni-

---

14 Zdzisław Kaczmarczyk: Ustrój prawny Poznania do 1386 [Die Rechtsverfassung Posens bis 1386]. In: Początki (wie Anm. 13), S. 83-107; Witold Maisel: Sądownictwo miasta Poznania do końca XVI w. [Das Gerichtswesen der Stadt Posen bis zum Ende des 16. Jahrhunderts]. Poznań 1961.

Aufstieg und Untergang von Metropolen im polnischen Königreich

veau von Metropolen nicht erreichten. Die Stadt Kulm wurde schon in ihrer Gründungsurkunde Hauptstadt des Ordenslandes genannt und erhielt reichlich Grundbesitz und Privilegien. Bald zeigte sich, daß diese Stadt wegen ihrer ungünstigen Lage und infolge der offensiven Politik des Ordens für die Rolle als Hauptstadt nicht geeignet war. Für einige Jahrzehnte übernahm Elbing diese Funktion, bis am Anfang des 14. Jahrhunderts Marienburg zur Residenzburg des Hochmeisters und Hauptstadt des Ordenslandes erhoben wurde. Jedoch hatte Marienburg nur geringe Bedeutung als Handelsstadt und blieb neben der mächtigen Burg immer nur eine kleine Stadt. Bis zum Dreizehnjährigen Krieg war die Marienburg eine der wichtigsten und bekanntesten Residenzburgen Europas. Nach dem Ende dieses Krieges (1466) fiel die Stadt ohne den Hochmeistersitz wieder in den Rang einer unbedeutenden Kleinstadt zurück. In der Burg amtierte zwar der Generalstarost als Vertreter des polnischen Königs, daraus ergaben sich aber keinerlei Vorteile für die kleine Stadt.

Diese Erwägungen demonstrieren die Bedeutung des internationalen Handels für die Herausbildung von Metropolen. Eine günstige Lage und Funktionen im Netz der international attraktiven Handelsstraßen bewirkten entscheidend den Aufstieg der Handelsmetropolen. Ungünstige Änderungen der Handelsrichtungen führten dagegen zum Untergang der davon betroffenen Städte.

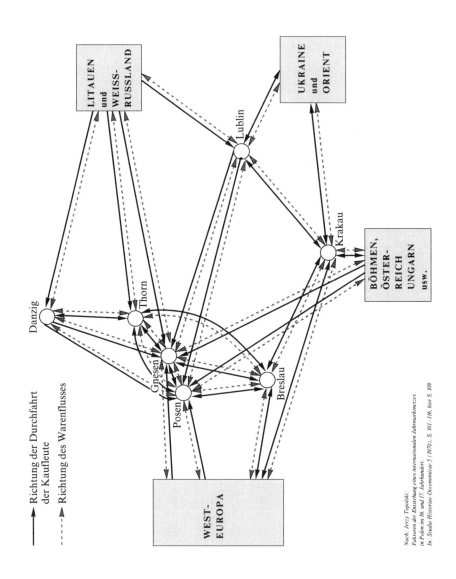

Janusz Małłek

Königsberg - von der Hauptstadt des Deutschen Ordens zur Residenz und Hauptstadt des Herzogtums Preußen

Im Jahre 1956 veröffentlichte Kurt Forstreuter den Artikel "Das Hauptstadtproblem des Deutschen Ordens"[1], in dem er Marienburg als Machtzentrum des Deutschen Ordens darstellte. Er sah in Marienburg die Residenz der Hochmeister, doch hatte er ernsthafte Bedenken, das Marienburger Schloß und die Stadt als Landeshauptstadt zu bezeichnen, da einer Hauptstadt verschiedenartige Funktionen zugeschrieben werden. Keine Bedenken dieser Art hatte er in bezug auf Königsberg, doch behandelte er diese Stadt nur am Rande. Eben deswegen möchte ich in meinem Beitrag gerade diese Stadt vorstellen. Mir scheint, daß man, wenn man die ostmitteleuropäischen Metropolen im Zeitalter des Humanismus und der Renaissance behandelt, Königsberg keinesfalls übersehen darf. Eben am Beispiel Königsbergs können wir nämlich den Umwandlungsprozeß der Hauptstadt einer geistlichen Herrschaft in die Hauptstadt eines weltlichen Staates beobachten.

Die Verlegung der Hauptstadt des Deutschordenslandes von Marienburg nach Königsberg geschah während des Dreizehnjährigen Krieges zwischen dem Deutschen Orden einerseits und den Ständen Preußens und Polens andererseits. Am 6. Juni 1457 hatten nämlich die polnischen Truppen Marienburg besetzt, und zwei Tage später erfolgte der feierliche Einzug des polnischen Königs Kasimir (der Jagiellone) in das Marienburger Schloß. Dem Hochmeister Ludwig von Erlichshausen blieb nichts anderes übrig, als nach Königsberg umzuziehen. Das Ordensarchiv wurde nach Tapiau verlegt[2]. Die Wahl Königsbergs zur neuen Hauptstadt des Deutschordenslandes war nur folgerichtig. Nachdem Danzig, Thorn und Elbing vom Deutschordensland abgefallen waren, blieb Königsberg die größte Stadt in den Händen des Deutschen Ordens. Im ganzen bezeugte nur das Niederland Preußen Treue zum Deutschen Orden. Sogar die Haltung Königsbergs während des Konflikts mit Polen war zeitweilig nicht eindeutig. Jedenfalls blieb Königsberg von 1457 bis 1525

---

[1] Kurt Forstreuter: Das "Hauptstadtproblem" des Deutschen Ordens. In: Jahrbuch für die Geschichte Mittel- und Ostdeutschlands 5 (1956), S. 129-156.
[2] Karol Górski: Państwo krzyżackie w Prusach [Der Deutschordensstaat in Preußen]. Gdańsk 1946, S. 234; Historia Pomorza [Geschichte Pommerns]. Bd. 1, Teil I, Poznań 1969, S. 736; Marian Biskup/ Gerard Labuda: Dzieje Zakonu Krzyżackiego [Geschichte des Deutschen Ordens]. Gdańsk 1986, S. 411.

die Hauptstadt des Deutschordenslandes. Vor allem war es die Residenz des Hochmeisters und der Versammlungsort des Generalkapitels, aber auch fast immer Versammlungsort der preußischen Stände, die nur ausnahmsweise in Heiligenbeil oder in Bartenstein tagten. Das bedeutet, daß eben in Königsberg die für die Politik des Deutschordensstaates zuständigen Gremien zusammenkamen. Die letzten 70 Jahre der Deutschordensherrschaft in Preußen zeigen die langsame Herausbildung eines Gleichgewichts zwischen den Herrschenden (dem Deutschen Orden) und den Beherrschten (den Ständen, d.h. Adel und Städten). Wir haben es hier mit einer deutlichen Emanzipation des Teiles der preußischen Gesellschaft zu tun, der nach dem Thorner Frieden von 1466 unter der Herrschaft des Deutschen Ordens verblieb. Königsberg war auch das einzige bedeutende Wirtschaftszentrum in Ordenspreußen. Die Tatsache, daß in der Stadt das Kapitel des samländischen Bistums residierte, erhöhte ihren Rang als Landeshauptstadt. Lediglich im Bereich der Kultur erfüllte Königsberg nicht ganz die Anforderungen, die man an eine Hauptstadt stellt.

Am interessantesten in der Geschichte Königsbergs jener Zeit ist die Umwandlung der Hauptstadt einer geistlichen Herrschaft in die Residenz des Herzogs und Hauptstadt des weltlichen territorialen Staates. Es war ein Evolutionsprozeß, dessen Höhepunkt auf die Amtszeit der zwei letzten Hochmeister des Deutschen Ordens fiel, des Herzogs Friedrich von Sachsen und Markgraf Albrechts von Brandenburg. Diese Umwandlung betrafen verschiedene Lebensbereiche der Hauptstadt.

Die wichtigsten Änderungen bestanden im Verzicht des Deutschen Ordens auf das Machtmonopol und in der Einbeziehung der Stände in die Regierung. Dem Hochmeister Friedrich, der in Sachsen erzogen worden war, wo die Ständevertretung mitregierte, lag daran, die preußischen Stände in seine Politik einzubeziehen. Er hoffte, durch politische Zugeständnisse an die Stände deren Unterstützung, hauptsächlich bei der Ablehnung des Lehnseides gegenüber dem polnischen König, zu gewinnen. Durch Konzessionen im Innern des Landes wollte er eine größere Geschlossenheit der Einwohner Preußens nach außen erlangen. Der Hochmeister traf folgende Entscheidungen:

Im Februar 1501 gründete Friedrich von Sachsen einen Rat mit 12 bis 15 Vertretern des Adels und der Städte. Mitglieder dieses Rates waren u.a. folgende Adlige: Daniel von Kunheim, Wendt zu Eulenburg, Brosius Perbandt, Peter Kobersee, Kunz Truchsess, Johann Pröck, Botho zu Eulenburg und Christoph Roder[3]. Teilweise hatte Friedrich von Sachsen Vertreter der Grafenfamilien, die sich nach dem Dreizehnjährigen Krieg in Preußen angesiedelt hatten, einbezogen. Doch bildete die Erweiterung der Regierungskreise, obgleich es sich dabei nur um eine kleine weltliche Führungsgruppe handelte, einen Bruch im politischen System des Deutschordenslandes. Königsberg ähnelte damit langsam den

---

3 Helmut Freiwald: Markgraf Albrecht von Ansbach-Kulmbach und seine landständische Politik als Deutschordens-Hochmeister und Herzog in Preußen während der Entscheidungsjahre 1521 bis 1528. Kulmbach 1961, S. 44.

anderen Hauptstädten, in denen die Herrschaft auf dem sogenannten Machtdualismus von Herrscher und Ständen beruhte.

Man gründete nach sächsischem Vorbild das Hofgericht, genannt Quatembergericht (*quatuor tempora*, weil es vierteljährlich zusammentrat). Dieses Gericht bestand aus zwölf Personen. Es waren zwei Bischöfe, die sich jährlich im Vorsitz ablösten, zwei Räte des Hochmeisters und je vier Vertreter des Adels und der Städte. Königsberg widersetzte sich lange diesen Plänen des Hochmeisters, denn in der Altstadt Königsberg befand sich das Obergericht (Oberkolm), das die Rolle der Appellationsinstanz übernahm. Schließlich gaben aber die Stände aus Ordenspreußen im Jahre 1508 nach[4]. Die Institution des Hofgerichts, zusammengesetzt aus Mitgliedern des Deutschen Ordens und Vertretern der Stände, zerstörte das Machtmonopol des Deutschen Ordens. Ordenspreußen glich damit den anderen Territorialherzogtümern des Deutschen Reiches, und die Hauptstadt Königsberg orientierte sich an anderen westeuropäischen Hauptstädten.

Der Königsberger Hof wurde neu organisiert. Dies fand in der Hofordnung vom Jahre 1499 seinen deutlichsten Ausdruck[5]. Bis zu dieser Zeit hatten die Ordensregeln ausgereicht. Der Hochmeister begann jetzt, im Schloß Hochzeiten junger Adelspaare zu veranstalten. Das sollte die Annäherung zwischen der bisher isolierten Korporation der Ordensritter und den Einheimischen beschleunigen. Auch die Residenz des Hochmeisters - das Königsberger Schloß - änderte somit den Charakter. Es scheint, daß schon Friedrich von Sachsen sich mehr für einen Herzog als für den Hochmeister eines Ordens hielt.

Am Hof des Hochmeisters in Königsberg wurde ein Humanistenkreis gebildet. Zu ihm gehörten der Theologe, Kanzler und Bischof von Samland Paul Watt, der Chronist Liborius Naker, der Schriftsteller und Diplomat Dietrich von Werthern, der Absolvent der Universitäten von Leipzig und Bologna Hans von Schönberg, die Ärzte Erasmus Stella und Wilhelm Haldenhoff, die Juristen Christoph Kupener, Stephan Gert, Sebastian von der Heide, Johann Kitzscher, der Leipziger Professor und spätere Domherr von Frauenburg, Johann Sculteti[6]. Wir wissen auch, daß der Hochmeister Friedrich zahlreiche Bücher ankaufte, doch sind uns die Titel bedauerlicherweise nicht bekannt. Jedenfalls stellte der Königsberger Humanistenkreis neben dem Kreis um den pomesanischen Bischof Hiob von Dobeneck in Riesenburg eine Besonderheit im damaligen Ordenspreußen dar. Das Kulturniveau der Deutschordensritter vor der Säkularisierung war im allgemeinen nicht sehr

---

4 Hermann Fischer: Das Quatember oder Hofgericht zu Königsberg (1506-1525). In: Altpreußische Forschungen 1 (1924), S. 42.
5 Kurt Forstreuter: Die Hofordnungen der letzten Hochmeister in Preußen. In: Prussia 29 (1931), S. 222-231.
6 Kurt Forstreuter: Vom Ordensstaat zum Fürstentum. Geistliche und politische Wandlungen im Deutschordensstaate Preußen unter den Hochmeistern Friedrich und Albrecht (1498-1525). Kitzingen/Main 1951, S. 23-32.

hoch. So schätzen es zwei berühmte deutsche Kenner dieser Problematik, Erich Joachim[7] und Walther Hubatsch[8], ein. Indem Friedrich von Sachsen Gelehrte um sich zu sammeln begann, leitete er den Emanzipationsprozeß Königsbergs im Bereich der Kultur ein.

Es wird gewöhnlich angenommen, daß in der Herrschaftszeit Friedrichs von Sachsen die Umwandlung des Deutschordenslandes in einen weltlichen Staat erfolgte. Es war zugleich die Zeit, in der sich der Charakter Königsbergs als Landeshauptstadt gewandelt hat.

Dieser Prozeß endete nicht mit dem Tod Friedrichs von Sachsen, sondern nahm in der Amtszeit seines Nachfolgers, des Hochmeisters Albrecht von Ansbach-Bayreuth, neue Dimensionen an. Die weiteren Umwandlungen können wir in verschiedenen Bereichen des öffentlichen Lebens beobachten.

Die wichtigste Änderung in der Hauptstadt des Deutschordenslandes während der Amtszeit des Hochmeisters Albrecht war der Verfall der Organisationformen der zentralen Institutionen des Deutschen Ordens. Er kam darin zum Ausdruck, daß die wichtigsten Ordensämter nicht mehr besetzt wurden. Folgende Ämter blieben unbesetzt: seit 1511 das Oberspitteleramt, seit dem 4. Mai 1516 das Oberkämmereramt, seit Oktober 1522 das Obermarschallamt, seit 1523 das Großkomturamt und schon seit dem 4. Februar 1455 das Schatzmeisteramt. Dies führte dazu, daß in der Endphase der Amtszeit des Hochmeisters Albrecht das Generalkapitel des Deutschen Ordens zu funktionieren aufhörte[9].

Der Hochmeister Albrecht setzte die Politik seines Vorgängers fort, indem er fremde, nicht aus Preußen stammende weltliche Berater heranzog. In der Zeit von 1515 bis 1521 lag die Lenkung des Staates de facto in den Händen von Albrechts weltlichem Berater Dietrich von Schönberg[10].

Weiterhin wirkte bei dem Hochmeister in Königsberg ein größtenteils aus weltlichen Beratern zusammengesetzter Rat. Der junge Hochmeister - Albrecht war damals wenig über 20 Jahre - suchte Mitarbeiter unter den jungen Grafen aus den Familien Eulenburg, Kittlitz, Dohna sowie unter den Adligen (Kunheim). Später wurden, statt Personen aus dem Orden zu befördern, weitere weltliche Berater neu in den Rat aufgenommen. So erschienen im Jahre 1523 im Rat die neuen Namen Schlieben, Truchsess, Kreytzen, Lehndorf, Kobersee, Rippe, Lesgewang, Rauter und Königsegg[11].

Es kam zu einer Verweltlichung des Hochmeisterhofes. Mehrere Personen aus dem Adelsstand erhielten Hofämter, so beispielsweise Schertwitz, Schlieben, Partein, Falkenstein und Pröck. Dietrich von Schlieben wurde sogar Hofmarschall[12]. Auch in der Kanzlei

---

7 Erich Joachim: Vom Kulturzustande im Ordenslande Preußen am Vorabende der Reformation. In: Altpreußische Forschungen 1 (1924), S. 1-22.
8 Walther Hubatsch: Die inneren Voraussetzungen der Säkularisation des deutschen Ordensstaates in Preußen. In: Archiv für Reformationsgeschichte 43 (1952), S. 145-171.
9 Johannes Voigt: Namen-Codex der deutschen Ordens-Beamten. Königsberg 1948, S. 8f., 13, 15.
10 Forstreuter (wie Anm. 6), S. 60-67.
11 Freiwald (wie Anm. 3), S. 101-103.
12 Ebd., S. 87, 236.

des Hochmeisters wirkten Personen aus dem preußischen Adel, die also nicht dem Orden angehörten, wie etwa Christoph Gattenhofer, Ulrich von Inglingen und Christoph Portugal[13].

Auch verstärkte sich der weltliche Charakter des Hofgerichts, das seit 1508 Kammergericht und seit 1512 Hofgericht genannt wurde und das seit 1517 das oberste Appellationsgericht im Deutschordensstaat war. In diesem Gericht saßen u.a. folgende Nicht-Ordensbrüder: in den Jahren 1510-1513 Dr. Stephan Gert, 1512-1513 der Lizentiat der Rechte Georg von Polentz und im Jahre 1523 der Magister der Rechte Bartolomäus Gross. Aus dem Adel wirkten im Hofgericht Botho zu Eulenburg, Kunz Truchsess, Christoph Roder, Georg Schlesinger, Kurz Langhenicke, Johann Lyndenaw, Johann Thyme und Johann Hawbitz[14].

Alle genannten Veränderungen führten unvermeidlich zur Säkularisierung des Deutschordenslandes und zu grundlegenden Umwandlungen des Charakters seiner Hauptstadt Königsberg. Über die Beschleunigung dieses Prozesses entschied jedoch die rasche Verbreitung der Reformation in der Stadt nach 1523.

Aus der obigen Beschreibung wird ersichtlich, daß sich Königsberg schrittweise aus der Hauptstadt einer geistlichen Herrschaft in die Hauptstadt eines typisch weltlichen Fürstentums verwandelt hatte. Über ihren neuen Charakter entschieden folgende Ereignisse:

Am 10. April 1525 leistete der Hochmeister des Deutschen Ordens, Albrecht von Ansbach-Bayreuth, dem polnischen König Sigismund dem Alten auf dem Krakauer Markt den Huldigungseid. Bevor es zu diesem feierlichen Akt kam, fand am 8. April desselben Jahres in Krakau die Unterzeichnung des Friedensschlusses statt. Dadurch wurde der Ordensstaat in Preußen formal abgeschafft und an seiner Stelle das Herzogtum Preußen als ein polnisches Lehen ins Leben gerufen. Der letzte Hochmeister, Albrecht, wurde damit zum ersten weltlichen Herzog von Preußen. Das weltliche Herzogtum hätte ein katholisches Herzogtum bleiben können, womit die polnische Seite wohl rechnete. Davon zeugt Artikel 7 des Krakauer Traktats. Die Übergabe des Lehens an Herzog Albrecht erfolgte in der Hauptstadt des Herzogtums, also in Königsberg. Am 25. Mai 1525 übergaben die polnischen Kommissare, der Marienburger Wojwode Georg von Bayern (Bażyński), der pommerellische Unterkämmerer Achatius von Zehmen (Cema) und der Starost von Bratian Johann Wieczwiński, im Namen des polnischen Königs das Herzogtum Preußen Herzog Albrecht als polnisches Lehen. Am 29. und 30. Mai nahm Herzog Albrecht in Anwesenheit der Beauftragten des polnischen Königs auf dem Königsberger Schloß den Huldigungseid der preußischen Stände entgegen. Nur die sieben unnachgiebigen Ordensbrüder Heinrich Miltitz, Quirin Schlick, Adrian, Leo und Faustin von Weiblingen, Philippe Creutz und Johann von der Gabelentz wollten den Huldigungseid nicht ablegen, doch haben sich

---

13 Ebd., S. 88.
14 Fischer (wie Anm. 4), S. 51.

die meisten von ihnen nach einigen Tagen gebeugt[15]. Nur wenige sind ins Reich ausgewandert. Ein symbolisches Ereignis war in diesem Zusammenhang der Zwischenfall vom 31. Mai. Ein als "alt Pilgrim" bezeichneter Adliger hatte nämlich dem Ordensbruder Kaspar Blumenau das Kreuz aus dem Mantel geschnitten[16]. Das Deutschordensland Preußen erlebte sein Ende. Seine Hauptstadt Königsberg sollte nach einer Übergangszeit eine gewöhnliche Hauptstadt eines weltlichen Staates werden.

Am 6. Juli 1525 verordnete Herzog Albrecht, an den Türen aller Kirchen im Herzogtum ein Mandat anzubringen, in dem er die Verkündung des "reinen" Wortes Gottes, also des Evangeliums nach Luther, verordnete[17]. Der offizielle Übergang des preußischen Herzogs zur Reformation bedeutete die Bestätigung der konfessionellen Veränderungen, die im Herzogtum sowie in seiner Hauptstadt in den Jahren 1523-1525 erfolgt waren. Das Herzogtum Preußen wurde zum ersten lutherischen Staat in Europa und Königsberg zur ersten lutherischen Hauptstadt auf unserem Kontinent. In Königsberg fanden Protestanten aus Deutschland sowie aus Polen und Litauen Asyl. Katholiken sah man hier nicht gern. Sie wurden nicht zu Ämtern und nicht zur Universität zugelassen. Königsberg war wohl die erste Stadt in Europa, in der der Übergang zur lutherischen Konfession so schnell erfolgte. In anderen Städten und Ländern, vor allem im Deutschen Reich, gelang der Übergang zur lutherischen Konfession, später zur reformierten Konfession und schließlich teilweise zurück zur katholischen Konfession erst nach 1555, als man sich auf den Grundsatz "cuius regio eius religio" verständigt hatte. Das vollzog sich eigentlich erst in den siebziger Jahren des 16. Jahrhunderts. Königsberg war Sitz des samländischen lutherischen Bistums und seit 1587 des Konsistoriums, d.h. der höchsten geistlichen Macht in diesem Staat.

Am 1. Juli 1526 heiratete der 36jährige Albrecht in Königsberg die dänische Königstochter Dorothea. Diese Ehe war der letzte Schritt Herzog Albrechts, durch den er die Bande mit dem Deutschen Orden endgültig löste[18]. Königsberg wurde jetzt zu einem Hofsitz und zu einer Residenz der Hohenzollern-Dynastie.

Die Umgestaltung der Hauptstadt einer geistlichen Herrschaft in die Hauptstadt eines weltlichen Staates hatte zur Folge, daß anstelle der früheren Ordensbehörden neue, weltliche Regierungs- und Verwaltungseinrichtungen des Herzogtums geschaffen wurden. Wie erwähnt, verlief dieser Prozeß schrittweise während der Amtszeit der letzten zwei Hochmeister. Erst im Jahre 1542 wurde aber aufgrund der Regimentsnottel in Königsberg formal die Regierung des Herzogtums (Oberratsstube) gegründet. Sie setzte sich fast ausschließlich aus Vertretern des Adels zusammen und übte gemeinsam mit dem Herzog die

---

15 Freiwald (wie Anm. 3), S. 120.
16 Acten der Stände Ost- und Westpreußens. Hg. v. Max Toeppen. Bd. 5, Leipzig 1836, S. 774.
17 Urkundenbuch zur Reformationsgeschichte des Herzogtums Preußen. Hg. v. Paul Tschackert. Bd. 2, Leipzig 1890, Nr. 371.
18 Janusz Małłek: Ustawa o rządzie Prus Książęcych (Regimentsnottel) z roku 1542 [Regierungsgesetz des Herzogtums Preußen (Regimentsnottel) aus dem Jahre 1542]. Toruń 1967, S. 106.

Königsberg - vom Deutschen Orden zum Herzogtum Preußen 133

Macht im Lande aus[19]. Zugleich blieb Königsberg der Ort, an dem sich in der Regel die preußischen Stände auf den Landtagen versammelten. Der Landtag des Herzogtums bestand aus drei Kammern: die erste Kammer bildeten die protestantischen Bischöfe, wenige Barone und Grafen sowie die herzoglichen Berater, die zweite Kammer bestand aus Vertretern des Adels und die dritte aus Vertretern der Städte. In der dritten Kammer führte die Hauptstadt. Die kleinen Städte (Hinterstädte) - ausgenommen Bartenstein - akzeptierten wohl die dominante Stellung der Königsberger.

Im Jahre 1544 wurde in Königsberg die protestantische Universität gegründet. Ihre kulturbildende Rolle sowohl in der Hauptstadt als auch im ganzen Herzogtum kann man nicht überschätzen.

Die Versuche Herzog Albrechts, im Jahre 1525 die drei Königsberger Städte (Altstadt Königsberg, Kneiphof und Löbenicht) in einem hauptstädtischen Organismus zu vereinigen, mißlangen. Die Pläne des Herzogs, in die städtischen Bänke und Räte seine Vertreter einzuführen, scheiterten am Widerstand der Bürger, die darin einen Anschlag auf ihre Privilegien erblickten[20].

Königsberg blieb zu Beginn des 16. Jahrhunderts auch die mit Abstand größte Stadt im Herzogtum (10 000 Einwohner). Seit Mitte des 16. Jahrhunderts übernahm diese Stadt in bedeutendem Maße den litauischen Handel, für den sie schon früher das Stapelrecht besaß. Das hatte grundsätzliche Bedeutung für die wirtschaftliche Stellung der Hauptstadt im Herzogtum sowie unter den Hansestädten an der Ostsee. Königsberg hat zwar nie eine solche Position wie Danzig erlangt, doch gehörte es zu den ökonomisch führenden Städten in diesem Raum[21].

Alle genannten Umwandlungen haben wesentlich dazu beigetragen, daß sich Königsberg zur Hauptstadt eines mittelgroßen lutherischen Herzogtums im Europa des 16. Jahrhunderts entwickelte.

---

19 Ebd., S. 162f.
20 Helmut Freiwald: Der Plan Herzog Albrechts vom 2. August 1525 zur Vereinigung und rechtlichen Umgestaltung der drei Städte Königsberg. In: Jahrbuch der Albertus Universität zu Königsberg/Preußen 11 (1961), S. 155-172.
21 Lothar Dralle: Der Staat des Deutschen Ordens nach dem 2. Thorner Frieden (1466-1497). Wiesbaden 1975, S. 58f.

Jacob Goldberg

Metropolen und Zentren der Judenschaft in Polen

Zum Problemkreis "Metropolen in Ostmitteleuropa" gehört ebenfalls die in der Historiographie bislang völlig unbeachtet gebliebene Frage nach den Funktionen und dem Wirkungsbereich zentraler und regionaler Zentren des sozialen, kulturellen und religiösen Lebens der in diesem Gebiet zu besonderem Recht ansässigen ethnischen Gruppen. An erster Stelle stehen hier die metropolitanen Zentren der jüdischen Bevölkerung der polnischen Adelsrepublik, wo die Juden um ein Vielfaches zahlreicher waren als in anderen Ländern der Diaspora und die am stärksten differierende "ethnisch-rechtliche Gruppe" (Mączak) in ganz Ostmitteleuropa bildeten. Es sei daher noch einmal kurz darauf hingewiesen, daß Schätzungen zufolge im Großfürstentum Litauen und in den Kronländern im 16. Jahrhundert etwa 150 000 und in der ersten Hälfte des 17. Jahrhunderts fast eine halbe Million Juden lebten. Infolge der von den Kosaken an den Juden begangenen Massenmorde während des Chmiel'nickij-Aufstandes (1648) und der in den Schwedenkriegen erlittenen Verluste nahm die jüdische Bevölkerung beträchtlich ab. Doch dank den nach diesen Katastrophen einsetzenden Wanderungswellen und der großen Fertilität der Juden erreichte ihre Zahl in Polen-Litauen gegen Ende des 18. Jahrhunderts fast die Millionengrenze. Für die hier behandelte Problematik sind diejenigen Angaben von besonderer Bedeutung, nach denen die Juden im 16. Jahrhundert über 10 % in der Mitte des 17. Jahrhunderts mehr als 20 % und in der zweiten Hälfte des 18. Jahrhunderts etwa 50 % der Stadtbewohner in der Krone Polen und im Großfürstentum Litauen ausmachten[1]. In der Adelsrepublik lebten damals ca. 80 % aller europäischen Juden, die damit zugleich die größte Konzentration der jüdischen Bevölkerung in der Welt bildeten. Infolgedessen waren die bisher nicht untersuchten Verlagerungen der Metropolen und anderer bedeutenderer Zentren der jüdischen Bevölkerungsgruppe in Polen-Litauen von weitreichender Bedeutung; denn sie spielten eine entscheidende Rolle bei der Ausformung der Kultur der askenasischen Juden und bei der Erhaltung ihrer Tradition in ganz Europa.

---

1 Jerzy Topolski: On the Role of Jews in the Urbanization of Poland in the Early Modern Period. In: The Jews in Poland. Kraków 1992, S. 47.

Die jüdische Tradition schreibt den Metropolen eine große Bedeutung zu; so ist auch der bereits im 2. Buch Samuel, 20,19 auftretende hebräische Terminus *ir w'em* ("Mutterstadt")² älter als der inhaltlich identische, weiter verbreitete, griechische Begriff *metropolis*. Synonym für das verlorengegangene Vaterland war stets die Metropole Jerusalem, und die Hoffnung auf die Wiedergewinnung des eigenen Landes wurde durch den Glauben an die Rückkehr in diese Stadt ausgedrückt: "Nächstes Jahr in Jerusalem". Bezeichnenderweise interessierten sich jüdische Historiker in erster Linie für die Geschichte der Juden in den großen, zentral gelegenen polnischen Städten - obwohl für polnische Juden eigentlich die Kleinstädte typisch sind -, so daß wir über Monographien der großen jüdischen Gemeinden in Brody³, Krakau⁴, Lublin⁵, Posen⁶, Lemberg⁷ und Warschau⁸ verfügen, ohne daß die Autoren darin natürlich das Problem des Metropolencharakters dieser Zentren behandelt hätten.

Daher müssen ganz offensichtlich bei einer komplexen Behandlung des Problems der Metropolen sowie der sensu stricto nicht zu dieser Kategorie gehörenden Städte, die aber dennoch wichtige politische, kulturelle und ökonomische Zentren waren, zwei Fragen geklärt werden. Erstens: In welchem Maße übernahmen diese Zentren metropolenähnliche Funktionen für einen derart zahlreichen und wirtschaftlich bedeutenden Bevölkerungsteil, wie die Juden ihn darstellten? Zweitens: Unter welchen Bedingungen wurden einige von Juden bewohnte Städte und Kleinstädte für sie zu Zentren und Metropolen?

Bei der Klärung dieser beiden Fragen dürfte es sinnvoll sein, sich grundsätzlich an die von Maria Bogucka postulierten sieben Charakteristika für Metropolen zu halten⁹ und Modifizierungen vorzunehmen, die sich aus der Berücksichtigung der Situation, der Kultur und des sozialen und rechtlichen Status der Juden in der alten polnischen Adelsrepublik ergeben. Die von Bogucka genannten demographischen und ökonomischen Faktoren nebst

---

2 "Ich [die Stadt Abel] bin eine von den friedsamen und treuen Städten in Israel; und du willst die Stadt töten und die Mutter in Israel? Warum willst du das Erbteil des Herrn verschlingen?"
3 Worm, Dawid: Z dziejów żydostwa brodzkiego [Aus der Geschichte des Judentums in Brody]. Brody 1935; Natan Michał Gelber: Toldot Jehudej Brody [Geschichte der Juden in Brody]. Tel Aviv 1952.
4 Majer Bałaban: Historja Żydów w Krakowie i na Kazimierzu [Geschichte der Juden in Krakau und Kazimierz]. 2 Bde. Kraków 1931,1936.
5 Ders.: Die Judenstadt von Lublin. Berlin 1919.
6 J. Perles: Geschichte der Juden in Posen. In: Monatsschrift für Geschichte und Wissenschaft des Judentums 13 (1864), S. 281-295, 321-334, 361-373, 409-420, 449-461 und 14 (1865), S. 81-93, 121-136, 165-178, 205-216, 256-263.
7 Jakób Caro: Geschichte der Juden in Lemberg von den ältesten Zeiten bis zur Theilung Polens im Jahre 1792. Krakau 1894; Majer Bałaban: Żydzi lwowscy na przełomie XVI-go i XVII-go wieku [Die Lemberger Juden an der Wende vom 16. zum 17. Jahrhundert]. Lwów 1906.
8 Jakub Szacki: Geschichte fun di Jidn in Warsche [Geschichte der Juden in Warschau]. 3 Bde. New York 1947.
9 Siehe dazu in diesem Band den Aufsatz von Maria Bogucka; vgl. dies.: Między stolicą, miastem rezydencjonalnym i metropolią. Rozwój Warszawy w XVI-XVIII wieku [Zwischen Hauptstadt, Residenzstadt und Metropole. Warschaus Entwicklung vom 16. bis 18. Jahrhundert]. In: Rocznik Warszawski 23 (1993), S. 173-186.

der Fähigkeit zur Ausstrahlung ins Umland spielen eine analoge Rolle bei sämtlichen Metropolen und bleiben somit auch im jüdischen Fall unverändert. Doch bereits ein Charakteristikum wie die "Übergröße des Hinterlandes" bezieht sich im Falle der Juden nicht allein auf das Bevölkerungspotential dieses Hinterlandes; denn die Bedeutung eines jüdischen Zentrums wurde ebenfalls von der Anzahl der Gemeinden bestimmt, über die es im administrativen und kulturellen Bereich sowie im religiösen Leben eine Oberherrschaft ausübte. Das hängt mit der Multifunktionalität der Metropolen zusammen, darunter auch mit ihrer Rolle in dem hierarchischen System der dreistufigen jüdischen Autonomie, wie es sich in der Adelsrepublik ausgebildet hatte. Auf lokaler Ebene gab es die Einrichtungen der Gemeinde, auf regionaler Ebene die jüdischen Landtage und auf der zentralen Ebene die beiden sogenannten "Judenreichstage", von denen der eine für die Krone Polen, der andere für das Großfürstentum Litauen zuständig war.

Die Funktionen der jüdischen Metropolen im kulturellen und religiösen Bereich fanden ihren Ausdruck im Wirken der dort bestehenden wichtigeren religiösen Hochschulen oder Talmudhochschulen, der *jeschiwot,* an die es zahlreiche Hörer aus dem In- und Ausland zog. Diese Hochschulen spielten in der jüdischen Gesellschaft und im Leben der jüdischen Metropolen eine universalere Rolle als die Universitäten in den allgemeinen Metropolen. Die gelehrten Rabbiner an den bedeutenderen *jeschiwot* in Polen waren in ganz Europa anerkannte Autoritäten, an die sich auch Juden aus anderen Ländern in schwierigen Fragen um Rat wandten und deren Werke Einfluß auf die jüdische Kultur sowie auf jüdische Sitten und Gebräuche hatten.

Das dritte Charakteristikum einer Metropole, die "leichte Zugänglichkeit", bedarf im jüdischen Kontext einer bestimmten Ausweitung; denn unter der Zugänglichkeit einer Stadt verstanden die Juden nicht allein geophysikalische Bedingungen, sondern in erster Linie die Rechtslage, d.h. ob den Juden erteilte Privilegien diese Zugänglichkeit ermöglichten. Häufig erfolgte sie aufgrund der von polnischen Königen und anderen Vertretern der Staatsmacht sowie adligen Stadtherren geübten Toleranz, weitaus seltener infolge einer Zustimmung der Bürgerschaft, da diese im allgemeinen sehr schwer zu bewegen war, eine Ansiedlung von Juden in den königlichen Städten zu dulden. Doch sind uns auch Fälle bekannt, in denen Städte, für deren Gebiet Ansiedlungsbeschränkungen und -verbote für Juden galten, den Charakter von jüdischen Metropolen annahmen.

Jüdische Metropolen bildeten sich in Polen erst im Laufe des 15. Jahrhunderts heraus. Vorher war das jüdische Bevölkerungspotential in den polnischen Städten zu unbedeutend, und es fehlten auch unerläßliche andere Faktoren. Im 15. Jahrhundert stand die lediglich etwa 25 000 Personen umfassende polnisch-jüdische Gesellschaft noch gänzlich unter dem Einfluß der jüdischen Kulturzentren in Deutschland, Böhmen und Spanien. Doch wandelte sich diese Situation in dem Maße, in dem die Juden dort unterdrückt wurden, was bekanntlich dazu führte, daß sie in den Nachbarländern Polens aus den großen Städten verdrängt und von der Iberischen Halbinsel vollständig vertrieben wurden. Das Entstehen der ersten jüdischen Metropolen in Polen hängt daher ursächlich mit der Einwanderung von Juden vor allem aus Deutschland, Böhmen und Mähren zusammen, von wo sie mit ihrem Kapital und eigenen Kulturleistungen in die groß- und kleinpolnischen Städte kamen, so daß deren Bedeutung durch den Zuwachs an Einwohnern, aber auch in kultureller und ökonomischer Hinsicht stieg. Im 15. und 16. Jahrhundert erfüllten die allgemeinen Metropolen die ihnen eigenen Funktionen ebenfalls für die Juden, die dort Formen des sozialen Lebens und eine Kultur entwickelten, die wieder auf andere Zentren ausstrahlte.

Eine solche Rolle übernahmen im 15. Jahrhundert Krakau und etwas später das angrenzende Kazimierz, wohin die Krakauer Juden am Ende desselben Jahrhunderts ausgewiesen wurden. Die Vertreibung der Juden aus Krakau nach Kazimierz hemmte vermutlich die Entwicklung einer jüdischen Metropole in Krakau, vereitelte sie jedoch nicht gänzlich. Zunächst bildete sich ein metropolenähnliches jüdisches Zentrum in Kazimierz, das nun Juden aus dem In- und Ausland anzog. Die Zuzügler kamen hauptsächlich aus Böhmen, Mähren, Schlesien und Deutschland. Die weitaus meisten, die hier Asyl fanden, stammten aus Prag, wo Juden im 15. und 16. Jahrhundert ständigen Verfolgungen ausgesetzt waren. Majer Bałaban, der im Warschauer Ghetto gestorbene führende Historiker der polnischen Juden, schrieb, daß im 15. und 16. Jahrhundert *alle Gruppen von Vertriebenen auf ihrem Weg stets ein Ziel hatten, und dieses Ziel war Polen; die meisten zog es nach Krakau, wo sie zusammen mit den seit langem dort ansässigen böhmischen Juden eine gesonderte Gemeinde in Kazimierz gründeten*[10]. Auf diese Weise wurde die jüdische Metropole aus Prag in die damalige polnische Hauptstadt verpflanzt und anschließend in das nahe Kazimierz übertragen. Später versuchte dann die Prager Gemeinde unter vielen Mühen, die verlorene Position zurückzugewinnen. In Krakau und Kazimierz wirkten eine Reihe von großen jüdischen Persönlichkeiten: an der Wende vom 15. zum 16. Jahrhundert war das z.B. Jakob Polak, der Vater des sogenannten *pilpul*, eines jahrhundertelang angewendeten Systems zur Talmud- und Bibelinterpretation. Krakaus Bedeutung als jüdische Metropole hob ferner Moses Isserles, die dort im 16. Jahrhundert wirkende größte intellektuelle Autorität unter den polnischen Juden der alten Adelsrepublik. Da er bald zu europäischem Ruhm gelangte, kamen an die von ihm geleitete *jeschiwa* Hörer aus vielen Ländern. Eine wesentliche Bedeutung für die Entwicklung der kulturellen Funktionen der alten Metropolen ist auch den dort gegründeten Druckereien zuzuschreiben. So gab es in Krakau bereits im 16. Jahrhundert eine jüdische "Offizin", deren hebräische Bücher in ganz Europa Absatz fanden. Die Krakauer Juden übten eine vielseitige Wirtschaftstätigkeit aus; unter ihnen befanden sich Bankiers und Großkaufleute.

Während Krakau eine allgemeine und zugleich jüdische Metropole war, stellte Lublin eine ausschließlich jüdische Metropole dar. Seine günstige geographische Lage und die

---

10 Bałaban (wie Anm. 4), Bd. 1, S. 98.

dort abgehaltenen großen Jahrmärkte zogen zahlreiche Juden an, was mit dazu beitrug, daß in dieser Stadt eine Reihe von jüdischen Institutionen entstand, die für ganz Polen Bedeutung hatten. Im 16. und während eines großen Teils des 17. Jahrhunderts wurde Lublin von den polnischen Juden als *ir w'em*, als Metropole angesehen. Beginnend mit den achtziger Jahren des 16. Jahrhunderts (1581) tagte dort für mehrere Jahrzehnte der berühmte Sejm der polnischen Juden, der sogenannte Vierländerrat, an den sich auch Juden aus dem Ausland wandten, denn bekanntlich gab es in keinem anderen Land der Diaspora eine ähnliche parlamentarische Vertretung der Juden[11]. Der Ort der jüdischen Sejmversammlungen ergab sich aus der Rolle der großen Lubliner Jahrmärkte, auf die Vertreter der jüdischen Gesellschaft aus allen Gegenden Polens kamen[12]. In der neuen Hauptstadt Warschau, wo ein nahezu strikt beachtetes Niederlassungsverbot für Juden galt, bestanden damals keine Voraussetzungen, um den Vierländerrat dorthin einzuberufen. In Lublin trat außerdem der zentrale jüdische Gerichtshof (Judentribunal) zusammen, und nach Lublin kamen ebenfalls Juden, die etwas am Krontribunal, der zentralen Institution des altpolnischen Gerichtswesens, zu erledigen hatten. In vielen Fällen fanden vor diesem Forum Prozesse gegen Juden, die der Hostienschändung und eines angeblichen Ritualmordes angeklagt waren, ein tragisches Ende[13].

In Lublin gab es des weiteren eine berühmte *jeschiwa,* die im 16. und zu Beginn des 17. Jahrhunderts in ihrer Bedeutung der Krakauer nicht nachstand[14]. Doch diese beiden Zentren des Judaismus unterschieden sich damals in ihrer philosophischen Orientierung: in der Lubliner *jeschiwa* war der zur Kabbala neigende Salomon Lurja unangefochtene Autorität, während in der Krakauer Talmudhochschule der unter dem Einfluß des Aristotelismus stehende Moses Isserles die Richtung bestimmte.

Trotz des in Krakau und Lublin bestehenden Wohnverbotes für Juden waren diese Städte für sie Zentren mit Metropolencharakter. Allerdings wirkten sich diese Restriktionen auf die Lokalisierung der dortigen Judenviertel und die städtische Raumordnung aus. So war die sogenannte Judenstadt in Kazimierz zwar nicht rechtlich in das benachbarte Krakau integriert, aber ihre Einwohner galten im allgemeinen doch als Krakauer Juden. In Lublin wohnten die Juden zunächst unterhalb des Schloßberges, der eine Rechtsenklave [poln. *jurydyka*] innerhalb des Stadtgebietes war; später konnten sie dann die Grenzen des dort

---

11 Mojżesz Schorr: Organizacya Żydów w dawnej Polsce (od najdawniejszch czasów aż do r. 1772) [Der Zusammenschluß der Juden im alten Polen (von den ältesten Zeiten bis 1772)]. In: Kwartalnik Historyczny 13 (1899), S. 52; vgl. ders.: Rechtsstellung und innere Verfassung der Juden in Polen. Ein geschichtlicher Rundblick. Berlin/Wien 1917; Jakub Goldberg: Żydowski Sejm Czterech Ziem w społecznym i politycznym ustroju dawnej Rzeczypospolitej [Der jüdische Vierländerrat in der sozialen und politischen Ordnung der alten Adelsrepublik]. In: Żydzi w dawnej Rzeczypospolitej [Die Juden in der alten Adelsrepublik]. Hg. v. Andrzej Link-Lenczowski. Wrocław/Warszawa/Kraków 1991, S. 44-58.
12 Bałaban (wie Anm.5), S. 46; vgl. Pinkas Waad Arba Arazot [Das Protokollbuch des Vierländerrates]. Hg. v. Israel Halpern. Jerusalem 1945; 2. Aufl.: Bd. 1. Hg. v. Israel Bartal. Jerusalem 1990.
13 Bałaban (wie Anm. 5), S. 37-42.
14 Ebd., S. 29-32.

entstandenen Judenviertels erweitern. In Städten mit dem Charakter einer Metropole waren die Juden mehr als anderswo den Angriffen des im 16. und zu Beginn des 17. Jahrhunderts in den großen Städten noch mächtigen Bürgertums ausgesetzt, das in ihnen gefährliche Konkurrenten in Handel und Handwerk sah. Eine wesentliche Hilfe für die Juden bei ihren Kämpfen mit dem Bürgertum war die königliche Protektion. In einer Stadt wie Krakau nahm sie ausgeprägtere Formen an als gegenüber der sonstigen jüdischen Bevölkerung im Land. Einen eindeutigen Ausdruck fand dies beispielsweise nach dem Krakauer Pogrom 1637, als König Wladislaw IV. mit Bedauern verkünden ließ, daß von den Juden *viele in der Stadt verletzt, einige erschlagen, andere jenseits des Weichseltores ertränkt wurden; verschiedene Waren und nicht wenige Sachen gewaltsam fortgenommen und viele andere Schäden angerichtet wurden.* Gleichzeitig erklärte er expressis verbis: *Uns entrüstet diese Zügellosigkeit sehr, die den einem jeden rechtlich zugesicherten allgemeinen Frieden verletzt, <u>welcher doch an jedem Ort, zumal aber in unserer Hauptstadt uneingeschränkt in seiner Gültigkeit gewahrt bleiben sollte</u>*[15]. [Hervorhebung von J.G.]. In dieser königlichen Verlautbarung kam der hohe Rang zum Ausdruck, den Städte mit Metropolencharakter nach damals gültiger Wertordnung besaßen, und der nicht in Einklang mit einem Judenpogrom stand. Analoge königliche Erklärungen machten der jüdischen Bevölkerung Mut und halfen ihr, sich dem Bürgertum zu widersetzen, dem sehr daran gelegen war, die Juden vollständig aus den größeren Städten zu vertreiben[16], insbesondere aber aus denen, die zu den Metropolen gerechnet wurden.

Die Gemeinden in Krakau und Lublin hatten damals die Rolle von jüdischen Metropolen für ganz Polen inne, während die Gemeinden in Posen[17] und Lemberg vor allem die Rolle von regionalen Zentren übernahmen. Auch dort traten starke Antagonismen zwischen Juden und Bürgern auf, die gegenüber der jüdischen Einwohnerschaft ebenfalls zu Restriktionen griffen[18], wobei diese sich aber von denen in Krakau und Lublin unterschieden. Das ging sogar so weit, daß Lemberger Bürgerschaftsvertreter sich zusammen mit den Krakauer, Lubliner und Posener Repräsentanten auf einen gemeinsamen Schritt gegen die Juden

---

15 Archiwum Państwowe w Krakowie [Staatsarchiv Krakau], Rel. Crac. 61, S. 928
16 Jakub Goldberg: De non tolerandis Iudaeis. On the Introduction of the Anti-Jewish Laws into Polish Towns and the Struggle against them. In: Studies in Jewish History. Presented to Professor Raphael Mahler on his Seventy-Fifth Birthday. Merhavia 1974, S. 39-52; ders.: Poles and Jews in the Seventeenth and Eighteenth Centuries. Rejection or Acceptance. In: Jahrbücher für Geschichte Osteuropas 22 (1974), S. 248- 282.
17 Vgl. Louis Lewin: Die Landessynode der großpolnischen Judenschaft. Frankfurt a.M. 1926, S. 23: "Um 1450 hatte das Posener rabbinische Gericht eine Art Aufsichtsrecht über die Juden Schlesiens, um so mehr über diejenigen Großpolens."
18 Statuta Civitatis Posnaniensis. Commercium, artificia et agricultura. Hg. v. Witold Maisel. Bd. 2. Wrocław/Warszawa/Kraków 1968, Nr. 61f., S. 97-100, 108-112; Jewish Privileges in the Polish Commonwealth. Hg. v. Jakub Goldberg. Jerusalem 1985, S. 257 u. 259; Jerzy Wisłocki: Organizacja prawna poznańskiego rzemiosła w XVI i XVII wieku [Die Rechtsverfassung des Posener Handwerks im 16. und 17. Jahrhundert]. Poznań 1963, S. 84.

einigten: sie zwangen König Sigismund I. auf dem Sejm von 1521, alle den Juden erteilten Privilegien zu widerrufen. Diese Sanktionen verloren zwar im Laufe der Zeit an Bedeutung, aber sie behinderten doch eine weitere Konsolidierung und den Ausbau der genannten jüdischen Metropolen, wenn sie auch nicht dazu führten, daß der Zuzug von Juden ins Krakauer Kazimierz, nach Lublin und in das in Großpolen tonangebende Posen sowie nach Lemberg, das jüdische Zentrum in Rotreußen, nachließ.

Allerdings beeinträchtigten die Restriktionen die Existenzbedingungen der in den Metropolen ansässigen Juden in einem Punkt erheblich: sie schränkten deren Möglichkeit ein, Bauplätze zu erwerben oder Wohnungen in Bürgerhäusern zu mieten. Das hatte zur Folge, daß in den jüdischen Häusern eine kaum vorstellbare Enge herrschte[19], die ein größeres Ausmaß als anderswo annahm und wohl nur noch von der fürchterlichen Zusammenpferchung im Prager Ghetto übertroffen wurde. Die Überbelegung jüdischer Häuser nahm in den Metropolen generell krassere Formen an als sonst.

Es bedarf vermutlich keiner Begründung, daß nicht nur die jüdischen, sondern alle Metropolen, selbst wenn dort keine Juden lebten, für diese von vielfältiger Bedeutung waren. Hier wäre Danzig zu nennen, wo es - abgesehen von einigen wenigen Ausnahmen - keine ständigen jüdischen Einwohner gab. Dieser Zustand ist auf die noch aus der Ordenszeit stammenden Niederlassungs- und Aufenthaltsverbote zurückzuführen, die rigoroser gehandhabt wurden und sich als dauerhafter erwiesen als sämtliche Beschränkungen, die in anderen Städten der Adelsrepublik auf Initiative der Bürger eingeführt worden waren. Wie Maria Bogucka gezeigt hat, gelang es nur ab und zu, diese Verbote dank königlicher Interventionen oder mit nachhaltiger Unterstützung von seiten des Danziger Patriziats zu durchbrechen[20]. Es mutet paradox an, daß die Juden, die im Binnen- und Außenhandel eine so bedeutende Rolle spielten und einen so hohen Prozentsatz unter der in diesem Wirtschaftszweig tätigen Bevölkerung stellten, nur einen so begrenzten Zugang zum größten Handelsplatz der Adelsrepublik hatten.

Von besonderer Bedeutung für die Juden waren die Städte unter den Metropolen, die den Rang einer Hauptstadt besaßen oder Sitz staatlicher Institutionen waren, was sich aus der vom Staat über die Juden ausgeübten Herrschaft ergab. Hier wird man ohne größeres Risiko sagen können, daß in den Beziehungen zwischen Staat und Juden die fiskalischen Angelegenheiten den wichtigsten Platz einnahmen. So waren denn auch für die hier behandelte Frage die durch einen dezentralisierten Einzug der Judensteuern ausgelösten Veränderungen und die daraus resultierenden eingeschränkten Funktionen der bislang zuständigen staatlichen Zentralbehörden von grundsätzlicher Bedeutung. Dieser Prozeß wurde dadurch

---

19 Bałaban (wie Anm. 4), Bd. 1, S. 71; Adam Teller: Ha′rowa ha′jehudi schel Poznan b′machazit ha′rischona schel ha′mea ha′17 [Das Judenviertel in Posen in der 1. Hälfte des 17. Jahrhunderts.]; im Druck.
20 Maria Bogucka: Kupcy żydowscy w Gdańsku w pierwszej połowie XVII wieku [Jüdische Kaufleute in Danzig in der 1. Hälfte des 17. Jahrhunderts]. In: Przegląd Historyczny 80 (1989), S. 793-796.

beschleunigt, daß die Gesamtheit der jüdischen Gemeinden übereinstimmend forderte und auch durchsetzte, daß König Sigismund I. 1) die beiden von ihm unter den reichsten Krakauer Juden bestimmten Generalsteuereinnehmer der Judensteuern abberief und 2) das ebenfalls von ihm eingeführte Amt der Generalrabbiner wieder abschaffte[21]. Das ging auf die sich unter den jüdischen Gemeinden festigende Tendenz zurück, ihre Kompetenzen über die Juden zu erweitern, die in den ihnen unterstellten Kreisen lebten. Eine Folge war u.a., daß die Rolle der Hauptstadt geringer wurde, die für die Juden nur noch als Residenz ihrer königlichen Protektoren zählte. Das galt für Krakau und auch für Warschau mit seinem Privileg *de non tolerandis Iudaeis*.

Der Dezentralisierungsprozeß wirkte sich gleichfalls auf die sogenannten jüdischen Hauptgemeinden aus, denn die ihnen bislang unterstehenden Gemeinden sowie die kleinen benachbarten jüdischen Siedlungen, die noch keine selbständigen Selbstverwaltungseinheiten waren, nutzten gewöhnlich die Unterstützung seitens der Schlachta oder der Magnaten, um das Recht auf eine eigene Gemeindeverwaltung, auf den Bau einer Synagoge und die Anlage eines Friedhofs zu erhalten, d.h. auf die für die Existenz einer jüdischen Gemeinde unerläßlichen Institutionen[22]. In den Adels- und Magnatenstädten endete der territoriale Bereich der jüdischen Gemeindeherrschaft an der Grenze der Besitzungen der Stadteigentümer, denen daran gelegen war, daß die auf ihren Gütern wohnenden Juden nicht den jüdischen Gemeinden in den königlichen Städten oder in den Ortschaften einer anderen (Adels-) Herrschaft unterstanden[23]. Dadurch schrumpfte das Hinterland der Hauptgemeinden, womit auch die lokale oder regionale Bedeutung der beiden jüdischen Metropolen Krakau und Lublin eine Einbuße erlitt[24]. So war beispielsweise Tykocin im 16. Jahrhundert die größte Gemeinde in Podlachien, der 23 Gemeinden in podlachischen und ostmasowischen Städten unterstanden, doch im Laufe der Zeit konnten sie sich alle verselbständigen und eine mit der ehemaligen Muttergemeinde Tykocin gleichrangige Stellung erlangen[25].

Dieser Wandel verlief parallel zu zwei Erscheinungen: 1) zur Gründung neuer jüdischer Siedlungen, die selbständige Gemeinden wurden, und 2) zu der bereits in der ersten Hälfte des 16. Jahrhunderts einsetzenden Abwanderung der Juden aus den größeren Städten in kleinere Ortschaften[26], was bis zu einem gewissen Grad auch mit der Ausweitung der jü

---

21 Bałaban (wie Anm. 5), S. 23f.; ders. (wie Anm. 4), Bd. 1, S. 114f.
22 Jakub Goldberg: Gminy żydowskie (kahały) w systemie władztwa dominalnego w szlacheckiej Rzeczypospolitej [Die jüdischen Gemeinden (Kahale) im Dominialsystem der Adelsrepublik]. In: Między historią a teorią. Hg. v. Marian Drozdowski. Warszawa/Poznań 1988, S. 164, 167f..
23 Ebd.
24 Majer Bałaban: Żydzi w Olkuszu i gminach parafialnych [Die Juden in Olkusz und die benachbarten Gemeinden]. In: ders.: Studia historyczne [Geschichtliche Studien]. Warszawa 1927, S. 152-157.
25 Archiwum Państwowe w Krakowie, Zbiór Glogera 29/334; vgl. Bałaban (wie Anm. 5), S. 46.
26 Vgl. Majer Bałaban: Ze studiów nad ustrojem prawnym Żydów w Polsce. Sędzia żydowski i jego kompetencje [Aus Untersuchungen zur Rechtsverfassung der Juden in Polen. Der Judenrichter und seine Kompetenzen]. In: Pamiętnik ku czci Profesora Przemysława Dąbkowskiego. Lwów 1927, S. 249;

dischen Siedlung in den Ostgebieten der Adelsrepublik zusammenhing. An Bedeutung gewannen ebenfalls die jüdischen Gemeinden in kleinen Städten, die sich entlang der Handelsstraßen entwickelten und deren Jahrmärkte großen Zulauf fanden. Der Rang einer solchen Gemeinde erhöhte sich noch, wenn außer dem Handelsplatz eine in der jüdischen Gesellschaft allgemein anerkannte *jeschiwa* Glanz verlieh. So heißt es bei Szymon Starowolski, einem bekannten altpolnischen Schriftsteller aus der ersten Hälfte des 17. Jahrhunderts, von Brest-Litowsk: *Hier führen die Juden ihre in ganz Europa berühmte Schule, zu der sie aus Italien, Deutschland, Mähren und Schlesien nicht nur der Lehre, sondern auch einer Rangverleihung wegen kommen, da sie danach Rabbiner werden und, zurückgekehrt zu den Ihrigen, Synagogen leiten*[27].

Eine Reihe von Zentren wie diese nahmen die Stelle von Krakau und Lublin als jüdische Metropolen ein und schmälerten deren bisherige Bedeutung; doch keines gewann den Rang einer polnisch-jüdischen Metropole. Lublin verlor seine beherrschende Stellung innerhalb der jüdischen Gesellschaft durch die Verlagerung der Handelswege, womit auch die dortigen Jahrmärkte ihre Anziehungskraft einbüßten, was wiederum eine Verlegung des Vierländerrates zur Folge hatte. Im 17. Jahrhundert beriet der jüdische Sejm beispielsweise in Kleinstädten wie Łęczna, Parczew o.ä., zumeist jedoch in Jarosław, wohin auf die dortigen Jahrmärkte wesentlich mehr Juden kamen - und das nicht nur des Handels wegen - als in das zu dieser Zeit bereits unbedeutende Lublin[28]. Diesen Bedeutungsverfall der alten Zentren kann man als *Demetropolisierung* bezeichnen.

Wenn wir über den hier gesetzten zeitlichen Rahmen hinausgehen, läßt sich sagen, daß erst in der zweiten Hälfte des 18. Jahrhunderts Warschaus wachsende Rolle als Hauptstadt des polnischen Staates und sein zunehmendes Bevölkerungspotential mit dazu beitrugen, daß es auch die Funktion einer gesamtpolnischen jüdischen Metropole übernahm. Begleitet war das von den Kämpfen der Juden gegen das Niederlassungsverbot aufgrund des alten Privilegs *de non tolerandis Iudaeis*. Doch entstanden zugleich mit dem sich unter den polnischen Juden ausbreitenden Chassidismus in Kleinstädten viele kleinere Zentren, von denen einige ihre Bedeutung bis ins 20. Jahrhundert behielten.

Übersetzt von Jürgen Hensel

Jakub Goldberg: Introduction. In: Jewish Privileges (wie Anm. 18), S. 12.
27 Szymon Starowolski: Polska albo opisanie położenia Królestwa Polskiego [Polen oder die Lagebeschreibung des Polnischen Königreiches]. Kraków 1976, S. 88.
28 Bałaban (wie Anm. 5), S. 46; Anatol Leszczyński: Sejm Żydów Korony [Der jüdische Sejm in Kronpolen]. Warszawa 1994, S. 169, 171, 173-175.

András Kubinyi

Der königliche Hof als Integrationszentrum Ungarns von der Mitte des 15. bis zum ersten Drittel des 16. Jahrhunderts und sein Einfluß auf die städtische Entwicklung Budas

Buda, die mittelalterliche Hauptstadt des Königreichs Ungarn, verdankte seine Bedeutung der geopolitischen Lage. Die Stadt gehörte einem Gebiet an, das zusammen mit dem ersten Königssitz und kirchlichen Mittelpunkt Gran und mit der Krönungsstadt Stuhlweißenburg in den Quellen des 13. Jahrhunderts *medium regni* und *locus communior regni* genannt wurde[1]. Da von den drei Landeszentren der Árpádenzeit Buda das am weitesten östlich gelegene und am einfachsten von überallher erreichbare war, entwickelte sich diese Stadt zur Hauptstadt des Königreichs. Sie bestand aus einer städtischen Agglomeration. Die ältesten Städte waren Óbuda am rechten und Pest am linken Ufer der Donau. Buda, welches Pest gegenüber und südlich von Óbuda lag, wurde als Rechtsstadt in der Mitte des 13. Jahrhunderts gegründet. Wirtschaftlich ergänzten sich die drei Schwesternstädte[2].

Buda wurde spätestens im 14. Jahrhundert als Hauptstadt betrachtet, obwohl der König und sein Hof in diesem Jahrhundert hier nur für kürzere Zeit residierten. Die eigentliche königliche Residenz war fast hundert Jahre lang das ungefähr 35 km westlich, ebenfalls an der Donau gelegene Städtchen Visegrád, das aber die Stellung Budas als Hauptstadt nicht beeinträchtigte[3]. Buda lag nämlich am wichtigsten Knotenpunkt der durch Ungarn führenden Fernhandelsstraßen. Entlang der Donau führte der Weg von West nach Ost bis Buda und von dort weiter nach Osten, nach Siebenbürgen und Rußland. Die vom Norden einerseits von Krakau, andererseits von Breslau kommenden Straßen erreichten Buda ebenfalls und führten an der Donau weiter nach Süden. Von Buda zweigte eine Straße nach Süd-

---

1 Bernát L. Kumorovitz: Buda (és Pest) "fővárossá" alakulásának kezdetei [Die Anfänge der "Hauptstadtwerdung" von Buda (und Pest)]. In: Tanulmányok Budapest múltjából 18 (1971), S. 7-57, hier S. 37-53.
2 György Györffy: Budapest története az Árpád-korban [Geschichte von Budapest in der Árpádenzeit]. In: Budapest története [Geschichte von Budapest]. Hg. v. László Gerevich. Bd. 1, Budapest 1973, S. 217-349; András Kubinyi: Buda - die mittelalterliche Hauptstadt Ungarns. Eine deutsch-ungarische Stadt in Ostmitteleuropa. In: Budapest im Mittelalter. Hg. v. Gerd Biegel. Braunschweig 1991, S. 15-41, hier S. 15-18.
3 Gergely Buzás: A visegrádi királyi palota [Der königliche Palast in Visegrád]. In: Valóság 1990, Heft 1, S. 91-101; Gergely Buzás/Mátyás Szőke: A visegrádi vár és királyi palota a 14-15. században [Die Burg und der königliche Palast in Visegrád im 14.-15. Jahrhundert]. In: Castrum Bene 2 (1990), S. 132-156.

westen, nach Venedig bzw. nach der Steiermark, ab. Damit sind nur die wichtigsten Handelsverbindungen genannt. Die Stadt liegt an der Scheide des hügeligen Transdanubien und der Großen Ungarischen Tiefebene[4].

Zwar wurde die königliche Residenz im ersten Jahrzehnt des 15. Jahrhunderts durch König Sigismund von Visegrád, das zum *medium regni* gehörte, nach Buda zurückverlegt[5]. Da Sigismund aber meist nicht zu Hause und lange Zeit außer Landes war und nach seinem Tod innere Kämpfe ausbrachen, wurde der Einfluß des Hofes auf die Stadt besonders seit der Regierung von König Matthias Corvinus stärker.

Buda war eine gemischtsprachige Stadt. Die städtische Führungsschicht bestand bis zu den dreißiger Jahren des 15. Jahrhunderts zum größten Teil aus Deutschen. Die alte, auf Ritterart lebende, grundbesitzende, aber auch Handel und Finanzgeschäfte betreibende Ratsherrenschicht büßte ihren Einfluß Ende des 14. Jahrhunderts zumeist ein, einige ihrer Mitglieder schlossen sich Anfang des 15. Jahrhunderts der Bewegung der Zunftbürger an, zogen sich nach der Niederwerfung dieser Bewegung auf ihre Landgüter zurück und assimilierten sich mit dem ungarischen Adel. In dieser Zeit entstand eine neue deutsche Oberschicht, die enge familiäre und wirtschaftliche Verbindungen zu den oberdeutschen Städten, besonders zu Nürnberg, hatte. Gegen sie kämpfte die erstarkende, neue ungarische Oberschicht, die u.a. aus Viehhändlern, königlichen Beamten und Anwälten bestand. 1439 kam es zu einem Kompromiß: der Stadtrat wurde paritätisch besetzt, und das Oberhaupt der Stadt, den Stadtrichter, wählte man jährlich abwechselnd aus dem Kreis der Deutschen bzw. der Ungarn. Ungefähr ein Viertel, höchstens ein Drittel des Rates wurde aus den reichsten Handwerkern, besonders den Fleischern, Goldschmieden, Kürschnern und Schneidern gewählt. Die Ratsbürgerschaft bestand also eigentlich aus vier Gruppen, aus den deutschen und den ungarischen Oberschichten sowie aus den deutschen bzw. den ungarischen reichen Handwerkern. Interessanterweise sind zwischen den vier Gruppen fast keine Eheverbindungen nachzuweisen. Dieses System funktionierte aber vortrefflich. Bis zum Jahre 1529, als die Deutschen aus der Stadt gewiesen wurden, kam es zu keiner innerstädtischen Auseinandersetzung[6].

Die Stadt Pest wurde im 15. Jahrhundert zum Mittelpunkt des ungarischen Binnenhandels. Ihre Jahrmärkte waren besonders für den Vieh- und Weinhandel von Bedeutung. Die Bürgerschaft setzte sich überwiegend aus Ungarn zusammen, ihre Oberschicht ähnelte der ungarischen Oberschicht von Buda: Sie bestand hauptsächlich aus Vieh- und Weinhändlern, ferner aus königlichen Beamten und Anwälten. In begrenzter Zahl wurden auch rei-

---

4 Kubinyi (wie Anm. 2), S. 16.
5 Bernát L. Kumorovitz: A budai várkápolna és a Szent Zsigmond prépostság történetéhez [Zur Geschichte der Budaer Burgkapelle und der Propstei Sankt Sigismund]. In: Tanulmányok Budapest múltjából 15 (1963), S. 109-151, hier S. 123.
6 András Kubinyi: Die Zusammensetzung des städtischen Rates im mittelalterlichen Königreich Ungarn. In: Südostdeutsches Archiv 34/35 (1991/92), S. 23-42.

che Handwerker zum Rat zugelassen[7]. Die dritte Stadt, Óbuda, war die ärmste der Agglomeration, die Führungsschicht bestand hauptsächlich aus reichen Weinbauern[8].

Da in den beiden größeren Städten auf einen Mann durchschnittlich nur 1,4 Kinder kamen[9], waren sie auf Zuwanderung angewiesen. Die Deutschen von Buda stammten entweder aus anderen deutschsprachigen Städten des Königreichs oder aus solchen Städten Deutschlands bzw. Polens, mit denen die Stadt wirtschaftliche Verbindungen hatte. Dagegen rekrutierten sich die Ungarn aus fast allen Städten und größeren Marktflecken des Landes, ferner aus dem damals am dichtesten besiedelten südtransdanubischen Raum, wo der Weinbau vorherrschte[10]. Natürlich muß man die nähere Umgebung der Stadt, den engeren Marktkreis hinzurechnen. Viele der ungarischen Bürger gehörten dem in Ungarn sehr zahlreichen Bauernadel an. Der Einzugsbereich der Stadt Pest war ähnlich dem von Buda, nur bestand er aus weniger Städten, da hier die deutschsprachigen ausfielen[11]. Szegedin aber, das zu den fünf größten Städten des Landes gehörte und eine fast homogene ungarische Bevölkerung hatte, war natürlich in der Bürgerschaft von Pest sehr stark vertreten[12]. Das brachte es mit sich, daß in den beiden größeren Städten der hauptstädtischen Agglomeration aus allen Landesteilen stammende Bürger anzutreffen waren. In Szegedin und Stuhlweißenburg, für welche die Einwanderung ebenso wie für die Hauptstadt untersucht wurde, kann man keinen so großen Einzugsbereich nachweisen[13].

An der Wende vom 15. zum 16. Jahrhundert wird die Zahl der Einwohner von Buda auf 12 000-15 000, von Pest auf 8 000-10 000 geschätzt. Óbuda hatte dagegen höchstens 1 000-2 000 Einwohner. Zusammen lebten also rund 25 000 Menschen in der hauptstädtischen Agglomeration. Von den größeren Städten des Landes - Kaschau, Szegedin, Hermannstadt oder Kronstadt - besaß keine 10 000 Einwohner. Die Anzahl der Bürger in den Städten des Königreichs, die in rechtlicher und ständischer Hinsicht als Städte zu betrach-

---

7 Ders.: Die Städte Ofen und Pest und der Fernhandel am Ende des 15. und am Anfang des 16. Jahrhunderts. In: Der Außenhandel Ostmitteleuropas. 1450-1650. Die ostmitteleuropäischen Volkswirtschaften in ihren Beziehungen zu Mitteleuropa. Hg. v. Ingomar Bog. Köln/Wien 1971, S. 342-433, hier S. 356f., 412-420.
8 Ders.: Budapest története a későbbi középkorban Buda elestéig (1541-ig) [Geschichte von Budapest im späteren Mittelalter bis zum Fall von Buda; bis 1541]. In: Budapest története (wie Anm. 2), Bd. 2, S. 7-240, hier S. 73f., 143.
9 Ders.: Budai és pesti polgárok családi összeköttetései a Jagelló-korban [Familienverbindungen der Bürger von Buda und Pest in der Jagiellonenzeit]. In: Levéltári Közlemények 37 (1966), S. 227-291, hier S. 233.
10 Ders.: Dél-dunántúli parasztok városba költözése a középkor végén [Die Umsiedlung von südtransdanubischen Bauern in die Städte am Ende des Mittelalters]. In: Somogy megye múltjából. Levéltári Évkönyv 3 (1972), S. 13-45, hier S. 16-23, 33-37.
11 Ebd., S. 16-23, 37f.
12 Kubinyi (wie Anm. 7), S. 412-414; Péter Kulcsár: A szabad királyi város (1498-1543) [Die freie königliche Stadt (1498-1543)]. In: Szeged története. Bd. 1: A kezdetektől 1686-ig [Geschichte von Szeged. Bd. 1: Von den Anfängen bis 1686]. Hg. v. Gyula Kristó. Szeged 1983, S. 445-499, hier S. 450-460.
13 Kubinyi (wie Anm. 10), S. 16-23, 39-41.

ten sind, wird meist auf insgesamt 80 000 geschätzt. Auch wenn diese Schätzung wahrscheinlich zu niedrig ist und man richtiger mit 100 000 rechnen sollte, wohnte ein Viertel aller Stadtbewohner in der hauptstädtischen Agglomeration. Die beiden größeren Städte Buda und Pest waren aber auch allein die volkreichsten des Landes[14].

Gewiß führten zu der Vormachtstellung der beiden erst 1873 (auch mit Óbuda) vereinten Schwesternstädte nicht nur die geopolitische Lage sowie wirtschaftliche Faktoren, sondern auch der Charakter Budas als Haupt- und Residenzstadt. Die Könige haben selbst im 14. Jahrhundert, als sie in Visegrád residierten, die hauptstädtischen Rechte Budas anerkannt. Den toten König brachte man z.B. vor seiner Beerdigung in Stuhlweißenburg nach Buda und bahrte ihn dort auf[15]. Der neue Herrscher ließ sich zuerst von seinen Budaer Bürgern huldigen[16]. Diese besaßen das Recht, während der Krönung in Stuhlweißenburg die Tore der Krönungskirche geharnischt zu schützen[17]. Buda erhielt ferner von einem König Ladislaus die Jurisdiktion für Kriminalfälle im ganzen Land[18]. Sie hat diese Gerichtsbarkeit im Spätmittelalter tatsächlich ausgeübt, oft zusammen mit dem königlichen Burggrafen[19].

Zu Beginn des 14. und in der zweiten Hälfte des 15. Jahrhunderts wurde Buda in den Urkunden oft *sedes et solium dignitatis regiae*[20], *solium regale*[21] oder *thronus regius*[22] genannt. Da die Stadt seit dem 15. Jahrhundert tatsächlich die königliche Residenz war, könnte diese Benennung auch mit dieser Tatsache zusammenhängen. Es ist aber zu bedenken, daß König Matthias Corvinus, als er nach seiner Wahl 1458 nach Buda kam, die Regierung durch seine Inthronisierung in der Budaer Pfarrkirche antrat[23]. Die Stephanskrone

---

14 Ders. (wie Anm. 2), S. 33; István Szabó: Magyarország népessége az 1330-as és az 1526-os évek között [Die Bevölkerung Ungarns zwischen den 1330er und den 1526 Jahren]. In: Magyarország történeti demográfiája. Magyarország népessége a Honfoglalástól 1949-ig [Historische Demographie Ungarns. Die Bevölkerung Ungarns von der Landnahme bis 1949]. Hg. v. József Kovacsics. Budapest 1963, S. 63-113, hier S. 95-97.
15 Johannes de Thurocz: Chronica Hungarorum. Bd. 1: Textus. Hg. v. Elisabeth Galántai/Julius Kristó. Budapest 1985, S. 156.
16 Scriptores rerum Hungaricarum tempore ducum regumque stirpis Arpadianae gestarum. Hg. v. Emericus Szentpétery. Bd. 1, Budapest 1937, S. 504f.
17 Das Ofner Stadtrecht. Eine deutschsprachige Rechtssammlung des 15. Jahrhunderts aus Ungarn. Hg. v. Karl Mollay (Monvmenta Historica Bvdapestinensia; Bd. 1). Budapest 1959, S. 61, 119.
18 Bibliothek der Eötvös Loránd-Universität Budapest. Handschriftenabtlg. Collectio Hevenessyana. Tomus 71, S. 208f.
19 Ungarisches Staatsarchiv. Collectio Antemohácsiana (weiter: Dl.) 19205, 24005, 21967 usw.
20 König Matthias erwähnt *Civitatem Nostram Budensem, quasi sedes et solium dignitatis Regiae existit...* Martinus Georgius Kovachich: Formulae solennes styli. Pesthini 1799, S. 539.
21 ... *civitas Budensis a regia Maieste et aliis eiusdem regni assessoribus scribitur solium regale...* Béla Iványi: Bártfa szabad királyi város levéltára [Archiv der Freien Königlichen Stadt Bartfeld]. Bd. 1, Budapest 1910, Nr. 1760 (1468).
22 ... *solium regale thronusque regius* ... (vgl. Anm. 63).
23 Antonius de Bonfinis: Rerum Ungaricarum Decades. Hg. v. József Fógel/Béla Iványi/Lázló Juhász. Tomus III, Lipsiae 1936, S. 216f.; Erik Fügedi: Uram, királyom... A XV. századi Magyarország hatalmasai [Mein Herr, mein König... Die Mächtigen Ungarns im 15. Jahrhundert]. Budapest 1974, S. 54f.

war damals in den Händen Kaiser Friedrichs III., weshalb Matthias erst sechs Jahre später, 1464, in Stuhlweißenburg gekrönt wurde. Die Inthronisierung in Buda reichte aber für seine Anerkennung als König.

Die königlichen Kanzleien und die Gerichte hielten sich bis 1407 zusammen mit dem königlichen Hof, zu dem sie im weiteren Sinne ja gehörten, in Visegrád auf[24]. Diese Institutionen übten besonders seit der Matthias-Zeit einen größeren Einfluß auf die hauptstädtische Entwicklung aus. Dazu trugen auch die Reformen des Königs bei. Von besonderer Bedeutung waren die obersten Gerichte. Die königliche Kurie (*curia regalis*), die als Gerichtshof fungierte, setzte sich aus mehreren Gerichten zusammen. Seit 1464 kann man von drei Gerichten sprechen. Die Vorsteher von zwei Gerichten waren die beiden ranghöchsten Würdenträger des Landes: der Palatin und der Landesrichter (*iudex curiae*). Diese hohen Herren hatten nur den Vorsitz, der eigentliche Fachrichter war der Protonotar des Gerichts. Ungarisch nannte man ihn "itélőmester", d.h. "richtender Meister", der Vorsteher der Gerichtskanzlei war also der eigentliche Richter. Unter dem Protonotar arbeitete eine große Zahl von Notaren, die nicht nur Gerichtsakten verfaßten und niederschrieben, sondern auch die vom Gericht verordneten Untersuchungen führten und oft bei der Urteilsfindung mitwirkten. Das dritte Gericht urteilte im Namen des Königs und ist eigentlich aus der königlichen Kanzlei hervorgegangen. Den Vorsitz führte der *personalis praesentiae regiae in iudiciis locumtenens*, kurz der Personalis, der auch das königliche Gerichtssiegel aufbewahrte, und der *cancellaria minor*, der Gerichtskanzlei, vorstand. Der Personalis war immer ein Fachmann, meist ein hoher Kleriker, ein Bischof oder mindestens ein Propst, also kein Magnat, wie der Palatin oder Landesrichter. Der Personalis hatte zwei Protonotare und natürlich mehrere Notare[25].

Die drei Gerichte tagten meist zusammen, nur der Vorsitzende und der referierende Protonotar wechselten sich je nach Gegenstand der Verhandlung ab. Die Urteile wurden aber sehr oft von allen vier Protonotaren unterschrieben. Die Beisitzer des Gerichts waren Mitglieder des königlichen Rates. Oft war der König selbst zugegen, aber er führte nur selten den Vorsitz, und wenn dies der Fall war, dann wurde besonders hervorgehoben, daß der König *propria in persona* richtete[26]. Dem Adel gelang es 1498, adlige Assessoren zum

---

24 Vgl. Anm. 3 und 5.
25 Imre Hajnik: A magyar bírósági szervezet és perjog az Árpád- és a vegyes-házi királyok alatt [Die ungarische Gerichtsorganisation und das Prozeßrecht während der Regierung der Könige aus dem Haus der Árpáden und aus den verschiedenen Häusern]. Budapest 1899, S. 29-65; Loránd Szilágyi: A magyar királyi kancellária szerepe az államkormányzatban 1458-1526 [Die Rolle der königlichen Kanzlei in der Staatsregierung 1458-1526]. Budapest 1930, S. 93-118; György Bónis: A jogtudó értelmiség a Mohács előtti Magyarországon [Die rechtskundige Intelligenz in Ungarn vor Mohács]. Budapest 1971, passim.
26 Hajnik (wie Anm. 25), S. 42-45, 51-58, 399.

Gericht zu wählen. Da die Kurie und der königliche Rat aus denselben Leuten bestand, erreichte der Adel damit seine Repräsentation im königlichen Rat[27].

Jährlich gab es mindestens zwei lange Gerichtsperioden, die Georgii und die Michaelis Oktaven, die oft mehrere Monate dauerten. Wenn es nötig war, hielt man noch zwei sogenannte kurze Oktaven ab. In bestimmten Angelegenheiten mußte das Gericht auch außerhalb der Oktaven zusammentreten[28]. Das bedeutete, daß das Gerichtspersonal immer in der Hauptstadt anwesend war und auch in Abwesenheit des Königs urteilen konnte. In diesem Fall blieb natürlich ein Teil des Rates ebenfalls in der Hauptstadt, obwohl es vorkam, daß das Gericht eine Sache *propter paucitatem praelatorum et baronum* verschieben mußte[29], weil zu wenige Mitglieder des Rates zugegen waren. Für alle Fälle, die den Grundbesitz betrafen, war nur die königliche Kurie zuständig, in anderen Fällen war sie Berufungsinstanz, weshalb die Oktaven starken Besuch verzeichneten. Am Ende des Mittelalters bestand der ungarische Adel aus 25 000-30 000 Familien, die ihre Besitzstreitigkeiten nur in der Kurie austragen konnten und darum sehr oft in Buda erscheinen mußten[30]. Wegen der vielen Prozesse gab es auch eine große Zahl von Anwälten in der Hauptstadt, einige von ihnen waren früher oder wurden später Notare am Gericht[31].

Matthias vereinigte 1464 die frühere *cancellaria maior* mit der *cancellaria secreta*. Die Geschichte der Kanzlei und ihrer gelegentlich eigene Siegel benutzenden Abteilungen ist hier uninteressant[32]. Wichtiger ist, daß in der Kanzlei zugleich eine große Anzahl von Notaren arbeitete. Es kam oft vor, wenn der König sich von seiner Hauptstadt entfernte, daß eine Abteilung der Kanzlei dort blieb und eventuell auch Urkunden im Namen des Herrschers ausstellte[33].

---

27 Artikel 2 des Gesetzes 1498. Corpus Juris Hungarici. Magyar Törvénytár. 1000-1526. évi törvényczikkek [Ungarische Gesetzessammlung. Gesetzesartikel der Jahre 1000-1526]. Hg. v. Gyula Nagy/Sándor Kolosvári/Kelemen Óvári/Dezső Márkus. Budapest 1899, S. 596. - Zu den gewählten adligen Assessoren vgl. András Kubinyi: A királyi tanács köznemesi ülnökei a Jagelló-korban [Gemeinadlige Assessoren des königlichen Rates in der Jagiellonenzeit]. In: Társadalom- és művelődéstörténeti tanulmányok. Mályusz Elemér Emlékkönyv. Hg. v. Éva H. Balázs/Erik Fügedi/Ferenc Maksay. Budapest 1984, S. 257-268.
28 Hajnik (wie Anm. 25), S. 208-213.
29 Ebd., S. 241f.
30 Szabó (wie Anm. 14), S. 88-91; Ferenc Maksay: "A sok nemes országa" ["Das Land der vielen Adligen"]. In: Társadalom- és művelődéstörténeti tanulmányok (wie Anm. 27), S. 277-295, hier S. 289f.
31 András Kubinyi: Polgári értelmiség és hivatalnokréteg Budán és Pesten a Hunyadi- és a Jagelló-korban [Bürgerliche Intelligenz und ihre Beamtengruppe in Buda und Pest in der Hunyadi- und Jagiellonenzeit]. In: Levéltári Közlemények 39 (1969), S. 205-231.
32 Szilágyi (wie Anm. 25), S. 6-24; András Kubinyi: Stände und Staat in Ungarn in der zweiten Hälfte des 15. Jahrhunderts. In: Bohemia 31 (1990), S. 312-325, hier S. 322.
33 Darum ist es nicht immer leicht, das Itinerar eines Königs zu bestimmen. Man muß wissen, welches Siegel und welche dazu gehörende Abteilung der Kanzlei damals den König begleiteten, denn es gibt vom gleichen Tag von weit voneinander entfernten Orten herausgegebene königliche Urkunden. Vgl. Pál Engel: Az utazó király. Zsigmond itineráriuma [Der reisende König. Itinerar Sigismunds]. In: Művészet Zsigmond király korában 1387-1437. Tanulmányok [Kunst zur Zeit König Sigismunds. 1387-

Für die Hauptstadt waren die Reformen der Finanzadministration besonders wichtig. Seit der Gründung der Stadt Buda in der Mitte des 13. Jahrhunderts sind in der Finanzverwaltung des Landes von allen ungarischen Städten die Bürger aus Buda am häufigsten als Beamte, Pächter usw. nachzuweisen[34]. Die Organisation der Finanzen war aber dezentralisiert. Matthias errichtete gleich nach seiner Thronbesteigung das Burgpflegeramt von Buda. Der neu ernannte *provisor curiae castri regii Budensis* wurde der oberste Verwalter des königlichen Grundbesitzes, der im königlichen Schloß residierte. Er war vom Burggrafen (*castellanus castri Budensis*) unabhängig, wenn auch beide Ämter oft von ein und derselben Person bekleidet wurden[35].

Die eigentliche Finanzverwaltungsreform fiel in die Jahre 1464-1470. Mit Ausnahme des königlichen Grundbesitzes wurden alle Einnahmen - von den Steuern bis zu den Grenzzöllen und zum Salzmonopol - dem königlichen Schatzmeister unterstellt, der seit dieser Zeit als Beamter und nicht als Magnat zu betrachten ist. Es entstand also eine zentralisierte Finanzverwaltung mit einer zahlenmäßig großen Beamtenschaft, von der ein Teil in den im Lande verstreuten Finanzämtern arbeitete. Als Hauptinitiator der Reformen gilt ein Kaufmann aus Buda, der getaufte Jude János Ernuszt, der von 1467 bis 1476 Schatzmeister war. Die meisten späteren Schatzmeister bekleideten ihr Amt nach einer langen Beamtenlaufbahn entweder im Schatzamt oder in der Kanzlei oder in beiden[36]. Nach Ernuszt ernannte man keinen Bürger von Buda mehr zum Schatzmeister, aber unter den Vizeschatzmeistern finden sich mehrere Bürger der Hauptstadt. Entweder als Beamte oder als Finanzpächter sind jedoch die Budaer und auch die Pester Bürger im Schatzamt sehr oft nachweisbar. Man findet sie überall, von Preßburg bis nach Siebenbürgen. Bürger anderer Städte arbeiteten fast nur im Finanzamt ihrer eigenen Stadt[37].

Die königlichen Einnahmen wurden nach Buda gebracht, und so mußte das Schatzmeisteramt ständig in der Hauptstadt bleiben. Leider sind die Rechnungen des Schatzamtes vollständig nur aus den Jahren 1494/95 erhalten. Sie belegen aber eine interessante Erscheinung[38]. In dieser Zeit war König Wladislaw II. lange Zeit nicht in Buda, er führte

---

1437. Studien]. Hg. v. László Beke/Ernő Marosi/Tünde Wehli. Budapest 1987, S. 70-92, hier S. 71.
34 István Hermann: Finanzadministration in der zweiten Hälfte des 14. Jahrhunderts in Ungarn (Dissertationes Archaeologicae ex Instituto Archaeologico Universitatis de Rolando Eötvös nominatae; Ser. II, Nr. 13). Budapest 1987, S. 9-28; András Kubinyi: A kincstári személyzet a XV. század második felében [Das Personal des Schatzamtes in der zweiten Hälfte des 15. Jahrhunderts]. In: Tanulmányok Budapest múltjából 12 (1957), S. 25-49.
35 András Kubinyi: A budai vár udvarbírói hivatala (1458-1541). Kísérlet az országos és a királyi jövedelmek szétválasztására [Das Burgpflegeramt der Burg von Buda. Bemühungen zur Trennung der staatlichen und der königlichen Einnahmen]. In: Levéltári Közlemények 35 (1964), S. 67-98.
36 Imre Madzsar: Ernuszt János és háza Budán [J. E. und sein Haus in Buda]. In: Századok 52 (1918), S. 56-71; Kubinyi (wie Anm. 34), S. 25-49.
37 Ebd.
38 Es wurde herausgegeben von Johann Christian v. Engel: Geschichte des ungrischen Reiches und seiner Nebenländer. Bd. 1, Halle 1797, S. 17-181.

z.B. Krieg gegen einen aufständischen Magnaten. Der Schatzmeister begleitete den König, in der Hauptstadt blieb der Unterschatzmeister. Beide führten eigene Ausgaberegister, auch während der Abwesenheit des Herrschers ergaben sich in der Hauptstadt viele Ausgaben. Für den Hof kaufte das Schatzamt in Buda ein, und das Kriegsmaterial stellten die Handwerker der Hauptstadt her.

Diese Beobachtungen hängen mit dem königlichen Hof zusammen. Wenn wir von der Kanzlei und der *curia regia* als Gerichtshof absehen, bestand die königliche Hofhaltung aus zwei großen Gruppen. Zur ersten können wir den sogenannten Hofadel rechnen, also die adligen Bediensteten des Hofes, die unter dem Sammelbegriff *aulici* zusammengefaßt wurden. Zu ihnen gehörten u.a. die Kammerherren (*cubicularii*), ferner die Hofritter und Hofhusaren - eigentlich Offiziere der aus 1 000 Reitern bestehenden königlichen Elitetruppe -, von denen ein Teil am Ende des Mittelalters schon an der türkischen Grenze, in den Grenzburgen stationiert war[39]. Nach dem Rechnungsfragment der ersten Hälfte des Jahres 1525 zahlte das Schatzamt an 73 Kammerherren Lohn aus[40]. Der König war polnischer Abstammung und zugleich König von Böhmen, so daß nur die Hälfte der Kammerherren aus Untertanen der Stephanskrone bestand, die andere gehörte dem böhmischen und dem polnischen Adel an. Man kann auch sonst Böhmen und Polen unter dem Hofadel finden. Nur der kleinere Teil der Kammerherren diente ständig am Hof, der andere versah seinen Dienst nur gelegentlich und bekam auch geringeren Lohn. Man darf aber doch mit ungefähr 200 adligen Hofleuten rechnen, die sich meist in der Umgebung des Königs aufhielten[41].

Diese Gruppe, die man in letzter Zeit in der Fachliteratur kurz als Hofadel bezeichnet, besaß eigene Rechte und war ein wichtiges Instrument zur Stärkung der königlichen Macht[42]. Zwar durften nach dem Wortlaut der Gesetze die Hofleute bei einer Dienstreise nicht unentgeltlich Quartier und Verpflegung fordern, verhindern konnte man es aber nicht[43]. Der König schickte nämlich zur Untersuchung von Mißständen oder zur Konfiszie-

---

39 András Kubinyi: A Mátyás-kori államszervezet [Die Staatsorganisation der Matthias-Zeit]. In: Hunyadi Mátyás. Emlékkönyv Mátyás király halálának 500. évfordulójára [Matthias Hunyadi. Festschrift zum Andenken seines 500. Todesjahres]. Hg. v. Gyula Rázsó/László V. Molnár. Budapest 1990, S. 53-147, hier S. 62-69.
40 Dieses Fragment edierte Vilmos Fraknói: II. Lajos király számadási könyve 1525. január 12 - július 16 [Rechnungsbuch des Königs Ludwig II., 12.1. - 16.7. 1525]. In: Magyar Történelmi Tár 22 (1877), S. 45-236.
41 Die Namen der Hofleute der Jagiellonenzeit kann man aus den Büchern von József Fógel zusammenstellen: II. Ulászló udvartartása, 1490-1516 [Die Hofhaltung Wladislaws II., 1490-1516]. Budapest 1913; II. Lajos udvartartása, 1516-1526 [Die Hofhaltung Ludwigs II., 1516-1526]. Budapest 1917.
42 Pál Engel: Társadalom és politikai struktúra az Anjou-kori Magyarországon (Előadások a Történettudományi Intézetben; Bd.11.) [Gesellschaft und politische Struktur im Ungarn der Anjou-Epoche. Budapest 1988, S. 11-14.
43 Decreta regni Hungariae. Gesetze und Verordnungen Ungarns 1458-1490. Hg. v. Georgius Bónis/Franciscus Döry/Susanna Teke (Publicationes Archivi Nationalis Hungarici; Bd. II/19). Budapest

rung von Besitzungen solcher Leute, die etwas verbrochen hatten, meist einen Hofmann aus[44]. Das ritterliche Ehrengericht des Hofes war für ihre dienstlichen Vergehen zuständig. Den Vorsitz dieser sogenannten *curia militaris*, die auch in allen das *factum honoris* betreffenden Angelegenheiten zuständig war, führte entweder der Landesrichter (worin ein Rest seiner ehemaligen Funktion als *comes curiae* zu sehen ist) oder der Hofmeister. Dieses Gericht war das einzige, vor dem noch der Zweikampf als Beweismittel galt[45].

Seit Beginn des 14. Jahrhunderts ernannte der König Großwürdenträger des Königreichs fast nur aus dem Kreise seines Hofadels. Zum Hofadel zu gehören, war und blieb also die einzige Möglichkeit des Aufstiegs aus dem Adel in die Aristokratie. Natürlich waren diese zahlenmäßig begrenzten Stellungen vom Adel sehr begehrt[46]. Die zweite Gruppe der königlichen Hofhaltung bestand aus den niederen Bediensteten, aus Reitknechten, Kutschern, Köchen usw. Ihre Anzahl war nicht zu unterschätzen[47].

Wo sich der König befand, mußte auch sein Rat oder mindestens ein Teil desselben anwesend sein. Im Spätmittelalter kann man einen engeren und einen weiteren Rat unterscheiden. Zum engeren gehörten neben den wichtigsten Prälaten alle Würdenträger des Königreichs, die wichtigsten Beamten und natürlich einige Vertraute des Herrschers. Seit 1498 kamen dazu noch die adligen Assessoren. Interessanter ist der weitere Rat. Seit der Mitte des 15. Jahrhunderts nachweisbar, berief der König zu seinen Sitzungen alle Prälaten und Magnaten, also ungefähr 60-70 Personen[48].

Das bisher Ausgeführte bedeutet, daß man in einer Stadt, in der der königliche Hof sich dauernd niedergelassen hatte, mit einer stattlichen Zahl von Personen, die sich dort für eine längere Zeit aufhalten mußten, rechnen kann. Für die Stadt folgte daraus zweierlei. Erstens brauchten die Menschen, die am Hofe arbeiteten oder dort zu tun hatten, Unterkünfte und Verpflegung. Nur ein kleinerer Teil der Hofbediensteten wohnte in der königlichen Burg. Selbst die Mitglieder des Hofadels speisten nicht alle mit dem König. Zweitens bildete diese Gruppe eine zahlungskräftige Käuferschaft für die Waren der hauptstädtischen Bürger.

Die meisten Prälaten und Magnaten kauften sich darum ein Haus in der Stadt der königlichen Residenz. Das kann man im 14. Jahrhundert in Visegrád nachweisen[49] und im 15. und 16. Jahrhundert in Buda, teilweise sogar auch in Pest. Die größeren kirchlichen Körperschaften erstrebten ebenfalls ein eigenes Haus in der Hauptstadt, in dem ihre Mit-

---

1989, S. 95 (Art. 17; 1458), S. 177 (Art. 13; 1468), S. 198 (Art. 20; 1471).
44 Ebd., S. 225 (Art. 10; 1475); vgl. auch: Kubinyi (wie Anm. 39), S. 58f., 62-69.
45 Hajnik (wie Anm. 25), S. 60-65.
46 Kubinyi (wie Anm. 39), S. 67.
47 Vgl. dazu die in Anm. 41 zitierten Werke von Fógel.
48 András Kubinyi: Bárók a királyi tanácsban Mátyás és II. Ulászló idején [Barone im königlichen Rat in der Zeit Matthias' und Wladislaws II.]. In: Századok 122 (1988), S. 147-215.
49 Ágnes Kurcz: Lovagi kultúra Magyarországon a 13-14. században [Ritterliche Kultur in Ungarn im 13.-14. Jahrhundert]. Budapest 1988, S. 38.

glieder wohnen konnten, wenn sie in Buda Verpflichtungen hatten. In kleinerer Zahl kauften auch adlige Beamte für sich ein Haus[50]. Der sehr bedeutende Hausbesitz der Feudalherren in der Hauptstadt konnte natürlich der städtischen Autonomie schaden. Im 14. Jahrhundert und sporadisch noch in der ersten Hälfte des 15. Jahrhunderts ließen sich hausbesitzende Feudalherren, selbst mächtige Magnaten, als Bürger der Hauptstadt aufnehmen[51] (im Grunde durfte nur ein Bürger Hausbesitzer sein). Später kam das nicht mehr vor, und Artikel 105 des Gesetzes von 1492 sprach sogar die Steuerfreiheit der adligen Häuser in Buda aus[52]. Der Stadtrat wußte sich aber zu helfen, er stellte nur dann die Urkunde eines Hauskaufs aus, wenn sich der adlige Käufer zur Steuerzahlung verpflichtete[53].

Neben den hausbesitzenden Feudalherren müssen wir natürlich auch mit zahlreichen Personen rechnen, die sich eine Wohnung oder eine Unterkunft mieteten, wenn sie in der Hauptstadt zu tun hatten. Es waren viele Schenken in Buda vorhanden, und in mehreren Fällen kann man nachweisen, daß es in einem Haus, in dem ein Schankwirt wohnte, auch einen oder zwei Lautenspieler gab. Es sind also auch die in den Schenken spielenden Musikanten zu berücksichtigen[54].

Für die Wirtschaft der Hauptstadt spielten die Lieferungen an den Hof und an Feudalherren eine bedeutende Rolle. Urkunden und Rechnungsfragmente der Jagiellonenzeit bezeugen die wichtige Rolle der Budaer Kaufleute als Hoflieferanten[55]. Außer in Agram gab es nur in Buda eine große italienische Kolonie. Florentinische und venezianische Firmen schickten ihre Faktoren dorthin[56]. Während der letzten 15 Monate der Regierung von König Matthias Corvinus lieferten ihm z.B. 18 in Buda tätige italienische Kaufleute Stoffe auf Kredit im Werte von 26 093 Gulden[57]. Ebenfalls für auf Kredit gelieferte Waren zahlte das Schatzamt in der ersten Hälfte des Jahres 1525 24 133 Gulden aus. Von diesen Lieferanten waren sechzehn Budaer und drei Pester Bürger. Ferner sind noch vier in der Hauptstadt lebende Italiener und ein Jude angeführt. Ein böhmischer Sekretär des Königs war der einzige, der nicht zu den hauptstädtischen Kaufleuten gehörte. Dieselben Kaufleute

---

50 Vidor Pataki: A budai vár középkori helyrajza [Mittelalterliche Topographie der Budaer Burg]. In: Budapest Régiségei 15 (1950), S. 239-300.
51 1346 wurde der ehemalige Woiwode von Siebenbürgen, der auch mit der Königin verwandt war, als Bürger von Buda erwähnt. A gróf Zichy-család idősb ágának okmánytára [Urkundenbuch des älteren Zweiges der Familie des Grafen Zichy]. Bd. 2. Hg. v. Imre Nagy/Iván Nagy/Dezső Véghely. Pest 1872, S. 212; vgl. auch: Kubinyi (wie Anm. 8), S. 79.
52 Corpus Juris (wie Anm. 27), S. 550-552.
53 Kubinyi (wie Anm. 8), S. 153.
54 András Kubinyi: Spielleute und Musiker von Buda (Ofen) in der Jagello-Epoche. In: Studia Musicologica 9 (1967), S. 65-74.
55 Helmut Freiherr Haller von Hallerstein: Deutsche Kaufleute in Ofen zur Zeit der Jagellonen. In: Mitteilungen des Vereins für Geschichte der Stadt Nürnberg 51 (1962), S. 467-480; Kubinyi (wie Anm. 7), S. 352f.
56 Kubinyi (wie Anm. 7), S. 374-383.
57 Dl. (wie Anm. 19), 37684.

sind auch als Lieferanten für Feudalherren nachgewiesen[58]. Grundherrliche Rechnungen zeugen davon, daß die Herren sehr oft für sich in der Hauptstadt einkaufen ließen[59]. Die Handwerker von Buda erhielten güngstige Aufträge vom Hof und von den Feudalherren[60].

Mit dem Hauptstadtcharakter von Buda, nicht aber mit der Anwesenheit des Hofes steht das Tavernikalgericht im Zusammenhang. In den Angelegenheiten der königlichen Städte urteilte der drittranghöchste Würdenträger des Landes, der Tarnackmeister (*magister tavernicorum regalium*). Dieses Gericht war nicht Teil der königlichen Kurie, man konnte aber von ihm zum Personalis Berufung einlegen. Seit Beginn des 15. Jahrhunderts ernannten die Tarnackmeister oft einen Bürger der Hauptstadt zum Vizetarnackmeister. Die Beisitzer dieses Tavernikalgerichts waren zwar hauptsächlich Adlige, es kam aber vor, daß auch städtische Bürger in ihm vertreten waren. Nach dem Tode König Sigismunds gelang es der Hauptstadt und den sieben königlichen Freistädten, sich das Tavernikalgericht anzueignen. Zum Gericht gehörten seit den dreißiger Jahren des 15. Jahrhunderts nur sieben der bedeutendsten Städte des Landes, an seinem Ende kam als achte Pest hinzu. Alle lebten nach dem Budaer Stadtrecht. Als Beisitzer wählten die sieben, später acht Städte ihre Vertreter. Adlige Beisitzer gab es seitdem nicht mehr, die Vizetarnackmeister wurden aber wieder Adlige. Nur einmal finden wir einen ehemaligen Stadtrichter aus Buda als Vizetarnackmeister, er war aber ein gebürtiger Adliger. Das Tavernikalgericht war Berufungsinstanz der acht königlichen Freistädte, aber auch andere Städte bzw. ihre Bürger konnten dorthin appellieren. Das Gericht durfte nur in Buda, und zwar in der Stadt, und nicht in der königlichen Burg, tagen[61].

Buda wurde damit die in ständischer Hinsicht führende Stadt des Landes. Jährlich kamen die Vertreter der bedeutendsten Städte zur Gerichtssitzung zusammen, und man findet vom

---

58 Kubinyi (wie Anm. 7), S. 395f.
59 Von vielen Beispielen nur zwei: Einkäufe in Buda für das Bistum Erlau Anfang des 16. Jahrhunderts, besonders von Tuchen, Gewürzen, Goldschmiedewaren, aber auch von Glocken für die Kathedrale: Estei Hippolit püspök egri számadáskönyvei 1500-1508 [Die Erlauer Rechnungsbücher des Bischofs Hippolit d'Este 1500-1508]. Hg. v. Péter E. Kovács. Eger 1992, S. 115, 187f., 194-196, 253, 257, 269-272, 328-335. - In einem Register über die in Buda für einen Herrn gekauften Waren von 1520 lesen wir z.B., daß man *librum argumentorum contra indulgentias papales* - vielleicht ein Buch von Luther? - für 40 Denare gekauft hat. Dl. (wie Anm. 19), 47396.
60 Die Rechnungen des königlichen Schatzamtes erwähnen oft die den Handwerkern der Hauptstadt gezahlten Beträge. Vgl. Anm. 38 und 40. - Der Gubernator des Bistums Erlau vergab auch oft Aufträge an die Handwerker der Hauptstadt: Estei Hippolit (wie Anm. 59), S. 193, 199, 257, 329-335 usw.
61 Imre Szentpétery iunior: A tárnoki ítélőszék kialakulása [Die Entstehung des Tavernikalgerichts]. In: Századok 68 (1934), S. 510-590; Štefánia Mertanová: Ius tavernicale. Studie o procese formovania práva tavernických miest v etapách vývoja tavernického súdu v Uhorsku (15.- 17. stor.) [Eine Studie über die Formierung des Rechts der Tavernikalstädte in den Entwicklungsstadien des Tavernikalgerichts in Ungarn (15.-17. Jh.)]. Bratislava 1985.

Stadtrat der Hauptstadt ausgestellte Briefe, in denen die Städte zu gemeinsamem Vorgehen aufgefordert werden[62].

Bevor ich mich mit anderen Fragen beschäftige, möchte ich die Arenga einer Ratsurkunde Budas von 1498 zitieren, denn sie bezeugt sehr plastisch die Hauptstadtfunktion der Stadt und natürlich das Selbstbewußtsein ihrer Bürger: *altissimus deus ... hanc ipsam civitatem Budensem / ad quam propter honorificum et notabilem situm ac fundationem reges Hungariae pro tempore existentes prelatique et nichilominus barones et prestantiores dicti regni Hungariae nobiles et magnates convenire et communiter residere consueverunt / adeo prefecit, ut quemadmodum eadem ipsa civitas Budensis solium regale thronusque regius appellatur, sic etiam eedem civitates dicti regni Hungariae ad ipsam recursum habent et confluuntur*[63]. Die Arenga behauptet also erstens, daß der König und die hohen Feudalherren in Buda residieren, zweitens, daß die Stadt - wie schon erwähnt - *solium regale thronusque regius* genannt wird, und drittens, daß die Städte des Landes bei ihr Unterstützung suchen.

Interessanterweise kleidete der Pfarrer der deutschen Pfarre, die als Hauptkirche Budas betrachtet wurde, ein Jahr zuvor eine Bitte an den Papst in fast dieselben Worte. Diese Supplikation und die städtische Arenga gehen also wahrscheinlich auf gemeinsame Wurzeln zurück. Die Supplikation des Pfarrers ist aber in einer Hinsicht ausführlicher; nach der Erwähnung der königlichen Residenz schreibt sie: *ex diversis mundi partibus maximus nobilium, mercatorum et aliarum diversarum personarum concursus habetur*[64]. Besonders werden also die Adligen und Kaufleute hervorgehoben, die aus allen Teilen der Welt in großer Zahl nach Buda kommen.

Die Hauptstadt war also tatsächlich und wohl nur zum Teil durch die Anwesenheit des Hofes die führende Stadt des Landes. Daraus folgten kulturelle, wirtschaftliche und soziale Konsequenzen. Buda war allerdings kein kirchliches Zentrum. Von dem Zentralraum oder von der Residenzlandschaft, die man in Ungarn im 13. Jahhundert beobachten kann[65] und die damals *medium regni* genannt wurde, blieben den beiden anderen Städten die Funktionen erhalten. Gran blieb der Sitz des Primas der ungarischen Kirche, und die Könige wurden weiter in Stuhlweißenburg gekrönt und begraben. Allerdings betrachtete man die Pfarrkirchen von Buda und Pest wegen ihrer Gründung als königliche Kapellen, weshalb

---

62 Zum Beispiel 1504: Archiv der Stadt Bartfeld, Urkunden, Nr. 3797, oder eine Supplikation der Städte unter der Führung von Buda an den König: Archiv der Stadt Preßburg, Urkunden, Nr. 4436.
63 Vgl. Anm. 18 - Ausgabe der Arenga mit einem Teil der Urkunde bei: Frigyes Pesty: A szörényi bánság és Szörény vármegye története [Geschichte des Banats und des Komitats Szörény (Turnu Severin)]. Bd. 3, Budapest 1878, S. 124.
64 Monumenta Romana Episcopatus Vespremiensis. Hg. v. Vilmos Fraknói/József Lukcsics. Bd. IV, Budapest 1907, S. 77f.
65 Klaus Neitmann: Was ist eine Residenz? Methodische Überlegungen zur Erforschung der spätmittelalterlichen Residenzbildung. In: Vorträge und Forschungen zur Residenzenfrage. Hg. v. Peter Johanek (Residenzenforschung; Bd. 1). Sigmaringen 1990, S. 41f.

Der königliche Hof als Integrationszentrum Ungarns 157

Buda von der Jurisdiktion des Diözesanbischofs von Veszprim, Pest von der des Waitzener Diözesanbischofs eximiert blieben. Sie waren direkt dem Erzbischof von Gran unterstellt. Daher konnten die Pfarrer beider Städte die niedere kirchliche Gerichtsbarkeit ausüben[66]. Zu erwähnen ist noch, daß König Béla IV. 1244 den Bürgern von Pest das Pfarrer-Wahlrecht zugestanden hatte[67]. Da die Gründung von Buda einige Jahre später mit einer Siedlungsverlegung von Pest nach Buda verbunden war, benutzte Buda dasselbe Privileg. In Buda verletzte aber der König oft das Wahlrecht seiner Bürger und ernannte einen seiner Günstlinge zum Pfarrer[68].

In kultureller Hinsicht wäre eine Universität für die Hauptstadt wichtig gewesen. Bekanntlich hat keine der im Mittelalter gegründeten ungarischen Universitäten ihren Gründer überlebt. Die zweite ungarische Universität stiftete Sigismund und zwar in der dritten Stadt der hauptstädtischen Agglomeration, in Óbuda[69]. Aber auch diese ging nach etwas mehr als zwei Jahrzehnten ein. Matthias Corvinus ließ in Preßburg eine Universität errichten. Da er aber damit den Besuch der Universität Wien nicht verhindern konnte[70], untersützte er diese nicht weiter, sondern schien eine neue Universität in Buda gründen zu wollen. Daraus ist aber nur eine Ordenshochschule der Dominikaner entstanden[71].

Zu den Ursachen des Mißlingens der ungarischen Universitätsgründungen zählt u.a. die starke Rolle des ungarischen Gewohnheitsrechtes. Das konnte man nur in der Praxis erlernen[72]. In der königlichen Kanzlei in Buda gab es eine "Schule", an der junge Leute unter der Anleitung älterer Notare alles Notwendige erlernen konnten[73]. Die Domkapitel,

---

66 Miklós Jankovich: Buda-környék plébániáinak középkori kialakulása és a királyi kápolnák intézménye [Die mittelalterliche Entstehung der Pfarren in der Umgebung von Buda und die Institution der königlichen Kapellen]. In: Budapest Régiségei 19 (1959), S. 57-98.
67 Monumenta diplomatica civitatis Budapest. Budapest történetének okleveles emlékei. Bd. 1. Hg. v. Albert Gárdonyi. Budapest 1936, S. 42.
68 András Kubinyi: Die Anfänge Ofens (Osteuropastudien der Hochschulen des Landes Hessen, Reihe I. Giessener Abhandlungen zur Agrar- und Wirtschaftsforschung des europäischen Ostens; Bd. 60), Berlin 1972, S. 20-37; ders. (wie Anm. 8), S. 154f.
69 György Székely: Sigismund von Luxemburg und das Universitätsleben. In: Sigismund von Luxemburg. Kaiser und König in Mitteleuropa 1387-1437. Beiträge zur Herrschaft Kaiser Sigismunds und der europäischen Geschichte um 1400. Hg. v. Josef Macek/Ernő Marosi/Ferdinand Seibt (Studien zu den Luxemburgern und ihrer Zeit; Bd. 5). Warendorf 1994, S. 132-143.
70 Jenő Ábel: Egyetemeink a középkorban [Unsere Universitäten im Mittelalter]. Budapest 1881, S. 27-37; András Kubinyi: Städtische Bürger und Universitätsstudien in Ungarn am Ende des Mittelalters. In: Stadt und Universität im Mittelalter und in der frühen Neuzeit. Hg. v. Erich Maschke/Jürgen Sydow (Stadt in der Geschichte; Bd. 3). Sigmaringen 1977, S. 161-165, hier S. 165.
71 Ábel (wie Anm 70), S. 37-46; Tibor Klaniczay: Pallas magyar ivadékai [Die ungarischen Sprößlinge von Pallas]. Budapest 1985, S. 76.
72 Bónis (wie Anm. 25), S. 11-15; Kubinyi (wie Anm. 70), S. 163f.
73 1523 gab das Domkapitel von Raab bei einem königlichen Besuch u. a. *secretariis regiis, scribis et scolaribus domini cancellarii* Wein. Béla Iványi: A győri székeskáptalan régi számadáskönyvei (A Szent István Akadémia történelem-, jog- és társadalomtudományi osztályának felolvasásai; Bd 1, Nr. 1) [Die alten Rechnungsbücher des Domkapitels von Raab]. Budapest 1918, S. 20f. - Die Erwähnung der Schule an der Budaer Burgkapelle 1450: Dl. (wie Anm. 19), 98140.

ferner die größeren Kollegiatstifte und Konvente fungierten als sogenannte "glaubwürdige Orte"[74], die für die Gerichte u.a. Untersuchungen durchführten und auch Obliegenheiten erledigten, für die anderswo öffentliche Notare zuständig waren. In ihren Schulen und in der Praxis konnte man das ungarische Recht erlernen.

Aus diesen Gründen waren die Kanzlei und natürlich die Schreibstuben der Gerichte in der königlichen Kurie das wichtigste Instrument zum Erlernen des Gewohnheitsrechts. Nachweisbar seit Beginn des 16. Jahrhunderts stellten die Notare der Kurie die wichtigsten Entscheidungen der Gerichte zusammen, die spätere Gerichte beachten mußten[75]. Der große ungarische Jurist Werbőczy, der nur ein einziges Semester an der Artisten-Fakultät in Krakau studiert hatte[76], war ein solcher praktischer Jurist. Sein 1514 vollendetes "Tripartitum opus juris consuetudinarii regni Hungariae" blieb bis 1848 das Hauptbuch des ungarischen Rechts. Werbőczy war zuerst Notar, dann Protonotar des Landesrichters, 1516-1525 der zweite weltliche Personalis. 1525 wählte ihn der Adel auf einem sehr turbulenten Landtag zum Palatin[77].

Die in der Kanzlei und in den Gerichten arbeitenden praktischen Juristen stammten meist aus mittel- und kleinadligen Familien[78]. Sie hatten ein großes Interesse an der Geschichte. Seit der Árpádenzeit sind die meisten ungarischen Chroniken in der Kanzlei entstanden. Schon sehr früh bildete sich in der Kanzlei die Gewohnheit heraus, in einer königlichen Donationsurkunde die Verdienste des Begünstigten anzuführen. Dies geschah oft in Form einer historischen Erzählung[79]. Vom König Sigismund gibt es eine Donation, in der der geschichtliche Teil in ungarischer Übersetzung 15 gedruckte Seiten umfaßt[80]. Das königliche Archiv in Buda muß also eine Fundgrube für Geschichtsschreiber gewesen sein. János

---

74 Franz Eckhart: Die glaubwürdigen Orte Ungarns im Mittelalter. In: MIÖG. Ergbd. 9 (1915), S. 395-558; Zoltán Miklósy: Hiteles hely és iskola a középkorban [Glaubwürdiger Ort und Schule im Mittelalter]. In: Levéltári Közlemények 18-19 (1940/41), S. 170-178.
75 Ausgabe einiger solcher "Decisiones" bei Josephus Nicolaus Kovachich: Notitiae praeliminares ad Syllogen Decretorum Comitialium. Pesthini 1820, S. 400-413; vgl. dazu György Bónis: Középkori jogunk elemei. Római jog, kánonjog, szokásjog [Elemente unseres Rechts. Römisches Recht, kanonisches Recht, Gewohnheitsrecht]. Budapest 1972, S. 219-222.
76 Im Frühjahrssemester immatrikulierte er sich an der Artistenfakultät von Krakau. Da er am Ende des Jahres schon als Notar des Landesrichters nachzuweisen ist, studierte er höchstens ein Semester lang. Bónis (wie Anm. 25), S. 338.
77 Vilmos Fraknói: Werbőczi István életrajza [Biographie des I. W.]. Budapest 1899; Bónis (wie Anm. 25), S. 337-341.
78 Bónis (wie Anm. 25), passim..
79 Elemér Mályusz: Királyi kancellária és krónikaírás a középkori Magyarországon (Irodalomtörténeti Füzetek; Bd. 79) [Königliche Kanzlei und Chronikschreiben im mittelalterlichen Ungarn]. Budapest 1973, besonders S. 9-21.
80 Középkori históriák oklevelekben (1002-1410). (Szegedi Középkortörténeti Könyvtár; Bd. 1) [Mittelalterliche Geschichten in Urkunden, 1002-1410. (Szegeder Mittelalterliche Bibliothek)]. Hg. v. Gyula Kristó. Szeged 1992, S. 252-267 (1406). - Diese Urkunde wurde von König Sigismund im Interesse der Familie Garai ausgestellt. Darüber schrieb Mályusz, daß es der Keim einer Garai-Geschichte war (wie Anm. 79), S. 95-98.

Thúróczy, der seine "Chronica Hungarorum" 1486/87 geschrieben hat, war lange Zeit Notar in der königlichen Kurie und seit 1486 Protonotar des Gerichts des Personalis praesentia. Er widmete sein Werk seinem Vorgesetzten, dem Personalis Tamás Drági. Aus seinem Vorwort wissen wir, daß es unter den Beamten oft Diskussionen über die ungarische Geschichte gab. Thúróczy schrieb seine "Historia" auf Anregung von Tamás Drági[81].

In diesem Werk, wie auch im "Tripartitum" Werbőczys, der sich in historischen Stoffen stark auf die Arbeit seines älteren Kollegen stützte, ist die Ideologie des ungarischen Adels am wirksamsten formuliert. Die hunnisch-skythische Vergangenheit der Ungarn wurde dadurch für lange Zeit Gemeingut des ungarischen Nationalbewußtseins[82]. Da die am königlichen Hof arbeitenden praktischen Juristen in den ständischen Kämpfen der Jagiellonenzeit zur Führung der Adelsfraktion gehörten, konnte sich diese in der Kanzlei und in den Gerichten entstandene Ideologie im ganzen Land schnell verbreiten[83].

Die Beamten des Budaer Königshofs haben aber nicht nur das ungarische Geschichtsbewußtsein und die adlige Ideologie beeinflußt, sie trugen auch zur Verbreitung des Humanismus bei. Der König benötigte in seiner Kanzlei nicht nur im einheimischen Recht bewanderte Beamte, sondern wegen der Außenpolitik auch Universitätsabsolventen. Die Kanzler, Sekretäre und Notare, die im Ausland, besonders in Italien studiert hatten, verbreiteten den italienischen Humanismus, und das wurde auch von König Matthias gefördert. Der Humanismus strahlte von Buda aus. Wir wissen von gelehrten Gesprächen in Buda. Die humanistische Richtung erreichte auch jene Beamten, die nicht in Italien studierten, so z.B. selbst Werbőczy[84].

Am Budaer Königshof erschienen oder entstanden solche geistigen Richtungen, die sich - dank der großen Zahl des die Hauptstadt besuchenden Adels - rasch im Land verbreiteten und lange Zeit das Bewußtsein des Königreichs prägten. In bezug auf die Kunst sei nur erwähnt, daß die Renaissancebauten des Königs Matthias die Kunstentwicklung des Landes beeinflußten.

Auch in sozialer Hinsicht ist die Wirkung der Hauptstadt nicht zu übersehen. Es wurde schon erwähnt, daß die Mitglieder der Oberschicht der beiden Städte Familienverbindungen zu den Oberschichten anderer Städte suchten. Dasselbe ist vom Adel zu sagen. Daß die aus ungefähr 40 Familien bestehenden Magnaten unter sich heirateten, ist natürlich.

---

81 Elemér Mályusz: A Thuróczy-krónika és forrásai (Tudomány-történeti tanulmányok; Bd. 5) [Die Chronik Thuróczys und ihre Quellen (Wissenschaftsgeschichtliche Studien)]. Budapest 1967, S 81-178.
82 Mályusz (wie Anm. 81), S. 161-165; János Horváth: Az irodalmi műveltség megoszlása. Magyar humanizmus [Die Teilung der Literaturkultur. Ungarischer Humanismus]. Budapest 1944, S. 225f. - Zum Weiterleben der Idee einer angenommenen hunnischen Vergangenheit der Ungarn bis ins 19. Jahrhundert vgl.: Jenő Szűcs: Nemzet és történelem. Tanulmányok [Nation und Geschichte. Studien]. Budapest 1974, S. 26.
83 András Kubinyi: Egységes nemesség? Nemesek és mágnások a középkor végén [Einheitlicher Adel? Adlige und Magnaten am Ausgang des Mittelalters]. In: Rubicon 5 (1994/4-5), S. 13-19, hier S. 18.
84 Horváth (wie Anm. 82), S. 104-233.

Die eigentliche Oberschicht des Adels, die man *proceres nobilium* nannte[85], beeinflußte hauptsächlich die adlige Selbstverwaltung ihres eigenen Komitats. Ihr Heiratskreis umfaßte eigentlich nur noch die angrenzenden Komitate. Am Ende des Mittelalters kann man aber eine interessante neue Tendenz beobachten. Es entstanden viele Heiratsverbindungen zwischen Familien, die in voneinander sehr weit entfernt liegenden Landesteilen wohnten[86]. Man kann sehr schön nachweisen, daß die zum Landtag oder am Hof erscheinenden Väter für ihre Töchter dort die Ehemänner aussuchten[87]. Oft entstanden solche Heiratsverbindungen zwischen den Führern der Adelsfraktion. Wichtig ist noch, daß es im Lande auch Adlige mit slowakischer, südslawischer oder rumänischer Muttersprache gab. Die Heiratsverbindungen trugen zu ihrer Magyarisierung bei[88].

Zwei Drittel des Adels bestanden aus Bauern, die wegen ihrer Prozesse oft nach Buda reisen mußten[89]. Die Jahrmärkte von Buda und besonders die von Pest gehörten zu den wichtigsten des Landes. Es gibt Angaben, wonach diese auch von Bauern aus großer Entfernung aufgesucht wurden[90]. Die Schenken und die dort musizierenden Lautenspieler wurden bereits erwähnt. Aus dem Ausland oder aus den verschiedenen Landesteilen stammende Gesänge konnten sich von dort aus im ganzen Land verbreiten, und es ist vielleicht

---

85 Die Zahl dieser *proceres* war nicht groß. In einer Quelle aus dem Jahre 1526 heißt es: *proceribus nobilium, quales egregios vulgo vocamus, quales etiam in uno comitatu vix duo vel tres sunt ...* Handschriftenabteilung der Eötvös Loránd-Universität Budapest, Litterae et epistolae originales, 32.
86 András Kubinyi: A középbirtokos nemesség Mohács előestéjén [Der Adel mit mittlerem Besitz am Vorabend der Schlacht von Mohács]. In: Magyarország társadalma a török kiűzésének idején [Ungarns Gesellschaft zur Zeit der Vertreibung der Türken]. Hg. v. Ferenc Szvircsek (Discussiones Neogradienses; Bd. 1). Salgótarján 1984, S. 5-24, hier S. 10f.
87 Der slawonische Adlige Georgius Castellanffy schreibt 1512 an seine Frau, daß er einen reichen Mann, den Hauptmann des Erzbischofs von Gran, für seine zweite Tochter gefunden habe. Iván Borsa: A Somogy megyei levéltár Mohács előtti oklevelei [Die aus der Zeit vor Mohács stammenden Urkunden des Komitatsarchivs Somogy]. In: Somogy megye múltjából. Levéltári Évkönyv 14 (1983), S. 3-88, hier S. 78, Nr. 164.
88 Im Nordwesten des Königreichs bestand der Adel aus Slowaken, in Siebenbürgen gab es rumänische, im Süden serbische bzw. kroatische Adlige. Dafür ein Beispiel: Der aus dem nördlichsten Komitat, aus Árva, stammende und slowakisierte Kleinadlige László Kubinyi (zuerst nannte man ihn noch *Ladislaus dictus Ethewicz de Felső Kubin*) kam als Finanzbeamter nach Buda. Er wurde zuerst königlicher Unterschatzmeister, später war er der Burgpfleger von Buda (*provisor curiae castri regii Budensis*). Er heiratete eine reiche, zu den *proceres*-Familien gehörende transdanubische ungarische Adelstochter, Potenciána Gyulaffy von Rátót. Miklós Kubinyi: A Felső-kubini Kubinyi család leszármazása. (A Felső-kubini Kubinyi család története es leszármazása; Bd. 2) [Die Abstammung der Familie Kubinyi von Felsőkubin (Geschichte und Abstammung der Familie Kubinyi von Felsőkubin)]. Hg. v. Ferenc Kubinyi/Miklós Kubinyi. Budapest 1906, S. 9f.
89 Vgl. Anm. 30.
90 So haben z.B. Bauern vor 1514 Vieh aus einer Entfernung von ungefähr 200 km nach Pest getrieben: Monumenta rusticorum in Hungaria rebellium anno MDXIV. Hg. v. Antonius Fekete Nagy/Victor Kenéz/Ladislaus Solymosi/Geisa Érszegi (Publicationes archivi nationalis Hungarici; Bd. II/12). Budapest 1979, S. 391.

kein Zufall, daß es in der Volksmusik der verschiedenen im ehemaligen Königreich Ungarn lebenden Völker viele Ähnlichkeiten gibt[91].

Die Quellen der ersten Hälfte des 16. Jahrhunderts nennen die ungarische Hauptstadt ein *emporium*. Der Österreicher Johannes Cuspinianus schrieb nach der Schlacht von Mohács an die deutschen Fürsten, *qui prius aliquoties Budae fuistis, unde vestri subditi in Bavaria, Svevia et Rheno alimenta saepe ex tam locuplete emporio sumserunt*[92]. In den dreißiger Jahren verfaßte der frühere königliche Sekretär und spätere Erzbischof von Gran, Nicolaus Olahus, seine Landesbeschreibung "Hungaria". Er schrieb folgendes: *Oppidum ipsum Budense celebre est Italis, Germanis, Polonis et nostra hac aetate Turcis quoque mercatoribus eo confluentibus veluti ad totius Hungariae emporium*. Über Pest lesen wir: *Mercatorum magnus est eo concursus*[93]. Die Zeitgenossen hielten also die Hauptstadt für den wirtschaftlichen Mittelpunkt Ungarns.

Damit sind wir zum Ende gekommen. Die geopolitische Lage Budas und seiner Agglomeration machte es möglich, daß aus dieser *in medio regni* gelegenen Stadt ein wirtschaftlicher Mittelpunkt des Karpatenbeckens und damit des Königreichs Ungarn werden konnte. Die ungarischen Könige erhoben die neue Stadt Buda nicht zufällig zu ihrer Hauptstadt. König Karl I. nannte Buda schon 1308 seine *civitas principalis*[94]. Eine Quelle aus den ersten Jahren des 14. Jahrhunderts nannte sie *sedes regni et maxima civitatum*[95]. Wie erwähnt, blieb die Benennung *sedes* bzw. *solium* oder *thronus* bis in die Türkenzeit erhalten. Diese rechtliche Stellung der Hauptstadt blieb auch dann intakt, als der königliche Hof sich in Visegrád niedergelassen hatte. Visegrád konnte Buda wirtschaftlich nicht ablösen, im 15. Jahrhundert aber, als der Hof nach Buda zurückkam, erstarkte Buda in wirtschaftlicher, kultureller und politischer Hinsicht.

Der königliche Hof machte dann die hauptstädtische Agglomeration tatsächlich zur Metropole des Königreichs. Sie wurde zu einem Schmelztiegel, in dem die aus den verschiedenen Landesteilen und sogar aus dem Ausland kommenden Einflüsse zu einer Einheit verschmolzen, die auch für die Kultur Bedeutung gewann.

Diese Entwicklung wurde durch die türkische Eroberung 1541 zunichte gemacht. Buda blieb zwar die Hauptstadt des von den Türken besetzten Gebietes, wo der türkische Pa-

---

91 Vgl. Anm. 54; ferner: Magyarország zenetörténete; 1: Középkor [Ungarns Musikgeschichte. Bd. 1: Mittelalter]. Hg. v. Benjámin Rajeczky. Budapest 1988, S. 90-93, 585.
92 Cuspiniánus János beszéde Budának's véle Magyar országnak ezer öt száz negyven egyedik esztendőben lett romlása emlékezetére és harmad századára [Die Rede des Johannes Cuspinianus zum Gedächtnis an das Verderben Budas und mit ihm Ungarns im Jahre 1541 zum 300. Jahrestag]. Hg. v. József Podhradczky. Buda 1841, S. 36.
93 Nicolaus Olahus: Hungaria - Athila. Hg. v. Colomannus Eperjessy/Ladislaus Juhász. Budapest 1938, S. 10, 17.
94 Magyar Történelmi Tár 4 (1857), S. 177.
95 Josef Deér: Aachen und die Herrschersitze der Arpáden. In: MIÖG 79 (1971), S. 1-56, hier S. 2.

scha, der Statthalter des Sultans, residierte[96]. Die westlichen und nördlichen Teile wurden das Restkönigtum Ungarn, das die Habsburger regierten, Ostungarn mit Siebenbürgen bildete das Fürstentum Siebenbürgen, ein türkischer Vasallenstaat. Buda als wirtschaftliches, politisches und kulturelles Zentrum fiel aus, und das hatte negative Auswirkungen auf die Einheit des Karpatenbeckens.

---

96 Győző Gerő: Buda als Residenzstadt der ungarischen Provinz der Osmanen (1541 bis 1686). In: Budapest im Mittelalter (wie Anm. 2), S. 426-438.

Ernő Deák

Preßburgs politische Zentralfunktionen im 15./16. Jahrhundert

Wen es ist eine kunigliche freystatt Vnd der grossen Siben Freystatt aine Im land zu hungern - mit dieser Formulierung endet das *Statt recht zw prespurgkh* aus dem 15. Jahrhundert[1]. Diese Aussage gilt im Hinblick auf die Größe und die Bedeutung der Stadt. Ohne hier auf die Erörterung der Problematik von Stadtgründung bzw. Stadtrechtsverleihung einzugehen, sei lediglich erwähnt, daß Preßburg die erste Bestätigung seiner geltenden Rechte von König Andreas III. 1291 erhielt. Diese bezogen sich vor allem auf die freie Wahl von Richter und Rat und in Verbindung damit auf die eigene Gerichtsbarkeit, ferner auf die Ausübung des mautfreien Handels im Umkreis des gleichnamigen Komitats[2]. Zeichen seiner Anerkennung als Vollstadt war die Tatsache, daß Preßburg zum sogenannten Reichstag von 1405 eingeladen wurde. Viel wichtiger erscheint es aber, darauf hinzuweisen, daß drei Jahre zuvor, 1402, König Sigismund die Stadt mit dem Niederlags- oder Stapelrecht privilegiert hatte. Die Verleihung von Siegel und Wappen kam vom gleichen König 1436 hinzu[3]. Als Gipfel der autonomen Entwicklung erhielt die Stadt von König Matthias Corvinus 1459 das Privileg, mit rotem Wachs zu siegeln[4]. Somit gehörte Preßburg als königliche Freistadt um die Mitte des 15. Jahrhunderts neben Buda und Pest bzw. Kaschau und Hermannstadt bzw. Kronstadt zweifelsohne zu den größten und bedeutendsten städtischen Siedlungen des Königreichs Ungarn.

Unter diesen Voraussetzungen ist es nur folgerichtig, daß bei der Universitätsgründung die Wahl des Königs Matthias Corvinus auf Preßburg fiel. Der 1467 errichteten *Academia Istropolitana* war allerdings nur eine kurze Dauer beschieden; spätestens mit dem Tod des großen Renaissanceherrschers 1490 wurde auch ihre Tätigkeit endgültig eingestellt. Die

---

1 Statuta et articuli municipiorum Hungariae Cis Danubianorum. In: Corpus Statutorum Hungariae Municipalium. Hg. v. Sándor Kolosvári/Kelemen Óvári. Bd. IV/2, Budapest 1897, S. 9-32, hier S. 32.
2 Andreae III. regis Libertas hospitum de Poson. Stephanus Ladislaus Endlicher, Rerum Hungaricarum Monumenta Arpadiana. St. Gallen 1849, S. 623ff.
3 Theodor Ortvay: Geschichte der Stadt Preßburg. Bd. II/2, Preßburg 1898, S. 531ff. Zur Bestätigung des "Stapelrechtes" durch König Wladislaw II. 1508, allerdings nicht nur für Preßburg, sondern auch für Tyrnau und Ödenburg, vgl. Jenő Házi: Sopron szabad királyi város története. Oklevelek és levelek [Geschichte der königlichen Freistadt Ödenburg. Urkunden und Briefe]. Bd. 6, Sopron 1928, Nr. 228, S. 238ff.
4 Ortvay (wie Anm. 3), S. 539.

Blütezeit der Akademie fiel in die Jahre der Kanzlerschaft des Johannes Vitéz, des 1472 verstorbenen Erzbischofs von Gran. Ihm stand als Vizekanzler Georg Schomburg, Propst von Preßburg, zur Seite[5]. Dieser dritte Versuch einer Universitätsgründung auf ungarischem Boden - nach der Gründung der Universität in Fünfkirchen durch König Ludwig I. 1367 und der ebensowenig erfolgreichen 1389/1395 von König Sigismund in Óbuda - trug zweifelsohne zum Ansehen Preßburgs bei. Man darf aber nicht übersehen, daß diese Gründung ein königliches Unternehmen war und die Stadt lediglich als Schauplatz diente; Richter und Rat hatten kein Mitspracherecht. Diese Tatsache sei deshalb festgehalten, weil die politischen Zentralfunktionen, die dann von Preßburg aus ausgeübt wurden, die städtischen Angelegenheiten nur mittelbar berührten, wenngleich sie auch - wie schon angedeutet - die Entwicklung der Stadt stark beeinflußt haben.

Der Ausgang der Schlacht bei Mohács (29. August 1526) überraschte selbst die Türken, die nicht glauben konnten, daß ein so ansehnliches Königreich wie Ungarn vernichtend geschlagen wurde. Für die Ungarn war es besonders tragisch, daß der junge König Ludwig II. auf dem Schlachtfeld blieb. Die Nachricht über die Katastrophe traf am nächsten Tag, dem 30. August, in der königlichen Residenz zu Buda ein und löste dort Panik aus. Königin Maria, die noch nicht wußte, daß sie Witwe geworden war, ließ das Allernotwendigste packen und verließ mit ihren engsten Anhängern schon in der darauf folgenden Nacht fluchtartig Burg und Stadt Buda. Da ihr der König für diesen Fall Preßburg als Fluchtort empfohlen hatte, ritt sie direkt dorthin und versuchte erst von dort aus, den Rat der erreichbaren Würdenträger des Landes einzuholen, was nun zu tun sei[6].

Die Wahl Preßburgs als Zufluchtsort war in mehrfacher Hinsicht folgerichtig. Erstens lag es von Mohács weit entfernt, und man konnte immerhin annehmen, daß die anschließenden Streifzüge der Türken sich nicht bis dorthin erstrecken würden; zweitens war die Stadt befestigt. Als wichtigstes Argument wog jedoch die Grenznähe der Stadt zu den habsburgischen Ländern, in die die Königin notfalls weiterfliehen konnte, war sie doch selbst eine Habsburgerin. Als solche hätte sie sogar Waffenhilfe von dort erhoffen können. Während sich Königin Maria in Buda wie in einer fremden Welt gefühlt hatte, wurde sie bei ihrer Ankunft in Preßburg von der Stadt mit größter Anteilnahme empfangen. Johann Bornemisza, Kastellan von Buda und Graf von Preßburg, verwehrte der Königin, obzwar er sich in ihrer Begleitung befand, den Zutritt in das königliche Schloß zu Preßburg und war auch nicht bereit, ihr die nun dort deponierten königlichen Schätze zu überlassen. So nahm die

---

5 Magyarország vármegyéi és városai. Pozsony vármegye. Pozsony sz. kir. város, Nagyszombat, Bazin, Modor és Szentgyörgy r. t. városok [Ungarns Komitate und Städte. Komitat Preßburg. Königl. Freistadt Preßburg, Städte mit geord. Mag. Tyrnau, Bösing, Modern und St. Georgen]. Red. Samu Borovszky. Budapest (o. J., nach 1900), S. 146. Zur Universität in Óbuda und Universitätsgründung in Preßburg vgl. Budapest története [Geschichte Budapests]. Bd. 2, Budapest 1973, S. 89 und 178.
6 Ortvay (wie Anm. 3), Bd. IV/1, Budapest 1912, S. 20ff.; vgl. ferner: Magyarország története 1526-1686 [Geschichte Ungarns 1526-1686]. Bd. 3/1, Budapest 1985, S. 150.

Stadt Preßburg die Königinwitwe auf und stellte ihr ein Haus zur Verfügung. Auch ihre Verpflegung übernahm die Stadt[7].

Neben der militärischen Niederlage wirkten sich auch die Verluste an höchsten Würdenträgern verhängnisvoll auf die Weiterentwicklung des Landes aus. Obzwar der Palatin, Stephan Báthori, mit dem Leben davongekommen war, schien er unter dem Eindruck der tragischen Ereignisse wie gelähmt. Andere wiederum befanden sich auf der Flucht, so daß die Zentralregierung praktisch zusammenbrach. In dieser Lage ohne König konnte nur die Einberufung des Landtages helfen, was die Königinwitwe auch tat. Teils unbeabsichtigt wurde Preßburg als Schauplatz in die Ereignisse einbezogen. Der Landtag sollte am 25. November 1526 in Komorn eröffnet werden, mußte aber auf den 30. November verschoben und nach Preßburg verlegt werden. Ihm gingen die Versammlung von Tokaj (14. Oktober) und der Landtag von Stuhlweißenburg mit der Wahl des Woiwoden von Siebenbürgen, Johann Zápolya, zum neuen König sowie dessen Krönung (10./11. November) voraus. So fiel dem Landtag von Preßburg die Aufgabe zu, den Vertrag von 1515 geltend zu machen und Erzherzog Ferdinand (König von Ungarn 1526-1564) nach dem böhmischen nun auch auf den ungarischen Thron zu erheben[8]. Bis zum Frieden von Großwardein (1538) herrschten beide Könige gegeneinander, während das Land von den Türken wiederholt heimgesucht und schwer verwüstet wurde. Der Friedensschluß besiegelte die Zweiteilung Ungarns. Die Dreiteilung erfolgte dann mit der Besetzung Mittelungarns samt Buda und Pest als Hauptstädten durch die Türken 1541.

Infolge der Wirren konnte das höchste Ziel, die Verdrängung der Türken, nicht realisiert werden. So versuchten beide Könige, sich in den ihnen verbliebenen Territorien einzurichten. Mißtrauen gegenüber den Ungarn und die allgemeine Unsicherheit veranlaßten König Ferdinand, von Wien aus zu regieren und mit den ungarischen Ständen auf dem Wege über das habsburgtreue Preßburg in einem spannungsvollen Konsens auszukommen. Insofern kann diese Lösung nur als Provisorium und Preßburg lediglich als Ersatz- oder vielmehr als Nothauptstadt angesehen werden. Betrachtet man jedoch die allgemeine politische Situation des Landes und speziell die geopolitische Lage Preßburgs, hätte es kaum eine bessere Entscheidung geben können. Zunächst sei festgehalten, daß die geringe Entfernung von Wien (65 km) eine nahezu reibungslose Abwicklung der Regierungsgeschäfte ermöglichte. Zudem war die Nähe der Landesgrenze eine Gewähr dafür, daß die Stadt jederzeit leicht mit Reichstruppen belegt und geschützt werden konnte. Schließlich gestalteten sich durch den Umstand, daß die Einwohner der Stadt deutschsprachig waren, die Kontakte mit Wien, dessen Einfluß nun uneingeschränkt zur Geltung kam, sowohl wirtschaftlich als auch kulturell äußerst produktiv. Der bereits erwähnte Landtag im November 1526, auf dem ein Teil der Stände Ferdinand als König von Ungarn anerkannte, eröffnete die Reihe

---

7 Ortvay, (wie Anm. 3), Bd. IV/1, S. 22.
8 Ebd., S. 67ff

jener Landesversammlungen, die in der Türkenzeit zum Großteil, in der Folge dann bis 1848 ausschließlich in Preßburg stattfanden. Die Tatsache, daß allein in der Zeitspanne von 1527 bis 1571 23 Landtage einberufen wurden[9], zeigt nicht nur den Versuch der Aktivierung der Stände in Landesangelegenheiten, sondern auch Preßburgs - trotz der Grenzlage - einzigartige Zentralität.

Obwohl der Palatin Stephan Báthori erst 1530 starb, beauftragte König Ferdinand die Königinwitwe Maria von Anfang an von Preßburg aus mit der Leitung der laufenden Geschäfte. Ihr stand der königliche Rat zur Seite. Nach der Thronbesteigung Ferdinands legten 13 geistliche und 38 weltliche hochadlige Würdenträger (*praelati et barones*) den Eid als königliche Räte ab. Der junge König versuchte nun, anstelle des Palatins die Statthalterschaft (*locumtenens et consiliarii*) als ständige Einrichtung mit dem Sitz in Preßburg auszubauen und dieser dadurch mehr Gewicht zu verleihen, daß er ihr praktisch die Regierungsgeschäfte übertrug und ihren Mitgliedern für ihre Tätigkeit finanzielle Zuschüsse zusicherte. Während der königliche Rat nur unregelmäßig zu Sitzungen zusammentrat, versah die Statthalterschaft als oberstes Regierungsorgan nach dem König tagtäglich ihre Amtstätigkeit. Nach der Abdankung der Königinwitwe bestellte Ferdinand schließlich doch Stephan Báthori zum Leiter der Statthalterschaft, um nach dessen Tod die Palatinswürde - zumindest vorübergehend - unbesetzt zu lassen. An den Sitzungen nahmen neben dem Statthalter sechs Vertreter des Hochadels (alle höchste Würdenträger) und drei Vertreter des mittleren Adels teil. Zu Beratungen wurden jedoch auch der Landeskommandant (*generalis capitaneus*) der königlichen Streitkräfte und die Oberkommandanten (*supremi regni capitanei*) der ständischen Truppen herangezogen. Dieses oberste Verwaltungsorgan wurde bis in die vierziger Jahre des 16. Jahrhunderts vollständig ausgebaut[10], und es wurde auch gesetzlich verankert, daß Preßburg Sitz der Zentralverwaltung sein solle, allerdings mit dem bemerkenswerten Zusatz, bis das Land mit Gottes Hilfe zurückgewonnen würde (*Locus autem administrationis Regni, donec auspice Deo Regnum recuperabitur, fiat Posonium.* Gesetzesartikel XLIX: 1535)[11]. In Preßburg schlugen ferner auch die königliche Kammer und die Gerichtstafel ihren Sitz auf[12].

Bis zur Mitte des 16. Jahrhunderts wurden somit alle politisch-administrativen Zentralstellen in Preßburg untergebracht und ausgebaut, sie verliehen der Stadt insgesamt den Charakter einer Landeshauptstadt im dargelegten Sinne - allerdings ohne königliche Residenz. Im folgenden soll nun zumindest skizzenhaft dargelegt werden, inwiefern Preßburg diesen neuen Aufgaben gewachsen war. Vergleichsweise standen in Ungarn nach allge-

---

9 Magyarország története (wie Anm. 6), S. 405.
10 Ebd., S. 397.
11 Ortvay (wie Anm. 3), Bd. IV/1, S. 241.
12 Wegen der allgemeinen Unsicherheit und der großen Entfernungen erfolgte jedoch bereits Anfang der fünfziger Jahre eine Teilung in Nieder- bzw. Oberungarn mit den Sitzen in Preßburg und Kaschau. Magyarország története (wie Anm. 6), S. 400; Ortvay (wie Anm. 3), Bd. IV/1, S. 243 und 325.

meiner Ansicht jene königlichen Freistädte in höchster Blüte, die in den Fernhandel eingeschaltet waren. Auffallenderweise lagen diese mehrheitlich nicht im Landesinneren, sondern durchweg in der Nähe der Landesgrenze (Ödenburg, Tyrnau, Bartfeld, Kaschau, die Sachsenstädte in Siebenbürgen)[13]. Zu ihnen zählte selbstverständlich auch Preßburg. Der Fernhandel nach und aus dem Westen wurde in den vierziger Jahren - auf die ungarländischen Kaufleute bezogen - zu 10,96% von Preßburgern betrieben. Der Wert ihrer Waren belief sich auf 51 007,75 fl. Wenn man diese Zahlen mit jenen des an zweiter Stelle folgenden Tyrnau (8,63% oder 40 144,80 fl.) vergleicht, sticht die führende Rolle Preßburgs hervor. In der Gesamtliste - also einschließlich der ausländischen Kaufleute - erscheinen zehn Großkaufleute aus Preßburg. Unter diesen folgt nach Jodok Furtner (Nürnberg) mit 28 420 fl., nach zwei Kaufleuten aus Tyrnau mit insgesamt 25 730 fl. und nach Johann Paur (Wien-Buda) mit 17 645,20 fl. an vierter Stelle der Preßburger Michael Klee mit einem Umsatz von 16 722,90 fl.[14]. Erweckt diese Aufstellung den Anschein, zwischen Tyrnau und Preßburg habe hinsichtlich der Größe ein Wetteifern bestanden, so kann davon nach der Etablierung der königlichen Zentralämter spätestens in der zweiten Hälfte des 16. Jahrhunderts ernsthaft nicht mehr die Rede sein. Unabhängig davon wurden die nordwestlichen Landesteile von den Verwüstungen der Türkenzeit nicht so stark in Mitleidenschaft gezogen wie das Landesinnere, gleichwohl zeigten sich auch hier deren Auswirkungen. Immerhin können diese insofern auch positiv gewertet werden, als die Flüchtlinge - vor allem aus Südungarn - nach Norden und Nordwesten auswichen, sich dort niederließen und dadurch - vorwiegend in den befestigten Orten - zur Bevölkerungszunahme beitrugen. Eigens hervorzuheben ist die Flucht der deutschen Bürger aus Buda und Pest unmittelbar nach dem Eintreffen der Nachricht über die Katastrophe bei Mohács; viele von ihnen suchten nicht nur in Preßburg, sondern direkt in Wien Zuflucht[15]. Trotz dieser Umstände war auch in Preßburg ein gewisser Niedergang zu verzeichnen; so wurden beispielsweise 1376 noch 26, 1549 aber nur 14 Fleischhauermeister gezählt, wobei ihre Zahl bis 1565 wieder auf 19 stieg. Ferner gab es 1376 16 Bäckermeister, 1558 nur 13[16].

---

13 Magyarország története (wie Anm. 6), S. 353.
14 Győző Ember: Magyarország nyugati külkereskedelme a XVI. század közepén [Ungarns westlicher Außenhandel um die Mitte des 16. Jahrhunderts]. Budapest 1988, in der Reihe der Angaben S. 711, 716 bzw. 550ff.
15 Budapest története (wie Anm. 5), S. 97. Die Flucht und Aufnahme der Pester Kaufleute nach und in Wien bezeugt eine Beschwerde: *Als sich die Pesthter vnd ander Hungern nach Khönig Ludwigs Ableibung mit Weib und Khindern, alhie zu Wienn an khumen, haben wir sy ganz mitleydig vnd mit genaigtes freundtliches willen, angenomen, Inen allenthalben in der Stat, wo sy bey denen Burgern, mit Herberg zue khumen mögen...* Der von Wienn bericht belangend die Pesthter auch ander Hungern. Hofkammerarchiv Wien, Niederösterreichische Herrschaftsakten W 61/C RN 280/2. Pag. 598-604. Auf diese Quelle machte mich Dr. Lajos Gecsényi, der ungarische Archivdelegierte in Wien, aufmerksam. Dafür und für die Anfertigung von Xerokopien danke ich ihm herzlich.
16 Magyarország története (wie Anm. 6), S. 360f.

Durch die Verlegung der Zentralämter, vor allem aber die nach Preßburg einberufenen Landtage, wurde die Stadt vor völlig neue Aufgaben gestellt, die - zumindest in der ersten Zeit - nicht restlos gelöst werden konnten. Die Versorgung und Unterbringung der Deputierten ließen viel zu wünschen übrig. Eine zusätzliche Herausforderung stellte die Beherbergung der königlichen Familie dar, auch wenn ihre Besuche eher sporadisch ausfielen. Die städtischen Statuten nahmen auf diese Probleme immer wieder Bezug. Da der Fleischkonsum im Vergleich zu dem anderer Lebensmittel enorm hoch war, griff der Magistrat regelnd ein. So können die Fleischpreise systematisch verfolgt werden: 1545 wurde etwa das Pfund Rindfleisch mit 5 Denar, Kalbfleisch mit 4 Denar, Lamm- bzw. Schaffleisch mit 6 Denar, Jungschweinefleisch mit 7, Altschweinefleisch mit 10 Denar festgesetzt[17]. Die Statuten von 1575 trafen im Zusammenhang mit dem Landtag folgende eindeutige Bestimmung: Erstens sollten die Fleischhacker nach jeweils über 50 Ochsen, deren Fleisch während des Landtages an die Bürger verkauft wurde, pro Stück 10 Denar zahlen, zweitens *soll die gantz Zeit, weil der Landtag werdt, beede Rind- und Jungfleisch per 6 d. w. vnd nicht theuer geben werden*[18]. Ähnlich lautete die Bestimmung im Hinblick auf den Landtag 1581, wobei festgehalten werden muß, daß für die Zeit der Landtage die Preise reduziert wurden[19]. Nicht anders verhielt es sich mit der Beherbergung. Sicherlich ist nicht als Einzelfall zu werten, was Richter und Rat 1597 beschlossen[20]:

2. Die fürkhauff mit flaisch, Obst vnd anderen Victualien soll eingestellt werden, vnd die Vngerischen Weiber abzuschaffen seyen.
3. Jeder Hausherr vnd Wirdt soll die ordenliche Quartierzimmer Lehr halten vnd nit verleihen, sondern zue dem Landtag dieselben rauhmen vnd sich zue seinen Inleuten ziehen.
4. Also auch ain ieder vor seinem haus säuberen vnd den Vnrath vnd Koth ausfüehren soll, weiln die vnderthonen der Zeit nit fahren khünden mit den Ochsen.
5. Mit den Inleuten vnd frembden soll ain Ordnung gemacht werden.

Trotz dieser Bemühungen stellte die Unterbringung der Gäste ein permanentes Problem dar. Nicht zuletzt aus diesem Grunde blieben viele Deputierte dem Landtag fern. Damit eine Regelung getroffen werden konnte, ernannte der König auf Bitte der Statthalterschaft z.B. 1549 den Hofstallmeister Franz Nyáry zum Landesquartiermeister[21]. Ungeachtet dessen konnte man die zahlreich erschienenen Deputierten zum Landtag von 1552 nur schwer unterbringen. Ein Deputierter vermerkte etwa in seinem Tagebuch, obwohl er dem Quar-

---

17 Corpus Statutorum (wie Anm. 1), S. 89.
18 Ebd., S. 166f.
19 Ebd., S. 185.
20 Ebd., S. 220f.
21 Ortvay (wie Anm. 3), Bd. IV/1, S. 324f.

tiermeister 2-3 Taler geboten hätte, sei alles umsonst gewesen[22]. Auch aus dem Jahre 1560 ist zu erfahren, daß nicht einmal ein kleines Zimmer zu mieten gewesen sei, worauf der Betreffende für 13 fl. ein neben dem Dreißigstamt gelegenes Haus erstand, um es dann vor dem Verlassen der Stadt mit einem Verlust von 3-4 fl. wieder zu verkaufen[23]. Dementsprechend war auch die Teuerung. So wandte sich der Deputierte der königlichen Freistadt Kremnitz in einem Brief vom 23. März 1552 an seine Entsender mit dem Argument der allgemeinen Teuerung um Hilfe[24]: *So bin ich sunst auch der Theuern Wirten, nu biß auff heut dato sambt dem Andraschen unnd seinem Roß umb ander ding mer schuldig als fl. 7 d. 45. Woo ist noch tringgelt der Wirttin, unnd Zerung wider herein fl. 5. Gott helff mit Lieb.*

Diese Mängel dürfen allerdings nicht darüber hinwegtäuschen, daß es auch um die königlichen Quartiere nicht zum besten stand. Als König Ferdinand Ende 1529 zum Landtag nach Preßburg reiste und das dortige Schloß beziehen wollte, mußte dieses von der Stadt vorher erst gereinigt und mit Möbeln und Bettzeug bzw. mit Heu und Stroh für die Betten ausgerüstet werden[25].

Bevor kurz auf die zwei wichtigsten Ereignisse des öffentlichen Lebens in Preßburg, nämlich die Landtage und die Krönungen, eingegangen wird, sollen drei städtische Schauplätze erwähnt bzw. in Erinnerung gerufen werden[26].

1. Vom SCHLOß war schon des öfteren die Rede. Es war königlicher Besitz; die ersten Hinweise auf sein Bestehen stammen aus dem 11. Jahrhundert. Nach den Zerstörungen durch die Hussiten (1432) ließ es König Sigismund wieder aufbauen; der weitere Ausbau erfolgte während der Regierungszeit des Matthias Corvinus. Abgesehen von den Einquartierungen der königlichen Truppen diente das Schloß als Unterkunft und Repräsentationsort der königlichen Familie bei deren eher seltenen Besuchen.

2. ST. MARTINSKIRCHE: Das Domkapitel von Preßburg erhielt von Papst Innozenz III. 1204 die Erlaubnis zur Übersiedlung in die Stadt, wo es zum ersten Kirchenbau kam. Der Dom, wie er seit 1563 als Krönungskirche diente, erhielt seine Größe und Gestalt im Laufe des 15. Jahrhunderts.

3. Das FRANZISKANERKLOSTER wurde nach 1280 in Erinnerung an den Sieg über König Ottokar erbaut; es gibt aber auch Hinweise dafür, daß die Franziskaner bereits in der Regierungszeit König Bélas IV. ein Kloster in Preßburg besaßen. Im 16. Jahrhundert wurden hier einerseits die Landtage abgehalten, andererseits nach den Krönungen junge Adlige zu Rittern geschlagen. Seit der zweiten Hälfte des 16. Jahrhunderts - als es zu getrennten Be-

---

22 Ebd., S. 353, vgl. auch Anm. 2.
23 Ebd., S. 398, vgl. auch Anm. 7.
24 Ebd., S. 355, vgl. auch Anm. 2.
25 Ebd., S. 158f. Ähnliches wird über die Ankunft des Königs zum Landtag von 1555 berichtet. Ebd., S. 374f.
26 Borovszky (wie Anm. 5), Schloß und Martinskirche, S. 140ff., Franziskanerkloster, S. 153ff.

ratungen kam - war der große Saal der Versammlungsort der Deputierten des mittleren Adels und der Städte.

An den Landtagen nahmen selbstverständlich auch die Delegierten der Stadt Preßburg teil; nichtsdestoweniger stellten sie - auf die Beratungen bezogen - gleichsam ein *corpus separatum* im Leben der Stadt dar. Dessenungeachtet war die Stadt in die Vorgänge eingeschaltet. So verkündete am 15. Dezember 1526 ein Herold vom Erkertum des Rathauses, daß am nächsten Tag vom Landtag ein neuer König gewählt werde. Auf die vollzogene Wahl reagierte die Bürgerschaft bei Glockengeläut und Kanonendonner mit Freudenausbrüchen. Bezeichnenderweise fand das in den städtischen Rechnungen unter den Ausgaben seinen Niederschlag[27]. Die Landtage zogen sehr viele Leute aus nah und fern an, so daß sie mit ihren Begleiterscheinungen vielfach den Charakter von Jahrmärkten annahmen. Abgesehen von dem erhöhten und intensiven Austausch politischer, wirtschaftlicher und kultureller Informationen sollten auch die einfachen Leute auf ihre Kosten kommen. Bürgeraufzüge, Volksbelustigungen u.ä. können als Rahmenprogramm zu den Landtagen erwähnt werden. Während des Landtages von 1552 erregte beispielsweise ein Elefant großes Aufsehen, der vor dem Schloß sogar dem König vorgeführt wurde. Im Kreise der Stände lenkte ein vornehmer türkischer Gefangener die Aufmerksamkeit auf sich. Als Obristen wollte man von ihm verschiedene Kriegsgeheimnisse erfahren. In der Hoffnung, daß er gesprächig würde, hat man *vil mit jm angefangen mit trinckhen, saitten spill vnd guetten wortten, Ime auch ganz frey gelassen* ... Als er sich dennoch weigerte, Informationen preiszugeben, wurde er trotz des von ihm angebotenen Lösegeldes von 1 000 Dukaten in Ketten geschlagen und nach Wiener Neustadt gebracht[28].

Die Krönungen waren Ereignisse, die über die Landesgrenzen hinaus großes Interesse erweckten. In Preßburg wurden 19 Habsburger zu Königen bzw. zu Königinnen von Ungarn gekrönt[29]. Die erste Krönung fand 1563 in der dortigen Martinskirche statt, als Maximilian im Beisein seines greisen Vaters gesalbt wurde. Die Bedeutung dieses Ereignisses wird durch die Tatsache unterstrichen, daß darüber nicht nur in Ungarn berichtet wurde. Bezeichnenderweise erschien in Augsburg eine *Kurtze vnd Wahrhaffte beschreybung / der Röm. Kön. May. Einzug sampt der Crönung zu Hungerischem König / den 8. Septembris des 1563. Jars in der Pfarrkirchen zu Preßburg ergangen.* Das Auffallendste an diesen Berichterstattungen ist, daß sie, abgesehen von einigen Episoden, miteinander übereinstim-

---

27 Ortvay (wie Anm. 3), Bd. IV/1, S. 91f. und 94.
28 Ebd., S. 355 und 359; vgl. auch Anm. 1
29 Zur Geschichte der Krönungen im allgemeinen vgl.: Emma Bartoniek: A magyar királykoronázások története [Geschichte der ungarischen Königskrönungen]. Budapest ²1987. Zu Preßburg als Krönungsstadt vgl. Stefan Holcik: Korunovačné Slávnosti Bratislava 1563-1830 [Die Krönungsfeierlichkeiten in Preßburg 1563-1830]. Bratislava 1986, deutsche Ausgabe Bratislava 1992, S. 12.

men, was zweifellos auch auf den bis dahin voll ausgebildeten Verlauf der Zeremonie zurückzuführen ist[30].

Der Zug, bestehend aus höchsten Würdenträgern und Bewaffneten sowie aus 2000 Mann Wiener Fußvolk, bewegte sich aus Wien nach Hainburg, wo die Scharen zwischen der Stadt und Kittsee bei einer öden Burg in einem Feldlager in Zelten übernachteten. Die Überquerung der Donau erfolgte über eine eigens zu diesem Zweck errichtete Schiffsbrücke. Ähnlich lagerten auch die Ungarn auf der anderen Donauseite. Der Chronist bemerkt[31]: *Die Teütschen vnd Böhem von allen Landen, seind vberal auff 4000. vnd der Hungern vast in 3000. zu Roß gezelt worden.* Auffallend dabei war, daß die Ungarn nicht nur sich selbst, sondern sogar ihre Pferde mit Gold und Silber bzw. mit Edelsteinen schmückten. Es heißt dazu: *Die Herrn vnd Adelsleut, seind für jre Personen, nicht gerüst, sonder allain in jren köstlichen vnd zierlichen, auch auff jhren bösten Pferdten, aber alle jre Hussern, aller ding gerüst gerytten, als wann es gleich an ein ernst, vnnd ans treffen gehen sollen.*

Im weiteren berichtet der Chronist, und die folgende Stelle sei angeführt, weil sie sich auf die Teilnahme der Bürgerschaft bezieht: *Was aber vnder dieser zusammen stossung vnd einzug für ein gethemmel vnnd schall von Theutschen vnd Hungerischen Trommeten, vnd Hörpaugken, in grosser mönig, sampt etlichen Hungerischen Schalmeyen, vnd dann von den mehrfeltigen abschiessen der grossenstuck vom schloss vnd der Statt Thürnen, dergleichen auß der Schützen rohr vnnd hagken gehört worden, ist nicht nötig weiter auszuführen. Vnnd haben sonderlich die Schützen der allhieygen Burgerschafft gar offt abgeschossen, welche Burgerschafft auch zwey fehnlen knecht zimmlich wol gebutzt gehabt, so inn ihrer ordnung auff dem grieß zur rechten seyten bey der Schiffprugken gestanden, vnnd das ein fähnlein von lauter Hagkenschützen, das ander von Burgern, mehrtaihls in jren Harnischen, mit langen vnd kurtzen wehren erschinen.*

Es würde zu weit führen, den ganzen Verlauf der Feierlichkeiten zu schildern. Es sei nur noch festgehalten, daß sich der neue König nach der Krönungszeremonie mit seiner Gefolgschaft von der Martinskirche auf rotem Tuch zum Franziskanerkloster begab und *etlich vil Personen zu Ritter geschlagen.* Unterwegs zum Kloster ließ der König unter die Menge Münzen werfen, um die eine große Rauferei entstand. Anschließend legte der Herrscher unter freiem Himmel den Eid ab, daß er das Land und die Stände in ihren Rechten nicht schmälern werde. Ein wichtiger und zugleich letzter Punkt war der symbolische Akt auf dem Krönungshügel, wo der König in die vier Himmelsrichtungen Schwerthiebe ausführte, zum Zeichen dafür, daß er bereit sei, das Land gegen jeden Feind zu schützen. Der offi-

---

30 Ortvay widmet dieser ersten Krönung in Preßburg ein langes Kapitel, wobei er sich vor allem auf die Berichte von städtischen Legaten, die nicht Preßburger waren, stützt (wie Anm. 3), Bd. IV/1, S. 403ff. Einer weiteren Darstellung dienen die Berichte der Kremnitzer Legaten aus dem dortigen Stadtarchiv als Quelle. Vgl. Pál Križko: Az 1563 évi koronázási ünnepély [Die Krönungsfeierlichkeiten des Jahres 1563]. In: Századok (Budapest), 11 (1877), S. 27-48.
31 Die folgenden Zitate wurden der zeitgenössischen *beschreybung* entnommen.

zielle Teil endete mit dem Festmahl im Palais des Erzbischofs von Gran. Den Abschluß bildeten in den folgenden Tagen - sozusagen als Rahmenprogramm - Ritterturniere mit darauf folgendem Feuerwerk und ein Ball. Daß diese Festivitäten für die Stadt letztendlich auch mit Einnahmen verbunden waren, zeigt allein schon der Bericht über einen Goldschmied, der vom Verkauf der für die Ritterspiele angefertigten Preise 3000 Taler für sich verbuchen konnte[32].

Die Landtage und insbesondere die Krönungen waren Zeiten überregionaler Begegnungen und gegenseitiger Anregungen, die den Charakter der Stadt als Umschlagplatz nachhaltig geprägt haben. Nach den aus der Tragödie herauswachsenden Anfängen einer Notlösung seit der ersten Hälfte des 16. Jahrhunderts, als Preßburg sich nun Hauptstadt des restlichen königlichen Ungarn nennen konnte, nahm es seit Ende des 17. Jahrhunderts bzw. nach dem Frieden von Sathmar (1711) alle ständischen Vertreter des von den Türken befreiten Königreiches (ausgenommen Siebenbürgen) in seinen Mauern auf. Das 18. und die erste Hälfte des 19. Jahrhunderts brachten dieser Stadt schließlich eine echte Blütezeit: Sie war trotz ihrer geographisch äußerst günstigen Lage von der Peripherie des Landes in den Mittelpunkt des politischen und vielfach auch des wirtschaftlichen und kulturellen Lebens gerückt. Das Resultat dieser multifunktionalen Entwicklung war - wie ein Beobachter es 1865 formulierte - der spezifisch bürgerliche Charakter Preßburgs als Übergangs- oder Mischform, der die Stadt in die Lage versetzte, in politischer, wirtschaftlicher und kultureller Hinsicht als Vermittlerin zwischen Ost und West eine gar beachtliche Rolle zu spielen[33].

---

32 Ortvay (wie Anm. 3), Bd. IV/1, S. 429ff.; Križko (wie Anm. 30), S. 45ff.
33 Tamás Szekcső: Szabad királyi Pozsony városának és környékének helyrajzi és statisztikai ismeretetése [Topographisch-statistische Beschreibung der königlichen Freistadt Preßburg und ihrer Umgebung]. In: Pozsony és környéke. Pozsony 1865, S. 77-196, hier S. 78.

Ernő Marosi

Zentrifugale Kräfte als zentripetales Deutungsschema der Geschichte der Kunst in Ungarn am Ende des Mittelalters.
Kunsthistorische Überlegungen zu:
Hauptstadt - Kunstzentrum - Regionalzentrum - Kunstproduktion

1. Zentrum und Peripherie sind - auch gegenwärtig viel diskutierte - Grundbegriffe und Ordnungsprinzipien kunsthistorischen Denkens[1]. Sie lassen sich jedoch kaum ohne weiteres in den Gebrauch der Historiker transponieren, denn sie wurzeln in einer Jahrhunderte alten Tradition, wo der Ruhm einer Kunstmetropole vor allem durch die Bedeutung ihrer Schule ausgedrückt wird. Seit der Historiographie der Renaissance sind es die Schulen, die lokale Eigenarten verkörpern und über mehrere Generationen tradieren. Giorgio Vasaris florentinischer Lokalpatriotismus drückt sich darin aus, daß er das Geschehen in Florenz seit Cimabue und Giotto bis zu Michelangelo zu einer Norm der regelrechten Kunstentwicklung erklärt. Wie nachteilig sich das für Künstler anderer Kunstzentren auswirkt, zeigen die Polemik der Venezianer gegenüber Vasari, aber auch die Bemühungen nördlicher Humanisten, den Errungenschaften und Eigenarten der Künstler der Länder nördlich der Alpen gerecht zu werden. Der Begriff Schule blieb in der Kunstgeschichte und selbst in der Einrichtung von Museen für Jahrhunderte ein wesentliches Mittel der Geschichtskonstruktion. Wo es keine Schule gab, gab es keine Selbständigkeit, keine Kunsttradition und keine Entwicklung.

Im Schulbegriff wird eine Hierarchievorstellung ausgedrückt, die vor allem akademischen Ansichten über den Lehrprozeß (Meister - Schüler - Nachahmer) entspricht. Der andere hierarchische Aspekt des Schulbegriffs, seine ursprüngliche Normativität, wurde besonders im 17.-18. Jahrhundert heftig bestritten. Diese Diskussionen führten zu einem pluralistischen, auf die Koexistenz von verschiedenen Schulen gegründeten Gesamtbild der Kunstgeschichte, das im 19. Jahrhundert vorherrschte. Wie die Unterscheidung einer Schule eine Formel für die Anerkennung einer Eigenart geworden ist, finden nationale Ambitionen ihren Ausdruck sowohl in der Gründung von Kunstakademien als auch in der Einführung der Nationalschulen in das Gesamtbild der Kunstgeschichte. Bei der Entwicklung der Nationalschulen ist man meist dem Modell des neuzeitlichen Zentralstaates, dem Ideal der

---

[1] Vgl. World Art. Themes of Unity in Diversity. Acts of the XXVIth International Congress of the History of Art. Hg. v. Irving Lavin. London 1989.

nationalen Bewegungen Europas gefolgt. Diese Vorstellungen lassen sich nicht ohne Bedenken auf die Verhältnisse im Mittelalter übertragen.

Die Arbeit des Mediävisten, auch des Kunsthistorikers, wird aber im modernen Nationalstaat meist zur Legitimierung des gegenwärtigen Bewußtseins verwendet. Dabei kann es sich wesentlich um zwei Typen von Situationen handeln: wenn der moderne Nationalstaat sich auf einen mittelalterlichen Vorläufer berufen kann, lassen sich die beiden einfach gleichsetzen; wenn es nicht der Fall ist, greift man zumeist auf den Volksgeist und die Spontaneität des Volksschaffens zurück. Denn auch der Schäfer Giotto hatte alles der Natur zu danken. Es entstehen dann die bizarresten Mischungen dieser ideologisierten und wissenschaftlich aufgeputzten Ursprungslegenden.

In der ungarischen Kunstgeschichte hat man es besonders mit dem ersten Schema zu tun. Dadurch wurde eine Hypothese von fast axiomatischer Geltung des besser erhaltenen Denkmälerbestandes in den Randgebieten des einstigen Königreichs, die seit 1919 größtenteils zu den Nachbarstaaten Ungarns gehören, zur Rekonstruktionsgrundlage der Kunst in den Landeszentren erklärt. Die Kehrseite dieser Methode bilden Annahmen über die Ausstrahlung des vorbildlichen Landeszentrums, der Hauptstadt, und über die kulturelle Einheitlichkeit des Landes[2]. Diese Vorstellungen sind auf anachronistisch rückprojizierte Begriffe wie etwa Hauptstadt, Zentralverwaltung, Kulturpolitik oder vorherrschende künstlerische Bestrebungen gegründet. Dem entspricht der in der internationalen Literatur häufig vorkommende Fehler, wenn als Provenienzort eines mittelalterlichen ungarischen Kunstwerks "Budapest" angegeben wird, das es ja erst seit 1873 gibt. Es handelt sich sozusagen um eine Ambition der neu gegründeten Hauptstadt, wenigstens historisch zu den sogenannten "berühmten Kunststätten" - eine überaus moderne Definition des Begriffs "Kunstmetropole" - gezählt zu werden. Entdeckungen und systematische Forschungen in den von der nachmittelalterlichen Zerstörung schwer betroffenen zentral gelegenen Gebieten Ungarns, die ehemals Kerngebiete und Machtzentren waren, trugen außerdem wesentlich dazu bei, daß man auch hinsichtlich der Rekonstruktion mittelalterlicher Zustände in diesem Gebiet heute nicht mehr ausschließlich auf Hypothesen angewiesen ist[3].

2. Zunächst muß der königliche Hof hinsichtlich seiner Rolle untersucht werden. Es mag kaum überraschen, daß sich der Hof in Ungarn erst kurz vor 1250 ständig "in der Mitte

---

2 In der Begründung dieser Betrachtungsweise hat eine wichtige Rolle gespielt Kornél Divald: Budapest művészete a török hódoltság előtt [Die Kunst von Budapest vor der Türkenherrschaft]. Budapest 1903. Aus slowakischer Sicht kritisiert von Jan Bakoš: Dejiny a koncepcie stredovekého umenia na Slovensku. Explikácia na gotickom nástennom maliarstve [Geschichte und Konzeptionen der mittelalterlichen Kunst in der Slowakei am Beispiel der gotischen Wandmalerei]. Bratislava 1984, S. 160ff.
3 Zum gegenwärtigen Forschungsstand vgl.: Budapest im Mittelalter. Hg. v. Gerd Biegel. Ausstellung Braunschweig, Landesmuseum 1991. (Schriften des Braunschweigischen Landesmuseums; Bd. 62) Braunschweig 1991; hier besonders Imre Holl: Stadtarchäologie in Budapest und in Ungarn, S. 71-94.

des Königreichs" aufhielt, und man kann auch während des ganzen 14. Jahrhunderts von keiner eigentlichen Haupt- oder Residenzstadt sprechen[4]. Gerade die Anjoukönige halten sich in verschiedenen Residenzen - am häufigsten in Visegrád - auf, und gewisse Rituale wie Krönungen und Beisetzungen sind traditionsgemäß, ja sogar im Bewußtsein der Bedeutung dieser Entscheidung, auf das vom heiligen König Stefan gegründete Marienstift in Stuhlweißenburg übertragen worden. Der Trauerzug König Karls I. 1342 von Visegrád durch die königliche Stadt Buda nach Stuhlweißenburg faßt somit beispielhaft die wichtigsten Schauplätze der Regierung und der höfischen Funktionen zusammen[5].

Unter der Regierung König Sigismunds von Luxemburg gewann dank seiner Maßnahmen zur Förderung der Städte Buda an Bedeutung, dessen Hauptstadtcharakter auch durch den Schloßbau des Königs unterstrichen wurde. Das großzügige Unternehmen geriet jedoch aus nicht vollständig geklärten Gründen ins Stocken und blieb unvollendet. Wahrscheinlich fiel die Wahl des Kaisers auf das in seinem größer gewordenen Reich zentraler und strategisch günstiger gelegene Preßburg, wo sein Schloß in der Tat rasch fertiggestellt wurde[6]. Nicht nur diese Beispiele für einen häufigen Wechsel der Regierungszentren, die fast an ein Nachleben des reisenden Königtums erinnern, sprechen gegen die voreilige Annahme einer festen Landeshauptstadt, sondern auch die Unterbrechungen in der Tradition des Hofes. Nach dem Tode Sigismunds und seines Nachfolgers König Albrecht II. folgte eine Zäsur von beinahe zwei Jahrzehnten. Buda als Landeshauptstadt scheint diesen Charakter erst mit der Wiederaufnahme des Ausbaus der ständigen königlichen Residenz unter König Matthias Corvinus erhalten zu haben.

Diese häufigen Wechsel sind u.a. auch für eine präzisere Definition der Hofkunst von Bedeutung. Machtrepräsentation sollte nämlich von der eigentlichen Hofkunst unterschieden werden. Diese Repräsentation verfügt über eine längere Tradition und ist nicht nur auf die Person des Herrschers beschränkt, sondern - dem Prinzip der Vertretung entsprechend - wird sie auch auf Amtsträger des Hofes übertragen. Die Hofkunst in dem Sinne, wie Martin Warnke sie "als einen Umschlagplatz der Gesellschaft" definiert hat, findet man nirgends in Europa vor der Mitte des 13. Jahrhunderts. Sie hat den städtischen Hintergrund zu ihrer wichtigsten Voraussetzung, wobei der Künstler bürgerlichen Standes

---

4 Bernát L. Kumorovitz: Buda (és Pest) "fővárossá" alakulásának kezdetei [Die Anfänge des Hauptstadtwerdens von Buda und Pest]. In: Tanulmányok Budapest Múltjából 18 (1971), S. 7-57; András Kubinyi: Buda - Die mittelalterliche Hauptstadt Ungarns. In: Budapest (wie Anm. 3), S. 15-41.
5 Johannes de Thurocz: Chronica Hungarorum I. Textus, ediderunt Elisabeth Galántai et Julius Kristó (Bibliotheca Scriptorum Medii Recentisque Aevorum, Series Nova Bd. 7). Budapest 1985, S. 156; vgl. János Horváth: Középkori irodalmunk székesfehérvári vonatkozásai [Die Stuhlweißenburger Beziehungen der mittelalterlichen Literatur in Ungarn]. In: Székesfehérvár évszázadai 2. Hg. v. Alán Kralovánszky. Székesfehérvár 1972, S. 130-137.
6 Andrej Fiala: A pozsonyi (Bratislava) vár [Das Preßburger Schloß]. In: Művészet Zsigmond király korában 1387-1437 [Die Kunst in der Zeit König Sigismunds von Ungarn 1387-1437]. Hg. v. Beke László u.a. Ausstellung Budapest, Történeti Múzeum 29.5.-8.11.1987. Budapest 1987, Bd. I, S. 246 - 260.

meist als Mitglied der Hoffamilie den Absichten der höfischen Gesellschaft dient[7]. Seit der Anjouzeit begegnet man auch in Ungarn den als *familiares* betitelten Künstlern im Dienste der Könige[8]. Bei der Schwäche der Stadtentwicklung und der Zunftorganisation bleibt es jedoch im ganzen ungarischen Mittelalter fraglich, ob die Stellung dieser Künstler der eines Pariser *maître du roi* oder der eines Mitgliedes der Prager Malerzunft entsprach. Dieser Unterschied wirkte sich natürlich auf zweifache Weise aus: einerseits wurde dadurch die Kontinuität der Überlieferung wohl stärker beeinträchtigt als durch die Interregna, andererseits auch die Wechselwirkung zwischen Hof und Stadt eingeschränkt.

Mangels eines handwerklichen Hinterlandes bedurfte die ungarische Hofkunst selbst noch im 15. Jahrhundert wiederholt der Initiative der Könige, was ihren Charakter wesentlich bestimmte. Es scheint, daß seit der Anjouzeit die Vermittler von stilistischen Phänomenen italienischen Ursprungs vor allem die zumeist an Universitäten in Italien ausgebildeten Mitglieder des königlichen Hofes waren. Diese Tendenz, die seit dem 14. Jahrhundert auftritt, gab Anlaß zu Überlegungen über den Einfluß der neapolitanischen Anjoudynastie, über eine Wesensverwandtschaft mit den Italienern und über eine kontinuierliche Tradition des Protohumanismus bzw. der Protorenaissance in Ungarn. Annahmen über eine solche Kontinuität sind insofern berechtigt, als die sogenannte "corvinische Renaissance" mit ihrer importierten, dem theoretischen Ideal *all'antica* des italienischen Neoplatonismus folgenden Hofkunst in der Tat Erbe und Gipfelpunkt dieser Strömung war. Auch verlief eine ungebrochene Tradition von den in Bologna ausgebildeten Juristen im Dienste Ludwigs I. und dem Vermittler zu Padua, Giovanni da Ravenna, bis zu Pietro Paolo Vergerio, der sich in Konstanz Sigismund anschloß und als Erzieher der ersten Humanistengeneration unter Matthias wesentliche Verdienste erwarb[9]. Die humanistisch geprägten Gelehrten waren vor allem in den Verwaltungsorganen, der königliche Kanzlei bzw. der Hofkapelle tätig und gehörten zum Kreis der persönlichen Ratgeber bzw. Vertrauten der Könige. Auffällig ist eine gewisse Isoliertheit, ja sogar eine Entfremdung der Mitglieder dieser Bildungselite gegenüber den Verhältnissen im Land; dies hatte Konflikte, ja sogar persönliche Tragödien zur Folge.

Auch die Rezeption der Quattrocentokunst Italiens im Dienste der Machtdemonstration König Matthias' besonders in der Architektur, der Skulptur und der Buchmalerei der *Bibliotheca Corviniana*, die ihre auf die Person des Herrschers und auf seinen engeren Umkreis beschränkte Exklusivität zu Lebzeiten Matthias' bewahrte, vollzog sich nicht völlig reibungslos. So wie die Machtpolitik des Königs eine ständische Opposition hervorgerufen

---

7   Martin Warnke: Hofkünstler. Zur Vorgeschichte des modernen Künstlers. Köln 1985, S. 10ff.
8   Magyarországi művészet 1300-1470 körül [Kunst in Ungarn 1300 bis 1470]. Hg. v. Ernő Marosi (A magyarországi művészet története; 2). Budapest 1987, S. 173-175.
9   Ernő Marosi: Die "corvinische Renaissance" in Mitteleuropa: Wendepunkt oder Ausnahme? In: Bohemia 31/2 (1990), S. 334f. - Zu den Vorbedingungen der späten Anjouzeit vgl. Margaret Plant: Portraits and Politics in Late Trecento Padua: Altichiero's Frescoes in the S. Felice Chapel, S. Antonio. In: Art Bulletin 63 (1981), S. 406-425.

Zentrifugale Kräfte als zentripetales Deutungsschema 177

hat, gibt es Anzeichen dafür, daß es auch anders Gesinnte und Gegner selbst im Kreise der königlichen Kanzlei gegeben hat, die ikonographisch eine traditionelle hunnisch-orientalische Abstammungsgeschichte, den Kult der als *milites christiani* verehrten Nationalheiligen und stilistisch eine regionale Version der Spätgotik gepflegt haben - ganz im Gegensatz zur fingierten römischen Genealogie und der entsprechend antikisierenden Kunst des Emporkömmlings Matthias[10].

Es handelt sich somit um eine Zweiteilung der Machtrepräsentation zwischen König und Ständen, die wohl bereits auf das späte 14. Jahrhundert zurückgeht, auf eine Unterscheidung dynastischer Repräsentation von der des Landes. So ist z.B. eine Unabhängigkeit in der Heraldik des Landrats zu Zeiten des Interregnums[11] zu beobachten. Aus diesem Grund kann nach dem Tode König Matthias', im letzten Jahrzehnt des 15. und am Anfang des 16. Jahrhunderts, nicht eine modebedingte Rezeptionswelle oder automatische soziale Ausbreitung bzw. Absenkung von Erscheinungen der Hofkunst angenommen werden. Vielmehr spielt hier - neben einer allgemeinen Verbreitung humanistischer Bildung um 1500 - eine sich zu Zeiten der Jagiellonendynastie und später nach dem Niedergang des mittelalterlichen Staates offenbarende nostalgisch-historisierende Tendenz mit starker nationaler Färbung eine Rolle[12]. Da wird König Matthias vom Adel als Vorbild und seine Regierung als goldenes Zeitalter betrachtet, gleichzeitig mit der Nachfolge der "corvinischen Renaissance" an den ostmitteleuropäischen Fürstenhöfen und dem Höhepunkt der humanistischen Interessen für den Nachlaß der *Bibliotheca Corviniana*.

3. Es gibt Anzeichen dafür, daß der am Hof herrschende Geschmack besonders in Kreisen der hohen Geistlichkeit und des Adels vorbildhaft gewirkt hat. Architektonische Gliederungsformen, heraldischer Skulpturenschmuck, Buchmalerei und die mit ihr eng verknüpften illuminierten Wappenbriefe der corvinischen Hofkunst waren als Luxusgüter besonders in Kreisen der hohen Geistlichkeit und der Aristokratie begehrt. Eine ähnliche Vorbildfunktion des königlichen Hofes läßt sich seit der späten Anjouzeit z.B. anhand der Verbreitung von kostbaren Grabdenkmälern mit Figuren und heraldischen Motiven nachweisen. Sie bestehen aus sogenanntem Rotmarmor, einem rotgefärbten Kalkstein, dessen Abbaugebiete sich seit dem frühen 13. Jahrhundert im Besitz der Erzbischöfe von Gran be-

---

10 Tibor Klaniczay: A kereszteshad eszméje és a Mátyás-mítosz [Der Kreuzzugsgedanke und der Matthiasmythos]. In: Irodalomtörténeti Közlemények 78 (1875), S. 11; vgl. Marosi (wie Anm. 9), S. 337f.
11 Die Siegeln des Landrats 1401 während der Gefangenschaft Sigismunds bzw. während des Interregnums 1445: Magyarországi művészet (wie Anm. 8), S. 99, 108.
12 Tibor Klaniczay: Akadémiai törekvések Mátyás udvarában [Akademische Bewegungen am Hofe Königs Matthias]. In: Sub Minervae Nationis praesidio. Festschrift L. Németh. Budapest 1989, S. 43. - Über den jüngst von Ágnes Szalay-Ritoók gebrachten Nachweis des späteren Datums (1533) der Hunyadi-Grabmäler in der Kathedrale von Karlsburg - und somit über ihren historisierenden Charakter - findet man wegen fehlender Veröffentlichung nur einen Hinweis: Livia Varga/Pál Lövei: Funerary Art in Medieval Hungary. In: Acta Historiae Artium T. 35, Fasc. 3-4 (1990-92), S. 166.

fanden. Der Herstellungsort kann in Ermangelung von Quellen kaum näher lokalisiert werden, muß aber aufgrund der geologisch bedingten technischen Spezifika der Herstellung der oft enorm großen und gewichtigen monolithischen Werkstücke in Verbindung mit dem Steinbruch gestanden haben[13]. Das legen nicht nur die durch das Gestein bedingte spezifische Bearbeitungstechnik und das Risiko der Abtrennung größerer Platten nahe, sondern auch der Umstand, daß man aus Sparsamkeitsgründen vor allem mit dem Transport zumindest ausbossierter Werkstücke rechnen muß. Obwohl die günstige Lage der Rotmarmorgruben in der Nähe der Donau den Transport halbfertiger Produkte etwa nach Buda oder fertiger Werkstücke erleichterte, muß die Beförderung doch z.T. auf dem Landweg erfolgt sein. Bereits in der späten Anjouzeit gibt es stilistische Indizien dafür, daß sich Werkstätten zur Bearbeitung des Rotmarmors im Zentrum des Landes befanden; diese Vermutung kann in der späten Sigismundzeit anhand u.a. der Beziehungen zwischen einer Gruppe der Statuen aus dem Sigismundschloß und dem Meister, der jüngst den Notnamen *Meister der Stiborgrabmäler* erhielt, nach Buda konkretisiert werden[14]. Ähnliches gilt auch für die Matthiaszeit, wo gerade in der Hofkunst rezipierte Stilelemente italienischen Ursprungs rasch im Formenschatz sonst eher traditioneller Grabmäler und Wappensteine erschienen[15]. Die Tatsache, daß in der Bauornamentik der ungarischen Renaissance bis tief in das 16. Jahrhundert hinein außer dem Rotmarmor ein in seiner Wirkung dem italienischen Travertin entsprechendes, geologisch lokalisierbares Gestein, nämlich der Margel von Buda, eine alternative Rolle spielt, weist auf dasselbe Zentrum hin. Daß allerdings 1516 ein Kastellan von Gran den von einem der Steinmetzen der Bakóczkapelle in Gran - er signierte mit Johannes Fiorentinus - skulptierten gesamten Bauschmuck seiner Patronatskirche in das entlegene Dorf Menyő an der siebenbürgischen Grenze transportieren ließ, eröffnet auch an andere Möglichkeiten[16]. Da bot wahrscheinlich die Verfügbarkeit von Meistern, die mit einem großen Auftrag beschäftigt waren, die Gelegenheit für weitere, kleinere Aufträge. Ansonsten muß man eher spezialisierte Unternehmer in Betracht ziehen, die im Besitz von Erfahrungen waren, die sie in der Nähe des Hofes erwerben

---

13 Pál Lövei: A tömött vörös mészkő - "vörös márvány" - a középkori magyarországi művészetben [Der dichte rote Kalkstein - der "rote Marmor" - in der Kunst des mittelalterlichen Ungarn]. In: Ars Hungarica 20/2 (1992), S. 3-28.
14 Ders.: Síremlékszobrászat [Grabskulptur]. In: Ausstellungskatalog (wie Anm.6). Bd. II, S. 294ff. Über seine Werke in Bosnien: Lövei (wie Anm. 13), S. 11.
15 László Gerevich: Iohannes Fiorentinus und die pannonische Renaissance. In: Acta Historiae Artium VI (1959), S. 309-338; Matthias Corvinus und die Renaissance in Ungarn 1458-1541. Ausstellungskatalog, Schallaburg 1982, S. 560ff und S. 660ff.
16 Miklós Horler: Ioannes Fiorentinus Forgách-síremléke [Das Forgách-Grabmal von Ioannes Fiorentinus]. In: Építés - Építészettudomány 15 (1983), S. 246ff. Vgl. Árpád Mikó: Jagello-kori reneszánsz sírköveinkről [Über Renaissancegrabsteine aus der Jagiellonenzeit]. In: Ars Hungarica. 14/1 (1986), S. 97-113; Endre Árpás/Gyula Emszt/Miklós Gálos/Pál Kertesz/István Marek: Az úgynevezett Budakörnyéki márga és jelentősége a magyar építészettörténetben [Der sog. Margel aus der Umgebung von Buda und seine Bedeutung in der Geschichte der Baukunst in Ungarn]. In: Horler Miklós hetvenedik születésnapjára. Tulmányok, Budapest 1993, S. 239-258.

konnten und die sich einer gewissen Nachfrage erfreut haben mögen; zudem müssen sie auch kapitalstark genug gewesen sein, um Steinbrüche zu pachten.

Hier stößt man also auf eindeutige Zeichen des von bürgerlichem Unternehmertum in Gang gesetzten Wirkungsmechanismus der Hofkunst. Ob die Verbreitung eines spezifischen Stils der Goldschmiedekunst des 15. und 16. Jahrhunderts, nämlich einer Version der mit dem *email à plique* verwandten Filigranschmelzarbeit, das sogenannte Drahtemail, ähnlich gedeutet werden kann, ist kaum zu entscheiden. Allerdings weist neben dem höfischen Charakter auch die Technik dieser Werke, wie etwa das 1425 von Sigismund an Kurfürst Friedrich den Streitbaren verliehene sächsische Kurschwert und wohl auch das Büstenreliquiar des Heiligen Ladislaus, eher auf das Landeszentrum als nach Siebenbürgen[17]. Ähnliches gilt auch für die Buchmalerei, wo am Ende des 15. Jahrhunderts die Tätigkeit von Miniatoren aus den höfischen Werkstätten für private Auftraggeber stilkritisch nachgewiesen werden kann. In der Malerei, wo man mit klassischen Methoden der Kunstgeschichte arbeiten könnte, gibt es dagegen kaum genügend Material für ähnliche Feststellungen. Von den Organisationsformen weiß man sehr wenig; noch seltener sind urkundliche Erwähnungen auf bestimmte Denkmälergruppen zu beziehen. Am ehesten noch kann man über die Zunftorganisationen und ihre Rolle im Bauhandwerk und in der Goldschmiedekunst etwas erfahren, denn diese Zünfte fehlen selten in der Reihe der urkundlich am frühesten nachweisbaren[18].

4. Hier berühren wir bereits die Rolle der Städte, deren Charakter für die ungarische Kunstgeschichte – von wenigen und eher sporadisch verstreuten Denkmälern abgesehen – seit der Mitte des 14. Jahrhunderts faßbar ist. Sie weisen sowohl stilistisch als auch in ihrem Entwicklungsrhythmus, für den etwa ihre den städtischen Ansprüchen entsprechenden Kirchenbauten beredte Zeugen sind, wenig gemeinsame Züge auf. Es ist sehr bezeichnend und auch für die Etappen ihrer Entfaltung sehr lehrreich, in welcher Zeit die Pfarrkirchen ihre endgültige Gestalt erhielten. Deren stilistische Ausrichtung entspricht am ehesten den Handelsbeziehungen dieser Städte und ihrer Lage an internationalen Transitwegen. Zum Beispiel: die Pfarrkirche von Buda ist in ihrem Kern ein spätromanischer Bau mit einer gotischen Spätphase des dritten Viertels des 13. Jahrhunderts, der im ersten Viertel des 15. Jahrhunderts – gleichzeitig mit einer Anzahl von Ordensbauten der Stadt – mo-

---

17 Éva Kovács: Ötvösség 1. Szent László Király ereklyetartó mellszobra. In: (wie Anm. 6). Bd. II, S. 405-407; ebd., S. 410f.
18 Das Ofner Stadtrecht. Hg. v. Károly Mollay. Budapest 1959, Kap. 118, 122, S. 105f.; vgl. András Kubinyi: Budapest története a későbbi középkorban, Buda elestéig [Die Geschichte von Budapest im späteren Mittelalter, bis zum Fall Budas]. In: Budapest története. Bd. II. Hg. v. László Gerevich/Domokos Kosáry. Budapest 1973, S. 54f. Eine statistische Erfassung der in den Städten nachweisbaren Handwerker: Jenő Szűcs: Városok és kézművesség a XV. századi Magyarországon [Städte und Handwerk im Ungarn des 15. Jahrhunderts]. Budapest 1955, S. 50ff.

dernisiert wurde[19]. Leutschau bewahrte wesentlich seine Baugestalt, die noch in der ersten Hälfte des 14. Jahrhunderts, die von der Bettelordensarchitektur bestimmt wurde[20]. Ödenburg richtete sich seit der zweiten Hälfte des 14. Jahrhunderts offensichtlich nach dem Vorbild von Wiener Neustadt, und der Stil der Steinmetzen der Stadt wurde bis in das 15. Jahrhundert hinein von einer konservativen Nachfolge dieser Baukunst geprägt[21]. Die größere Bedeutung von Preßburg wird durch den engen Anschluß dieser Stadt an Wien ausgedrückt. Ihre Zugehörigkeit zum Ausstrahlungskreis der Wiener Bauhütte beweisen nicht nur stilkritische Untersuchungen, sondern sie kann - etwa im Falle von Hanns Puchspaum - sogar urkundlich nachgewiesen werden[22].

Wohl auf eine Verschiebung der Handelsbeziehungen zugunsten Nürnbergs ist die Verbreitung eines fränkischen Typs der Hallenkirche im späten 14. Jahrhundert zurückzuführen: Außer dem guterhaltenen Bau im siebenbürgischen Mühlbach wissen wir von mehreren, heute nicht mehr existierenden Beispielen[23]. Bei diesen fällt auf, daß diese Hallenkirchen oft in Marktflecken von stärker urbanem Charakter entstanden. An der Pfarrkirche von Kaschau, deren Bau am Ende des 14. Jahrhunderts begonnen wurde, lassen sich beinahe alle Stil- und Orientierungswechsel ablesen. Die Einflüsse ihrer stark nach Prag orientierten parlerischen Bauphase sind in Siebenbürgen, in Klausenburg, Schäßburg (hier mit der Jahreszahl 1427 bezeichnet) und Kronstadt nachweisbar[24]: ein einmaliger Beweis dafür, daß gleichrangige Handelsstädte Bauleute ausgetauscht und beschäftigt haben, die sonst in ihrer Umgebung nicht nachzuweisen sind.

Das ganze Land erfassende Stilformen findet man in der Baukunst kaum vor dem letzten Viertel des 15. Jahrhunderts. Eine morphologisch ziemlich einheitliche Erscheinung der Spätgotik, die einst Anlaß zu Vermutungen über eine allgemein bestimmende Rolle der

---

19 József Csemegi: A budavári főtemplom középkori építéstörténete [Die mittelalterliche Baugeschichte der Hauptpfarrkirche in der Burg Buda]. Budapest 1955; László Gerevich: The Art of Buda and Pest in the Middle Ages. Budapest 1971, S. 72.
20 Oskar Schürer/Erich Wiese: Deutsche Kunst in der Zips. Brünn/Wien/Leipzig 1938, S. 131-145; Ernő Marosi: Einige tendenziöse Planänderungen. In: Acta technica 77 (1974), S. 299-312.
21 Magyarország műemléki topográfiája [Topographie der Kunstdenkmäler Ungarns]. Bd. II. Sopron és környéke műemlékei [Kunstdenkmäler von Ödenburg und Umgebung]. Budapest 1956, S. 121ff.; Renate Wagner-Rieger: Bildende Kunst: Architektur. In: Die Zeit der frühen Habsburger. Dome und Klöster 1279-1379. Ausstellungskatalog. Wiener Neustadt 1979, S. 118.
22 Jaroslav Bureš: Die Meister des Pressburger Domes. In: Acta Historiae Artium 18 (1968), S. 148ff; Juraj Žáry: Menší severný portál bratislavského dómu a jeho sochárska výzdoba [Das kleinere Nordportal des Preßburger Doms und seine plastische Ausschmückung]. In: Ars 1991, Heft 1, S. 13-43.
23 Lívia Varga: Die mittelalterliche Baugeschichte der evangelischen Kirche in Mühlbach. In: Acta Historiae Artium 25 (1979), S. 187-235; Géza Antal Entz: Die Pfarrkirchen von Klausenburg und Mühlbach in der zweiten Hälfte des 14. Jahrhunderts. Baugeschichte und Stilbeziehungen. In: Acta Historiae Artium 30 (1984), S. 65ff. - József Csemegi: Szentélykörüljárós csarnoktemplomok a középkorban [Mittelalterliche Hallenkirchen mit Chorumgang]. In: Magyar Mérnök- és Építészegylet Közleményei 71 (1937), S. 337-345.
24 Ernő Marosi: Die zentrale Rolle der Bauhütte von Kaschau (Kassa, Košice): In: Acta Historiae Artium 15 (1968), S. 65ff.

spätgotischen Hofwerkstatt der Matthiaszeit vom Zentrum her bis Westungarn und Siebenbürgen gegeben hat, erweist sich heute immer mehr als eine optische Täuschung, da man mittlerweile mehrere lokale Varianten mit ähnlicher Detailbehandlung unterscheiden kann[25]. Vielmehr können regionale Stilvarianten nachgewiesen werden, wie etwa Einflüsse des Donaustils um 1500 in den Bergstädten, oder selbst Bauten, die z.T. mit urkundlich gesicherten Meisternamen in Verbindung gebracht werden können: etwa Johannes Brenngyssen in Eperies und Nordostungarn oder Andreas von Hermannstadt in Siebenbürgen[26]. Aus dieser Zeit sind einige Bewerbung städtischer Unternehmer um Bauaufträge urkundlich bezeugt[27]. Das Bauhandwerk der Städte kommt jedoch auch in einer anderen Hinsicht, nämlich als Grundlage der Versorgung der Provinz mit vorgefertigten Steinmetzarbeiten, in Betracht. Gewölberippen, Türrahmen, Fenstermaßwerke oder Sakramentshäuschen wurden offensichtlich von städtischen Handwerkern vorgefertigt und von einfachen Maurern in wenig anspruchsvollen Bruchstein- und Ziegelbauten versetzt; hierbei lassen sich Kreise um die Städte herum ziehen. Nur wenige dieser Lokalzentren können jedoch mit Sicherheit identifiziert werden: etwa Hermannstadt in Siebenbürgen oder Leutschau in der Zips, die ihre Bedeutung wohl auch für die Renaissance des 16. Jahrhunderts bewahrt haben. Seit der Mitte des 16. Jahrhunderts tritt das seiner künstlerischen Bedeutung nach mustergültig von Jolán Balogh erforschte Klausenburg hinzu[28].

Es handelt sich im Fall dieser Wirkungskreise der Städte klar um ihre wirtschaftlichen Einflußsphären, die Marktkreise. Es sind jedoch keineswegs um die Regionalstile, mit denen man bis zum 13., ja sogar bis tief in das 14. Jahrhundert hinein, vertraut ist. Die städtischen Zentren erweisen sich besonders als Zentren des Handels und des Handwerks auch für die Kunstgeschichte als außerordentlich wichtig. Die Tragweite ihrer Wirkung war in verschiedenen Gebieten ihrer Produktion unterschiedlich. Ein Musterbeispiel der Gewerbetätigkeit für den Markt liefert die Metallkunst, die sich auf wenige Zentren konzentrierte. Seit der Mitte des 14. Jahrhunderts kann die Werkstattkontinuität des Bronzegusses von Neudorf (Zips) nachgewiesen werden. Außer den Erztaufen und Glocken in der Zips ist

---

25 Géza Entz: Baukunst in Ungarn um 1500. In: Acta Historiae Artium 13 (1967), S. 81ff; Ernő Marosi: Wege zur spätgotischen Architektur in Ungarn. In: Actes du XXIIe Congrès International d'Histoire de l'Art, Budapest 1969. Bd. 1. Budapest 1972, S. 543ff; Gergely Buzás: Die Kapelle und das nordöstliche Palastgebäude des Königsschlosses in Visegrád. In: Lapidarium Hungaricum 2. Pest Megye I.: Visegrád, királyi palota 1. A Kápolna És Az Északkeleti Palota. Hg. v. Pál Lövei. Budapest 1990, S. 283-342.
26 Kornél Divald/Béla Iványi: Az eperjesi Szent Miklós templom [Die St. Nikolauskirche in Eperies]. In: A Szépművészeti Múzeum Évkönyve 4 (1924/26), S. 30ff; Karel Kahoun: Beitrag zur Geschichte der Architektur zu Beginn des 16. Jahrhunderts in der Ostslowakei. In: Acta Historiae Artium 13 (1967), S. 87ff; Hermann Fabini: Andreas Lapicida - ein siebenbürgischer Steinmetz und Baumeister der Spätgotik. In: Österreichische Zeitschrift für Kunst und Denkmalpflege 31 (1977), S. 29-39.
27 Magyarországi művészet (wie Anm. 8), S. 178-181.
28 Jolán Balogh: Kolozsvári kőfaragó műhelyek XVI. század [Steinmetzwerkstätten von Klausenburg. Das 16. Jahrhundert]. Budapest 1985.

die Arbeit eines Neudorfer Glockengießers bereits 1357 in Visegrád beurkundet, die Arbeiten der Bronzegießer gelangten bis zum Nordrand der ungarischen Tiefebene[29]. Die siebenbürgischen Bronzetaufen und Glocken lassen Schlüsse auf mehrere Handwerkszentren zu, von denen eines mit Hermannstadt identifiziert werden kann[30]. Eine einmalige Einsicht in die Produktions- und Marktverhältnisse würden die Denkmäler der Altarbaukunst gewähren, wenn die Feststellungen der kunsthistorischen Stilkritik dieselbe Zuverlässigkeit besäßen, wie diejenigen der historischen Quellenkunde. Besonders die Zips bietet sich durch die Dichte der erhaltenen Denkmäler - Holzstatuen seit Ende des 14. und auch Tafelmalerei in geschlossener Reihe seit der Mitte des 15. Jahrhunderts - als ideales Forschungsfeld an[31]. Insbesondere die Schreinretabels der Spätgotik lassen sich ohne weiteres als spezielle Waren städtischen Ursprungs auffassen, denn ihre Produktion setzt von vornherein eine Konzentration der Vertreter unterschiedlicher Handwerke, Schreiner, Holzschnitzer, Maler, Vergolder, voraus. Beobachtungen von Restauratoren legen nahe, daß nur ein Teil der Denkmäler für einen bestimmten Ort, wohl aufgrund von Aufträgen an städtische Unternehmer, geplant wurde, während man besonders Dorfkirchen eher mit an Ort und Stelle rasch aufstellbarer Fertigware belieferte. Wenige urkundlich bezeugte Künstler- oder Unternehmernamen oder Monogramme und einige Meister mit Notnamen geben einen - allerdings vagen - Begriff von der Anzahl der Beteiligten. Die Stilkritik gewährt auch einen gewissen Einblick in die Organisationsformen, da sie aufgrund der Händescheidung auf mehr oder weniger ständige oder nur einmalige Zusammenarbeit z.B. zwischen Malern und Schnitzern schließen kann. Somit gewinnen sowohl die Werkstätten als auch ihre Wirkungskreise eine Realität. Es scheint, daß die wohl am ehesten in Leutschau tätigen Altarwerkstätten weite Nachbargebiete auch außerhalb der Zips mit Kircheneinrichtung beliefert haben, wobei z.B. ihre Tätigkeit in den Bergstädten, eine vieldiskutierte Frage der Stilkritik, auch eine Frage der Ausdehnung ihrer Märkte darstellt. Jedenfalls werden die aufgrund der Denkmäler rekonstruierbaren Regionen erstens je nach Leistungsfähigkeit und wirtschaftlicher Stärke der Unternehmer verschieden sein und zweitens von der Einteilung der modernen politischen Verwaltung abweichen.

Eines der Beispiele dieser Erscheinung bietet eine Gruppe der sogenannten "kleinstädtischen und dörflichen Marienaltäre" seit den achtziger Jahren des 15. Jahrhunderts, die mehr als ein Dutzend kunsthistorisch um den "Meister des Hochaltars von Szmrecsány" gruppierte Retabels umfaßt. Der gemeinsame Nenner dieser wenig anspruchsvollen Altäre scheint die Verwendung volkstümlich gewordener, reduzierter Szenentypen nach Vorlagen des Meisters ES gewesen zu sein. Große Qualitätsunterschiede und eine eher zufällige

---

29 Magyarországi művészet (wie Anm. 8), S. 251ff.; Hildegard Baranyai: Das gotische Bronzetaufbecken in Gyöngyös. In: Acta Historiae Artium 12 (1966), S. 61-70.
30 Victor Roth: Über heimische Taufbecken. In: Korrespondenzblatt des Vereins für Siebenbürgische Landeskunde 30 (1907).
31 Schürer/Wiese (wie Anm. 20), S. 56-80; 92-101.

Zentrifugale Kräfte als zentripetales Deutungsschema 183

Verbindung zwischen Holzskulpturen und gemalten Tafeln weisen auf gelegentliche Zusammenarbeit von verschiedenen Malern und Holzschnitzern hin[32]. Eine Generation später haben Maler, die nachweislich auch an der Ausführung des größten künstlerischen Unternehmens dieser Region, des von Meister Paul errichteten Leutschauer Hochaltars beteiligt waren, Hand in Hand mit Schnitzern, deren Stil ebenfalls von Einflüssen des Veit Stoß geprägt wurde, eine rege Tätigkeit entfaltet. Der Wirkungskreis des offensichtlich Leutschauer Meisters, der seinen Notnamen nach dem Antoniusaltar von Georgenberg erhielt, reicht dabei südlich und östlich weit über die Grenzen der Zips hinaus[33]. Er arbeitete in Georgenberg mit einem Holzschnitzer zusammen, von dem auch die Andreasfigur an dem Retabel von 1512 aus Liptószentandrás stammt[34] - in Verbindung mit Tafeln, die vom Donaustil geprägt sind. Ein Monogrammist TH, der zum Kreis des anderen überaus produktiven Malers dieser Zeit, des Meisters von Kabsdorf stand, arbeitete am Leutschauer Altar des Heiligen Johannes, einer Stiftung von 1520 des Pfarrers Johannes Henckel, zusammen mit dem bedeutenden Nachfolger des Paul von Leutschau, der seinen Notnamen nach dem Georgsaltar von Georgenberg erhielt. Der Kabsdorfer Maler selbst scheint bis zu Hizsnyó nach Süden vorgedrungen zu sein, und zwar zusammen mit einem Holzschnitzer, der mit dem Meister des Barbara-Altars von Neusohl identifiziert wird[35]. An dieser Zuschreibung interessiert uns hier weniger das Problem der Persönlichkeit des Meisters Paul von Leutschau als vielmehr die Tragweite Leutschauer Einflüsse. Sie werden in der Ostrichtung am ehesten durch zahlreiche Aufträge an Zipser Künstler bei der Einrichtung der Klein-Zebener Pfarrkirche bezeugt. Der Leutschauer Bildschnitzer, der an seinem Metterzia-Altar von Leutschau offensichtlich dem Vorbild des Georgsmeisters folgte und den

---

32 Györgyi Poszler: "Kisvárosi és falusi Mária-oltárok". Adalékok a szmrecsányi fóoltár mesterének müködéséhez ["Marienaltäre in Kleinstädten und Dörfern". Beiträge zur Tätigkeit des Meisters des Hochaltars von Szmrecsány]. In: Etudes sur l'histoire de l'art en honneur du soixantième anniversaire de Miklós Mojzer. Annales de la Galerie Nationale Hongroise. Budapest 1991, S. 97-101. Vgl. Dénes Radocsay: A középkori Magyarország táblaképei [Die Tafelmalereien des mittelalterlichen Ungarn]. Budapest 1955, S. 128f. und ders.: A középkori Magyarország faszobrai [Die Holzstatuen des mittelalterlichen Ungarn]. Budapest 1967, S. 85f. (mit der Annahme, daß die Figuren dieser Gruppe vom Maler selbst geschnitzt wurden). Eine differenziertere Beurteilung: Antal Kampis: Középkori faszobrászat Magyarországon [Mittelalterliche Holzskulptur in Ungarn]. Budapest 1940, S. 32-34, 146.
33 Radocsay (wie Anm. 32, Tafelmalereien), S. 169f. und Anm. 500 (das Verzeichnis der Zuschreibungen an den Antoniusmaler aufgrund von István Genthon: A régi magyar festőművészet [Die alte ungarische Malerei]. Vác 1932, S. 66-67). Eine neue kritische Sichtung der Zuschreibungen und der Tätigkeit der Zipser Meister zu Beginn des 16. Jahrhunderts: Anton C. Glatz: Pokus o vymedzenie maliarskych okruhov na Spiši v prvej polovici 16. storočia [Versuch zur Begrenzung der Malerkreise in der Zips in der ersten Hälfte des 16. Jahrhunderts]. In: Ars 1987, Heft 1, S. 57-61.
34 Radocsay (wie Anm. 32, Holzstatuen), S. 110.
35 Zum eigenhändigen Werk des Meisters von Kabsdorf und zur Differenzierung der Hände der Meister aus seinem Umkreis vgl. Radocsay (wie Anm. 32, Tafelmalereien), S. 171ff mit Glatz (wie Anm. 33), S. 61ff. Für die Zusammenstellung der Werke, die dem Georgsmeister bzw. dem Meister von Hizsnyó zugeschrieben wurden, vgl. Kampis (wie Anm. 32) S. 150f; vgl. Radocsay (wie Anm. 32, Holzstatuen), S.107ff, 120f.

Notnamen Meister der Annenaltäre erhielt, scheint dabei eine bestimmende Rolle gespielt zu haben[36]. Auch dieser Meister arbeitete mit unterschiedlich geschulten Malern zusammen: mit donauländisch orientierten Meistern zu Zeben und am Marienaltar in Siebenlinden, mit dem wohl schwäbisch orientierten Maler der Flügel des Annenaltars von Leutschau und wieder mit einem anderen am Annenaltar aus Leibitz.

Im letztgenannten Fall kann es sich um einen Maler handeln, der einer der originellsten Persönlichkeiten der Zipser Malerei um 1500, dem sogenannten Meister von Okolicsnó nahekommt. Seine Art ist hauptsächlich aufgrund seiner Werke in der eher dörflichen Provinz Liptau bekannt. Ob dieser Meister und andere Zipser um 1500 auch für Kaschau tätig waren, wie jüngst angenommen wird, betrifft bereits die Frage nach den Beziehungen der städtischen Kunstzentren und nach ihren Veränderungen[37]. Wenn man selbst innerhalb eines geschlossenen Kreises mit der Stilkritik nur äußerst hypothetisch arbeiten kann, gelangen wir hier an die Grenze der Möglichkeiten kunsthistorischer Methoden.

---

36 Radocsay (wie Anm. 32, Holzstatuen), S. 111ff.
37 Vgl. Glatz (wie Anm. 33), S. 66ff. mit Radocsay (wie Anm. 32, Tafelmalereien), S. 176f., besonders hinsichtlich der Kaschauer Werke, die von Glatz für die Zips in Anspruch genommen wurden: S. 164-167. - Eine neuere monographische Bearbeitung eines der Hauptwerke dieses Leutschauer Kreises bietet János Végh: Der Johannesaltar des Stadtpfarrers von Leutschau Johannes Henckel. Eine ikonographische Studie. In: Wiener Jahrbuch für Kunstgeschichte. Bd. 46/47 (1993/94). Beiträge zur mittelalterlichen Kunst, Teil 2, S. 763-774. Vgl. auch ders.: Pál mesterről és a lőcsei főoltárról [Über Meister Paul von Leutschau und den Leutschauer Hochaltar]. In: Ars Hungarica 16/2 (1988), S. 173-180.

František Šmahel

Prag in der zweiten Hälfte des 15. Jahrhunderts

Vom Dreigestirn der mitteleuropäischen Metropolen erlebte im 15. Jahrhundert die Prager Agglomeration die damalige dramatische Geschichte am stärksten. Da Wenzel IV. als römischer König abgesetzt wurde, kam Prag zunächst um die Rolle einer Reichsresidenz. Bald darauf geriet die böhmische Metropole wiederum in das Blickfeld einer breiteren Öffentlichkeit. Sie erwies sich stiefmütterlich gegenüber den ausländischen Studenten und Magistri, die dann im Frühjahr 1409 aus Protest gegen die Abänderung der Universitätsverfassung zugunsten der heimischen *natio* die Stadt verließen. Kurz darauf geriet Prag in den Ruf einer Wirkungsstätte der auf dem Scheiterhaufen verbrannten Ketzer Johann Hus und Hieronymus von Prag. Um die Jahresmitte 1420 umzingelten die Truppen der ersten Kreuzzugsexpedition die Stadt und hielten sie fest umschlossen. Die Utraquisten wußten sich hier zur Wehr zu setzen und zwangen im Verein mit den radikalen hussitischen Verbänden Kaiser Sigismund von Luxemburg und die Vertreter des Basler Konzils zum Abschluß von Friedensvereinbarungen auf der Basis von sogenannten Kompaktaten. Nach der Anerkennung Sigismunds als König von Böhmen lebten die drei Prager Städte wieder friedlich und stürmisch auf, aber nicht für lange Zeit. Während des Interregnums 1439 bis 1452 mußte sich Prag selbst regieren und sank zu einem lokalen Zentrum herab. Mittelpunkt eines weitergehenden politischen Geschehens wurde die Stadt erneut für kurze Zeit unter der Regierung König Georgs von Podiebrad. Gleich darauf drängte die Regierungszeit seines Nachfolgers Wladislaw II. aus dem Hause der Jagiellonen Prag wiederum in die Rolle einer Provinzstadt, was dann im Jahre 1490 durch die Verlegung der königlichen Residenz nach Buda auch nach außen hin bekräftigt wurde[1].

---

1   Das hussitische Prag fand seine Geschichte im Monumentalwerk von Wácslaw Wladivoj Tomek: Dějepis města Prahy [Geschichte der Stadt Prag]. Bd. 4. 2. Aufl., Praha 1899. Den Weg Prags zur hussitischen Revolution spürte Jaroslav Mezník: Praha před husitskou revolucí [Prag vor der hussitischen Revolution]. Praha 1990, auf. Die Geschichte Prags in den Kriegsjahren und auch in der folgenden Periode verfolgte František Šmahel: Husitská revoluce [Die hussitische Revolution]. Bd. 3-4. Praha 1993; hier findet sich auch weitere Literatur.

In den Prager Städten nahm die hussitische Revolution im Juli 1419 ihren Anfang, hier klang sie im Aufstand vom September 1483 in nicht minder stürmischer Weise aus. Alles, was ihr seit der Regierungszeit Wenzels IV. vorangegangen war und was dann etwa bis in die Mitte des 16. Jahrhunderts hinein folgte, war damit mehr oder weniger verknüpft. Nicht immer gab Prag den Ton an, blieb aber stets Mittelpunkt des öffentlichen Geschehens. Als Hauptstadt der Länder der Böhmischen Krone trat Prag in die Revolution ein und zog sich in dieser Rolle auch aus ihr zurück. Von den drei Prager Städten hatte die Revolution am drückendsten die Kleinseite betroffen, die zerstört und eingeäschert worden war und sich nur langsam erholte. Die beiden großen, in ihrer Geschichte und sozialen Zusammensetzung unterschiedlichen Städte schlugen eine entgegengesetzte Richtung ein. Die Neustadt stand unter dem Tribun Jan Želivský zusammen mit Tabor auf dem linken Flügel. Die Altstadt schloß sich der Revolution nur unter dem Druck der Verhältnisse an und verlagerte sich von ihrer Mitte aus immer mehr nach rechts. Die erzwungene Einheit der beiden Stadtgemeinden blieb auch nach dem Fall des Diktators Želivský (1422) die zeitweilige Basis des hegemonialen Aufschwungs Prags und seines zahlenmäßig starken Stadtverbandes[2]. Es fehlte nicht viel, und Prag wäre tatsächlich das *caput regni* geworden, wie es in Manifesten und den juristischen Fälschungen der sogenannten Sobieslawschen Rechte für sich beanspruchte. Aber die neuen herrschenden Kreise begnügten sich bald mit ihren Macht- und Besitzprivilegien und suchten aus Angst vor der Explosivität der Volksvertreter Unterstützung beim zwar machtpolitisch schwächer werdenden, aber noch immer starken Adel. Die Niederlage der radikalen hussitischen Verbände, zu der die Prager Altstadt durch ihre aktive Beteiligung an der Schlacht bei Lipany im Mai 1434 beitrug, bedeutete nur einen Meilenstein auf dem Weg zur Restauration des vorrevolutionären status quo[3].

Die tiefgehenden internen Zwistigkeiten zwischen den Prager Städten, die Labilität ihres Stadtverbandes sowie das Aufkommen neuer Machtzentren in fast allen Gebieten Böhmens entwickelten sich zu einem unüberwindlichen Hindernis für die Entstehung eines Bürgerstandes. Die hussitischen Städte einschließlich Prags vermochten nicht zu diesem Ziel zu gelangen. Alles, was die Stadt während der Revolution erlangt und alles, was sie später Sigismund abgetrotzt hatte, war das Ergebnis der Initiative einer jeden einzelnen Stadt und nicht der Städte als Gesamtheit. Ebenso reflektierte die Teilnahme der Städte an den Landtagen - sonst eine geradezu epochemachende Tatsache - nur die machtpolitischen, ideologischen und anderen Teilinteressen von Prag, Tabor, Saaz, Königgrätz und der ihnen an-

---

2 Zur Prager Hegemonialpolitik in der hussitischen Revolution vgl. Ferdinand Seibt: Communitas Primogenita. In: Historisches Jahrbuch 81 (1962), S. 80-100 (Nachdruck in: Hussitenstudien. Personen, Ereignisse, Ideen einer frühen Revolution. München 1987, S. 61-77). Zu den Verhältnissen in Prag unter der Diktatur Jan Želivskýs vgl. Božena Kopičková: Želivského Praha [Prag unter Želivský]. In: Folia historica Bohemica 3 (1981), S. 103-134 und František Šmahel: Les appareils de la dictature dans la Révolution hussite. In: Historica. Nova series 1 (1994), S. 59-74.
3 Petr Čornej: Lipanská křižovatka [Die Lipaner Kreuzigung]. Praha 1992, S. 144-204.

geschlossenen Städte. Die Dezentralisierung der Regierungsgewalt im Laufe der Revolution und ihr Zerfall in Landfriedensbünde auf der Basis von Kreisen zur Zeit des Interregnums schwächten beträchtlich die zentrale Stellung Prags zugunsten regionaler Städte und Kulturzentren. Ihnen wären auch die katholische Stadt Pilsen, weiter Krummau, Stadt der Rosenberg, und Eger sowie gegebenenfalls weitere Städte hinzuzurechnen, in denen die deutsche Bevölkerung ihr Übergewicht wahrte. Die Überlagerung der internen sozialen und ständischen Kämpfe durch religiös-konfessionelle Motivierungen zeigte sich schließlich im Prager Aufstand vom September 1483. Im Kuttenberger Religionsfrieden zwei Jahre später vereinte sich der hohe Adel, um entschlossen an die Spitze des Landes zu treten[4]. Es währte noch zwei Dezennien, bis sich die königlichen Städte mit Prag an der Spitze ihrer ständischen Zusammengehörigkeit bewußt wurden und in gemeinsamem Kampf gegen den Hochadel zum erstenmal als Stand für sich auftraten[5].

Alle fünf Könige der Epoche nach der Schlacht bei Lipany statteten der Metropole für ihre freiwillige Huldigung ihnen gegenüber Dank durch die Bestätigung oder Ausweitung von Privilegien ab. Unter Kaiser Sigismund erlebte Prag noch flüchtig einen Abglanz aus der Zeit, da die Stadt Residenz der Luxemburger gewesen war. Albrecht II. hingegen war nicht einmal die Entscheidung vergönnt, Prag gegenüber den österreichischen Residenzen zu bevorzugen. Den Aufenthalt seines Sohnes Ladislaus Postumus in Prag mußten die Landstände mit dem Regenten Georg von Podiebrad an der Spitze erzwingen. Wenn die Prager Städte unter diesem minderjährigen König ein fast schon vergessenes frohes weltliches Treiben erleben konnten, so entwickelten sie sich in der Regierungszeit Georgs von Podiebrad neuerlich, für lange Zeit zum letzten Mal, zum Schauplatz einer selbständigen Außenpolitik von mitteleuropäischer Tragweite. König Georg hatte auch als einziger der genannten fünf Herrscher Verständnis für die Erfordernisse des Prager Siedlungsgebildes und war bemüht, im Rahmen seiner Möglichkeiten günstigere Bedingungen für dessen Prosperität zu schaffen. Die Wiederaufnahme der Bautätigkeit war direkt oder indirekt auch sein Verdienst. Dank seiner Initiative raffte sich sogar die Gemeinde Vyšehrad auf und begehrte im Jahre 1476 den Status einer Stadt[6]. Aber auch unter Georg von Podiebrad vermochte der bescheidene königliche Hof der Stadt Prag nicht jenen Glanz zu verleihen,

---

4 František Šmahel: Pražské povstání 1483 [Der Prager Aufstand 1483]. In: Pražský sborník historický 19 (1986), S. 35-102; Winfried Eberhard: Entstehungsbedingungen für öffentliche Toleranz am Beispiel des Kuttenberger Religionsfriedens von 1485. In: Communio viatorum 19 (1986), S. 129-154.

5 Zur Landtagsaktivität Prags und seiner Städtebünde vgl. Ivan Hlaváček: Husitské sněmy [Hussitische Landtage]. In: Sborník historický 4 (1956), S. 71-109; Jiří Kejř: Zur Entstehung des städtischen Standes im hussitischen Böhmen. In: Städte und Ständestaat. Berlin 1980, S. 195-213. Anders beurteilt die Entwicklung der böhmischen Städte zu einem Stand "per se" František Šmahel: Das böhmische Ständewesen im hussitischen Zeitalter: Machtfrage, Glaubensspaltung und strukturelle Umwandlungen. In: Die Anfänge der ständischen Vertretungen in Preußen und seinen Nachbarländern. Hg. v. Hartmut Boockmann. München 1992, S. 219-246.

6 Die Privilegien der Prager Städte gab Jaromír Čelakovský heraus: Codex juris municipalis regni Bohemiae I. Privilegia civitatum Pragensium. Praha 1886.

mit dem damals andere europäische Metropolen zu prunken begannen. Wladislaw II. war dann bis zu seiner Krönung zum König von Ungarn ein "Prager" König mit allem, was dazu gehörte, einschließlich der tagtäglichen Geldmisere des Hofes, dessen Verwalter in der Küche oft deren Lieferanten nicht bezahlen konnte[7].

Die revolutionäre Zeit griff auch in die kirchlichen Verhältnisse der Metropole ein. Gemeinden und Einzelpersonen gewannen zwar einen einmaligen Vorteil durch die Säkularisierung des Grundbesitzes der sogenannten toten Hand[8], das zeitweilige Erlöschen kirchlicher Institutionen hatte jedoch einen Rückgang der Absatzmöglichkeiten der heimischen Handwerker und der Arbeitsgelegenheiten der Bediensteten zur Folge. Die Zahl der Kleriker in Prag ging bedenklich zurück, vielleicht um volle 1 000, was in den Relationen dieser Zeit etwa 3% der Bevölkerung ausmachte. Dutzende Pfarrkirchen blieben jedoch bestehen und mit ihnen auch die Verpflichtung zu ihrer Betreuung. Die Prager Gemeinden vermochten den Pfarren meistens deren Besitz zu wahren, unterstellten sie lediglich der Verwaltung von Laienküstern der jeweiligen Pfarrsiedlung. Die utraquistische Kirche mußte sich mangels eigener Geistlicher sogar mit der raschen Laisierung des niederen Schulwesens und der Spitalsfürsorge abfinden. Dabei gaben die städtischen Selbstverwaltungen die Oberaufsicht nicht mehr aus der Hand, wenngleich die materielle Absicherung der Schulen und der kommunalen Heilanstalten auch weiterhin vorwiegend auf die karitative Wohltätigkeit von Einzelpersonen angewiesen war.

Die Schätzungen der Einwohnerzahl der Prager Städte können sich auf statistische Quellen nur für den eigentlichen Zeitraum der Revolution stützen. Abgesehen von dem verhältnismäßig genauen Verzeichnis der Häuser, von denen es in der Altstadt rund 1 200 und in der Neustadt etwa 2 000 gab, haben die Bestandsaufnahmen der Altstädter Steuerverzeichnisse aus den Jahren 1427 bis 1434 außerordentliche Bedeutung. Ihre Analyse ergab, daß in 845 Häusern 873 Bürgerhaushalte und in 283 Häusern 720 Hintersassenfamilien (Untermieter) lebten. Diese Daten sind in der Geschichte des mittelalterlichen Prag derart außergewöhnlich, daß von ihnen ausgehend auch die Größe der Population der drei Prager Städte zur Zeit Karls IV. und Wenzels IV. im Rückblick errechnet werden kann, und zwar betrug sie zwischen 30 000 und 40 000 Köpfe. Keinesfalls hatte Prag bis zum Ende des 15. Jahrhunderts mehr Einwohner, für das letzte Jahrzehnt der Regierung Wenzels IV. muß mit einer niedrigeren Zahl von 30 000 als Maximum gerechnet werden. Mehr oder

---

7   Vgl. Josef Macek: Jagelonský věk v českých zemích (1471-1526). 1. Hospodářská základna a královská moc [Die jagellonische Zeit in den böhmischen Ländern (1471-1526). 1. Wirtschaftliche Grundlage und die königliche Macht]. Praha 1992, S. 226-262.

8   Vgl. Tomek (wie Anm. 1), S. 166-171; Bedřich Mendl: Z hospodářských dějin středověké Prahy [Zur Wirtschaftsgeschichte des mittelalterlichen Prag]. In: Sborník prací k dějinám hlavního města Prahy V-2 (1932), S. 132. Zu den Veränderungen im Eigentum der Landgüter der kirchlichen Institutionen vgl. Jaroslav Mezník: Venkovské statky pražských měšťanů v době předhusitské a husitské [Landgüter der Prager Bürger in der vorhusitischen und husitischen Zeit]. Praha 1965 (Rozpravy Československé Akademie věd. Řada společenských věd 75-2), S. 12-27.

weniger verläßlich kann angenommen werden, daß im Vergleich mit der Zeit vor 1420 die Prager Population um einige tausend Personen zurückgegangen war[9].

Ebenso wie aus den Prager Gassen nach dem Jahre 1420 die Kutten der Mönche und die Soutanen der Prälaten verschwunden waren, hörte man hier auch nur mehr ausnahmsweise deutsche Worte. Wenngleich die Tschechen die Stimmenmajorität im Altstädter Rat bereits in den letzten Regierungsjahren Wenzels IV. erlangt hatten, wurden die Häuserblöcke um den Altstädter Ring und andere vordem vorwiegend deutsche Wohnsprengel erst während der Revolution nach und nach tschechisiert. Ein Teil der heimischen Deutschen war allerdings in Prag geblieben, so waren z.B. noch im Jahre 1435 im Buch der Malerinnung fünf Deutsche von insgesamt 24 Meistern eingetragen. Die vermögendsten Patrizierfamilien ließen sich schon früher auf ihren ländlichen Gütern nieder, ein Teil der Angehörigen aus deutschen Familien assimilierte sich nach und nach. Das Schankrecht wurde zwar den Deutschen und sonstigen Ausländern auch im Jahre 1421 nicht verwehrt, aber die Ratsherren und Gemeinden achteten argwöhnisch darauf, den tschechischen Charakter der Metropole und der Selbstverwaltungsorgane dadurch nicht zu schmälern. Bezeichnenderweise hatten im Verzeichnis der 1 062 neuen Bürger aus den Jahren 1457-1516 nur 15 einen deutschen Namen[10].

In scheinbarem Widerspruch zu den strengen hussitischen Verboten von Wucher und parasitärem Gewinnerwerb vermochte sich auch in den stürmischsten Revolutionsjahren in Prag die jüdische Kulturgemeinde zu behaupten. Nicht einmal die drei großen Pogrome in den Jahren 1422, 1448 und 1483, die die Zähigkeit der eingewurzelten antijüdischen Einstellungen unter den Volksschichten bezeugen, konnten die jüdische Bevölkerung dann zum freiwilligen Abzug bewegen. Am Beginn der Revolution verzichteten die Prager Juden vorausschauend auf ihre Wucherpraktiken und zeitweilig auch auf die innere Autonomie ihrer Gemeinde. Zwei bis vier Dutzend Schock Prager Groschen aus dem jüdischen Ghetto bedeuteten für die Altstädter Gemeindekasse einen willkommenen Beitrag. Das Einkommen, das sich die Stadt so aneignete, beweist zugleich die verhältnismäßige Armut der Prager Juden. Vom Ende der zwanziger Jahre an tauchen in den Stadtbüchern wieder Aufzeichnungen über einen legal anerkannten jüdischen Wucher auf, dessen Zinsfuß gegenüber der vorhussitischen Zeit keineswegs zurückgegangen war. In den häufigen Perioden finanziellen Notstandes machten sogar die Prager Gemeinden Anleihen bei den Juden. So liehen sich z.B. im Jahre 1439 die Neustädter vom Juden Lazar 20 Schock Gro-

---

9 Vgl. hierzu die für die damalige Zeit beachtenswerten Analysen von Bedřich Mendl: Hospodářské a sociální poměry v městech Pražských v letech 1378 až 1434 [Wirtschaftliche und soziale Verhältnisse in den Prager Städten 1378-1434]. In: Český časopis historický 22, 1916, S. 436-445 und ders. (wie Anm. 8), S. 161-165.
10 Zur nationalen Zusammensetzung Prags in der vorhussitischen Zeit vgl. Jaroslav Mezník: Národnostní složení předhusitské Prahy [Nationalitätenvervältnisse im vorhussitischen Prag]. In: *Sborník historický* 17 (1970), S. 5-30; Ernst Schwarz: Volkstumsgeschichte der Sudetenländer. I. Böhmen. München 1965, S. 31-43.

schen zur Deckung der Kosten ihrer Botschaft zu König Albrecht aus, wobei der Jahreszinssatz 40 % überstieg. Die Berichte über das Leben im Altstädter Ghetto sind mehr als dürftig, erwähnenswert ist jedoch, daß die Juden im Jahre 1478 als Ersatz für den aufgelassenen Zentralfriedhof die Möglichkeit erhielten, sich auch in der Neustadt niederzulassen und dort eine eigene Schule zu gründen[11].

Die Wandlungen in der Sozialstruktur lassen sich nur hypothetisch und rahmenartig herausarbeiten. Die Altstadt behauptete zweifelsohne ihren höheren Vermögensstatus, was aus einem Vergleich des Ertrags zweier Steuern aus dem Jahre 1434 ersichtlich ist. Während es in der Neustadt etwa um 800 Häuser mehr gab, bezog man von hier nur 131 Schock 27 Groschen und 6 Denare, weitaus weniger als in der Altstadt, wo der Ertrag 244 Schock 33 Groschen und 5 Denare ausmachte. Deshalb konnte auch die Vermögensmobilität der Neustädter Bürger nicht ausgeprägter sein, wiederum im Unterschied zur Altstadt, wo die Besitztümer der entflohenen Bürger größtenteils der höheren Preisklasse angehörten. Die Zugehörigkeit zur Altstädter Gemeinde bedeutete ein höheres Prestige, was die in eine Richtung verlaufende Übersiedlung vermögender Bürger aus der Neu- in die Altstadt bezeugt. Auch darf der dauernd hohe Anteil von Insassen nicht übersehen werden. Während in der Altstadt etwa 720 Hintersassen lebten, gab es in der anderen Stadt nur etwa ein Siebentel davon. Die zahlenmäßige Stärke der Armen kann überhaupt nicht erfaßt werden, nach Analogien mit anderen böhmischen Städten mochten es 30-40 % gewesen sein. Die meisten ihrer Angehörigen "mußten nicht mit der Stadt leiden" und hatten überhaupt nicht den geringsten Einfluß in den Selbstverwaltungsorganen[12].

Durch innere Differenzierung in bezug auf Interessen und Besitz zeichneten sich auch die Handwerker aus, deren Zunftkorporationen sich im revolutionären Geschehen nicht merklicher äußerten. Eine größere Rolle spielten diesbezüglich einige Pfarrsiedlungen, namentlich jene zum hl. Stephan in der Neustadt oder zum hl. Petrus na Poříčí. Die vermögenden Schichten der Prager Städte hatten eine Basis für ihren ständigen Zusammenschluß in der sogenannten "älteren Gemeinde", wobei die Ratsherren, Beamten und Gemeindeälteren tagtäglich im Rathaus oder an anderer Stelle miteinander in Kontakt traten. Weitere organisierte Gruppen waren einerseits die Universitätsmagistri, andererseits die utraquistischen Geistlichen im Rahmen ihrer sich auf ganz Prag oder eine Gemeinde beziehenden Verwaltung. Eine flüchtige Andeutung der sozialen und korporativen Struktur der Prager Gemeinden ermöglicht im Rückblick die Erklärung einiger grundlegender Etappen ihrer revolutionären Geschichte. Im allgemeinen beharrten die kleinen Handwerker und die Ar-

---

11 Mit dem Schicksal der jüdischen Gemeinde im hussitischen Prag befaßte sich Mendl (wie Anm. 8), S. 182-186. Zur Siedlungstopographie vgl. Tomek (wie Anm. 1). Bd. 8. Praha 1891, S. 471-486; zur allgemeinen Situation der jüdischen Minderheit Šmahel (wie Anm. 1). Bd. 4, S. 22f.
12 Diese Angaben aus der angeführten Arbeit von Mendl (wie Anm. 8); vgl. auch Jiří Čarek: K vývoji cen staroměstských domů v letech 1400-1850 [Zur Entwicklung der Preise von Altstadthäusern 1400-1850]. In: Pražský sborník historický 7 (1972), S. 39-49.

Prag in der zweiten Hälfte des 15. Jahrhunderts 191

men auf ihren revolutionären Einstellungen, waren imstande, diese spontan und auch sonst mit Nachdruck zu äußern, ihnen ging es jedoch mehr um die Normen des "Gottesgesetzes" als um Veränderungen der politischen Struktur und eine eigene Rolle in den Machtorganen. Demgegenüber waren die reichsten Schichten in ideologischer Beziehung weitaus lässiger, wenn nicht geradezu konservativ. Die materiellen Anreize hatten bei ihnen größere Bedeutung als puritanisch aufgefaßte religiöse Vorschriften, und im Ringen um den entscheidenden Einfluß in der Gemeinde fühlten sie sich weder an demokratische Spielregeln, noch an die moralische Untadeligkeit der eingesetzten Mittel gebunden. Die Mittelschichten waren in jeder Hinsicht am wenigsten stabil und ausgeglichen. Sie beugten sich leicht einem von links oder rechts ausgeübten Druck, wobei sie ängstlich ihre Positionen gegenüber den Armen hüteten, während sie mit Rücksicht auf die herrschenden Kreise je nach den Umständen eine Haltung als Kritiker oder Verbündete bezogen[13]. Nichts von all dem, was in allgemeiner Generalisierung hier angedeutet wurde, mußte aber auf die einzelnen Individuen Bezug haben, die ihr eigenes Urteil, ihre eigenen Vorstellungen und Interessen verfolgten.

Nach dem Vorbild des Adels begannen im 15. Jahrhundert auch die königlichen Städte, ein prestigeträchtiges Wappen zu begehren. An der Spitze dieser auf Repräsentation gerichteten, aber auch praktischen Bestrebungen stand wiederum die Prager Altstadt, die ihr heraldisches Zeichen bereits seit den sechziger Jahren des 14. Jahrhunderts besaß. Während der ganzen Zeit der Hussitenkriege und auch später bis hinein in die Mitte der siebziger Jahre hatten die Altstädter auf ihren Bannern und Schilden ein rotes Wappenzeichen in Schildform mit silberner Umwallung, offenem Stadttor und drei Türmen. Dieses Abzeichen taucht ohne jegliches ergänzendes hussitisches Symbol auch auf dem Siegelstempel des Altstädter Feldheeres auf. Für die Hilfestellung im Krieg besserte Kaiser Friedrich III. der Altstadt ihr Wappen auf und erweiterte es dadurch, daß er - abgesehen von den Türmen - die silberne durch die goldene Farbe ersetzte und dem Schild einen Helm samt Federbusch und einer von zwei Löwen gehaltenen Kaiserkrone hinzufügte. Dies erfolgte ziemlich verspätet mit dem Privileg vom 9. Juni 1475, aber erst durch die Genehmigung seitens König Wladislaws II. vom 18. Januar 1477 erlangte das aufgebesserte Wappen offizielle Gültigkeit.

Die Neustadt führte in der hussitischen Epoche aus eigener Initiative auch ein Wappen ein, und zwar in ähnlicher Form einer silbernen Stadtmauer auf blauem Hintergrund. Es gab hier aber nur zwei Türme, denn den Platz in der Mitte nahm ein Bewaffneter mit gezücktem Schwert in der Rechten und mit einem rotweißen Fähnlein auf einer Lanze in der

---

13 Vgl. Karel Hrubý: Struktury a postoje husitských skupin pražského politického systému [Strukturen und Haltungen der hussitischen Gruppen im Prager politischen System]. In: Acta Universitatis Carolinae - Historia Universitatis Carolinae Pragensis 9-1 (1968), S. 29-78.

Linken ein. An der Kriegshilfe für den Kaiser hatte sich auch die Neustadt beteiligt, und daher erhielt sie ein aufgewertetes Wappen: der blaue Hintergrund wurde durch einen roten ersetzt, ein Schildchen mit dem kaiserlichen Adler über dem offenen Stadttor und ein Helm mit der von roten Adlern gehaltenen Kaiserkrone hinzugefügt. König Wladislaw II. bekräftigte diese Veränderungen mit Privileg vom 22. Oktober 1477. Die Prager Kleinseite und der Hradschin erhielten ein Wappen erst im folgenden Jahrhundert, die neuentstandene Gemeinde der künftigen Stadt Vyšehrad leitete ihr Wappen vom Abzeichen ihrer Obrigkeit, des Vyšehrader Kapitels, ab: Es handelte sich um einen blauen Schild, auf dem sich zwei goldbemalte gekreuzte Schwerter befanden[14].

Weitaus gewichtiger war die Bedeutung der von den Prager Städten beanspruchten Rechte. Ein Überbleibsel der verschiedenartigen juristischen Infiltrationen der Kolonisationszeit bestand in der Uneinheitlichkeit des Rechtssystems der böhmischen königlichen Städte, wie sie sich im Rahmen der Prager Agglomeration äußerte. Während die Prager Kleinseite und der Hradschin bis zum Jahre 1485, d.h. bis zur Unterstellung unter die Jurisdiktion der Altstadt, dem Magdeburger Stadtrecht angehörten, waren die Altstadt und später auch die Neustadt in den breiten und noch immer strittigen Bereich der süddeutschen Stadtrechte einbezogen. Aus diesem Grunde umfaßte auch die Oberinstanz des Altstädter Gerichtes nicht das gesamte Gebiet Böhmens, sondern nur seinen größeren Teil südlich der Grenze des Magdeburger und Leitmeritzer Stadtrechtes, also in der Abgrenzung durch die Städte Komotau, Laun, Schlan, Melnik, Brandeis a. d. Elbe und Politz[15].

Zur Zeit der umwälzenden Veränderungen und des unstabilen politischen Systems waren die Altstädter Ratsversammlungen bemüht, das ältere Brauchtum und die noch frischen Machtaspirationen durch eine schriftliche Bestandsaufnahme der geltenden oder beanspruchten Rechte abzusichern. Der grundlegende Komplex dieses ersten Kodifizierungsversuches trägt den bezeichnenden Namen "Kusové z listů a z práv Velkého Města pražského" (d.h. Teile aus den Urkunden und Rechten der Prager Altstadt). Seinen ersten Teil bilden die sog. Sobieslawschen Rechte, vermeintliche Privilegien, die Fürst Sobieslaw II. der Prager Altstadt erteilt haben soll; der zweite Teil umfaßt unter der Bezeichnung "Staropražská práva" (d.h. Altprager Rechte) tatsächlich gültige Rechtsvorschriften. Die Gesamttendenz tritt deutlich im ersten unterschobenen Teil zutage und verfolgte den

---

14 Vgl. dazu Václav Vojtíšek: O pečetech a erbech měst pražských i jiných českých [Über Siegel und Wappen der Prager und anderer böhmischer Städte]. In: Zprávy památkového sboru hlavního města Prahy 8 (1928), bes. S. 142ff.; Jiří Čarek: Městské znaky v českých zemích [Städtische Wappen in den böhmischen Ländern]. Praha 1985, S. 305-314; Vladimír Denkstein: Pavises of the Bohemian. Bd. 1. In: Sborník Národního muzea A-XVI (1962), S. 212-214. Ein selten gut erhaltenes Fähnlein der Altstädter Bereitschaftsgruppe aus der Zeit vor dem Jahre 1477 entdeckte Jiří Čarek: Praporec pražského ozbrojeného sboru z 15. století [Das Fähnlein eines Prager Militärkorps aus dem 15. Jahrhundert]. In: Pražský sborník historický 11 (1978), S. 101-103.

15 Vgl. František Hoffmann: K oblastem českých práv městských [Zum Bereich der böhmischen Stadtrechte]. In: Studie o rukopisech 14 (1975), S. 39-46; Zdeněk Šimeček: České Budějovice a Staré Město pražské [Budweis und die Prager Altstadt]. In: Pražský sborník historický 15 (1971), S. 125-127.

Zweck, die Altehrwürdigkeit und Berechtigung der privilegierten Stellung der Altstadt im Königreich Böhmen darzutun. Es ist nicht ausgeschlossen, daß die Urfassung der sogenannten Sobieslawschen Rechte bereits am Beginn der Revolution entstand, als Ganzes jedoch schwollen die "Teile aus den Urkunden und Rechten" durch etappenweise Umgestaltungen und Redaktionen in den Jahren 1435 bis 1445 an. Die Gleichberechtigung und gleiche privilegierte Stellung suchte in ähnlicher Weise zugunsten der Neustadt der Traktat über die Rechte, Freiheiten, Gnadenbezeugungen, Schenkungen und Bestimmungen der Prager Neustadt ("Traktát o právech, svobodách, milostech, obdarováních a ustanoveních Nového Města Pražského") nachzuweisen[16].

Alle diese juristischen Sammlungen und Kanzleibehelfe reflektierten die vielgestaltigen und oft überstürzten Veränderungen im gesamten Bereich der städtischen Selbstverwaltung. Die Beziehung zwischen dem Stadtrichter als Vertreter der ständigen obrigkeitlichen Kompetenz einerseits und der gewählten Stadtvertretung - dem Stadtrat - andererseits wurde de facto durch die revolutionären Ereignisse geregelt, in deren Verlauf der Richter zu einem untergeordneten Beamten des Stadtrates herabsank. Die beiden Prager Städte behaupteten ihre Stadtrichterämter, auch wenn sie diese in der Mitte der fünfziger Jahre in komplizierter Weise auslösen mußten. Die Abhängigkeit des Stadtrichteramtes fand ihren äußeren Ausdruck auch in der Übertragung seiner Agenda in die erweiterten Räume des Rathauses. Ähnlich wie in älteren Zeiten standen die Richter an der Spitze der Stadtpolizei, die wiederum aus einer unterschiedlich großen Zahl von Büttel bestand. Die Gerichtsbarkeit der Stadtrichter war auf Prozesse bis zu einem Betrag von zehn Schock Prager Groschen beschränkt[17].

Alle gewichtigeren Vermögensstreitigkeiten, auffallenden Vergehen gegen die Ehrbarkeit und auch die Kriminalprozesse gehörten vor das sogenannte größere Stadtgericht, wo in der Regel einmal in vier Wochen die Ratsherren auf vier Bänken unter dem Vorsitz des amtierenden Bürgermeisters tagten. Vor diesem Gericht erfolgten die Ankündigungen sämtlicher Häuser- und Liegenschaftsübertragungen, die dann nach entsprechender Genehmigung in die Stadtbücher eingetragen wurden. Der Stadtrichter hatte den Vollzug des Urteils innerhalb von drei Tagen zu bewerkstelligen, dieselbe Frist war auch für die Schuldnerhaft vorgesehen. Eine längere Gefängnisstrafe bildete stets eine Ausnahme, die

---

16 František Hoffmann: Rukopisy městských práv v Knihovně Národního muzea [Handschriften der Stadtrechte im Nationalen Buchmuseum]. In: Studie o rukopisech 15 (1976), S. 14-19. Grundlegend die Edition von Rudolf Schranil: Die sogenannten Sobieslawschen Rechte. München-Leipzig 1916. Die Entstehung der Sobieslawschen Rechte verschob rein hypothetisch Ferdinand Seibt an den Beginn der zwanziger Jahre: Hussitica. Zur Struktur einer Revolution. 2. Aufl. Köln/Wien 1990, S. 136ff. Eingehend über den "Traktát o právech" Jaromír Čelakovský: O vývoji středověkého zřízení radního v městech Pražských [Zur Entwicklung des mittelalterlichen Ratssystems in den Prager Städten]. In: Sborník příspěvků k dějinám hlavního města Prahy I-2 (1920), S. 257-269.
17 Miloš Kratochvíl: Stará rychta v Praze [Das alte Richteramt in Prag]. In: Sborník k dějinám hlavního města Prahy 7 (1933), S. 199-202; Tomek (wie Anm. 11), S. 308-326.

meisten Strafen hatten den Charakter von Geldbußen, öffentlichen Anprangerungen, körperlichen Züchtigungen oder Hinrichtungen.

Mitglied des Stadtrates - Ratsherr - konnte nur ein vollberechtigter Bürger werden. An diesem elitären Status hatte auch die Revolution nichts verändert. Dieselbe Bedingung eliminierte die Teilnahme von Insassen, Tagelöhnern und anderen nicht vollberechtigten Einwohnern an den Sitzungen des Älterenrates und grundsätzlich auch der sogenannten "großen" Gemeinde. Die Verletzung dieser Regel signalisierte stets einen Ausnahmezustand in Form einer revolutionären Diktatur oder Volksrevolte. Mit Ausnahme der eigentlichen hussitischen Epoche bestand der Altstädter Stadtrat aus 18 Ratsherren, in den Stadträten der Neustadt und auf der Kleinseite saßen zwölf Mitglieder, auf dem Hradschin und seit dem Ende der achtziger Jahre auch auf dem Vyšehrad wählte man je sechs Ratsherren. Die Erneuerung der Stadträte sollte jährlich erfolgen, in Wirklichkeit waren auch mehrjährige Abschnitte keine Ausnahme, in deren Verlauf die Stadträte durchweg zum System unkontrollierter Macht übergingen. Die Zahl der Gemeindeälteren in der Altstadt schwankte stark, an einigen Sitzungen ihres Rates beteiligten sich auch die Innungsvorsteher. In der Neustadt gab es in der Regel zweimal mehr Gemeindeältere als Ratsherren. Die Älterenräte, auch "ältere Gemeinde" genannt, waren nur beratende Organe, denn alle wichtigen Angelegenheiten einschließlich der Kontrolle der städtischen Finanzen mußten bei den Tagungen der "großen" Gemeinde beschlossen werden. Ein Teil der Gemeindeälteren übte zugleich verantwortungsvolle Funktionen in verschiedenen Stadtämtern aus, was theoretisch die ständige Beaufsichtigung seitens der Gemeinde fördern sollte. Weder die Ratsherren noch die Gemeindeälteren erhielten ein ständiges Gehalt, kamen aber größtenteils finanziell nicht zu kurz. Den Ratsherren standen, abgesehen von anderen Vergünstigungen, wie der Befreiung von städtischen Abgaben, die Geldbußen bis zu einer gewissen Höchstgrenze zu. Kleinere Erleichterungen oder Beteiligungen an eingehobenen Bußen genossen auch die Beamten aus den Reihen der Gemeindeälteren[18].

Das Militärwesen der Prager Städte hatte bereits unter der Regierung Wenzels IV. eine derart entwickelte Organisation, daß es ohne größere Umgestaltungen auch in den Revolutionsjahren eingesetzt werden konnte. Den Grundstock der Mobilisierung für den Kriegs-

---

18 Seibt (wie Anm. 16), S. 133-145; Jaroslava Pečírková u.a.: Pojem a pojmenování městské obce ve středověkých Čechách [Begriff und Bezeichnungen der städtischen Gemeinde im mittelalterlichen Böhmen]. In: Listy filologické 98 (1975), S. 79-88 und Karel Hrubý: Senior communiotas - eine revolutionäre Institution der Prager hussitischen Bürgerschaft. In: Bohemia 13 (1972), S. 9-43. Tomek (wie Anm. 1), Bd. 5. Praha 1905, S. 77-111 und Bd. 9. Praha 1893, S. 265-324 veröffentlichte die Verzeichnisse der Ratsherren und der Stadtbeamten in allen Prager Städten. Zur personellen Besetzung der Prager Kanzleien ebd., B. 8, S. 279-287; vgl. ferner Čelakovský (wie Anm. 16), S. 231-302; zu den bedeutenden Behörden Miloš Kratochvíl: Šestipanské úřady v Starém a Novém Městě pražském do roku 1547 a jejich knihy [Sechsherrenämter in der Prager Alt- und Neustadt bis 1547 und ihre Bücher]. In: Sborník příspěvků k dějinám hlavního města Prahy 6 (1930), S. 149ff. und Marie Válková-Frýzová: Úřad perkmistra pražských viničných hor [Das Amt des Bergmeisters der Prager Weinberge]. In: ebd., S. 1-148.

fall bildete die nach Stadtsprengeln organisierte Heimwehr. An der Spitze eines jeden Sprengels stand ein Hauptmann, dem die Kommandanten der aus je 100, 50 oder zehn Männern bestehenden Mannschaften untergeordnet waren. Der Militärpflicht konnte sich kein gesunder Bürger der einschlägigen Alterskategorien entziehen, durfte aber im Fall eines Feldzuges stellvertretend für sich einen Ersatzmann oder Söldner anheuern. Seit dem Beginn der Hussitenkriege bis zur Eroberung Prags durch Georg von Podiebrad im September 1448 unterhielten die Prager Städte größtenteils einen ständigen Oberkommandanten aus den Reihen des Kriegsadels. Bei der Landesbereitschaft oder einem selbständigen Feldzug der Prager Städte wechselten die Stadtviertel einander ab, und zwar durchweg stets je zwei aus jeder Stadt. Die mit der Expedition für den Stadtsprengel aufgelaufenen Unkosten trugen die Teilnehmer selbst; sie waren verpflichtet, mit eigener Ausstattung und Ausrüstung zu erscheinen. Geschütze, Haubitzen und schweres Kriegsgerät stellten die städtischen Zeughäuser auf Kosten der Gemeinde und versorgten angeheuerte Söldner mit der entsprechenden Ausrüstung. Die Prager Gemeinden beanspruchten aber Dienstleistungen von Söldnern nur ausnahmsweise. Eine Ausnahme bildeten auch die spezialisierten Formationen der schweren Kavallerie aus verbündeten oder dienstverpflichteten Landadligen der Umgebung sowie die Bedienungsmannschaften für schwere Geschütze und Kriegsmaschinen, wofür die Prager Büchsenmacher und sonstigen Fachleute entsprechend entlohnt wurden[19].

Die Betreuung der Armen und Kranken war eine der neuen Aufgaben der Gemeindeselbstverwaltung. Die meisten Spitalsinstitute gehörten vordem geistlichen Einrichtungen oder standen unter deren Verwaltung. Die Prager Gemeinden erkannten alsbald, auf den Grundbesitz der Spitäler nicht die üblichen Konfiskationsverfahren anwenden zu können, und beteiligten sich in diesem Sinn auch im Jahre 1429 an den Einkommen und der Verwaltung der zwei größten Spitäler. Einen Teil der aufgelösten Ordensspitäler ersetzten an der Wende vom 15. zum 16. Jahrhundert drei neue Institute, von denen das erste im Jahre 1484 auf der Kleinseite entstanden war[20].

Die Separation der ökonomischen Verwaltung von der Seelsorge war ein ganz neuer Wesenszug auch in der Organisation des Pfarrnetzes. Die ungemein hohe Anzahl von Pfarreien in den Prager Städten war für ganz Europa charakteristisch, und es darf daher nicht

---

19 Vgl. Tomek (wie Anm. 1), Bd. 8, S. 350-359; Petr Klučina: Organizace a dislokace vojsk husitské Prahy [Die Organisation und räumliche Verteilung von Truppen des hussitischen Prag]. In: Staletá Praha 14 (1984), S. 89-94; Miroslav Broft: Pražský obranný systém v době dobytí Prahy Jiřím z Poděbrad roku 1448 [Das Prager Abwehrsystem zur Zeit der Eroberung Prags durch Georg von Podiebrad 1448]. In: ebd., S. 141-156; Miloslav Polívka: Prager Waffenhandel des 14. und 15. Jahrhunderts. Zum Stand und zu Veränderungen in der Hussitenzeit. In: Das andere Wahrnehmen. Beiträge zur europäischen Geschichte. A. Nitschke zum 65. Geburtstag gewidmet. Hg. v. Martin Kintzinger/Wolfgang Stürner/Johannes Zahlten. Köln/Weimar/Wien 1991, S. 309-322.
20 Vgl. Tomek (wie Anm. 1), Bd. 9, S. 180-188; Bohdan Zilynskyj: Špitály Nového Města pražského v pohusitské době [Die Spitäler der Prager Neustadt in der nachhussitischen Zeit]. In: Documenta Pragensia 7 (1987), S. 91-105.

verwundern, wenn nach dem Jahre 1420 manche Kirchen den Status einer Pfarrsprengelzentrale verloren oder gänzlich erloschen. Von 44 Pfarrsiedlungen der vorhussitischen Zeit verblieben am Ende des Jahrhunderts nur 32, hiervon 15 in der Alt- und neun in der Neustadt sowie fünf auf der Kleinseite, je eine Pfarrei hatten Hradschin, Vyšehrad und die Prager Burg. Eine weitere wichtige Veränderung bedeutete das Erlöschen der Patronatsrechte, so daß die Wahl und auch Abberufung eines Priesters eine Angelegenheit der Bewohner der betreffenden Pfarrei wurde. Die Pfarrsiedlungen bildeten seit den zwanziger Jahren neue autonome Korporationen, die beträchtlichen Einfluß auf das öffentliche Geschehen im Wohnsprengel hatten, auch wenn sie außerhalb des Selbstverwaltungssystems verblieben und darin nicht vertreten waren. Abgesehen vom Vorschlagsrecht gebührte den Pfarrinsassen utraquistischen Bekenntnisses die gesamte Verwaltung des Seelsorgevermögens der betreffenden Kirche[21].

Die Pfarrgemeinden waren die demokratischste Prager Korporation, denn ihnen gehörte jeder Bewohner des betreffenden Sprengels ohne Rücksicht auf sozialen Status oder Geschlecht an. Hingegen war die Mitgliedschaft in einer Innung eines bestimmten Handwerks oder eines Gewerbes an die strikten "Ordnungen" der einschlägigen professionellen Vereinigung gebunden. Grundsätzlich genügte für die Gründung einer neuen Zunft die Zustimmung des Stadtrates. Trotzdem ließen sich einige der älteren und bedeutenden Zünfte ihre Existenz direkt von den Herrschern bestätigen. Das zahlenmäßige Anwachsen der Zünfte - gegenüber der hussitischen Zeit waren es in der zweiten Hälfte des 15. Jahrhunderts fast doppelt so viele - fand bis in die achtziger Jahre keinen merklichen Niederschlag in ihrer direkten Beteiligung an der Gemeindeautonomie. Die Angehörigen der starken Zunftbruderschaften konnten bis zu einem gewissen Maß ihre politischen Interessen bei den Sitzungen der "großen" Gemeinden und auch der Gemeindeälteren wahrnehmen. Den Zünften waren zwar auch einige Verpflichtungen im Rahmen der militärischen Organisation auferlegt, sie erhielten aber keine direkte Vertretung nach einem im voraus festgelegten Rotationsprinzip. Einen gewissen Umbruch bedeuteten diesbezüglich die Jahre nach dem Aufstand im September des Jahres 1483, als sich den Handwerkerzünften Möglichkeiten für eine größere Einflußnahme in beiden Rathäusern eröffneten, wiederum aber ohne erkennbare Anzeichen eines Wahlschlüssels[22]. Die meisten Handwerke und Gewerbe hatten selbständige Korporationen in beiden großen Städten, einige Altstädter Zünfte begannen aber in den letzten Dezennien des 15. Jahrhunderts, die Aufgabe sog. Landesinnungen zu erfüllen[23].

---
21 Vgl. Tomek (wie Anm. 1), Bd. 9, S. 89-125, hier auch auf S. 339-347 die Verzeichnisse der Prager Geistlichen; ferner Šmahel (wie Anm. 4), S. 46f.
22 Vgl. Šmahel (wie Anm. 4), S. 76-83.
23 Die meisten Berichte über die Prager Zünfte verzeichnete Zikmund Winter: Dějiny řemesel a obchodu v Čechách v XIV. a v XV. věku [Geschichte der Gewerbe und des Handels in Böhmen im 14. und 15. Jahrhundert]. Praha 1906, S. 573-724. Eine Darlegung der ökonomioschen und politischen Rolle der Zünfte in den Jahren 1437 bis 1490 lieferte Josef Janáček: Řemeslná výroba v českých městech v 16.

Die dringende Notwendigkeit eines Zusammenschlusses äußerte sich in der nachrevolutionären Zeit auch in den Gruppen der nicht vollberechtigten Produzenten, Gesellen und unqualifizierten lohnabhängiger Arbeiter oder Gehilfen. Die Zunftmeister widersetzten sich gütlich, aber manchmal auch strittig den Gesellenvereinen und wollten ihnen nur im Notfall den Status religiöser oder fördernder Bruderschaften zuerkennen. Die erste Erwähnung einer illegalen Gesellenvereinigung datiert aus dem Jahr 1432, als die Altstädter Handschuhmacher ihren Gesellen den Anspruch auf ein eigenes Gasthaus bestritten, das sie als Brutstätte korporativer "Lumpereien" ansahen. In der zweiten Hälfte des Jahrhunderts gab es allmählich kein Jahr ohne Streiks und Pressionsaktionen jeglicher Art. Neben der Inanspruchnahme eines Gasthauses suchten die Gesellen immer mehr soziale Forderungen durchzusetzen. Im Jahre 1451 begehrten z.B. die Kürschnergesellen in der Neustadt die Einführung "blauer" Montage, drei Jahre später stritten wiederum die Gehilfen der Panzerfeger mit ihren Meistern um eine Lohnerhöhung, in den Jahren 1465-1466 traten die Gesellen aller Tuchmachermeister in der Neustadt organisiert gegen die von ihnen verlangten Nebenleistungen auf. Die wachsende Bedeutung der illegalen Gesellenvereine bewog des öfteren die Stadträte, die Rolle eines Friedensstifters zu übernehmen. Und da in ähnlichen Fällen die Gesellen in der Regel Teilerfolge erreichten, suchten die Zunftmeister gegen die rebellierenden Arbeiter auf breiterer Basis vorzugehen. So erarbeiteten im Jahre 1454 die Maler gemeinsam mit den Glasern eine gesellenfeindliche Arbeitsordnung. Ein ähnliches Streben bekundeten im Rahmen ihrer Landeszunft die Prager Bader. Am erfolgreichsten von den Prager Gesellen waren die Neustädter abhängigen Schuster, denen ihre Meister im Jahre 1454 einen eigenen Verein genehmigten, in dem sie sich allerdings das entscheidende Wort vorbehielten. Streiks und Unruhen von Gesellen erwiesen sich als ausgeprägteste Erscheinung in den sozialen Kämpfen im hussitischen und utraquistischen Prag. Die soziale Spannung trat sonst entweder nur in ungezügelter Gestalt oder verdeckt in Form konfessioneller und machtpolitischer Konflikte zutage[24].

Die revolutionäre Zeit hinterließ mehr oder minder dauernde Spuren auch in der ökonomischen und finanziellen Sphäre der Prager Gemeinden. Die ausgedehnte Konfiskation des Liegenschaftsbesitzes entflohener Utraquistengegner und die einmalige Säkularisierung der Güter der kirchlichen Institutionen weit und breit in der Umgebung Prags brachten den Stadtkassen ergiebige Einkünfte, aber auch diese reichten nicht in vollem Ausmaß, die immensen Kriegsausgaben zu decken. Die Prager Gemeinden sahen sich gezwungen, städtische Sammlungen zu veranstalten und größere Grundbesitzungen zu verkaufen, die ihnen rechtsgültig gar nicht gehörten. Einen Teil des Grundfonds zehrten Abfindungen an angeheuerte Hauptleute und Entlohnungen der Verbündeten auf. Als drückende Last erwie-

---

století [Gewerbliche Produktion in böhmischen Städten im 16. Jahrhundert]. Praha 1961, S. 60-63.
24 Vgl. Winter (wie Anm. 23), S. 749-759.

sen sich auch die Kosten für die zahlreichen Botschaften während der Verhandlungen mit dem Basler Konzil und Kaiser Sigismund, nach dessen Thronbesteigung Prag zwar einen Teil seines Bodenbesitzes aus der Revolutionszeit verlor, ein gutes Stück davon jedoch dank seiner Widmungen für sich behalten konnte. Während vor dem Jahre 1420 die Gemeinde der Altstadt keine freien Landgüter jenseits der städtischen Fortifikationen besaß, war sie nunmehr Grundobrigkeit über 31 Dörfer und vier Höfe im Eintragungswert von 1 500 Schock Groschen, die dann an Zinsen p.a. etwa ein Zehntel dieses Betrages einbrachten. Auch die verhältnismäßig bedeutenden Widmungen zugunsten anderer Prager Bürger spielten bei der Umverteilung des kirchlichen und königlichen Besitzes keine größere Rolle. Gegenüber den zugunsten des Adels eingetragenen Gütern in Höhe von fast 470 000 Schock bedeuteten Sigismunds Widmungen an die Städte und Bürger (16 252 Schock) nur eine Kleinigkeit. Die Neustadt erwarb, worauf alles hindeutet, von Sigismund keine Pfandbesitzungen, besaß daher vor der Mitte des 15. Jahrhunderts vielleicht nur das Dorf Großbrazdim. Unter Georg von Podiebrad erwarb die Altstadt neuerlich vier Dörfer und die Feste Měšice, König Wladislaw II. bereicherte die Gemeindegüter um weitere sechs Dörfer und fünf Höfe. Die Neustädter Gemeinde konnte auch in der zweiten Hälfte des 15. Jahrhunderts ihre Güter nicht allzu stark vermehren[25].

Die Einkünfte aus den Grundbesitzungen, auf denen die Prager Städte offenbar nicht in Eigenregie wirtschafteten, reichten bei weitem nicht aus, um die laufenden Ausgaben und gar die außerordentlichen Beihilfen an die Herrscher zu decken, die in einigen Jahren die Gemeindefinanzen unverhältnismäßig belasteten. Wenngleich die beiden großen Prager Städte und de facto auch die Kleinseite dauernd von der Sondersteuer der königlichen Kammer befreit waren, mußten alle weitergehenden Ausgaben künftighin aus Kollektionen und Anleihen bestritten werden. Der Ertrag der städtischen Dörfer, des Hausbesitzes, der Mautgebühren, Zölle und der verschiedenartigsten Marktgebühren deckte im allgemeinen nur den grundlegenden Haushalt, wie aus den Gesamtbilanzen von zwei der einträglichsten Ämter hervorgeht. Die Gesamtbilanzen der Altstädter Gemeindefinanzen endeten, soweit bekannt ist, nicht mit einem Manko. Die sogenannten Abschlußrechnungen der Ratsherren aus den Jahren 1438-1452 wiesen einen Überschuß im Jahresdurchschnitt von 175 Schock 58 Groschen aus und in den weiteren elf Jahren bis zum Jahre 1463 sogar 837 Schock 34 Groschen. Der wirtschaftliche Boom des Landes unter der Verwaltung Georgs von Podiebrad äußerte sich in der Bilanz beinahe sprunghaft, und daher überrascht nicht, wenn Georg gleich am Beginn seiner Königsherrschaft die Altstädter Finanzen durch die Streichung aller Gemeindeschulden ohne jedwede Ersatzleistung an die Gläubiger konsolidieren mußte. Der Herrscher untergrub mit diesem Erlaß vom Juli 1459, der gleichzeitig die bür-

---

25 Mehr zu den Landgütern der Prager Gemeinden und Bürger Josef Teige: O statcích obcí pražských v letech 1420-1546 [Über Landgüter der Prager Bürger 1420-1546]. In: Sborník příspěvků k dějinám hlavního města Prahy, 3 (1922), S. 111-126; Mezník (wie Anm. 8), S. 18-27.

gerlichen Liegenschaften von den sogenannten ewigen Renten befreite, die Aufwärtsentwicklung der Kreditgeschäfte. Diese Frage mußte aber offensichtlich gegenüber den weitergehenden politischen und auf Repräsentation gerichteten Intentionen in den Hintergrund treten. Wenngleich die Altstadt öffentliche Arbeiten bereits vorher aufgenommen hatte, machte erst die Streichung der Schulden und der hohen Zinsen größere Geldmittel für den kommunalen Aufbau flüssig. In den Kriegsjahren am Ende der Regierung Georgs von Podiebrad mußte sich diese Wende deutlicher abzeichnen, und daher kam es zu einer wahren Baukonjunktur erst nach der Thronbesteigung des Jagiellonen Wladislaw II. in Böhmen. Bezüglich des Wirtschaftsgebarens der Neustädter Gemeinde gibt es keine ausreichenden Berichte, aber auch sie hatte seit dem Beginn der fünfziger Jahre Mittel für Bauten größeren Umfangs[26].

Da die Altstadt in den Hussitenkriegen keine ernsteren Schäden erlitt, mußte sie längere Zeit hindurch keine größeren Mittel für Reparaturen öffentlicher Gebäude und des Fortifikationssystems aufwenden. Die Befestigungsarbeiten an den Fortifikationen zur Neustadt hin vom Ende der zwanziger Jahre hatten geringeren Umfang, ebenso wie die baulichen Umgestaltungen des Rathauses in den nächsten zwei Jahrzehnten. Die ersten großen Investitionen sind erst am Beginn der Regierung König Georgs von Podiebrad belegt, auf dessen Anregung die Fertigstellung der utraquistischen Zentralkirche zur Jungfrau Maria vor dem Thein in Angriff genommen wurde. Auch wenn die damaligen Berichterstatter alle Verdienste daran dem König zuschrieben, trugen in Wirklichkeit entweder die Gemeinden oder die Pfarrsiedlungen den Großteil der Kosten an den Prager Bauten. Im Falle der Neustädter Sakralbauten ist diese Feststellung über jeden Zweifel erhaben, denn der Fortgang der Bauarbeiten war völlig vom Stand des Kirchenvermögens und von den zweckgebundenen Legaten vermögender Gönner abhängig. Aus diesem Grunde ist der finanzielle Beitrag des Königs auch im Falle des Neubaues des nördlichen Kleinseitner Brückenturmes strittig, dessen Fundamente im Jahre 1464 gelegt wurden. Der Hof des Königs blieb ohne größere Umgestaltungen, auf äußeren Prunk legte Georg auch anderweitig keinen besonderen Wert; sofern er sich mit großzügigeren baulichen Ambitionen befaßte, konnte er zeitbedingt als wahrer Mäzen von Monumentalbauten nicht in Erscheinung treten[27].

---

26 Vgl. Tomek (wie Anm. 1), Bd. 8, S. 340-344. Von den Neustädter Rechnungen steht nur das Verzeichnis der Gemeindeeinkünfte zur Verfügung, die im Jahre 1478 die Höhe von 713 Schock und 44 Prager Groschen erreichten; vgl. Josef Janáček: Městské finance a investice: Praha 1420-1547 [Städtische Finanzen und Investitionen: Prag 1420-1547]. In: Československý časopis historický 25 (1977), S. 408-416, bei der Interpretation der Angaben Tomeks weiche ich aber stellenweise davon ab.
27 Die Fachliteratur über die bauliche Entwicklung der Prager Städte im 15. Jahrhundert profitiert von der umfassenden Topographie im achten Teil des Werkes von Tomek (wie Anm. 1). Für einen Teil der Altstadt vgl. die topographischen Arbeiten von Josef Teige: Základy starého místopisu pražského (1437-1620). 3 Bde. [Grundlagen der alten Prager Topographie]. Praha 1910-1912; Jiří Čarek: Z dějin staroměstských domů [Aus der Geschichte der Altstadthäuser]. In: Pražský sborník historický, 10-19 (1977-1986); Rudolf Urbánek: Věk poděbradský. Bd. 4 [Die Zeit von Podiebrad]. (České dějiny; III-

Es waren die Prager Gemeinden selbst, die an ihre eigene Repräsentation, in erster Linie dann an den aufwendigen Um- oder Neubau von Rathäusern, dachten. Die Neustädter konzentrierten sich anfänglich in der zweiten Jahrhunderthälfte auf den Bau eines massiven Rathausturmes, der seinem Altstädter Pendant konkurrieren sollte; die Kleinseitner Gemeinde war bemüht, mit der Renovierung des ehemaligen Rathauses damit Schritt zu halten. Als sie jedoch im Jahre 1479 das Werk fertiggestellt hatte, verkaufte sie das Haus und begann für ihren Bedarf das fast abgerissene Haus der einstigen Herren von Michalovice an der Ostseite des Stadtplatzes umzugestalten. Schließlich nahm die Altstädter Gemeinde einen Gesamtumbau ihres Rathauses am Beginn der sechziger Jahre in Angriff. Die Disposition des Rathausblockes und die Ausdehnung der Zubauten sind noch immer Gegenstand fachkundiger Erwägungen, jedenfalls handelte es sich um eine Investition größeren Ausmaßes, denn bereits im Jahre 1471 ist die Rede vom "neuen Rathaus". Vor dem Jahre 1477 entstand, wie auch aus dem spätgotischen Dekorativismus der architektonischen Elemente hervorgeht, auf der Südseite ein Vestibül mit dem Hauptportal, darüber dann ein großartiger zweischiffiger Saal mit reichem Gewölbe. Im Jahre 1481 erlebte die Rathauskapelle ihre Wiedereröffnung und schließlich im Jahre 1490 kam die Rekonstruktion der astronomischen Turmuhr an die Reihe[28].

In der Mitte der siebziger Jahre begann die Altstädter Gemeinde mit einem weiteren aufwendigen und repräsentativen Bau, nämlich einem neuen Tor samt Turm neben der königlichen Residenz. Baumeister Wenzel von Luditz (Žlutice) ersetzte das baufällige Tor durch die Imitation der modernen Schwibbogendurchfahrt des Parlerschen Brückenturms. Diese so außergewöhnliche Aufgabe überstieg offensichtlich seine Kräfte und daher übernahm der begabte Bildhauer und Steinmetz Matthias Rejsek an der Wende der Jahre 1477/78 das Bauvorhaben. Nach dem Aufstand im September 1483 kamen die Arbeiten hier zeitweilig zum Erliegen, so daß das fertiggestellte Bauwerk erst am Beginn des folgenden Jahrhunderts die Prager erfreuen konnte. Damals war bereits in allen drei Prager Städten der Bau einer Wasserleitung, des offenbar wichtigsten Bauvorhabens unter dem Aspekt des öffentlichen Interesses, fortgeschritten. Wiederum ging die Prager Altstadt voran, die ihren Wasserturm in der Nähe der Steinbrücke im Jahre 1489 fertigstellen konnte[29].

---

4). Praha 1962, S. 177-181.

28 Einen Überblick über die künstlerisch wertvollen Werke der Prager Architektur aus der hussitischen Zeit findet sich im Werk Praha středověká [Das mittelalterliche Prag]. Hg. v. Dobroslav Líbal. Praha 1983, S. 335-342. Mit einer neuen Betrachtungsweise des spätgotischen Umbaues des Altstädter Rathauses trat Jiří Čarek hervor: Příspěvek ke stavebnímu vývoji Staroměstské radnice v 15. století [Beitrag zur Bauentwicklung des altstädtischen Rathauses im 15. Jahrhundert]. In: Pražský sborník historický 6 (1971), S. 106-113. Zum Bau des Neustädter Rathauses vgl. u. a. Karel Kibic: Novoměstská radnice v Praze a její nejstarší jádro [Das neustädtische Rathaus in Prag und sein ältester Kern]. In: Staletá Praha 9 (1979), S. 213-230.

29 Vgl. Janáček (wie Anm. 26), S. 409-415; Ivan Šperling: Rejskova sochařská výzdoba Prašné Brány [Der bildhauerische Schmuck von Rejsek am Pulverturm]. In: Umění 13 (1965), S. 403-418.

Prag in der zweiten Hälfte des 15. Jahrhunderts 201

In den Jahren 1472-1476 erhielt die Neustadt eine neue Dominante in Gestalt des Glokkenturms der St.-Heinrichskirche; zwei Jahre darauf leitete sie die letzte große völlige Besiedlungsaktion innerhalb der mittelalterlichen Fortifikationen ein. Anstelle des aufgelösten Zentralfriedhofes der jüdischen Kultusgemeinde im Raum der heutigen Wladislawgasse wurden auf der Westseite 16 und auf der gegenüberliegenden Gassenlinie 14 neue Bauplätze abgesteckt. Vermögenslosen Bauwilligen gewährte die Vyšehrader Vorburg günstige Bedingungen; am Aufbau hier war im Zusammenhang mit der teilweisen Erneuerung der Festung bereits Georg von Podiebrad vorrangig interessiert. Vom Jahre 1452 an erhielten die Neuansiedler nicht nur die gleichen Freiheiten wie die Bewohner Prags, sondern auch unentgeltlich Parzellen. Die ziemlich chaotische Verbauung nahm einen raschen Fortgang, so daß bereits im Jahre 1476 die neue Gemeinde eigene Ratsherren mit einem Bürgermeister an der Spitze wählen konnte.

Ein noch größerer Baubetrieb herrschte von Zeit zu Zeit auf der Prager Burg. Das verarmte Kapitel konnte nicht an eine Fertigstellung der Kathedrale denken, suchte aber dennoch die dringlichen Renovierungen sicherzustellen. Einen entscheidenden Meilenstein in der Geschichte der Prager Burg bedeutete erst die erzwungene Rückkehr des Herrschers in die Residenz der böhmischen Könige am Ende des Jahres 1484. Wladislaw II. stellte diesbezüglich weitaus höhere Anforderungen an Repräsentation als die Prager Bauherren und bevorzugte daher moderne ausländische Künstler. Der erste von ihnen war der aus Frankfurt stammende Hans Spieß, der neben dem Umbau der Wohnräume des königlichen Palas bereits vor dem Jahre 1490 den Bau des großen Oratoriums im St.-Veitsdom begann. Die Großzügigkeit dieser monumentalen Kunstschöpfung aus den Mitteln der ständischen Landesgemeinde sollte aber vollauf erst in der folgenden Etappe der Jagiellonenära zur Geltung gelangen[30].

Die riesigen Verschiebungen im Besitz des Grundeigentums hatten keinen Einfluß auf die Versorgung Prags mit Lebensmitteln und anderen lebensnotwendigen Produkten. Eine Obrigkeit löste die andere ab, das System der den Untertanen zugeteilten Leistungen und der Marktbeziehungen änderte sich jedoch nicht. Prag blieb ungeachtet des starken Rückgangs der Priester, Höflinge und sonstigen Rentner eine Residenzstadt, die unter dem Aspekt der Lebensmittelversorgung vom ländlichen Hinterland vollkommen abhängig war. Mit Ausnahme der Kriegsjahre, da die Zufuhr landwirtschaftlicher Produkte aus entfernten Gebieten zum Stillstand kam, erlebte die wirtschaftliche Region Prags keine Veränderung. Getreide wurde direkt auf die städtischen Märkte gebracht, und die kompetente Wirt-

---

30 Zur Verbauung des Neustädter jüdischen Gartens vgl. Vilém Lorenz: Nové Město pražské [Die Prager Neustadt]. Praha 1973, S. 177-178. Mit der allmählichen Entstehung von Vyšehrad und der teilweisen Erneuerung der Festung befaßten sich Bořivoj Nechvátal: Vyšehrad, Praha 1976, S. 113-117; František Kašička/Bořivoj Nechvátal: Vyšehrad v době husitské [Vyšehrad in der hussitischen Zeit]. In: Staletá Praha, 14 (1984), S. 403-418. Zum Aufbau des Wladislaw-Saales vgl. Jiřina Hořejší: Vladislavský sál Pražského hradu, [Der Wladislaw-Saal der Prager Burg]. Praha 1973; Jiří Vančura: Hradčany, Pražský hrad [Hradschin, die Prager Burg]. Praha 1976, S. 80-85.

schaftspolizei achtete darauf, für die Zwischenhändler in den umliegenden Dörfern keine heimlichen Magazine entstehen zu lassen. Gerste kauften en gros die Mälzer auf, Roggen und Weizen die unterschiedlich spezialisierten Bäcker, von denen einige sogar Mühlen besaßen. Lebendes Vieh wurde innerhalb der Umwallungen verarbeitet, in den Fleischerbuden war unter bestimmten Bedingungen sogar Fleischern von auswärts die Ausschrotung gestattet. Besondere Märkte in dazu bestimmten Boxen und an festgesetzten Tagen gab es für Geflügel, Obst, Pferde, Heu, Hopfen, Holz, Kohle u.ä[31].

Die landwirtschaftliche Grundproduktion in Prag hatte im Unterschied zu den meisten böhmischen Städten eine schmale Basis. Es gab hier praktisch keine Bauern, nur hier und da konnten sich, sofern dies die Verbauung erlaubte, Gärtner oder Viehzüchter betätigen. Die Haltung von Haustieren kann in beträchtlichem Umfang vorausgesetzt werden, ähnlich wie Stallungen für Zug- und Reitpferde. Nach der Erneuerung der Weingärten erhöhte sich wiederum die Zahl der Winzergehilfen. Die Angler schlossen sich nach Stadtsprengeln zusammen und machten mit frischen Fischen den eingeführten Heringen Konkurrenz. Auch die handwerkliche Produktion, diese Erwerbsgrundlage für die erdrückende Mehrheit der Prager Bevölkerung, lief in den vorrevolutionären Gleisen weiter. Die quantitativen und statistischen Daten sind für das hussitische und utraquistische Prag derart kärglich, daß die Zeit für verläßliche Schlußfolgerungen vergleichenden Charakters noch nicht reif ist[32].

Im Gegensatz zu der älteren Ansicht, wonach der grundsätzliche Unterschied zwischen der vorwiegend Handel treibenden Altstadt und der hauptsächlich mit Handwerkern besetzten Neustadt erst in der hussitischen Epoche verwischt wurde, bewiesen neuere Forschungen, daß der Schwerpunkt der metallverarbeitenden und auf Kleidung ausgerichteten Produktion vor allem in der Altstadt lag und umgekehrt auch in der Neustadt eine zahlenmäßig starke Gruppe von Kaufleuten und Krämern nicht fehlte. Man wird offenbar in der Annahme nicht fehlgehen, daß die Strukturveränderungen auch in den anderen Sparten nicht so weitreichend waren, um die eingebürgerten Marktbereiche zu unterhöhlen. Dies gilt insbesondere für jene Handwerke, die in beiden Städten derart stark vertreten waren, daß ihre Erzeugnisse nicht nur auf dem lokalen Markt abgesetzt werden konnten. Für die bereits stabilisierten Regionalmärkte, die in einigen Fällen mit ihrem Umfang dem aufstrebenden Markt des ganzen Landes nahekamen, arbeiteten vor allem in der Altstadt Messerschmiede, Goldschmiede, Waffenschmiede, Sattler, Zügelmacher, Riemer, Handschuh-

---

31 Rostislav Nový: Hospodářský region Prahy na přelomu 14. a 15. století [Die wirtschaftliche Region Prags um die Wende vom 14. zum 15. Jahrhundert]. In: Československý časopis historický 19 (1971), S. 397-418. Teilaspekte bezüglich des ländlichen Hinterlandes Prags im 15. Jahrhundert liefert die Abhandlung von František Vacek: Dějiny Bubenče, Dejvic, Šárky a okolí [Geschichte von Bubeneč, Dejvice, Šárka und ihrer Umgebung]. In: Sborník příspěvků k dějinám hlavního města Prahy 2 (1911), vgl. bes. S. 159-161. Eingehender zu den Lebensmittelmärkten Winter (wie Anm. 23), S. 922-934.
32 Eine Analyse des Altstädter Steuerregisters aus dem Jahre 1429 bei Bedřich Mendl: Breslau zu Beginn des 15. Jahrhunderts. In: Zeitschrift für Geschichte Schlesiens 63 (1929), S. 169.

macher, Kürschner und mit einer gewissen Wahrscheinlichkeit auch Schneider, Brauer und Mälzer. Die Angehörigen der beiden letzten Gewerbe griffen marktbedingt auch auf die Neustadt über, weitaus mehr galt dies aber für die dortigen Gürtler, Täschner, Beutelmacher, Pergamenter und vielleicht auch für die Gerber. Die Produktionsverfahren hatten sich in keinem Zweig während des 15. Jahrhunderts merklich verändert, ein größerer Fortschritt wurde nur beim Abgießen schwerer Werke erzielt. Auch erfuhr die Skala der eng spezialisierten Handwerke keine weitere Ausweitung; Umfang und auch Innovation der Produktion wurden im Gegenteil durch die erstarkende Diktatur der Innungsordnungen in immer größerem Ausmaß unterbunden. Abschließend wäre hinzuzufügen, daß bis zum Ende des 15. Jahrhunderts die Produkte keiner der Prager Handwerke in größerer Menge auf Auslandsmärkte vordringen konnten[33].

Die revolutionären Folgen in der Sphäre der ökonomischen Aktivität engten immer mehr die Handels- und Finanzoperationen der Prager Städte mit dem Ausland ein. Die Wirtschaftsblockaden der hussitischen Bereiche vermochten zwar nie völlig die Einfuhr begehrter Waren zu verhindern, die Handelskontakte hatten aber eher Zufallscharakter. Dauernde und ziemlich umfassende Verluste zeitigte die Verlegung der Handelsstraße aus Süddeutschland nach Polen über Sachsen, die Lausitz und Schlesien. Neben diesen äußeren Faktoren müssen auch die nicht geringen internen Hindernisse erwähnt werden. Der erzwungene Exodus deutscher Kaufmannsfamilien aus Prag unterbrach für längere Zeit die Handels- und Finanzkontakte, deren Wiederanbahnung auch die ständigen Kriege und die Überfälle auf Kaufmannskarawanen ungünstig beeinflußten[34].

Der katastrophale Verfall des böhmischen Münzwesens, der erst durch die Reform Georgs von Podiebrad im Jahre 1469 gemildert werden konnte, äußerte sich negativ nicht nur auf dem heimischen Markt, sondern auch - und dies noch drückender - beim Zahlungsverkehr mit dem Ausland. Der Abfluß von Edelmetall als Folge der unzureichenden Exportfähigkeit der Prager Handwerke nahm noch verlustreichere Formen durch die Ausfuhr von Stücksilber oder unbearbeitetem Kupfer an[35]. Die Unsicherheit wurde weiter durch die

---

33 Vgl. Winter (wie Anm. 23). Aus der neueren Literatur vgl. u.a. Jaroslav Mezník: Pražská řemesla počátkem 15. století [Die Prager Gewerbe am Anfang des 15. Jahrhunderts]. In: Pražský sborník historický 7 (1972), S. 5-38; František Holec: Obchod s dřívím v Praze ve 14.-17. století [Der Holzhandel in Prag im 14.-17. Jahrhundert]. In: ebd. 6 (1971), S. 14-17; Dagmar Stehlíková: Pražští zlatníci v letech 1400 až 1471 [Prager Goldschmiede 1400-1471]. In: Staletá Praha 14 (1984), S. 171-187.

34 Vgl. Winter (wie Anm. 23), S. 937-949. Im Text stütze ich mich aber auf die Forschungen von Josef Janáček: Dějiny obchodu v předbělohorské Praze, [Geschichte des Handels in Prag vor der Schlacht am Weißen Berg]. Praha 1955, S. 17-27; ders.: Der böhmische Außenhandel in der Hälfte des 15. Jahrhunderts. In: Historica 4 (1962), S. 39-58.

35 Vgl. Karel Castelin: Česká drobná mince doby předhusitské a husitské (1300-1471) [Die böhmische Scheidemünze in vorhussitischer und hussitischer Zeit]. Praha 1953, S. 154-243; Jarmila Hásková: Die Währungs- und Münzentwicklung unter den Jagellonen in Böhmen und Mähren (1471-1526). (Sborník Národního muzea; A 323/1-2). Praha 1969; Rostislav Nový: Nominální a reálná hodnota mince doby husitské [Nominal- und Realwert der Münze in der hussitischen Zeit]. In: Acta Universitatis Carolinae-

labilen Garantien und die Streitigkeiten um die Gültigkeit der Privilegien erhöht, deren verbindliche Approbation der Nürnberger Stadtrat unter dem Druck der dortigen Kaufhäuser immer dringlicher forderte. Es war auch der Rat dieser Reichsstadt, der im Jahre 1477 vom päpstlichen Stuhl die Aufhebung des Handelsverbotes mit dem ketzerischen Land durchsetzte und der elf Jahre später mit den Pragern einen Vertrag über die gegenseitigen Rechte und Garantien der Kaufleute beider Städte abschloß[36]. Mannigfache ausländische Waren verschiedener Provenienz, angefangen von Gewürzen aller Art, Weinen und teuren Textilien über verschiedenartige Krämerwaren bis zu venezianischem Glas, tauchten nichtsdestoweniger auf den Prager Jahrmärkten bereits vor der Mitte des 15. Jahrhunderts auf. Schriftliche Berichte über Transaktionen heimischer Kaufleute mit Händlern aus den Kronländern deuten gleichfalls darauf hin, daß es den Prager Bürgern an Unternehmergeist nicht fehlte und daß die Belebung des Außenhandels in der folgenden Etappe an vorhandenes anknüpfen konnte.

Das Grundgerüst des geistigen Lebens im hussitischen und utraquistischen Prag bildeten bis zum Ende des 15. Jahrhunderts die vier Artikel; es ist daher tunlich, sie mit ihrem programmatischen Kernstück hier kurz zu erwähnen. Der erste Artikel in der Reihenfolge des Protokolls des Landtages von Tschaslau vom 7. Juni 1421 verkündete die freie und unbehinderte Verkündigung des Gotteswortes im Königreich Böhmen. Der zweite Artikel forderte zunächst nur die fakultative, später jedoch die obligatorische Laienkommunion. Der dritte Artikel bestritt den Priestern die Herrschaft über irdische Güter und der letzte von ihnen begehrte schließlich die Bestrafung aller offenkundigen Sünden durch die dazu berufenen Behörden. Diese "magna charta" der hussitischen Gemeinschaft wurde sogar im Rahmen der Prager Partei unterschiedlich interpretiert, allein bezüglich des ersten Artikels gab es keine großen Streitigkeiten, denn die Meinungsfreiheit war alsbald aus allen Bereichen unter dem Druck der Waffengewalt geschwunden.

Nach der eingebürgerten Meinung verengte sich das Programm der vier Artikel in der Zeit der Kämpfe um die Kompaktaten auf den Kelch, was sicher nur in der Beziehung zur römischen Kirche eine gewisse Berechtigung hat, deren Repräsentanten im Utraquismus das Haupthindernis für die etappenweise Liquidierung der hussitischen Häresie erblickten. Tatsächlich fand aber auch der dritte Artikel von der armen Kirche in Prag seine Erfüllung zur Gänze, wenngleich die kritischen Stimmen an die Adresse des herrschsüchtigen Rokycana und der ihm nahestehenden Priester nicht übersehen werden dürfen. Der Artikel mit der Forderung nach irdischer Bestrafung für alle möglichen Übertretungen gegen das Gottesgesetz war in sozialer Hinsicht bereits in der Mitte der zwanziger Jahre abgestumpft,

---

Philosophica et Historica 2 (1988), S. 79-100.
36 Hans Schenk: Nürnberg und Prag. Ein Beitrag zur Geschichte des Handelsbeziehungen im 14. und 15. Jahrhundert. Wiesbaden 1969.

sein moralisches Ethos kennzeichnete jedoch in Gestalt der puritanischen Lebensregel den Prager Alltag bis ans Ende des 15. Jahrhunderts. Würfel-, Karten- und Kegelspiel, "unehrsame" Buhlereien, Gauklereien auf dem Marktplatz und Völlerei in den Gasthäusern wurden immer wieder von neuem streng verboten, sogar solche oligarchischen Autokraten wie Pešík von Kunvald schirmten sich nach außen durch harte Vorschriften zum Schutz der Sittlichkeit ab. Die puritanische Prohibition beseitigte aus Prag Bordelle, konnte aber heimliche Freudenhäuser und durch scheinbare Ehrsamkeit gedeckte Prostituierte nicht ausmerzen. Die festlichen Augenblicke und öffentlichen Zeremonien waren aber aus den Prager Plätzen und Gassen nicht ganz verschwunden. Neben den Krönungen und Königsbegräbnissen, bei denen die Rituale aus der Ära der Luxemburger auflebten, veranstalteten die utraquistischen Beherrscher Prags prunkvolle Umzüge zu Ehren erhabener Gesandtschaften[37].

Obwohl die Unterschiede zwischen dem utraquistischen und dem römisch-katholischen Dogmatismus nicht wesentlich waren, antizipierte in manchen Belangen die utraquistische religiöse Gemeinschaft die reformierten Kirchen der folgenden Ära. Die Vorschriften des kanonischen Rechtes hatten ihre Gültigkeit eingebüßt, über die Wahl eines Priesters entschieden die Pfarrkinder, aus den schlichten Kirchen verschwanden zahlreiche Kultobjekte und auch praktisch mischte sich bei den Gottesdiensten die tschechische unter die lateinische Sprache; die Zahl der Feiertage und der liturgischen Verrichtungen verringerte sich, und umgekehrt bürgerten sich im Kirchenkalender neue Feiertage zum Gedenken an Johann Hus und Hieronymus von Prag ein. Der hussitische Biblizismus schlug im Milieu der Laien derart tiefe Wurzeln, daß Erzbischof Johann Rokycana mehrmals warnend sein Wort gegen das "Geschwätz" selbstgefälliger Bibelinterpreten erheben mußte. Beginenhäuser gab es beinahe in jedem Stadtviertel, hingegen nur vereinzelte Versuche mit einer utraquistischen Männerkommunität, so im Kloster Na Slovanech, das aber bald einging[38].

Das Apostatentum bedeutete für die utraquistische Mehrheit der Prager Einwohner einen weitaus größeren Schandfleck als der römische Glaube oder die Häresie der Brüderunität, konnte aber unter den Bedingungen des legalen Doppelglaubens nicht verhindert werden. Einen schweren Schlag für Rokycana bedeuteten insbesondere jene jungen Intellektuellen, die von ihren Auslandsreisen zwecks Erlangung der Priesterweihe und des Studiums als

---

37 Rudolf Urbánek: Věk poděbradský. Bd. 3. (České dějiny; III-3). Praha 1930, S. 595-882. Die Verzeichnisse von Werken utraquistischer Theologen veröffentlichten F. M. Bartoš: Literární činnost M. Jana Rokycany, M. Jana Příbrama a M. Petra Payna, [Die literarische Tätigkeit von M. J. Rokycana, M. J. Příbram und M. P. Payn]. Praha 1928 und Pavel Spunar: Literární činnost utrakvistů doby poděbradské a jagellonské [Die literarische Tätigkeit der Utraquisten in der Podiebrader und Jagellonenzeit]. In: Acta reformationem bohemicam illustrantia. Bd. I. Praha 1978, S. 165-269; vgl. auch Winfried Eberhard: Konfessionsbildung und Stände in Böhmen 1478-1530. München/Wien 1981.
38 Vladimír Sakař: Klášter na Slovanech v období husitského revolučního hnutí a jeho doznívání [Das Kloster Na Slovanech in der Zeit der hussitischen Revolutionsbewegung und sein Nachklang]. In: Z tradic slovanské kultury v Čechách [Aus der Tradition der slawischen Kultur in Böhmen]. Praha 1975, S. 187-192.

militante Katholiken zurückkehrten. Nach der ersten Generation der heimgekehrten katholischen Prälaten traten an die Spitze des Konsistoriums auf der Burg Magistri und Doktoren italienischer Universitäten, die mit einem den Konvertiten eigenen zähen Eifer eine Kampagne gegen den Kelch entfachten. Die Eroberung Prags durch Georg von Podiebrad im September 1448 gefährdete die verheißungsvolle Tendenz zur Rekatholisierung der Universität; daher richtete sich die Aufmerksamkeit zunächst auf die Hochschule[39].

Die Bestätigung der Universitätsprivilegien durch Kaiser Sigismund im April 1437 bedeutete nur den ersten Schritt zur Erneuerung des allgemein gültigen Statuts der Prager Hochschule. Zur vollständigen Stabilisierung bedurfte es der nochmaligen Genehmigung der Universitätsprivilegien durch den Papst und der Rückgabe der geraubten Besitzungen des Professorenkollegs. Das zweite Hindernis erwies sich als schwieriger, obwohl die Universität dank der Wohltätigkeit der Prager Bürger Jan Reček und Matyáš Louda von Chlumčany zwei neue Kollegs für arme Studenten erwarb[40]. Mit diesen Fundationen wurde das Netz der Prager Kollegs weiter ausgebaut und abgeschlossen; es bestand bis zum Ende der Epoche vor der Schlacht auf dem Weißen Berg insgesamt aus drei Kollegs für die Magistri (Karls-, Wenzels- und Allerheiligenkolleg) und fünf für die Studenten (Böhmische Nation, Königin Hedwig, Nazareth, Reček-Kolleg und Apostelkolleg). Die Fürbitten der ausländischen Magistri und Studenten, denen mit Zustimmung der auf Restauration bedachten Oligarchie am Beginn der vierziger Jahre die Immatrikulation ermöglicht worden war, bewirkten in Rom, daß Papst Nikolaus V. im Jahre 1447 die Privilegien der Prager Universität bestätigte. Bald darauf nahm er diese Bestätigung wieder zurück, nachdem nicht nur die deutschen Magistri, sondern auch ihre heimischen Kollegen aus dem Umkreis um Příbram vor den Truppen der Podiebrader Liga hatten fliehen müssen.

Sobald Georg offizieller Regent des Königreiches des "Doppelglaubens" geworden war, konnte sich die Universität nicht mehr gegenüber den Katholiken abkapseln. Die zeitweilige Koexistenz der zwei Konfessionen auf dem Boden einer Hochschule - ein noch lange in der Geschichte der europäischen Universitäten einzig dastehendes Phänomen - war von gegenseitiger Toleranz noch recht weit entfernt. Die ersten großen Streitigkeiten entstanden um den Eid auf die Statuten des Jahres 1456, denn die Utraquisten wollten im Geist der hussitischen Tradition den Eid durch ein Gelöbnis ersetzt wissen. Noch intensiver entflammten die Zwistigkeiten am Beginn der sechziger Jahre, als an der Universität militante

---

39 František Šmahel: Humanismus v době poděbradské [Humanismus in der Podiebrader Zeit]. (Rozpravy Československé Akademie věd. Řada společenských věd 73-6). Praha 1963; Zdeněk Kalista: Die katholische Reform von Hilarius bis zum Weissen Berg. In: Bohemia sacra. Hg. v. Ferdinand Seibt. Düsseldorf 1974, S. 110-144; Jaroslav Eršil: České stavovství a pohusitský katolicismus [Das böhmische Ständewesen und der nachhussitische Katholizismus. In: Folia historica Bohemica 6 (1984), S. 99-108; Antonín Mařík: K postavení katolické církve v Čechách v době poděbradské [Zur Position der katholischen Kirche in Böhmen in der Podiebrader Zeit]. In: Ebd., 7 (1984), S. 101-196.

40 Vgl. Michal Svatoš: Husitští mecenáši pražské univerzity [Hussitische Mäzene der Prager Universität]. In: Husitský Tábor 2 (1979), S. 47-54.

Konvertiten mit ausländischer Schulung zu wirken begannen. Die utraquistischen Magistri verteidigten ihre Interessen nicht minder eifrig und begannen das obligatorische Gelöbnis auf den Kelch und die Kompaktaten zu fordern. Als die internen Reibereien über das erträgliche Maß hinausgingen, griff König Georg ein und ließ zwei besonders aggressive katholische Magistri einkerkern. Die Katholiken gingen zur passiven Resistenz über, was prompt ihre Gegner dazu benützten, die Universität in ein autoritatives Organ und Lehramt der utraquistischen Kirche umzuwandeln. Bei den Magisterprüfungen im März 1462 gelobten bereits alle Kandidaten den Kompaktaten und dem Kelch Treue[41].

Mit diesem Datum verwandelte sich die Universität in eine gegenüber den heimischen und ausländischen Andersgläubigen abgeschirmte Lehrstätte, was unmittelbar einen beträchtlichen Rückgang der Studentenzahl zur Folge hatte. Wenn zwischen 1443 und 1462 an der Artistenfakultät 215 Bakkalaurei und 54 Magistri ihre Titel erhalten hatten, waren es in den folgenden drei Jahrzehnten nur mehr 204 Bakkalaurei und 29 Magistri, was durchschnittlich bei der niedrigeren Stufe einen Rückgang um etwa ein Drittel und bei der höheren Stufe sogar um zwei Drittel bedeutete. Am Charakter des Unterrichts änderte sich jedoch nichts, denn die Kollegsbibliotheken besaßen aus der früheren Zeit genügend moderne Behelfsmittel, die durch Abschriften an führenden ausländischen Universitäten gewonnen wurden. Prag überflügelte diesbezüglich in den fünfziger und sechziger Jahren sogar Krakau, Wien oder Leipzig, denn von hier wurden die Abschriften der richtungweisenden Darlegungen der Schriften des Aristoteles weiterverbreitet, deren Urheber der Pariser Eklektiker Johannes Versor war. Die Prager Universität besaß in der Zeit nach der Schlacht bei Lipany nur die niedrigste Artistenfakultät, diese umfaßte jedoch in ihrem Lehrplan auch einige Fächer der höheren Fakultäten[42].

Von den mittleren und niederen Schulen vermochte die Lateinschule an der St.-Veitskathedrale ihre Bedeutung zu behaupten. Sie hatte bei den Hussiten wegen des gegenreformatorischen Kampfesmutes ihrer Schüler einen schlechten Ruf und wurde daher von ihren Gegnern niedergerissen. Kaiser Sigismund veranlaßte den Bau einer neuen Schule, es ist

---

41 František Šmahel: Počátky humanismu na pražské universitě v době poděbradské [Anfänge des Humanismus an der Prager Universität in der Podiebrad-Zeit]. In: Acta Universitatis Carolinae - Historia Universitatis Carolinae Pragensis 1 (1969), S. 55-60. Die literarischen Nachlässe der Professoren edierte Josef Tříska: Příspěvky k středověké literární universitě. II: Osobností a díla 15. stoletíí [Beiträge zur literarischen Tätigkeit der Prager Universität im Mittelalter]. In: ebd. 9-2 (1968), S. 5-43; das Ringen um eine konfessionelle Abkapselung der Prager Hochschule erläuterte Urbánek (wie Anm. 37), Bd. 4, S. 235-252.
42 František Šmahel/Miroslav Truc: Studie k dějinám University Karlovy v letech 1433-1622 [Studie zur Geschichte der Karls-Universität 1433-1622]. In: Acta Universitatis Carolinae - Historia Universitatis Carolinae Pragensis 4-2 (1963), S. 3-59; František Šmahel: Knihovní katalogy koleje Národa českého a koleje Rečkovy [Buchkataloge der Studentenheime der böhmischen Nation und der Studentenheime von Reček]. In: ebd., 2-1 (1961), S. 59-85. Auf die mitteleuropäische Reichweite der Prager Rezeption der Werke des Johannes Versor verwies František Šmahel: Paris und Prag um 1500. Johannes Versor und seine böhmischen Schüler. In: Studia Źródłoznawcze 25 (1980), S. 65-77.

aber nicht sicher, ob es wirklich dazu kam. Die Schule wahrte weiter den lateinischen Unterricht und bildete ferner den katholischen Priesternachwuchs heran. In der Jahrhundertmitte erneuerte auch die Kollegiatsschule bei der St.-Peters- und Paulskirche auf dem Vyšehrad ihre Tätigkeit, wo im Jahre 1457 der bekannte Literat Ulrich Kříž von Teltsch wirkte. Sonst hatten die Katholiken in Prag keine Schulen, denn die zwei weiteren Kollegiatsschulen waren erloschen und die Pfarrschulen der utraquistischen Verwaltung unterstellt worden. Die Klosterschulen vegetierten, sofern sie überhaupt erneuert wurden, nur dahin und konzentrierten sich mit Ausnahme der Johanniterschule zur Muttergottes "sub catenis" lediglich auf die Heranbildung des Ordensnoviziats. Dieselbe Ausrichtung hatte auch die Nonnenerziehung im Benediktinerinnenkonvent an der St.-Georgsbasilika auf der Prager Burg. Zusammen mit den Kirchen und deren Besitz übernahmen die utraquistischen Pfarrgemeinden auch die Betreuung der Schulen. Die Oberaufsicht über sie hatten zunächst die Stadträte, seit den sechziger Jahren des 15. Jahrhunderts dann immer mehr die Universität, deren Rektor auf Grund einer Empfehlung der Küster die Schulverwalter einsetzte. Es muß betont werden, daß einige Schulen nachweislich nicht einmal in den Revolutionsjahren den Unterricht unterbrachen. Von den Schulen in den Prager Städten ging nur eine unmerkliche Zahl ein, neue gesellten sich aber im Laufe der Zeit hinzu, so daß es gegenüber der vorhussitischen Zeit zu keinen größeren Veränderungen kam. In der Altstadt konnten zwölf aufgezählt werden, von denen die Lateinschule vor dem Thein führend war. Von den acht Neustädter Schulen ragten die Schulen an der St.-Stephans- und der St.-Heinrichskirche heraus. Eine erneuerte Schule erlangte bereits in der zweiten Hälfte der dreißiger Jahre die Prager Kleinseite, zu erwähnen wären auch zwei jüdische Schulen, obwohl jene in der Neustadt in der Lokalität V Jámě nur fünf Jahre existierte[43].

Der Alphabetisierungsgrad war in Prag unverhältnismäßig höher als in anderen königlichen Städten, der Kreis der des Lesens und Schreibens kundigen Personen beschränkte sich hier jedoch auf die Angehörigen der vermögenden und mittelbegüterten Schichten. Wenngleich die Betreuung des niederen Schulwesens zweifelsohne zu den Lichtseiten des Prager Utraquismus gehörte, erfuhr der Zugang armer Söhne zur Bildung eher eine Verschlechterung als eine Verbesserung, denn eine ganze Reihe kirchlicher Heime für plebejische Schüler an den Klöstern und Kirchen war völlig untergegangen. Umgekehrt erhöhte sich bei den vermögenderen Schichten das Bedürfnis nach Grundschulbildung von Jahr zu Jahr. Das Anschwellen der amtlichen und auch privaten Agenda beweist diesen Umstand ebenso schlagend wie die erhaltenen Bücherinventare der Prager Bürger. Überragende Bedeutung hatte diesbezüglich die Entstehung der ersten öffentlichen Bibliothek im Altstädter

---

43 Vgl. Tomek (wie Anm. 1), Bd. 9, S. 242-252; Zikmund Winter: Život a učení na partikulárních školách v Čechách v XV. a XVI. století, [Leben und Unterricht in den Partikularschulen in Böhmen im 15. und 16. Jahrhundert]. Praha 1901.

Rathaus, der die Bürger seit dem Beginn der dreißiger Jahre Bücher und Geldbeträge vermachten[44].

Dem steigenden Bildungsstand der Laien entspricht auch die jähe Aufwärtsentwicklung erhaltener literarischer Denkmäler in tschechischer Sprache. Es waren dies nicht nur ganz verschiedene publizistische Reden und Traktate, in denen sich die damaligen ideologischen Konflikte niederschlugen, in denen aber auch historische Relationen zu finden waren. Ferner gab es moralisch-pädagogische Schriften, Reisebeschreibungen, Übersetzungen beliebter mittelalterlicher Romane und nicht zuletzt auch medizinische Abhandlungen, Kalender, Handbücher u.ä. Die Mannigfaltigkeit in den Genres erweiterte sich insbesondere in der Ära Georgs von Podiebrad, als auch einige literarische Denkmäler entstanden, die vordem der revolutionären Epoche zugerechnet worden waren. In der Betrachtung der jüngeren Generationen lebten die Ereignisse der revolutionären Vergangenheit in stärker aufgebauschter Form auf, es entstanden die ersten Mythen und historisierenden Kompositionen von unterschiedlicher ideologischer Ausrichtung. Prag spielte darin stets eine erstrangige Rolle, gelangte in die Titel der literarischen Werke und trat des öfteren sogar in personifizierter Gestalt auf. Zahlreiche Literaten bekannten sich bereits stolz zu ihren Werken, andere verbargen sich in sicherer Anonymität. Von den großen Gestalten des Prager literarischen Lebens wären hier Magister Vavřinec (Laurentius) von Březová, der Hymnenkomponist Jan Čapek, der ehrgeizige Enzyklopädist Pavel Žídek und der bissig schreibende Unterkämmerer Vaněk Valečovský zu erwähnen[45].

Allen, die das Alphabet nicht kannten, bedeuteten die hussitischen Hymnen und Lieder einen Ersatz für den Katechismus und zugleich eine geistige Stärkung, und in diesen Formen erreichte die tschechische Kultur des 15. Jahrhunderts einen ihrer Kulminationspunkte. Es gab jetzt weniger Scherz- und Tanzlieder, ihnen war der Zeitgeist nicht hold, ernste Gesänge ertönten aber überall, bei den Landtagsverhandlungen und in den Haushalten und am meisten allerdings in den utraquistischen Kirchen. Die der lateinischen Sprache mächtigen Bürger, die sogenannten Literaten, pflegten auch den lateinischen Kunstgesang, der früher nur eine Angelegenheit geübter Sänger in der Klerikersoutane oder in den Ordenschören war. Die erste Erwähnung von Prager Literaten, die sich später aufwendige verzierte Kanzionale und Graduale anfertigen ließen, stammt aus dem Jahre 1439, als Magister Peter von Mladoňovice mit Gesang in die St.-Michaelspfarre eingeführt wurde. Die Blüte-

---

44 Bestandsaufnahmen von Büchern der Prager institutionellen und privaten Bibliotheken bei Ivan Hlaváček: Středověké soupisy knih a knihoven v českých zemích [Mittelalterliche Verzeichnisse von Büchern und Bibliotheken in den böhmischen Ländern]. Praha 1966; vgl. auch Tomek (wie Anm. 1), Bd. 9, S. 251.
45 Vgl. Jaroslav Kolár: K transformaci středověkého žánrového systému v literatuře husitské doby [Über die Verwandlung des mittelalterlichen Genresystems in der Literatur der hussitischen Zeit]. In: Husitský Tábor 5, 1982, S. 135-144; Winfried Baumann: Die Literatur des Mittelalters in Böhmen. München/Wien 1978, S. 203-237; Výbor z české literatury doby husitské. Bd. 1-2. [Auswahl aus der böhmischen Literatur der Hussitenzeit]. Praha 1962-1964.

zeit ihrer Bruderschaften sollte aber erst im folgenden Jahrhundert eintreten. Von den musischen Künsten vegetierte das Theater, die kirchlichen Spiele waren fast restlos aus den utraquistischen Kirchen verbannt, und für lange Zeit fehlten auch die vordem beliebten lustigen Schülerproduktionen. Theaterauftritte aber waren nicht ganz verschwunden, sie tauchten wiederum in den Gaukelspielen königlicher und sonstiger Hofnarren auf und konnten nie aus den Schenken und von den volkstümlichen Marktplätzen vertrieben werden[46].

Alles, was die Aufmerksamkeit der Gläubigen von den religiösen Verrichtungen abzulenken imstande war, hatte in den utraquistischen Kirchen keinen Platz. Ebenso wie aus ihnen die Theaterproduktionen einschließlich der auf äußeren Effekt berechneten Predigten verschwunden waren, mit denen in den katholischen Gebieten der fanatische Ordensgeneral der barfüßigen Mönche, Johannes Capistranus, die breiten Bevölkerungsschichten fasziniert hatte, blieben in den Kirchen nur wenige Bilder und Statuen zurück. Wenn das Hussitentum in seinem vorrevolutionären Stadium mit Geschick die Mittel anschaulicher Agitation einzusetzen wußte, wenn es auch später in der Zeit Georgs von Podiebrad und der Jagiellonen die antithetischen Bildertafeln und gezielte karikierende Kritik nicht aufgab[47], vermochte es sich in der Beziehung zur sakralen Kunst für lange Dezennien nicht von den negativen Einstellungen der Bilderstürmerunruhen aus dem Beginn der zwanziger Jahre zu befreien. Vermögende utraquistische Gebildete wollten sich aber die Freude an ästhetischen visuellen Wahrnehmungen nicht ganz entgehen lassen; sie zogen sich aber damit ins Privatleben zurück und blätterten und lasen in illuminierten Bibeln oder anderen, größtenteils religiös und auf Allgemeinbildung eingestellten Werken. Bei den zahlreichen Meistern der Prager Malerinnung, die sich im Jahre 1455 in eine Altstädter und eine Neustädter Sparte aufgeteilt hatte, gingen nur selten Aufträge von Utraquisten und ihren Institutionen ein. Erwähnung verdienen zwei Gemälde für die Theinkirche oder das Gebetsbuch Georgs von Podiebrad. Mehr Aufträge erhielten die Meister vom Burgkapitel, von einigen örtlichen Klöstern und kirchlichen Auftraggebern aus ländlichen katholischen Gebieten[48].

Bis in die frühen siebziger Jahre des 15. Jahrhunderts hinein behauptete sich in den Prager Malerwerkstätten die verwässerte Tradition des böhmischen Schönen Stils. Eine neue Periode leitete der anonyme Meister des St.-Georgsaltars ein, der mit seinem Spitzenwerk bereits einige Grundsätze der künstlerischen Ansichten der Spätgotik anwandte. In der

---

46 Vgl. Zdeněk Nejedlý: Dějiny husitského zpěvu Bd. 5. [Geschichte der hussitischen Lieder]. 2. Aufl. Praha 1955; Dějiny českého divadla [Geschichte des tschechischen Theaters]. Praha 1971, S. 24-98; Československá vlastivěda. Bd. 9. Umění [Tschechoslowakische Landeskunde. Kunst]. Praha 1971, S. 65-74
47 Die beiden bekannten Zyklen von Bildsatiren, d. h. der Göttinger Kodex und der Jenaer Kodex, entstanden auf Grund älterer Vorlagen in der zweiten Hälfte des 15. Jahrhunderts, vgl. dazu Karel Stejskal/ Petr Voit: Iluminované rukopisy doby husitské [Illuminierte Handschriften der Hussitenzeit]. Praha 1991, S. 67-68, Nr. 63.
48 Vgl. Praha středověká (wie Anm. 28), S. 603-639.

glänzenden Technik des realistischen Details kam ihm der zeitgenössische Monogrammist I. V. M. nahe, ein Maler mit Empfindung für neue Raumgestaltung. Während den beiden angeführten Meistern die Malerei der angrenzenden deutschen Gebiete zum Vorbild diente, suchte der Schöpfer des fünfteiligen Altars des Kreuzherrengroßmeisters Mikuláš Puchner Inspiration erst jenseits des Rheins im Kreis der damals fortschrittlichsten niederländisch-flämischen Malerei. Den Holzschnitzern und Steinmetzen eröffneten sich doch auch im utraquistischen Prag größere Möglichkeiten, sofern man sich auf die ursprüngliche Situierung der mobilen Plastiken verlassen kann. Das Relief der Beweinung Christi aus der Zeit um das Jahr 1430, an dem sich im ausklingenden kreativen Elan des Schönen Stils zaghaft die Ausdrucksmittel der Spätgotik ankündigen, mochte kaum auf Bestellung für die Theinkirche zur Zeit des jungen Rokycana entstanden sein. Zwanzig, dreißig Jahre später gab es gegen Bildhauerwerke in den Kirchenräumen schon nicht mehr derart viele Vorbehalte, wenn dem verstorbenen Rokycana in der Theinkirche ein Marmorgrabmal mit dessen liegender Figur in Bischofskleidung gewidmet wurde. Die weltlichen Themen hatten anscheinend im utraquistischen Prag ein Übergewicht. Die Erwähnungen zahlreicher plastischer Darstellungen König Georgs sind hier ein ebenso bezeichnendes Beispiel für das Aufkommen weitergehender kultureller Bedürfnisse wie die Genreszenen mit dekorativen Elementen an der ursprünglichen Verzierung des Pulverturms. Der Autodidakt Matthias Rejsek suchte noch Inspiration in den Meisterwerken der Parlerschen Schule, es dauerte aber nicht lange und Prag erlebte nicht nur in der Plastik, sondern auch in der Architektur, in der Tafel- und Wandmalerei, einen machtvollen Aufschwung der monumentalen höfischen Kunst, die dieser Stadt für immer als Zierde und Prunk dienen sollte[49].

Prag befand sich also manchmal an der Spitze, sonst wiederum nur im Sog des Reformprozesses, der in Böhmen um ein Jahrhundert der Entwicklung in den anderen Ländern vorangegangen war. Dadurch fällt die Geschichte dieser Stadt teilweise aus dem Rahmen des 15. Jahrhunderts, ohne jedoch über das Ausmaß einer spätmittelalterlichen Großstadt hinauszugehen.

---

49 Aus der reichhaltigen kunsthistorischen Literatur der Nachkriegszeit sei nur verwiesen auf: Jaroslav Pešina: Česká malba pozdní gotiky a renesance. Deskové malířství 1450-1550, [Böhmische Malerei der Spätgotik und der Renaissance. Holzmalerei.] Praha 1950; Pozdně gotické umění v Čechách [Die spätgotische Kunst in Böhmen]. Praha 1978; Dějiny českého výtvarného umění. Bd. I/2 [Geschichte der böhmischen plastischen Kunst]. Praha 1984.

Jiří Pešek

Prag auf dem Weg zur kaiserlichen Residenz (1483-1583)

Es war ein langer und schwieriger Weg, den Prag vom Verlust wichtiger Kennzeichen einer überregionalen Metropole, die den königlichen Hof gerade verloren hatte, zurück in die öffentliche Aufmerksamkeit, die der kaiserlichen Residenz gewidmet wurde, durchschritt. Die Entwicklung Prags von einer Stadt, aus welcher der junge König Wladislaw II. nach dem wilden utraquistischen Bürgeraufstand im Jahre 1483 auf die verödete Prager Burg und später nach Buda flüchtete, zur lebendigen Metropole, in die Kaiser Rudolf II. mit seinem Hof im Jahre 1583 offiziell umzog[1], war lang und manchmal schmerzhaft.

Prag, diese nur wenig verbundene Agglomeration von drei, später vier freien königlichen Städten, ein bis zwei Untertanenstädten sowie einem jüdischen Ghetto, mußte manche der spätmittelalterlichen Errungenschaften auf dem Gebiet der ständischen Selbständigkeit und Macht verlieren, um sich erst dann neuen Möglichkeiten zu öffnen und rasch zu einer Residenzgroßstadt europäischen Ranges mit starker Anziehungskraft in der Epoche der Spätrenaissance und des Manierismus zu entwickeln[2].

Beginnen wir mit einer Schilderung der Fülle von zentralen Funktionen, die Prag, vor allem die Altstadt, die wichtigste, mächtigste und reichste der böhmischen Städte, ausübte. Vor allem war Prag von Anfang an die Hauptstadt des böhmischen Staates, also Hauptstadt von Böhmen, gleichzeitig aber auch Hauptstadt der Länder der Böhmischen Krone. Nie - auch in Prags schwersten Zeiten nicht - existierte eine andere Stadt, welche an die Position der Hauptstadt des böhmischen Staates heranreichen konnte, denn Prag bildete das eigentliche und einzige Verwaltungsoberzentrum des Königreichs[3]. Hier lag das *sa-*

---

1 Die jüngste Synthese der Prager Geschichte dieser Zeit: Praha na úsvitu nových dějin [Prag bei Anbruch der neuen Geschichte]. Hg. v. Emanuel Poche. Praha 1988; Václav Ledvinka: Pražský hrad [Die Prager Burg]. In: Hrady, zámky a tvrze v Čechách, na Moravě a ve Slezsku, Bd. 7: Praha a okolí. Hg. v. František Holec. Praha 1988, S. 58-86, hier S. 69-75.
2 Václav Ledvinka: Sjednocovací tendence a pokusy před spojením pražských měst od 13. století do roku 1784 [Die Vereinigungstendenzen und -versuche vor dem Zusammenschluß der Prager Städte vom 13. Jahrhundert bis zum Jahre 1784]. In: Documenta Pragensia 4 (1984), S. 7-26, hier S. 22-24.
3 Jan Janák/Zdeňka Hledíková: Dějiny správy v českých zemích do roku 1945 [Geschichte der Verwaltung in den böhmischen Ländern bis zum Jahre 1945]. Praha 1989, S. 101-137; Karel Malý/Florian Sivák: Dějiny státu a práva v Československu do r. 1918 [Geschichte des Staates und des Rechts in der Tschechoslowakei bis zum Jahre 1918]. Praha 1988, S. 105-134.

crum des böhmischen Staates, auch in der Zeit der erzbischöflichen Sedisvakanz der posthussitischen Epoche. In Prag fanden nicht nur die königlichen Krönungen statt, hier war nicht nur die Residenz der Könige, sondern auch der Sitz der obersten, für das Leben der böhmischen Gesellschaft wichtigsten Landesämter und später der meisten Hof- und Kammerämter, welche eher zum Herrscheramt als zur Person des Königs in näherer Beziehung standen. Die wichtigsten Institutionen stellten aber die Landesämter dar. Vor allem das Landgericht und der Landtag des Königreichs Böhmen hatten ihre Sitzungsräume auf der Prager Burg, wo auch das ehrwürdige Amt der böhmischen Landtafel wirkte.

Eine noch größere politische Bedeutung als für die Adelsstände hatte Prag für die freien königlichen böhmischen Städte. Prag war aber nicht nur informelles politisches Vorbild in dieser Zeit. Die alte böhmische "Verfassung", die Landesordnung, garantierte der Prager Altstadt und damit eigentlich allen Prager Städten eine Führungsposition innerhalb des städtischen Standes auf dem Landtag[4]. Prag bestimmte also in der Praxis die Politik aller freien königlichen Städte Böhmens. Auch darum nannte man Prag *mater urbium*. Diese Stellung wurde noch dadurch gefestigt, daß bis zum Jahre 1547 das Gericht der Altstadt bzw. des vereinigten Prag die oberste Gerichtsinstanz für die böhmischen königlichen Städte war. Später, nach der Niederschlagung des böhmischen und insbesondere des Prager Aufstandes im Jahre 1547, übernahm das neuinstallierte königliche Appellationsgericht, das aber auch in Prag residierte, diese Berufungstätigkeit[5].

Prag war gleichzeitig - für den ganzen Betrachtungszeitraum - das Hauptzentrum beider Landeskonfessionen. Das katholische Konsistorium saß auf der Burg und übte während der Sedisvakanz eine Reihe von Gerichts- und Verwaltungspflichten des Erzbischofs aus. Der Prager Veitsdom, allgemein anerkannte Hauptkirche des ganzen Landes, wurde zum Sinnbild des böhmischen Katholizismus. Gegensymbol zur Kathedrale wurde seit dem Hussitentum - auch auf alten Karten und Graphiken des 16. Jahrhunderts so dargestellt - die Altstädter Theynkirche. Sie war die Hauptkirche der böhmischen Utraquisten, sie war die Kirche des niederen utraquistischen Konsistoriums, welches im Hauptkolleg der *universitas pragensis*, im Karolinum, ansässig war und die utraquistische Kirche verwaltete[6].

---

4   Ivan Martinovský: Okolnosti vzniku Vladislavského zřízení zemského [Die Umstände der Entstehung der wladislawschen Landesordnung]. In: Ústecký sborník historický (1979), S. 107-132.

5   Karolina Adamová: Apelační soud v českém království v letech 1548-1651 [Das Appellationsgericht im böhmischen Königreich in den Jahren 1548-1651]. In: Pocta akademiku Václavu Vaněčkovi k 70. narozeninám. Bearb. v. Karel Malý. Praha 1975, S. 101-115.

6   Veronika Macháčková: Církevní správa v době jagellonské (na základě administrátorských akt) [Die kirchliche Verwaltung in der Jagiellonenzeit (auf der Grundlage von Administratorenakten)]. In: Folia Historica Bohemica 9 (1985), S. 235-290; Zikmund Winter: Život církevní v Čechách [Das kirchliche Leben in Böhmen] Bde. 1-2. Praha 1895-1896. Winfried Eberhard: Konfessionsbildung und Stände in Böhmen 1478-1530. München/Wien 1981; ders.: Ständepolitik und Konfession. In: Bohemia Sacra. Hg. v. Ferdinand Seibt. Düsseldorf 1974, S. 222-235, 569-571; Jiří Pešek: Některé otázky dějin univerzity pražské jagellonského období (1471-1526) [Einige Fragen der Geschichte der Prager Universität in der Jagiellonenzeit]. In: Acta Universitatis Carolinae - Historia Universitatis Carolinae

Diese konfessionelle Zweiteilung Prags überlebte auch die Neuinstallierung des Prager Erzbistums durch Kaiser Ferdinand I. im Jahre 1561[7]. Erzbischof Anton von Müglitz, u.a. ein bekannter Bücherliebhaber, residierte ebenso wie seine Nachfolger im Palast, im Schatten der Prager Burg. Die Prager Städte unten an der Moldau blieben aber bis zur Rekatholisierung nach der Schlacht auf dem Weißen Berg protestantisch - also überwiegend utraquistisch und lutherisch, nur mit gewissen katholischen Enklaven.

Prag war natürlich nicht nur Sitz der obersten Verwaltungsorgane der staatlich anerkannten Kirchen, sondern auch einer Reihe von Klöstern und Kapiteln, welche zwar nur eine begrenzte Bedeutung im Vergleich zur vorhergehenden vorhussitischen und späteren barocken Zeit hatten, aber doch - auch unter den schwierigen Umständen des beschriebenen Zeitraums - eine mitunter interessante politische oder kulturelle Rolle spielten. Es sagt manches über den Charakter des Utraquismus der jagiellonischen Zeit aus, daß im hussitischen Prag ein utraquistisches Kloster, wie das Emaus-Kloster, existieren und eine wichtige Rolle in der Kirchenpolitik um 1500 spielen konnte.

Die Stellung Prags im politischen Leben Böhmens ist auch dadurch belegt, daß sich praktisch nie ein oppositionelles Zentrum im Lande bildete. Auch die Versammlungen der ständischen oder kirchlichen Gegner der im Lande herrschenden Obrigkeit fanden meist in Prag (am häufigsten im Karolinum) statt. Es gab also in politischen Krisen eher eine Spannung zwischen der Burg und der Altstadt oder den vereinigten Prager Städten als zwischen Prag und einem anderen politischen oder konfessionellen Zentrum. Böhmen war im 15. und 16. Jahrhundert - und ist es bis heute - ein pragozentrisches Land. Die politische und konfessionelle Situation in Prag war in der untersuchten Zeit immer kennzeichnend für das ganze Land. Die in Prag offiziell nicht repräsentierten Konfessionen, z.B. auch das Luthertum, waren in Böhmen lediglich geduldet. Eine nicht nur für die Grenzgebiete so wichtige Konfession wie das Luthertum hatte ebensowenig eine feste Verwaltungsstruktur entwickelt. Die Kämpfe und Streitigkeiten um das kirchenpolitisch reformierte, utraquistische Konsistorium und später um den Versuch, eine lutherische Akademie in Prag bei der Salvatorkirche zu gründen, zeigen deutlich, wie wichtig es war, sich in der böhmischen *mater urbium* durchzusetzen[8].

Pragensis 18/1 (1978), S. 129-171, hier S. 161-163; Joachim Bahlcke: Regionalismus und Staatsintegration im Widerstreit. Die Länder der Böhmischen Krone im ersten Jahrhundert der Habsburgerherrschaft (1526-1619). München 1994, S. 127-148.

7 František Kavka/Anna Skýbová: Husitský epilog na koncilu tridentském a původní koncepce habsburské rekatolizace Čech [Der Hussitenepilog auf dem Trienter Konzil und die ursprüngliche Konzeption der Rekatholisierung Böhmens]. Praha 1968, S. 159-194.

8 Ferdinand Hrejsa: Česká konfese, její vznik, podstata a dějiny [Die böhmische Konfession - Entstehung, Ursprung und Geschichte]. Praha 1912; Alois Míka: Z bojů o náboženskou toleranci v 16. století [Aus den Kämpfen um die konfessionelle Toleranz im 16. Jahrhundert]. In: Československý časopis historický 18 (1970), S. 371-382.

Das, was über die Rolle des Pragozentrismus für Böhmen gesagt wurde, galt nur in begrenztem Maße für das Ganze der Länder der Böhmischen Krone. Denn trotz einer hochentwickelten, politisch reflektierten Selbständigkeit der Nebenländer respektierten auch die Mährer, Schlesier und Lausitzer die Rolle Prags als Hauptzentrum des gemeinsamen Staates wie selbstverständlich.

Bevor wir unsere Aufmerksamkeit der Rolle Prags in der böhmischen Kultur, Kunst und Bildung im Jahrhundert von 1483 bis 1583 zuwenden, ist es angebracht, einige Ereignisse der Prager Geschichte in dieser Epoche in Erinnerung zu rufen[9].

Die Ausgangssituation Prags war nach dem konservativ-utraquistischen Aufstand des Jahres 1483, also nach dem Epilog der hussitischen Revolution, wie František Šmahel ihn bezeichnete, eher schlecht[10]. Der Umzug des katholischen Königs, seines Hofes und der an ihn gebundenen Personen aus dem Altstädter Stadtpalast beim Pulverturm und aus den Wohnungen der Bürgerhäuser "befreite" zwar die Prager Städte auf dem rechten Ufer der Moldau von der Gefahr einer Rekatholisierung, beraubte aber gleichzeitig die städtischen Produzenten und Krämer einer Reihe von günstigen Erwerbsmöglichkeiten. Seit der Wiederbewohnung der Burg profitierten davon eher die Kleinseitner und die Hradschiner - jedoch nur bis 1490, als König Wladislaw II. nach Ungarn übersiedelte und seine 20 000 Prager Untertanen später nur selten besuchte.

Zwar liefen die Bauarbeiten auf der Burg unter der Führung des Baumeisters Benedikt Ried weiter, aber für lange Jahrzehnte verlor Prag seinen Residenzcharakter, weil auch der Sohn und Nachfolger des "Königs Bene", der junge Ludwig II., die kultivierte Budaer Renaissance-Residenz dem politisch unruhigen Prag vorzog[11].

Die politische Lage Prags war um so schwieriger, als um 1500 eine Offensive des Adels gegen die Positionen des - durch Prag repräsentierten - politisch zu jener Zeit passiven Standes der Städte begann. Die mit dem Namen König Wladislaws II. verbundene Landesordnung aus dem Jahre 1500 stellte einen Versuch des Adels dar, die königlichen Städte aus der Landespolitik auszuschalten und ihre wirtschaftliche Stärke zu liquidieren. Die nächsten Jahre bis 1517 kann man als einen "kalten" böhmischen Bürgerkrieg, in dem Prag eine Hauptrolle spielte, bezeichnen[12]. Zu den wichtigsten politischen Waffen der Städte gehörte nicht nur die Gründung eines Städtebundes im Jahre 1502, sondern auch

---

9 Vgl. auch den Aufsatz von František Šmahel in diesem Band.
10 František Šmahel: Pražské povstání 1483 [Der Prager Aufstand 1483]. In: Pražský sborník historický 19 (1986), S. 35-102.
11 Josef Petráň: Stavovské království a jeho kultura v Čechách 1471-1526 [Das Stände-Königtum und seine Kultur in Böhmen 1471-1526]. In: Pozdně gotické umění v Čechách. 1471-1526. Praha 1978, S. 13-72.
12 Jindřich Tomas: Některé problémy ekonomických a mocenských vztahů mezi stavy v českých zemích v 15. a 16. století [Einige Probleme der Wirtschafts- und Machtbeziehungen zwischen den Ständen in den böhmischen Ländern im 15. und 16. Jahrhundert]. In: Folia Historica Bohemica 6 (1984), S. 109-136, hier S. 122-131.

die systematische Bestrebung der jüngeren und - im Unterschied zu früher - akademisch gebildeten Prager Politiker, die Prager Agglomeration in eine einheitlich verwaltete Großstadt umzugestalten[13].

Diese wichtige Reform gelang erst nach dem Übergang des Königs in das städtische Lager (1513) und nach dem Abschluß des St. Wenzelsvertrages (1517), also nach dem Ende des offenen Streites der Städte mit dem Adel. Die Vereinigung von Prager Alt- und Neustadt im Jahre 1518 (die anderen Prager Städte waren von diesen beiden wichtigsten Mitgliedern der Agglomeration direkt wie indirekt abhängig) führte dazu, daß Prag wieder einer der mächtigsten Akteure auf der politischen Bühne Böhmens wurde[14]. Die militärische, wirtschaftliche und vielseitige politische Kraft Prags erreichte unter der diktatorischen Führung des geschickten und rücksichtslosen Oberbürgermeisters Jan Pašek von Wrat, des ehemaligen Professors der Prager Universität, ihren absoluten Gipfel der posthussitischen Zeit[15].

Für den jungen, politisch außerordentlich fähigen und herrischen Ferdinand I. von Habsburg, an dessen Wahl zum böhmischen König in der Prager Kathedrale sich auch die Prager Repräsentanten im Jahre 1526 beteiligt hatten, war eine so unbesiegbare Macht, wie sie die Hauptstadt darstellte, unerträglich. Er hatte schon durch die blutige Niederschlagung des Wiener Versuches einer selbstbewußten städtischen Machtpolitik im Jahre 1522 gezeigt, welche Bedeutung er der Beherrschung der Landesmetropole beimaß[16]. So löste Ferdinand I. im Jahre 1528 auch die Einheit der Prager Städte auf und beendete die Diktatur Pašeks, allerdings ohne die Prager Machtposition wesentlicher zu begrenzen. Dazu reichte seine Macht schließlich doch nicht aus.

Ferdinand mußte sich in der böhmischen Wahlkapitulation dazu verpflichten, daß er seinen Hof nach Prag übertragen und dort Residenz nehmen werde. Der wenig zufriedenstellende Zustand des königlichen Palastes auf der Burg und der ständige Mangel an den für Bauarbeiten nötigen Finanzen gaben aber dem König den Vorwand, sich in Prag nur zeitlich begrenzt aufzuhalten. Prag blieb also bis zur Jahrhundertmitte eine Landesmetropole, in der es aber weder eine königliche, erzbischöfliche noch eine bedeutende aristokratische Residenz gab. Es war zwar Sitz von Ämtern, deren Amtsinhaber allerdings häufiger auf

---

13 Jiří Pešek/Bohdan Zilynskyj: Městský stav v boji se šlechtou na počátku 16. století [Der städtische Stand im Kampf mit dem Adel am Anfang des 16. Jahrhunderts]. In: Folia Historica Bohemica 6 (1984), S. 137-161.
14 Pešek (wie Anm. 6), S. 160f.; ders.: Některé problémy bádání o spojené Praze let 1518-1528 [Einige Forschungsprobleme zum vereinigten Prag der Jahre 1518-1528]. In: Documenta Pragensia 4 (1984), S. 186-197.
15 Wácslaw Wladiwoj Tomek: Žiwot M. Jana Paška z Wratu, primasa Pražského [Das Leben des Magisters Jan Pašek von Wrat, des Prager Oberbürgermeisters]. In: Časopis Českého Museum 18 (1844), S. 17-53.
16 Wolfgang Kirchhofer - Erinnerungen eines Wiener Bürgermeisters 1519-1522. Hg. v. Richard Perger. Wien 1984, S. 13-27 (Einleitung).

Landsitzen residierten und nach Prag nur zu kürzeren Aufenthalten kamen, bei welchen sie dann meistens in gemieteten Bürgerhäusern wohnten[17].

Dann folgte im Jahre 1547 der Schmalkaldische Krieg und nach dessen Ende der Böhmische bzw. Prager Aufstand[18]. Es gelang König Ferdinand, die adlige Opposition, vor allem aber die revoltierende Prager Alt- und Neustadt, zu besiegen und diesen Sieg nicht nur zur drastischen Bestrafung der Aufständischen, sondern des ganzen städtischen Standes zu benutzen. Es wurden nicht nur ausgewählte Repräsentanten der Prager Städte spektakulär hingerichtet, die Prager Waffenarsenale, Finanzreserven, riesige Landgüter und wichtige Privilegien konfisziert, sondern auch die städtische Selbstverwaltung wesentlich beschränkt und der Aufsicht der königlichen Hauptmänner untergeordnet. So wurde die Macht der Städte, vor allem Prags, gebrochen und deren potentielle Wiederaufbaumöglichkeit unterbunden. Es wurden auch einzelne - weniger politisch engagierte als vielmehr plötzlich reiche - Bürger finanziell bestraft[19].

Die eher psychologisch als militärisch erzielte Zerschlagung des Prager Aufstandes war ein historischer Sieg des Königs über die freien Städte. Es war aber gleichzeitig auch ein wichtiger Sieg des - durch den König nur verhältnismäßig mild bestraften - Adels als eines Standes, dessen politischer und wirtschaftlicher Konkurrent jetzt als selbstständiger Machtfaktor auf der Landesbühne endgültig zerschlagen war. Die Niederlage der Städte besiegelte dann nach zwei Jahrzehnten die Steuerreform, welche die Steuerlast der Domanialgüter (das unbedingte persönliche Eigentum der adligen Obrigkeit) vollständig auf die rustikale Wirtschaft (das Eigentum oder die verpachteten Güter der Untertanen und der obrigkeitlichen Städte) und vor allem auf die königlichen Städte übertrug[20].

Diese katastrophale Niederlage der Prager Städte, der Verlust praktisch aller Erfolge der hussitischen Revolution und die weitere, hundert Jahre dauernde Entwicklung eröffneten

---

17 Václav Ledvinka: Funkce venkovských rezidencí a pražských paláců jihočeské šlechty v 16. a 17. století [Die Funktion der Residenzen auf dem Lande und der Prager Paläste des südböhmischen Adels im 16. und 17. Jahrhundert]. In: Acta Universitatis Purkynianae. Opera Historica 1 (1992), S. 1-15; ders.: Dům pánů z Hradce pod Stupni. Příspěvek k poznání geneze a funkcí renesančního šlechtického paláce v Praze [Das Haus der Herren von Neuhaus unter den Stiegen. Ein Beitrag zur Erforschung der Funktionen des adligen Renaissancepalastes in Prag]. In: Folia Historica Bohemica 10 (1986), S. 269-316; ders.: Rezidence feudálního velmože v předbělohorské Praze. Pražské sídlo pánů z Hradce ve 2. polovině 16. století [Die Residenz eines Feudalherren in Prag vor der Schlacht am Weißen Berg. Der Prager Sitz der Herren von Neuhaus in der zweiten Hälfte des 16. Jahrhunderts]. In: Documenta Pragensia 9 (1991), S. 113-134.
18 Josef Janáček: České dějiny. Doba předbělohorská 1526-1547 [Böhmische Geschichte. Die Epoche vor der Schlacht am Weißen Berg 1526-1547] Bde. 1-2. Praha 1984, S. 215-298.
19 Ebd., S. 299-335.
20 Jaroslav Pánek: Stavovská oposice a její zápas s Habsburky 1547-1577. K politické krizi feudální třídy v předbělohorském českém státě [Die Ständeopposition und ihr Kampf mit den Habsburgern 1547-1577. Zur politischen Krise der feudalen Klasse im böhmischen Staat vor der Schlacht am Weißen Berg]. Praha 1982, S. 90; Josef Kollmann: Berní rejstříky a berně roku 1567 [Die Steuerregister und die Steuer aus dem Jahre 1567]. In: Sborník archivních prací 13 (1963), S. 169-246.

aber paradoxerweise den Weg zu einer raschen Modernisierung der Prager Agglomeration und zu ihrer Umgestaltung in eine weltoffene Residenzgroßstadt.

Der Pate dieser Entwicklung war der Sohn König Ferdinands I., Erzherzog Ferdinand von Tirol, den sein Vater 1547 zum böhmischen Statthalter ernannte[21]. Erzherzog Ferdinand, einer der wichtigsten Mäzene Mitteleuropas, ein allseitig dilettierender, Wissenschaften und Künste fördernder Humanist, bildete an seinem Prager Hof einen breiten und (von den gescheiterten Rekatholisierungsversuchen des Erzherzogs abgesehen) toleranten Humanistenkreis und gab mehrere konkrete Impulse für dessen Tätigkeit[22]. Vor allem aber war Erzherzog Ferdinand ein konzeptionsbewußter Politiker, der im Interesse der Habsburger Dynastie in Prag notwendige Bedingungen für die Entstehung einer aristokratischen Gesellschaft schuf. Die böhmischen Herren und Ritter, die im Rahmen der durch den Erzherzog 1551-1552 organisierten repräsentativen diplomatischen Reisen von großen Adelsgruppen nach Italien kamen, wurden durch die italienische Kunst und Lebensweise intensiv beeinflußt[23]. Einige Adlige begannen in den fünfziger und sechziger Jahren, von ihren Landsitzen nach Prag zu ziehen.

"Günstige" Vorbedingungen für den Bau von Dutzenden aristokratischen und ritterlichen Prager Residenzen und Häusern waren schon durch den verheerenden Stadtbrand der Prager Burg, der Kleinseite und des Hradschin im Jahre 1541 gegeben. Dadurch entstanden mehrere Baulücken, für deren Bebauung die Bürger - besonders nach den Konfiszierungen des Jahres 1547 - wenig Geldmittel hatten. Diese Parzellen wurden jetzt massenhaft aufgekauft und von den neuen Besitzern für den Bau von prächtigen Häusern und Renaissancepalästen genutzt. Zu den großzügigsten Bauherren auf der Burg und in ihrer Umgebung gehörten die Herren von Rosenberg, Pernstein oder Neuhaus. Es gab aber eine weitere Gruppe von adligen Investoren, die Prager - mehr und mehr aber auch italienische - Baumeister, Maurer, Steinmetzen, Stukkateure und Freskomaler bei der Ausstattung der Prager Residenzen beschäftigten. Prager Patrizier, welche sich seit den fünfziger Jahren ganz rasch erholt und jetzt oft ein quasiadliges Prädikat gekauft hatten, investierten in ihre Residenzen ebenso großzügig wie ihre ritterlichen Geschäftspartner[24].

---

21 Es gibt bisher keine moderne Monographie über diese markante Persönlichkeit. Das Werk von Josef Hirn: Erzherzog Ferdinand II. von Tirol. Geschichte seiner Regierung und seiner Länder. Bd. 1-2. Innsbruck 1885-1888, beschäftigt sich nicht mit diesen Problemen.

22 Man findet viel Material zu diesem Thema in: Josef Hejnic/Jan Martínek: Enchiridion renatae poesis Latinae in Bohemia at Moravia cultae I.-V. Praha 1966-1982. Vgl. auch z.B. Jiří Pešek: Jiří Melantrich z Aventýna. Příběh pražského arcitiskaře [Georg Melantrich von Aventin. Die Geschichte des Prager Erzdruckers]. In: Slovo k historii 32 (1991), S. 11-25.

23 Jaroslav Pánek: Výprava české šlechty do Itálie v letech 1551-1552 [Die Reisen des böhmischen Adels nach Italien in den Jahren 1551-1552]. Praha 1987.

24 Milada Vilímková: Politické, společenské a ekonomické podmínky stavební činnosti šlechty a duchovenstva v Praze v období renesance a baroku [Politische, gesellschaftliche und ökonomische Bedingungen der Tätigkeit des Adels und der Geistlichkeit in Prag in der Zeit der Renaissance und des Barock]. In: Documenta Pragensia 10 (1991), S. 191-204; Jan Muk: K stavební činnosti šlechty v Praze

Die Prager Baukonjunktur war so intensiv, daß sich die durch den König initiierten Bauunternehmen auf der Burg vergleichsweise bescheiden ausnahmen. Sie wurden hauptsächlich aus den Kämmereieinnahmen, weniger aus den Landessteuern, finanziert, und diese Quelle hielt einem Vergleich mit dem Geldzufluß aus den Domänen der Aristokraten oder auch mit der mitunter unkritischen Verschuldungsbereitschaft der ehrgeizigen Adligen nicht stand. Dennoch entstand in der Epoche Ferdinands I. das Schloß Belvedere im Königlichen Garten, der alte Palast wurde instandgesetzt, und man darf auch das nach Erzherzog Ferdinands eigenhändigen Plänen erbaute Lustschloß Stern auf dem Weißen Berg nicht vergessen.

Erzherzog Ferdinand von Tirol blieb bis zum Jahre 1567 in Prag. Nachdem Maximilian II. die Staatsführung übernommen hatte, zog er nach Schloß Ambras bei Innsbruck, wohin er auch seine umfangreichen Sammlungen, die ausgezeichnete Bibliothek sowie einige Prager Naturwissenschaftler mitnahm. Obwohl sein Umzug und der seines Hofes für Prag ein kultureller Verlust war, blieb die Stadt weltoffen und lebendig. Sie erlebte dann im Jahre 1575 politische Auseinandersetzungen während des Kampfes um die offizielle kaiserliche Anerkennung der Böhmischen Konfession, einer Kirchenordnung, die auch das Luthertum und den Glauben der Brüdergemeinde legalisieren sollte[25]. Im Rahmen dieser ständischen Verhandlungen versuchten die Prager Städte, dem Kaiser und König auch eigene, politisch orientierte Forderungen vorzulegen; weil aber die meisten Punkte dieses Reformprogramms deutlich antiadlig ausgerichtet waren, fiel es leicht, diese Pläne insgesamt ruhen zu lassen.

Obwohl die Prager Erlebnisse des jungen Rudolf II. nicht immer die besten waren - die Begräbnisfeierlichkeiten für Maximilian II. im Jahre 1577 wurden in den Altstädter Gassen durch einen gefährlich chaotischen Tumult gestört, und fast mußte man dabei befürchten, es käme zu einer Prager Fassung der Pariser Bartholomäusnacht -, verliebte sich der junge "saturnische" Herrscher in die Prager Städte an der Moldau, in die Burg mit den großen Gärten und in die Umgebung[26]. Er begann unverzüglich nach der Beerdigung seines kaiserlichen Vaters mit den Vorbereitungs- und Bauarbeiten, um in Kürze mit seinem Hof nach Prag umzuziehen. Den feierlichen Umzug des kaiserlichen Hofes realisierte man im Jahre 1583 mit finanzieller Unterstützung des Landes. Damals erreichte Prag schon die Zahl von 40 000 Einwohnern und gehörte damit wahrscheinlich zu den größten Städten Mitteleuropas.

---

v 16. až 18. století [Zur Bautätigkeit des Adels in Prag vom 16. bis zum 18 Jahrhundert]. In: Documenta Pragensia 10 (1991), S. 205-214.

25 Jaroslav Pánek: Zápas o charakter české stavovské opozice a sněm roku 1575 [Der Kampf um den Charakter der böhmischen Ständeopposition und der Landtag des Jahres 1575]. In: Československý časopis historický 28 (1980), S. 863-887.

26 Josef Janáček: Rudolf II. a jeho doba [Rudolf II. und seine Zeit]. Praha 1987, S. 157-168.

Nachdem wir die Prager Geschichte bis zur Ankunft des rudolfinischen Hofes im Jahre 1583 verfolgt haben, können wir zu den Kennzeichen Prags als einer Metropole der Kunst, der Kultur und der Bildung zurückkehren[27].

Die Stadt an der Moldau war das wichtigste Bildungszentrum der böhmischen Länder. Neben der altehrwürdigen Prager Universität arbeiteten hier mehrere, durch die Universität verwaltete, städtische Lateinschulen[28]. Ihre Gesamtzahl in der Jagiellonenzeit ist uns zwar unbekannt, für die sechziger bis achtziger Jahre des 16. Jahrhunderts gibt es aber Belege über 15 Prager Lateinschulen, welche ihre Schüler regelmäßig an die Universität zur Immatrikulation schickten. Jedes Jahr immatrikulierten sich bis zu 600 Schüler aus den böhmischen und mährischen Schulen. In der rudolfinischen Zeit wirkten in Prag 17 Lateinschulen. Im Vergleich zu anderen europäischen Großstädten war dies eine der höchsten Konzentrationen von öffentlichen Lateinschulen[29].

Die alte Prager utraquistische Universität erlebte in den untersuchten Jahrzehnten nicht gerade ihre besten Jahre. Doch spielte sie im Leben der Stadt und der damaligen böhmischen Länder eine außerordentlich wichtige Rolle als Organisatorin des städtischen Schulwesens und als Wegbereiterin der städtischen Eliten und der geistlichen Intelligenz[30]. Die Universität war personell mit dem utraquistischen Konsistorium verbunden, hatte also auch die Autorität in konfessionellen Fragen. Die Universität galt zwar kirchenpolitisch wie intellektuell eher als konservativ, doch gab es mehrere ernstzunehmende Versuche, sie zu modernisieren und zu reformieren. Neben den Reformkonzepten der Professoren und ehemaligen Collegiaten gab es auch höfische, katholisch orientierte und gerade dadurch gescheiterte Reformentwürfe des jagiellonischen und später vor allem des habsburgischen Hofes. Auch die Bestrebungen von Ferdinand I., die Prager Universität in den fünfziger Jahren parallel mit der Wiener Universität zu modernisieren und gleichzeitig der katholischen Kirchenverwaltung unterzuordnen, gelangen nicht. König Ferdinand übertrug dann seine Unterstützung und bildungspolitischen Hoffnungen völlig auf den Jesuitenorden[31].

---

27 Eliška Fučíková: Praha v době vlády Rudolfa II. [Prag in der Regierungszeit Rudolfs II.]. In: Eliška Fučíková/Beket Bukovinská/Ivan Muchka: Umění na dvoře Rudolfa II. [Die Kunst am Hofe Rudolfs II.]. Praha 1991, S. 29-60.
28 Jiří Pešek: Univerzitní správa městských latinských škol v Čechách a na Moravě na přelomu 16. a 17. století [Die Universitätsverwaltung der städtischen Lateinschulen in Böhmen und Mähren an der Wende vom 16. zum 17. Jahrhundert]. In: Acta Universitatis Carolinae - Historia Universitatis Carolinae Pragensis 30/2 (1990), S. 41-58.
29 Jiří Pešek: Manuál rektora Curia-Dvorského: Kniha záhadná [Das Manual des Rektors Curius-Dvorský: ein rätselhaftes Buch]. In: Acta Universitatis Carolinae - Historia Universitatis Carolinae Pragensis 26/1 (1986), S. 97-108, hier 100-105.
30 Jiří Pešek: The University of Prague, Czech Latin Schools and Social Mobility 1570-1620. In: History of Universities 10 (1991), S. 117-136.
31 František Šmahel/Miroslav Truc: Pražská univerzita v období humanismu a reformace [Die Prager Universität im Zeitalter des Humanismus und der Reformation]. In: Stručné dějiny Univerzity Karlovy [Kurzgefaßte Geschichte der Karlsuniversität]. Hg. v. František Kavka. Praha 1964, S. 110-116.

Neben der alten Schulstruktur mit ihrem Zentrum im Karolinum entstand nämlich noch eine andere - diesmal katholische - Akademie in Prag: im Jahre 1556 wurde hier ein Jesuitenkolleg gegründet, in dem seit 1565 Studenten die niedrigeren akademischen Grade (*baccalaureus* und *magister*) verliehen wurden. Während die Studentenschaft der alten Prager Universität sich hauptsächlich aus Söhnen von Bürgerfamilien rekrutierte, konzentrierten sich die Jesuiten eher auf die Kinder von Adligen und begabte Kinder von Armen (*pauperes*)[32]. Die Konkurrenz beider Hochschulen entfesselte einen günstigen Wettkampf auf dem Felde der Kultur und der Repräsentation. Die zentrale Rolle Prags für die Bildungsgeschichte der böhmischen Länder wurde dadurch noch deutlicher.

Prag - die Metropole des Schulwesens - entwickelte sich gleichzeitig zum Hauptzentrum der schriftlichen Kultur im späten Mittelalter und in der frühen Neuzeit. Prag war der wichtigste Ort der Buchproduktion in den böhmischen Ländern. Hier arbeiteten mehrere Scriptorien und illuminatorische Werkstätten, parallel mit der sich seit dem Jahre 1487, als der Prager Psalter erschien, rasch entwickelnden "schwarzen Kunst" des Buchdrucks. Es ist ein böhmisches Spezifikum, daß die schnelle Entwicklung des Buchdrucks - in den vierziger Jahren arbeiteten schon zehn *impressores* in Prag, welche in der tschechischen, lateinischen, griechischen und auch deutschen Sprache Bücher gedruckt haben - die Herstellung der prächtig illuminierten Gesangbücher nicht verdrängte. Beide Arten der Buchproduktion konnten auf Grund ihrer besonderen Bestimmung bis zur rudolfinischen Zeit nebeneinander existieren.

Dabei spielte nicht nur die notwendige Konzentration von Investitionskapital für dieses neue Handwerk eine Rolle, sondern auch der günstige Absatz auf den Prager Märkten. Hier arbeiteten die berühmtesten "Offizinen" der böhmischen Buchdrucker jener Zeit (Severin, Netolický, Melantrich, Veleslavín), hier lag auch das wichtigste Zentrum des Bücher- und Nachrichtenimports aus Leipzig, Nürnberg und später Frankfurt/Main. Die Skala der Gattungen, welche in Prag zum Druck kamen, war außerordentlich breit: Schulbücher, Sammelbände neolateinischer Poesie, Nachschlagewerke usw. Dies resultierte u.a. aus einer kommerziell sehr günstigen Anknüpfung der Verlags- und Drucktätigkeit an das Schulwesen. Seit der Mitte des 16. Jahrhunderts waren Bücher in den Nachlaßinventaren von mehr als einem Fünftel, später von mehr als der Hälfte der Prager Bürger zu finden[33]. Weil aber Prag auch zu den wichtigsten Buchhandelszentren gehörte, mußten die einheimischen Produzenten mit einer starken Konkurrenz - wohl weniger als in Krakau oder Breslau - rechnen. Als Beweis der Absatzmöglichkeiten auf dem Prager Buchmarkt kann gelten, daß hier seit den vierziger Jahren eine ganze Reihe von voluminösen, reich illu-

---

32 Album Academiae Pragensis Societatis Iesu 1573-1617 (1565-1624). Hg. v. Miroslav Truc. Praha 1968, S. VII-XXXI.
33 Jiří Pešek: Měšťanská vzdělanost a kultura v předbělohorských Čechách 1547-1620. Všední dny kulturního života [Bürgerliche Bildung und Kultur in Böhmen in der Zeit vor der Schlacht am Weißen Berg. Der Alltag des kulturellen Lebens]. Praha 1993, S. 64-103.

strierten Werken erschien. Es ist symptomatisch, daß Mäzene solcher Verlagsprojekte meistens aus den Kreisen der katholischen Aristokratie oder des Statthalters kamen.

Ähnliches wie über die Buchkultur könnte man auch über die Kunstproduktion und den Kunstkonsum oder über das Prager Musikleben sagen. Besonders seit der Mitte des 16. Jahrhunderts - für die ältere Zeit sind die Quellenaussagen zu diesem Thema zu spärlich - kann man von einer spezifischen, in Umfang, Inhalt und Qualität außerordentlich hochstehenden bürgerlichen Kultur sprechen. Die Nachlaßverzeichnisse zeigen deutlich, daß diese Kultur ganz sicher schon vor der Ankunft des kaiserlichen Hofes in Prag blühte, daß wahrscheinlich die Zeiten des Prager Aufenthaltes von Ferdinand von Tirol für ihre Gestaltung die wichtigsten waren.

Für jene Zeit besitzen wir auch eine Reihe von Nachrichten über großzügige öffentliche Feste, feierliche Einzüge in die Stadt oder Turniere am Hofe Ferdinands. Das alles hat die Atmosphäre der Stadt und der ganzen Agglomeration in der zweiten Hälfte des 16. Jahrhunderts neu geprägt. Prag wurde zum Kulturzentrum mit einer großen Konzentration der gebildeten Eliten, welche den Kunst- und Kulturkonsum als eine Statusfrage betrachteten. Am Prager Musikrepertoire ist deutlich zu erkennen, daß hier mehr anspruchsvolle Werke eingeführt werden konnten als in den meisten Landstädten, daß hier eine Vorliebe für bürgerliche Consort-Musik entstand, daß sich hier also ein neugieriges und anspruchsvolles Publikum mit gut orientierten und geschulten Musikern traf.

Der Kulturkonsum und die Fähigkeit, Kunst auf verschiedene Weise zu finanzieren, waren in Prag ganz anders als in den meisten ostmitteleuropäischen Städten entwickelt. Auch eine kulturelle Vielfalt funktionierte hier besser als in anderen Großstädten dieses Gebietes, mit Ausnahme Krakaus. Prag besaß immer und besitzt bis heute sein Charisma, seinen für das ganze Land symbolischen Wert in der Politik, in der Bildung, in der Kunst und Kultur.

Zdeněk Hojda

Prag um 1600 als multikulturelle Stadt:
Hof - Adel - Bürgertum - Kirche

Nach der Thronbesteigung mußte Rudolf II. seine Residenzstadt wählen. Das geschah endgültig im Jahre 1583, und Rudolfs Prager Lösung unterbrach die bisherige Kontinuität der Habsburgerresidenz in Wien[1]. Seine Entscheidung kam aber nicht so plötzlich und überraschend. Schon vorher teilte die Wiener Residenz viele Funktionen mit Prag, das seit Ferdinand I. und noch stärker nach der Entstehung des Statthalterhofes Ferdinands von Tirol ständig, mehr oder weniger, die Rolle einer Nebenresidenz gespielt hatte. Prag war seit der Mitte des 16. Jahrhunderts eine aufblühende, kulturell und gesellschaftlich anziehende Stadt[2]. Genauso wichtig für Rudolfs Wahl waren offensichtlich persönliche, psychologische Gründe. Im Schloß, oberhalb der Stadt, fühlte er sich vermutlich isoliert und verborgen, aber doch gleichzeitig am Leben der Metropole beteiligt.

Das Prager Schloß selbst ähnelte der würdigen Residenz eines Kaisers und Königs nur unter großem Vorbehalt. Seit den Umbauten im 15. und 16. Jahrhundert spielte sein Kern, das alte Königspalais, nicht erstrangig die Rolle eines Herrschersitzes. Aus dem alten Palais, das Wladislaw II. Ende des 15. Jahrhunderts prächtig umbauen ließ - schon damals blieb aber seine Residenzfunktion begrenzt[3] -, waren längst alle Privatfunktionen verlagert worden. Da es in Prag kein Landhaus gab, versammelten sich hier die Landtage, amtierten das Landtafelamt und dreimal jährlich das Landgericht, also die Prestigeinstitutionen der ständischen Macht. Es gab hier freilich auch die Böhmische Kanzlei (gleichzeitig Ort der Sitzungen des Königlichen Rates), die sich - besonders nach dem katholischen Umsturz an ihrer Spitze im Jahre 1599 - als führendes Instrument der zentralistischen Politik betätigte. Eine Verflechtung von verschiedenen Verwaltungsfunktionen sowie das dichte Nebeneinander der landesherrlichen, landständischen und kirchlich-metropolitanen Behörden - nicht

---
1 Josef Janáček: Rudolf II. a jeho doba [Rudolf II. und seine Zeit]. Praha 1987, S. 195-205.
2 Zur Geschichte Prags in der Zeit Rudolf II. vgl. Wáclaw Wladiwoj Tomek: Dějepis města Prahy (Bd. 12) [Geschichte der Stadt Prag]. Praha 1901, passim und Dějiny Prahy [Geschichte Prags]. Praha 1964, S. 279f.; Prag im Jahre 1583 stellt Janáček vor (wie Anm. 1), S. 206-221.
3 Vgl. Václav Mencl: Architektura. In: Pozdně gotické umění v Čechách. 1471-1526 [Die Architektur. In: Spätgotische Kunst in Böhmen. 1471-1526]. Hg. v. Josef Petráň. Praha 1978.

zu vergessen die privaten Adelspalais und viele bescheidene Häuschen der Schloß- und Hofbediensteten - gehörten einfach zu den Besonderheiten des Prager Schloßareals[4].

Der Kaiser fühlte sich daher genötigt, seine eigentliche Residenz - also die Wohn- und Repräsentationsräume sowie die Kunstkammer und die Stallungen - neu anzulegen, wobei er zunächst an die Bautätigkeit Ferdinands von Tirol anknüpfen konnte[5]. Ebenso meinte er, die Sitze seiner Zentral- und Reichsbehörden nach außerhalb des Schlosses verlegen zu müssen. So kaufte er z.B. in der Stadt Hradschin, in der Straße zum Strahover Tor, einige Häuser, in denen das Rentmeisteramt und die Reichskanzlei Asyl fanden; die Böhmische Kammer zog gar auf den Kleinseitner Ring um.

Neben den erwähnten Behörden oder Institutionen, die auf dem Areal des Schlosses koexistierten und konkurrierten, gab es auch eine andere Welt: die "Welt" der Prager Städte, oder - in politischen Begriffen ausgedrückt - der Prager Stadträte, deren Rathäuser in der Neustadt, auf der Kleinseite und in der Stadt Hradschin während der Residenzzeit Prags mehr oder weniger umgebaut wurden. Politisch waren die städtischen Repräsentanten schon Jahrzehnte zuvor (1547) so gut wie machtlos geworden[6]. Ihre geringe Rolle in der Ständepolitik bezeugt auch der starke Einfluß der Böhmischen Kanzlei auf die Neubesetzungen der Prager Rathäuser. Genauso wenig konnten sich die Stadtmagistrate gegen die Verluste der steuerpflichtigen Häuser wehren, wodurch die Besteuerung - und nicht nur dadurch - immer empfindlicher wurde. Andererseits regelten die städtischen Repräsentationen das durch Konjunktur und hohe Neubürger- und Einwandererraten immer komplizierter werdende Rechts- und Wirtschaftsleben relativ reibungslos. Der Ausbau der inneren Verwaltung mit einem Netz von unterschiedlichen, den Stadträten unterstellten, deputierten Behörden gehört zu den Errungenschaften gerade dieser Jahre[7].

Von besonderem Interesse sind aber die Änderungen, die die Anwesenheit des Hofes in Prag bewirkte. Zunächst sollen den Hofleuten einige Ausführungen gewidmet werden. Diese bunte Gesellschaft richtete sich noch immer nach der Hofinstruktion Ferdinands I. von 1527 und gliederte sich in vier Stäbe[8]. Während aber im Jahre 1576 nur etwa 600

4　Zur Beschreibung des Schlosses und zur Situation in den Prager Städten vgl. Jaroslava Hausenblasová/Zdeněk Hojda: Pražský rudolfínský dvůr mezi Hradem a městem [Der Prager rudolfinische Hof zwischen Burg und Stadt]. In: Opera historica 3 (1993), S. 115-136.
5　Zuletzt Ivan Muchka: Rudolf II. als Bauherr. In: Die Kunst am Hofe Rudolfs II. Prag 1988, S. 180-208.
6　Josef Janáček: Die Städte in den böhmischen Ländern im 16. Jahrhundert. In: Die Stadt an der Schwelle zur Neuzeit. Hg. v. Wilhelm Rausch. Linz/Donau 1980, S. 293-310.
7　Eine Übersicht bietet Václav Vojtíšek: O vývoji samosprávy pražských měst [Über die Entwicklung der Selbstverwaltung der Prager Städte]. Praha 1927.
8　Zum habsburgischen Hof um 1600 vgl. Thomas Fellner/Heinrich Kretschmayr: Die österreichische Zentralverwaltung. Abt. 1: Von Maximilian I. bis zur Vereinigung der österreichischen und böhmischen Hofkanzlei (1749), Bd. 1: Geschichtliche Übersicht. Wien 1907, S. 91-202. Von den älteren Bearbeitungen auch Ivan Zolger: Der Hofstaat des Hauses Österreich. Wien/Leipzig 1917. Den Hofstaat von 1612 gab schon Joseph Anton Riegger heraus: Aula Rudolphi II. Kaiserlicher Hoff Staat. In: Archiv für Geschichte und Statistik insbesondere von Böhmen. Bd. 2, Dresden 1793, S. 193-262. Von der neueren Literatur vgl. Eva Brázdová: Dvůr Rudolfa II. [Der Hof Rudolfs II.] Diss. Praha 1982.

Personen zu ihnen gehörten und ihre Besoldung nur 220 000 Rhein. Gulden betrug, zählten sie 1612 bereits mehr als 1 000 Personen und kosteten das Hofzahlamt schon fast 3 000 Gulden. Es wuchs vor allem die Anzahl der Personen in Ehrenfunktionen (die adligen "Diener auf zwei" oder "drei Pferd") sowie jener Bediensteten, die Rudolfs persönliche Liebhabereien und Bedürfnisse befriedigten (z.B. Kammerdiener, Ärzte, Künstler und Kunsthandwerker, Personal in Stallungen). Wenn auch einige Behörden in Wien blieben (z.B. der Hofkriegsrat), so kann man die Anzahl der Hofangehörigen in Prag gegen Ende der rudolfinischen Ära auf rund 900 Personen schätzen, was mit ihren Familienmitgliedern etwa 4-7% der Prager Bevölkerung ausmachte[9].

Die meisten Mitglieder des Hofstaats lebten in der Nähe des Kaisers: im Schloß, in der Stadt Hradschin und auf der Kleinseite. Dort bildeten sie rund ein Drittel der Bevölkerung. Etwa die Hälfte von ihnen wohnte in eigenen Häusern, die andere in gemieteten Wohnungen[10]. Diese Gesellschaft, meist in die unmittelbare Nähe des kaiserlichen Sitzes strebend, beeinflußte daher das Leben in den beiden Städten am linken Moldauufer besonders stark und trug zu ihrer spezifischen Prägung im Vergleich mit den bevölkerten Nachbarstädten östlich der Moldau bei.

Die Anziehungskraft Prags als Hofresidenz war zweifellos sehr hoch. Im Vergleich zu den fünfziger Jahren des 16. Jahrhunderts hat sich in den achtziger und neunziger Jahren die Anzahl der neuberechtigten Bürger auf der Kleinseite um 250%, in der Altstadt auf das Doppelte (in absoluten Ziffern bedeutete das für die Altstadt etwa 60 Neubürger jährlich) und selbst in der am wenigsten "betroffenen" Neustadt um 70% erhöht. Der Strom der Leute, die kein Bürgerrecht erwerben konnten oder wollten, war sicher noch viel stärker.

Auf der Kleinseite wiederum gab es unter ihnen viele Fremde, unter den Ansässigen machten die Bürger nichtböhmischen Ursprungs rund 30% aus. Sie kamen meistens aus deutschen Territorien; eine wichtige Position nahmen Künstler und spezialisierte Handwerker (auch die nicht-höfischen) - z.B. "welsche" Musikanten, Maurer oder die ausschließlich italienischen Rauchfangkehrer -, ferner auch niederländische, seltener französische Handelsleute ein[11]. Als *lingua franca* der Fremden galt offensichtlich deutsch.

Weiter auch Janáček (wie Anm. 1), S. 222-231.

9   Es ist schwierig, die Anzahl der Hofleute mit ihren Familien zu schätzen. Bei einer Verdoppelung (auf jeden Familienvorstand entfällt nur eine weitere Person, was das Minimum ist) 4%, bei einem Koeffizient 3 schon 6,5%. Ich rechne dabei mit etwa 44 000 Einwohnern in Prag, vgl. Václav Líva: Kolik obyvatelů měla Praha před třicetiletou válkou a po ní? [Wieviel Einwohner hatte Prag vor dem Dreißigjährigen Krieg und nach ihm?] In: Český časopis historický 42 (1936), S. 332-347.

10 Gezählt nach Quartierbuch, Národní knihovna České republiky, XXIII D 57, pag. 1-58 Beschreibung des Ratschins, pag. 69-767 Beschreibung der Khlein-Stadt Prag (1608-ca.1612). Vgl. auch Zdeněk Hojda: Der Hofstaat Rudolfs II. in Prag. Wo und wie wohnten die Hofleute, insbesondere die Künstler? In: Prag um 1600. Beiträge zur Kunst und Kultur am Hofe Rudolfs II. Freren 1988, S. 118-123.

11 Zur nationalen Struktur Prags vgl. Zikmund Winter: Řemesla dle národnosti v Starém Městě pražském od r. 1526-1622 [Gewerbe nach Nationalitäten in der Prager Altstadt von 1526-1622]. In: Časopis

Während vor 1583 die durchschnittliche Anzahl der Bewohner eines Hauses auf etwa acht bis neun Personen geschätzt wird, stieg diese um 1600 auf etwa das Doppelte, das heißt auf 15-18 Personen an. Es handelte sich dabei um Einwohner und Mieter verschiedener Art, deren Summe in der Altstadt nach dem Quartierbuch von 1608 auf 1 600[12], auf der Kleinseite und in der Stadt Hradschin auf etwa 180 und im Schloß selbst auf ebensoviele Namen berechnet wurde. Natürlich sind ihre Familienmitglieder nicht inbegriffen, darüber hinaus handelt es sich hier nur um diejenigen Einwohner, die ordentliche Miete bezahlten und deshalb registriert wurden (besonders in dem Kleinseitner Quartierbuch waren das fast ausschließlich Hofleute). Diese Zahlen sind deshalb als Minimum zu betrachten.

Der soziale und der damit verbundene nationale Wandel hat selbstverständlich auch eine völlige Änderung des Prager Kulturklimas bewirkt. Die Kirchengeschichte des rudolfinischen Prag scheint z.B. recht widersprüchlich zu sein. Einerseits gipfelte um 1600 die erste Welle der Rekatholisierung[13], andererseits verstärkten auch die nichtkatholischen Konfessionen ihre Positionen - vor allem durch Immigration und dank einer politischen Verflechtung mit der Ständepolitik - und konnten in den letzten Jahren der Regierung Rudolfs, nachdem von ihm der bekannte Majestätsbrief erpreßt worden war, endlich gar eigene Kirchenhäuser errichten[14].

Českého musea 75 (1901); Václav Líva: Národnostní poměry v Praze za třicetileté války [Nationalitätenverhältnisse in Prag während des Dreißigjährigen Krieges]. In: Český časopis historický 43 (1937), S. 301-312; Josef Janáček: Dějiny obchodu v předbělohorské Praze [Geschichte des Handels in Prag vor der Schlacht am Weißen Berg]. Praha 1955, Kap. XXVII; ders.: The Prague Jewish Community before the Thirty Years War. In: Prague Ghetto in the Renaissance Period. Praha 1965, S. 43-63. Zu den Italienern in Prag zuletzt ders.: Italové v předbělohorské Praze (1526-1620) [Die Italiener in Prag vor der Schlacht am Weißen Berg (1526-1620)]. In: Pražský sborník historický 16 (1983), S. 77-118 (er schätzt ihre Anzahl auf 300-400 Personen, ich halte sie für höher) und Pavel Preiss: Italští umělci v Praze [Italienische Künstler in Prag]. Praha 1986, S. 56-143. Hier auch weitere Literatur.

12 Die im Jahre 1945 verbrannte Handschrift nr. 324 des Stadtarchivs in Prag verarbeitete in groben Zügen Zikmund Winter: Pokojníci staropražští roku 1608 [Zimmerleute der Prager Altstadt im Jahre 1608]. In: Květy (1886), S. 650-659 und (1887), S. 15-26.

13 Zur Rekatholisierung vgl. Marie-Élisabeth Ducreux: La situation religieuse dans les pays tchèques, la fin du XVIe siècle. In: Etudes Danubiennes 2 (1986), S. 116-186; Winfried Eberhard: Entwicklungsphasen und Probleme der Gegenreformation und katholischen Erneuerung in Böhmen. In: Römische Quartalschrift für christliche Altertumskunde und Kirchengeschichte 84 (1989), S. 235-257; Josef Hanzal: Rekatolizace v Čechách - její historický smysl a význam [Die Rekatholisierung in Böhmen - ihr geschichtlicher Sinn und ihre Bedeutung]. In: Sborník historický 37 (1990), S. 37-91; Jaroslav Pánek: The Religious Question and the Political System of Bohemia before and after the Battle of the White Mountain. In: Crown, Church and Estates. Central European Politics in the Sixteenth and Seventeenth Centuries. Hg. v. Robert J.W. Evans/Trevor V. Thomas. London 1991, S. 129-148 und Gernot Heiß: Princes, Jesuits and the Origins of Counter-Reformation in the Habsburg Lands. In: ebd. S. 92-109.

14 Zu den deutschen Lutheranern vgl. Ferdinand Hrejsa: U Salvatora. Z dějin evangelické církve v Praze (1609-1632) [In der Salvatorkirche. Aus der Geschichte der evangelischen Kirche in Prag (1609-1632)]. Praha 1930; Rudolf Schreiber: Das Spendenbuch für den Bau der protestantischen Salvatorkirche in Prag (1610-1615). Freilassing-Salzburg 1956; Hilde Lietzmann: Die Deutsch-Lutherische Dreifaltig-

Die Jesuiten, in Prag seit 1556 tätig, konzentrierten sich stärker auf ihre Bildungsanstalten und Propaganda als auf eine Missionstätigkeit im eigentlichen Sinne. Der Einfluß des Prager Jesuitenrektors, der zusammen mit dem päpstlichen Nuntius, dem spanischen Botschafter und einigen führenden katholischen Familien die vorderste Front des kämpferischen Katholizismus bildete, ist aber nicht zu unterschätzen.

Die katholische Partei handelte jedoch stets konsequenter und effizienter als ihre Gegner. Seit dem Antritt Zbyněk Berkas von Dubá 1592 nahm auch der Prager Erzbischof an der katholischen Offensive teil. Den Gipfel seiner Reformbestrebungen stellt die Prager Diözesansynode von 1605 dar, deren Teilnehmer auf den Fresken in der Kapelle des erzbischöflichen Palais verewigt worden sind[15]. Jüngste Forschungen haben gezeigt, daß der allmähliche, unauffällige Übergang mancher Pfarreien zum Katholizismus schon während der zweiten Hälfte des 16. Jahrhunderts die Verhältnisse zugunsten der katholischen Partei spürbar beeinflußte[16].

Nichtsdestoweniger stand sowohl den neuen als auch den alten katholischen Institutionen - von denen noch die weiteren Rekatholisierungsorden, nämlich die Kapuziner und Franziskaner-Observanten zusammen mit einigen wiederbelebten Klöstern (Strahover Prämonstratenser) erwähnt werden müssen - eine entschiedene Mehrheit der protestantischen Kirchen zusammen mit der utraquistischen Universität und nicht weniger als 16 niveauvollen Lateinschulen (sogenannten Partikularschulen) gegenüber. Darüber hinaus gehörte Prag stets zu den wichtigen Zentren des nichtkatholischen Druckwesens, das sich nach 1583 auch neuen Strömungen öffnete. Zu einer politischen Aktivierung dieser nichtkatholischen Kräfte kam es aber relativ spät, erst nach 1600. Nach dem Majestätsbrief von 1609 wurde endlich auch die Reform der Prager Universität in Angriff genommen[17].

Immer auffälliger trat in den Prager Städten die adlige Welt (die Ständegemeinde, höhere Beamte, Geheim- und Kammerräte, Diplomaten) zum Vorschein. Die ersten adligen Palais entstanden schon nach dem großen Brand von 1541, der adlige Besitz in den Prager Städten vermehrte sich jedoch beträchtlich in den achtziger und neunziger Jahren des 16. Jahrhunderts[18]. Den Ausbau eines neuen Renaissancepalais unter der Schloßstiege durch Adam II. von Neuhaus hat Václav Ledvinka beschrieben[19]. Er berechnete die steigende

---

keits-, die spätere Ordenskirche St. Maria de Victoria in der Kleinen Seite zu Prag. In: Zeitschrift für Kirchengeschichte 30 (1977) S. 205-226.
15 Vgl. Praha na úsvitu nových dějin [Prag am Beginn der Neuzeit]. Praha 1988, S. 89-91.
16 Vgl. Zdeněk Zahradník: Studie o církevní správě v předbělohorském období [Eine Studie zur Kirchenverwaltung vor der Schlacht am Weißen Berg]. Diss. Praha 1980.
17 Hier vgl. die neueste Zusammenfassung bei Jiří Pešek: Měšťanská vzdělanost a kultura v předbělohorských Čechách 1547-1620. Všední dny kulturního života [Bürgerliche Bildung und Kultur in Böhmen vor der Schlacht am Weißen Berg. Der Alltag des kulturellen Lebens]. Praha 1993.
18 Emanuel Poche/Pavel Preiss: Pražské paláce [Prager Paläste]. Praha 1973, S. 19-30; Praha na úsvitu nových dějin (wie Anm. 15), bes. S. 50-94.
19 Václav Ledvinka: Rezidence feudálního velmože v předbělohorské Praze. Pražské sídlo pánů z Hradce ve 2. polovině 16. století [Die Residenz eines Feudalherrn in Prag vor der Schlacht am Weißen Berg.

Anzahl der vom Haupt des südböhmischen Herrenhauses in Prag verbrachten Tage auf etwa 120-140 Tage jährlich und wies zugleich auf die wachsende Anzahl des Gefolges und Hauspersonals sowie auf den wirtschaftlichen Hintergrund des Stadtpalais in Form von Gütern und neuen Lusthäusern in der Umgebung Prags hin.

Am Anfang des 17. Jahrhunderts findet man ganze "adlige Stadtzonen" z.B. an der West- und Nordseite des Kleinseitner Rings, wo nach 1603 u.a. das große Smiřický-Palais erbaut wurde. Weitere adlige Enklaven entstanden gegenüber dem später errichteten Wallenstein-Palais, wo u.a. eine Zeile von Palästen entstand, deren Bauherren zu den Persönlichkeiten mit den interessantesten Kulturkontakten am Hof gehörten: die Geheim- und Kammerräte Johann Matthias Wacker von Wackenfels, Andreas Hannewald, Ferdinand und Hans Friedrich Hoffmann von Grünbühl.

Die wichtigsten böhmischen Familien besaßen ihre Palais entweder im Schloßareal selbst - wie etwa die Rosenberger und die Pernsteiner - oder häufiger noch am Hradschiner Platz, wo es praktisch kein Bürgerhaus mehr gab; selbst das Rathaus des seit 1592 zur königlichen Stadt erhobenen Hradschin befand sich - im Unterschied zu anderen Prager Städten - in einer Nebengasse.

Zur adligen Gesellschaft Prags gehörten auch die Gesandten. Der Sitz der Diplomaten von Venedig, Modena, Mantua, Mailand sowie von der Pfalz lag in der Altstadt; die wichtigsten Botschafter, nämlich der päpstliche Nuntius und der spanische Gesandte, waren näher am Schloß zu finden. Selbst die spanische Botschaft residierte in einem bemerkenswerten Palais mit Turm und zwei Gärten in sehr repräsentativer Umgebung. Einige Diplomaten, wie der Spanier Don Guillén de San Clemente oder der Mantuaner Giovanni Battista Sforza, gehörten auch zu den Gönnern der Prager katholischen Kirchen bzw. zu den Förderern der humanistischen Literatur, der Wissenschaft und der bildenden Künste. Manche deutsche Fürsten, wie z.B. Herzog Heinrich Julius von Braunschweig-Wolfenbüttel oder Simon VI. von Lippe-Detmold, besorgten sich durch Mittelsmänner böhmischen Ursprungs am Hradschin eigene Häuser. Eine weitere Kategorie stellten reisende Adlige und Offiziere dar, die sich einfach vom Hofmilieu angezogen fühlten oder hier ihren "Urlaub" vom Türkenkrieg (wie Marschall Bassompière) verbrachten[20].

Der Prager Sitz der Herren von Neuhaus in der zweiten Hälfte des 16. Jahrhunderts]. In: Documenta Pragensia 9 (1991), S. 113-134 und ders.: Funkce venkovských rezidencí a pražských paláců jihočeské šlechty v 16. a 17. století [Funktionen der Landsitze und Prager Paläste des südböhmischen Adels im 16. und 17. Jahrhundert]. In: Život na šlechtickém sídle v XVI.-XVIII. století (Acta Universitatis Purkynianae, Philosophica et Historica I, Opera historica; Bd. 1). Ústí nad Labem 1992, S. 28-41.

20 Vgl. Eliška Fučíková: Praha v době vlády Rudolfa II. [Prag in der Regierungszeit Rudolfs II.] In: Umění na dvoře Rudolfa II. Praha 1988, S. 29-60. Zu einem guten Teil stützt sich dieser Essay auf die Edition Eliška Fučíková/Josef Janaček: Tři francouzští kavalíři v rudolfínské Praze [Drei französiche Kavaliere im rudolfinischen Prag]. Praha 1989. Zur Topographie des Hradschin und der Kleinseite vgl. Václav Vojtíšek: Hradčany a Malá Strana v 2. polovině 16. století [Hradschin und Kleinseite in der zweiten Hälfte des 16. Jahrhunderts]. In: Z minulosti naší Prahy. Praha 1919, S. 41-74.

Den anderen Pol der adligen Welt bildete das adlige "Proletariat", der besitzlose Adel, der in Prag vom unsicheren Hofgehalt, als Bedienstete in Herrenhäusern oder aus gelegentlichen Einnahmen lebte und dessen Erforschung zum großen Teil noch aussteht.

Der starke Zustrom sowohl von Neubürgern als auch von nicht seßhafter Bevölkerung jeder Art erfordete eine Ausdehnung des Stadtareals sowie eine Modernisierung seiner bestehenden Teile. Auch die steigenden Repräsentationsansprüche führten zu zahlreichen Umwandlungen. Sehr häufig waren die Aufbauten: die Höhe der Häuser in der Stadt wuchs im Durchschnitt um ein bis zwei Stockwerke an, was u.a. die Stadtansicht Egidius Sadelers (1606) im Vergleich mit dem älteren Prospekt von Jan Kozel und Michael Peterle (1562) gut belegt. Die Häuser bekamen Pawlatschen (Galerien) oder gar kleine Arkadenhöfe und Loggien, von denen noch heute Beispiele in der Altstadt erhalten sind. Von außen wurden nun die Häuser mit neuen Portalen, plastischen Fensterumrahmungen und auffälligem Gesims versehen; zu einer typischen Verzierung wurden die gemauerten Dachgiebel mit komplizierten Konturen. Auch innen änderte sich viel: man baute jetzt z.B. neue gewölbte Treppenhäuser ein, zum höheren Wohnstandard trug aber besonders das verbesserte Heizungssystem bei, mit neuen, sogenannten welschen Kaminen und mächtigen Rauchfängen in schwarzen Küchen[21].

Die Prager Städte wuchsen aber nicht nur in die Höhe, sie dehnten sich auch aus. Man bebaute die bisher freien Flächen sowohl innerhalb der Mauern als auch in der nahen Umgebung. Neue Bauten entstanden oft an den sogenannten Sonder- oder Nebenrechten, wo die neuen Ansiedler den strengen Regulierungsmaßnahmen der Magistrate nicht unterlagen. Das führte einerseits zu höheren Zinsgewinnen für die Herrschaften, auf deren Boden sich die neuen Leute ansässig machten - so parzellierten z.B. die Kleinseitner Augustiner zu St. Thomas einen Teil ihres Gartens -, andererseits zu verschiedenen Streitigkeiten mit Magistrat und Zünften, die sich über die unzünftig auf den Nebenrechten betriebenen Gewerbe beklagten.

Besonders auffällig vergrößerte sich die bisher sehr eng eingemauerte Kleinseite. Die Gemeinde kaufte und parzellierte die Gartenflächen, die zwischen dem Stadttor und den die Stadt umgebenden Vororten und Ortschaften im Westen und Süden lagen. Diese Ansiedlungen wurden von der Stadt "verschlungen", die Tore in einigen Fällen (im Osten) versetzt. Von dem enormen Baugeschehen zeugen auch die neuen Kalköfen und Ziegeleien - sowohl die kaiserlichen als auch die städtischen -, die an der Kleinseitner Peripherie entstanden.

---

21 Über die Bürgerhäuser und ihre Ausstattung vgl. Zikmund Winter: Kulturní obraz českých měst. Bd. 1 [Das Kulturbild der böhmischen Städte]. Praha 1892, S. 371-414; Dobroslav Líbal: Bürgerliche Architektur in Prag zur Zeit Rudolfs II. In: Prag um 1600 (wie Anm. 10) S. 171-175 und Praha na úsvitu nových dějin (wie Anm. 15), S. 105-147; nicht völlig verläßlich: Václav Hlavsa/Jindřich Vančura: Malá Strana/Menší Město pražské [Die Kleinseite/Die kleinere Prager Stadt]. Praha 1983, S. 59-86.

Nicht selten konzentrierten sich in den Randteilen Brennereien, Häuser mit Ausschank und Gaststätten jeder Art, die diesen Stadtperipherien in der Nähe der Stadtpforten den Charakter echter "Slums" verliehen. Nicht zufällig trafen sich in einer solchen Schenke vor dem Strahover Tor die beiden "lustigen" Kameraden Isaac Winckelfelder und Jobst von der Schneidt, ein Falschspieler und ein Beutelschneider, aus der Novelle Niclaus Ulenharts[22]. Von der Farbigkeit der verschiedensten "Gewerbe", die sich im kaiserlichen Prag einfanden, zeugt auch das Gesuch eines gewissen Jacob Prossel von Nürnberg, der einen "Glückstopf", d.h. eine Art Lotterie, betreiben wollte[23].

Mit der Ausdehnung des Stadtareals wurde auch die städtische Infrastruktur moderner. Schon bald nach 1583 übte der Kaiser selbst einen starken Druck auf die Pflasterung der Stadtgassen sowie die Entfernung der unreinen Gewerbe von den Märkten und insgesamt auf die Verbesserung des hygienischen Standards in den Prager Städten aus. Die Kleinseite z.B. ließ einen neuen Wasserturm und eine Wasserleitung bauen, den Kirchhof von der Stadtpfarrei vor das Tor verlegen und neue Fleischbänke außerhalb des Marktes errichten. In allen Prager Städten findet man zu Beginn des 17. Jahrhunderts insgesamt sechs Gemeindespitäler, einige davon ganz neu, und dazu noch zwei kaiserliche Spitäler, die ausschließlich für Hofleute bestimmt waren.

Ich habe versucht, einen strukturierenden Blick auf die sozialen, kulturellen und urbanistischen Umwandlungen in ihrer Komplexität zu werfen, die die Verlegung der kaiserlichen Residenz nach Prag in der Moldaustadt bewirkte. Die Folgen dieser Epoche machten sich auch nach dem Tod Rudolfs II. 1612 bei der Rückverlegung der kaiserlichen Residenz nach Wien geltend, obwohl sie in der sehr verwirrten politischen Situation der folgenden Jahre nicht immer wahrgenommen wurden.

---

22 Miguel de Cervantes Saavedra/Niclaus Ulenhart: Historia von Isaac Winckelfelder und Jobst von der Schneidt. Leipzig 1983.
23 Ein Privilegium Rudolfs II. für Jakob Prossel (Purssell, Preissel) vom 21. Mai 1585. Státní ústřední archiv Praha, Bestand Alte Manipulation (Stará manipulace), SM S 160/1.

Jaroslav Pánek

Olmütz als Bischofs- und Landeszentrum an der Schwelle zur Neuzeit

Im Vergleich zu Prag, Krakau und Warschau, Buda bzw. Wien, aber in einem bestimmten Maß auch zu Breslau, stellt die Stadt Olmütz einen anderen Typus eines Zentrums niederen Ranges im ostmitteleuropäischen Raum dar. Olmütz spielte nie die Rolle einer Hauptstadt eines selbständigen Staates; im Gegenteil - es mußte sogar um seine Anerkennung als Landeshauptstadt Mährens kämpfen. Von der rechtlichen Seite her wurde es vom Hochmittelalter bis zur Zeit der josephinischen Reformen (1782) als mährische Landeshauptstadt angesehen, später aber verlor Olmütz auch formal diese privilegierte Stellung. Trotzdem kann man Olmütz als ein spezifisches Zentrum in einem überregionalen Sinne bezeichnen, und zwar gerade an der Schwelle zur Neuzeit[1].

Man muß jedoch weiter zurückblicken. Die Sonderstellung von Olmütz in Mähren und seine ständige Konkurrenz zu Brünn war durch die spezifische Verwaltungsentwicklung dieser Landschaft bedingt. In der ersten Hälfte des 11. Jahrhunderts wurde Mähren Böhmen einverleibt, wobei das im Jahre 1063 gegründete Olmützer Bistum zu einem der wichtigsten Instrumente für seine Beherrschung wurde. Die Bischöfe von Olmütz wurden zu direkten Vasallen der böhmischen Herrscher und gewannen die Möglichkeit, ein umfangreiches sekundäres Lehenssystem aufzubauen. Dieses Lehenssystem zusammen mit dem Komplex der mensualen Grundherrschaften bildete eine einzigartige Basis der wirtschaftlichen, militärischen und politischen Macht der Bischöfe von Olmütz, die nicht nur in Mähren, sondern auch in den böhmischen Ländern keine vergleichbare Parallele fand[2].

---

1 Zur allgemeinen Orientierung in der Geschichte von Olmütz vgl. Václav Nešpor: Dějiny Olomouce [Geschichte von Olmütz]. (Vlastivěda moravská; Bd. 2: Místopis.) Brno 1936; Johann Kux: Geschichte der königlichen Hauptstadt Olmütz bis zum Umsturz 1918. (Sudetendeutsche Stadtgeschichten; Bd. 1) Reichenberg/Olmütz 1937; Ivo Hlobil/Pavel Michna/Milan Togner: Olomouc. (Památky - Městské památkové rezervace; Bd. 37). Eine wichtige Ergänzung ist Hans Kux: Verwaltungsgeschichte der Stadt Olmütz. (Publikationen des Olmützer Stadtarchivs; Bd. 2) Olmütz 1942. Vgl. auch Josef Polišenský: Olomouc a problémy studia dějin 16.-17. století [Olmütz und die Erforschung der Geschichte des 16. und 17. Jahrhunderts]. In: Historická Olomouc a její současné problémy 4 (1983), S. 17-26.
2 Jaroslav Dřímal: Připojení Moravy k českému státu za knížete Oldřicha [Die Angliederung Mährens an den böhmischen Staat in der Regierungszeit des Fürsten Ulrich]. In: Časopis Matice moravské 68 (1948), S. 22-49; Barbara Krzemieńska: Wann erfolgte der Anschluß Mährens an den böhmischen Staat? In: Historica. Les sciences historiques en Tchécoslovaquie 19 (1979), S. 195-243; Eva

Das zweite Mittel zur Beherrschung dieser Landschaft war ihre Aufteilung in mehrere Teile, in denen die Angehörigen der jüngeren Linien der Přemyslidischen Dynastie regierten. Nur zwei von diesen Landesteilen haben sich jedoch auf längere Zeit durchgesetzt. Zum Zentrum des östlichen Teiles von Mähren wurde eben gerade Olmütz; für den westlichen übernahm Brünn diese Rolle. Beide angeführten Burgen bzw. Städte spielten eine ähnliche Rolle, und dieser Zustand wurde seit der Wende vom 12. zum 13. Jahrhundert von den Markgrafen von Mähren insofern akzeptiert, als sie abwechselnd in Olmütz und Brünn residierten. Diese Duplizität wurde derart selbstverständlich, daß sogar die Organisation der in der zweiten Hälfte des 13. Jahrhunderts entstandenen Provinzialinstitutionen an sie anknüpfte. Bei der Zentralisation der Provinzialgerichte, die 1348 unter Karl IV. durchgeführt wurde, kam es wiederholt zu ihrer Doppelung in Olmütz und Brünn, ähnlich wie bei den sich später entwickelnden Landtagen[3].

Damit legte man eine Basis für einen Verwaltungsdualismus in Mähren, der symbolisch darin zum Ausdruck kam, daß die Landtafeln - die Hauptquellen des Landrechtes - in zwei parallelen Reihen in Olmütz und Brünn geführt wurden. Beide Städte wurden auch zum Sitz der obersten Landesbeamten, der Oberstkämmerer und der Oberstlandrichter von Mähren. Erst im Jahre 1493 erließ Wladislaw II. eine Verordnung, aufgrund derer nur ein Landgericht für Mähren zuständig sein sollte, an der Spitze mit einem Oberstkämmerer und einem Oberstlandrichter, jedoch immer mit zwei Reihen der Landtafel. Für eine kleine Landschaft, wie es Mähren ist, wurde so festgelegt, daß die ständischen Tagungen abwechselnd in Olmütz und Brünn abgehalten werden sollten. Obwohl Olmütz formal als eine Hauptstadt Mährens betrachtet wurde, bildeten sich hier faktisch zwei Hauptstädte[4].

Im Laufe des 14. und am Anfang des 15. Jahrhunderts kam es zu einer wesentlichen Stärkung der zentralen Rolle von Brünn, weil auf der Brünner Burg Spielberg die Markgrafen von Mähren residierten. In der Zeit der Markgrafen aus der luxemburgischen Dynastie, also von Karl, dem späteren Kaiser Karl IV., bis zu Jobst, bildete sich in Brünn ein

---

Barborová: Postavení Moravy v českém státě doby předhusitské [Die Stellung Mährens im böhmischen Staat in der vorhussitischen Zeit] (1182-1411). In: Sborník archivních prací 20 (1970), S. 309-363; Josef Válka: Morava ve struktuře a historii českého lenního a stavovského státu [Mähren in der Struktur und Geschichte des böhmischen Lehens- und Ständestaates]. In: Moravský sborník historický. Moravica Historica. Brno 1986, S. 22-45, hier S. 25ff.; ders.: Moravie dans la structure et dans l'histoire du Royaume de Bohême. In: Historica. Historical Sciences in the Czech Republic 1 (1994), S. 9-36, hier S. 13ff.

3 Jan Janák/Zdeňka Hledíková: Dějiny správy v českých zemích [Die Verwaltungsgeschichte der böhmischen Länder]. Praha 1989, S. 17ff., 36f.; Josef Válka: Karlova integrace Moravy do českého státu [Die Integrierung Mährens in den böhmischen Staat durch Karl IV.]. In: Jižní Morava 16 (1980), S. 43-53; ders.: Dějiny Morava [Geschichte Mährens. Bd. 1:] Středověká Morava [Das mittelalterliche Mähren]. (Vlastivěda moravská. Země a lid. Nová řada; Bd. 5.), S. 36ff.

4 Vincenc Brandl: Glossarium illustrans bohemico-moravicae historiae fontes. Brünn 1876, S. 28-36; Zdeněk Fiala: Desky zemské a dvorské [Land- und Hoftafel]. In: Jindřich Šebánek/Zdeněk Fiala/Zdeňka Hledíková (Hg.): Česká diplomatika do r. 1848. Praha 1971, S. 134-143 (dort auch weiterführende Bibliographie).

glänzender Hof, der auf die zentrale politische Rolle in Mähren zielte. Zu den Vorteilen von Brünn gehörten auch die sich stark entwickelnden Wirtschaftsmöglichkeiten, weil Brünn an der Kreuzung der Handelswege zwischen dem mitteleuropäischen Westen, Osten, Norden und Süden lag. Deshalb erhielt Brünn immer einige Jahrzehnte früher als Olmütz verschiedene Handelsprivilegien und besaß seit 1348 als einzige Stadt in Mähren das Stapelrecht, das mit dem Stapelrecht der Altstadt Prag für Böhmen vergleichbar war[5].

Die Stellung beider mährischen Städte veränderte sich jedoch infolge der Hussitenkriege, die Brünn viel schwerer trafen. Brünn verlor den markgräflichen Hof; die wirtschaftlichen Kontakte und Entwicklungsmöglichkeiten stagnierten und die Zahl der Einwohner ging wesentlich zurück. Die ganze Ständekorporation der königlichen Städte in Mähren erlebte im 15. Jahrhundert einen Rückgang, und von insgesamt sechs königlichen Städten behielten nur vier (Olmütz, Brünn, Iglau und Znaim) eine größere Bedeutung für das Land. An der Schwelle zur Neuzeit erreichte Olmütz unter den mährischen Städten eindeutig den ersten Rang. Diese Stadt hatte im Vergleich zu den anderen in Mähren das größte von Stadtmauern geschützte Areal. Es handelte sich insgesamt um eine Fläche von 46,5 Hektar, was aber viel weniger als in Prag oder Breslau war. In diesem Areal mit 600 bis 700 Häusern lebten maximal 6 000 Einwohner, in den Vorstädten mit etwa 400 Häusern konnten wohl um 3 000 Einwohner leben. Obwohl die Schätzungen der Regionalgeschichtsforschung mit größeren Zahlen operieren, ist eher zu vermuten, daß Olmütz im 16. und Anfang des 17. Jahrhunderts nicht mehr als 9 000-10 000 Einwohner hatte und also nicht zu den mitteleuropäischen "Großstädten" gezählt werden kann[6].

Die wirtschaftliche Stellung von Olmütz resultierte einerseits aus dem Transit- und internationalen Handel, andererseits aus den außerordentlich hohen Verbrauchsansprüchen des Bischofshofes, seines sozialen Hinterlandes, des Domkapitels und seit dem Jahre 1573 auch aus der Anwesenheit der Universität - der zweitwichtigsten Universität in den Ländern der Böhmischen Krone. Dagegen war die Stellung der Stadt selbst im rechtlichen Sinne von keiner besonderen Bedeutung. Olmütz konsolidierte zwar seine Rolle als oberstes Appellationsgericht für die nach dem Magdeburger Recht gegründeten mährischen Städte, erreichte jedoch in dieser Hinsicht nicht die Bedeutung von Breslau[7].

---

5 Nešpor (wie Anm. 1), S. 52ff., 58ff.; Kux: Geschichte (wie Anm. 1), S. 49, 62ff.; Dějiny města Brna [Geschichte der Stadt Brünn]. Hg. v. Jaroslav Dřímal/Václav Peša. Brno 1969, S. 43f., 48f., 54f.; vgl. auch Jaroslav Mezník: Der böhmische und mährische Adel im 14. und 15. Jahrhundert. In: Bohemia 28 (1982), S. 69-91.
6 Nešpor (wie Anm. 1), S. 71ff.; Kux: Geschichte (wie Anm. 1), S. 77ff.; Jaroslav Marek: Společenská skladba moravských královských měst v 15. a 16. století [Die soziale Struktur der königlichen Städte Mährens im 15. und 16. Jahrhundert]. Praha 1965, S. 29ff.; zur demographischen Entwicklung vgl. auch Josef Janáček: České dějiny. Doba předbělohorská [Geschichte der böhmischen Länder, 1526-1547]. Bd. I/2, Praha 1968, S. 162.
7 Die neueste Arbeit zur Handelsgeschichte von Olmütz in der frühen Neuzeit von Ludmila Spáčilová: Zahraniční obchod v předbělohorské Olomouci [Der Außenhandel von Olmütz in der Zeit vor der Schlacht am Weißen Berge]. In: Folia Historica Bohemica 13 (1990), S. 131-157; dies.: Městský trh

Wesentlich wichtiger war die militärstrategische Position von Olmütz. Mähren wurde permanent vom Osten und Südosten bedroht. Diese Gefahr wuchs nach 1541 sehr stark an, nachdem die Türken die Ungarische Ebene erobert und besetzt hatten. Im Laufe des 16. Jahrhunderts entfaltete sich die Verteidigungsstrategie des böhmischen Staates (d.h. der Ständekorporationen der fünf Kronländer), die auf zwei Linien beruhte. Die vorgeschobene Linie lag im Raum folgender Gebirge: der Mährisch-Schlesischen Beskiden, der Jaworniky und Weißen Karpaten, die von den Truppen des böhmischen, mährischen und schlesischen Landesaufgebotes geschützt werden sollten. Die innere Linie sollte den Raum zwischen der Mährischen Pforte im Norden und der unteren March im Süden des Landes beschützen. Bei dieser Linie spielte gerade Olmütz die entscheidende Rolle als wichtigste Landesfestung. Weiter nördlich von Olmütz lagen die Burg Hochwald, die aber dem Olmützer Bischof gehörte, und südlich die Stadt Kremsier, wo sich die Privatresidenz sowie das Verwaltungs- und Rechtszentrum des bischöflichen Lehenssystems befanden[8].

Diese strategische Funktion der Stadt Olmütz, die traditionell Richtung Osten orientiert war, wurde in der Zeit des Dreißigjährigen Krieges einer ernsten Prüfung unterzogen, da diesmal der Angriff vom Norden geführt wurde. Im Jahre 1642 gelang es der schwedischen Armee verhältnismäßig einfach, die Stadt Olmütz zu erobern und diese bis zum Jahre 1650 mit einem schwedischen Kontingent zu besetzen. Olmütz verlor in dieser Zeit die Mehrheit seiner Bewohner; drei Viertel der in den Stadtmauern gebauten Häuser und alle Vorstädte wurden vernichtet. Damit war im Prinzip der Konkurrenzkampf zwischen Olmütz und Brünn entschieden. Es gelang der Stadt Brünn, die wiederholten schwedischen

---

v předbělohorské Olomouci [Der Stadtmarkt in Olmütz im 16. und am Anfang des 17. Jahrhunderts]. In: Folia Historica Bohemica 14 (1990), S. 99-134. - Zur Bedeutung der Universität Olga Uhrová-Vávrová: Listář Olomoucké university [Urkundenbuch der Olmützer Universität]. Olomouc 1946; Václav Nešpor: Dějiny university olomoucké [Geschichte der Universität Olmütz]. Olomouc 1947, S. 13ff.; Zdeněk Kristen: K počátkům vysokého učení v Olomouci [Zu den Anfängen der Olmützer Universität]. In: Střední Morava 1 (1966), S. 19-35; Jiřina Holinková: K počátkům vysokého učení v Olomouci v 16. století [Zu den Anfängen der Olmützer Universität im 16. Jahrhundert]. In: Sborník Vlastivědné společnosti muzejní v Olomouci 62 (1973), S. 150-158; Kapitoly z dějin olomoucké university [Kapitel aus der Geschichte der Olmützer Universität]. Hg. v. Jan Navrátil. Ostrava 1973. - Zur Entwicklung des Stadtrechtes František Kameníček: Zemské sněmy a sjezdy moravské [Die mährischen Landtage und Landeskongresse]. Bd. 1-3. Brno 1900-1905, hier Bd. 2 (1902), S. 114ff.; Kux: Verwaltungsgeschichte (wie Anm. 1), S. 40ff.; František Hoffmann: K oblastem českých práv městských [Über die böhmischen Stadtrechtsgebiete]. In: Studie o rukopisech 14 (1975), S. 39.

8 Miloslav Volf: Pokusy o společnou defensi České koruny v poslední třetině XVI. století [Versuche einer gemeinsamen Defension der Böhmischen Krone im letzten Drittel des 16. Jahrhunderts]. In: K dějinám československým v období humanismu. Sborník k 60. narozeninám J. B. Nováka. Praha 1932, S. 315-342; Jaroslav Pánek: Podíl předbělohorského českého státu na obraně střední Evropy proti osmanské expanzi [Der Anteil des böhmischen Staates an der Verteidigung Mitteleuropas gegen die Osmanenexpansion]. In: Československý časopis historický 36 (1988), S. 856-882; 37 (1989), S. 71-84, hier S. 79ff.; ders.: Die antiosmanischen Feldzüge aus Böhmen nach Ungarn in der zweiten Hälfte des 16. Jahrhunderts. In: Rapports, co-rapports, communications tchécoslovaques pour le VIe Congrès de l'Association internationale d'Etudes du Sud-Est européen, Prague 1989, S. 67-101, hier S. 88ff.

Angriffe in den Jahren 1643 und 1645 abzuwehren und die Verwaltung Mährens in den Händen der Habsburgerdynastie zu behalten[9].

Das Endergebnis dieses Konkurrenzkampfes zwischen den beiden bedeutendsten mährischen Städten bewirkten aber auch andere Umstände. Unter dem Gesichtspunkt der Außenpolitik des böhmischen Staates hatte nämlich Olmütz eine einzigartige Bedeutung in der Zeit, in der die auswärtige Politik der böhmischen Könige vor allem in Richtung Nordosten zielte. Der Gipfel dieser politischen Orientierung wurde in der Jagiellonenzeit erreicht, als sich nach der Entstehung der Habsburgermonarchie 1526 die Politik der Herrscher und der mährischen Stände vorwiegend auf den Südwesten konzentrierte. Brünn besaß eine ideale Lage auf der Verbindung zwischen Prag und Wien, und deshalb wurde das Zentrum der säkularen Politik allmählich nach Brünn übertragen. Sogar während des Ständeaufstandes im Jahre 1619 residierte die Regierung der Direktoren nur in Brünn. Nach dem Verlauf der Kämpfe zu urteilen, respektierten auch die Habsburger diese Veränderung. Ferdinand II. errichtete im Jahre 1636 das königliche Tribunal, ein gesamtmährisches Amt für politische Angelegenheiten sowie für Finanzen und Justiz in Brünn. Kurz danach, 1641, löste sein Nachfolger, Ferdinand III., die bisherige Zweigleisigkeit der ständischen Institutionen auf und übertrug den Sitz des Landgerichts und des Landtafelamtes nach Brünn. Die nachfolgende Entwicklung der militärischen Ereignisse bestätigte, daß die Entscheidung für Brünn als das politische Zentrum von Mähren definitiv werden sollte[10].

Für die Zeit, in der sich diese Lösung vorbereitete, sollte man eines der überregionalen Kriterien erwähnen, und zwar die Beziehung der Stadt Olmütz zu der Ständerepräsentation der gesamten Böhmischen Krone. Im Vergleich zu den anderen mährischen Städten versuchte sich Olmütz vor allem auf den Generallandtagen in Prag hochrangig zu repräsentieren. Bei dieser Gelegenheit kamen Vertreter dieser Stadt in den engen Kreis der mährischen ständischen Elite und in Kontakt mit dem Herrscher. Die Grundlage für unsere Kenntnis von diesen repräsentativen Auftritten bilden die Verzeichnisse der sogenannten Landtagsrelatoren, d.h. der offiziellen Teilnehmer der Landtagsverhandlungen und -beschlüsse. Für den Anfang der frühen Neuzeit sind insgesamt sieben solche Verzeichnisse

---

9 Vgl. Berthold Bretholz: Urkunden, Briefe und Actenstücke zur Geschichte der Belagerung der Stadt Brünn durch die Schweden in den Jahren 1643 und 1645. Brünn 1895; Vladimír Vašků: Studie o správních dějinách a písemnostech moravského královského tribunálu z let 1636-1749 [Studie über die Verwaltungsgeschichte und das Schriftgut des mährischen königlichen Tribunals aus den Jahren 1636-1749]. Brno 1969, S. 11ff.; František Matějek: Morava za třicetileté války [Mähren während des Dreißigjährigen Krieges]. (Opera Instituti Historici Pragae. Series A - Monographia; Bd. 6) Praha 1992, S. 243ff.; Pavel Balcárek: Brno versus Olomouc. O primát hlavního města Moravy [Brünn versus Olmütz. Das Ringen um die Priorität der Hauptstadt Mährens]. Brno 1993, S. 27ff.
10 Libuše Urbánková (Hrsg.): Povstání na Moravě v roce 1619. Z korespondence moravských direktorů [Der Ständeaufstand in Mähren 1619. Aus der Korrespondenz der mährischen Direktoren.] Praha 1979; Jaroslav Pánek: Das politische System des böhmischen Staates im ersten Jahrhundert der habsburgischen Herrschaft (1526-1620). In: Mitteilungen des Instituts für österreichische Geschichtsforschung 97 (1989), S. 53-82, hier S. 77ff.

aus den Jahren 1541-1595 erhalten geblieben. Aufgrund ihrer Analyse kann man feststellen, daß der Stand der königlichen Städte Mährens immer von zwei bis vier Delegierten vertreten wurde, also bei den ausgewählten Städten vom Stadtschreiber oder von einem Mitglied des Stadtrates. Mit einer einzigen Ausnahme, als an dem Generallandtag von 1595 kein Vertreter von Olmütz anwesend war, wurden die Olmützer konsequent an erster Stelle vor den Vertretern von Brünn, Znaim und Iglau genannt. Typisch war, daß Olmütz immer nur von einer Person repräsentiert wurde, was aber auch für Brünn galt. Auch in dieser Hinsicht blieb Olmütz hinter Breslau zurück, weil die schlesische Hauptstadt stärker vertreten war als alle anderen Städte Schlesiens zusammen[11].

Die reale politische Bedeutung von Olmütz gegenüber Brünn im ersten Jahrhundert der Habsburgerherrschaft kann man auch an den Versammlungsorten der Landtage und Ständekongresse messen. Im allgemeinen fanden diese Versammlungen in allen mährischen königlichen Städten statt, wobei nur Mährisch Neustadt eine Ausnahme bildete. Unter außenordentlichen Bedingungen trafen sich die Landstände auch in den untertänigen Städten, namentlich in Wischau und Eibenschitz. Die meisten dieser wichtigen Treffen der politischen Landeselite fanden jedenfalls in Olmütz und Brünn statt. Es kam jedoch nicht zu einem regelmäßigen Wechsel, Brünn erreichte eindeutig in dem gesamten Zeitraum von 1526 bis 1620 die erste Position, weil hier mehr als die Hälfte aller Landtage und Ständekongresse tagte. Prozentual genauer ausgedrückt, waren es 54,5%, in Olmütz nur 37,1%. Da diese Versammlungen auf Initiative des Herrschers und der Stände stattfanden, ist es klar, daß für die weltlichen Stände Brünn annehmbarer war, während die Bischöfe versuchten, Olmütz durchzusetzen. In der Frequenz der bischöflichen Residenzstadt als Tagungsort spiegelte sich sowohl die momentane Stellung als auch die politische Orientierung der einzelnen Bischöfe wider. Bedeutende Persönlichkeiten, wie z.B. Johannes Dubravius (1541-1553), Stanislaus Pawlowski (1579-1598) und Franz Kardinal von Dietrichstein (1599-1636), waren bestrebt, daß die privilegierte Stellung von Olmütz innerhalb Mährens respektiert wurde. Dagegen setzte sich vor allem der evangelische Adel eindeutig für Brünn ein, wenn sich die Beziehungen zwischen diesem einflußreichen Adelsflügel und dem Bischof zuspitzten - insbesondere im Zusammenhang mit der gegen die Stände gerichteten Rekatholisierungspolitik. Auch auf diese Weise formierte sich das Profil der Stadt Olmütz als eines einseitigen Machtzentrums der kirchlichen Politik[12].

---

11 Verzeichnisse der Relatoren bei den Generallandtagen der Böhmischen Krone wurden in der Quellenreihe Sněmy české - Die böhmischen Landtagsverhandlungen und Landtagsbeschlüsse. Bd. 1-15. Praha 1877-1955 veröffentlicht. Es ist eine Dokumentation zu den Jahren 1541, 1544, 1552, 1556, 1557, 1576 und 1595. Vgl. Sněmy české. Bd. 1 (1877), S. 523, 592; Bd. 2 (1880), S. 638, 714, 812; Bd. 4 (1886), S. 570; 9 (1897), S. 118.

12 Eine relativ genaue Statistik konnte man aufgrund einer Analyse der Angaben, die František Kameníček in seinem praktisch kompletten Werk über die mährischen Landtage und Landeskongresse gesammelt hat, aufstellen, vgl. Kameníček (wie Anm. 7), passim; zur Alternativfunktion von Olmütz und Brünn bei der Veranstaltung der mährischen Landtage und Landrechte vgl. ebd. Bd. 1, S. 56, 205; Bd. 2, S.

Für den Aufbau von Olmütz als einem Zentrum des Katholizismus in Mähren und in den böhmischen Ländern hatte diese Stadt die besten Voraussetzungen, und zwar nicht nur durch das bischöfliche Amt, sondern auch durch das einflußreiche Domkapitel und die anderen Kircheninstitutionen sowie teilweise durch die Bevölkerungsstruktur. In der Zeit, als der Großteil von Böhmen und Mähren vom Hussitismus geprägt war, wurde Olmütz zum Zufluchtsort für die Geistlichkeit und für Bürger katholischen Glaubens, die ihre Heimatorte verlassen mußten. Einige Orden, wie z.B. die Dominikaner und die neu eingeführten Franziskaner, festigten hier noch im Laufe des 15. Jahrhunderts ihre Stellung. Unter diesen Umständen konnte sogar das Eindringen des Luthertums in die Reihen der Olmützer Bürger und der Stadträte in den zwanziger bis sechziger Jahren des 16. Jahrhunderts für die katholischen Institutionen eine vernichtende Bedeutung haben[13].

Eine entscheidende Aufgabe bei der Verteidigung gegen die Reformation und bei der Durchführung der späteren Gegenreformation hatte das Amt des Bischofs von Olmütz und mit diesem das meist in Zusammenarbeit stehende, nur manchmal auch mit ihm konkurrierende Domkapitel des Heiligen Wenzels. Auch in der Zeit der höchsten Bedrohung des Bistums durch einen allgemeinen Zerfall der Kirche, d.h. in den Jahren der Sedisvakanz 1482-1497, behielt sich das Kapitel die Initiative vor, und zwar auch gegen die eigenwilligen Eingriffe des Herrschers und der Kurie. Es setzte konsequent sein Recht auf die freie Wahl des Bischofs durch: trotz seines Mißerfolges bei der Wahl des Bohuslaus von Hassenstein und Lobkowitz 1493 gelang dem Kapitel die Durchsetzung dieses Rechts im Laufe des nächsten Jahrhunderts[14].

Das St.-Wenzels-Domkapitel wurde dank seiner rechtlichen Stellung und der Eigentumsverhältnisse zu der mächtigsten Institution dieser Art in den böhmischen Ländern. Es wurde den beiden anderen mährischen Kapiteln - in Brünn und Kremsier - übergeordnet. Die St.-Moritz-Kapitelpropstei in Kremsier war nämlich aufgrund alter Privilegien Olmütz inkorporiert und außer den Olmützer Domherren konnte niemand zum Propst ernannt werden. Auch die Dignitäten der Brünner Pröpste und Archidiakone waren an die Mitgliedschaft in dem Olmützer Kapitel gebunden. Die personelle Verbindung der unter- und übergeordneten Kapitel war so stark, daß in dem Zeitraum von 1480 bis 1650 mindestens 30 Olmützer Domherren zugleich Kanoniker in Brünn waren[15].

40.
13 Stanislav Zela: Náboženské poměry v Olomouci za biskupa Marka Kuena [Religionsverhältnisse in Olmütz in der Zeit des Bischofs Marek Kuen] (1553-1565). Olomouc 1931; Nešpor (wie Anm. 1), S. 71ff.; Kux (wie Anm. 1), S. 77ff.
14 Josef Macek: K dějinám Olomouce na konci 15. století (Spory o olomoucké biskupství) [Zur Geschichte von Olmütz gegen Ende des 15. Jahrhunderts (Auseinandersetzungen um das Olmützer Bistum)]. In: Okresní archiv v Olomouci. Oloumouc 1986, S. 53-63.
15 Antonín Roubic: Několik poznámek k postavení olomoucké kapituly v 16. století [Einige Bemerkungen zur Bedeutung des Olmützer Domkapitels im 16. Jahrhundert]. In: Historická Olomouc a její současné problémy 4 (1983), S. 65-78.

Das Olmützer Kapitel verstärkte seine exklusive Stellung, indem es hohe Ansprüche an seine Mitglieder stellte. Seit dem Spätmittelalter mußten die Kapitelmitglieder einen Magister- oder Lizentiatgrad der Philosophie, bzw. der Rechte besitzen, nach 1547 durfte niemand Domherr werden, der nicht das dreijährige theologische Studium absolviert, die Doktorwürde und Priesterweihe erreicht hatte. Erst nach der Erfüllung dieser Bedingungen, und wenn möglich auch der Residenzpflicht, konnte der Olmützer Kanoniker seine Teilhabe an dem umfangreichen Besitztum und seiner Erträge genießen[16].

Solche Einkünfte waren auch für die Prälaten aus Böhmen und Schlesien sehr anziehend. So kann man in dem Zeitraum von 1480 bis 1650 mindestens 40 Personen finden, die zugleich Kanoniker in Olmütz und Breslau, bzw. neun Personen aus der Reihe der Olmützer Domherren, die Mitglieder des Kollegiatkapitels in Glogau waren. Noch wichtiger war aber die Beziehung des St.-Wenzels-Kapitels zu den Prälaten in Böhmen, deren Einkünfte infolge der Entwicklung während und nach der hussitischen Zeit wesentlich eingeschränkt wurden. Neben den intensiven Beziehungen zu dem St.-Veits-Kapitel auf dem Prager Hradschin, die schon eine lange Tradition hatten, pflegte das Olmützer Kapitel rege personelle Kontakte zu dem St.-Stephans-Kapitel im nordböhmischen Leitmeritz. Die Leitmeritzer Pröpste und Dekane, die materiell durch ihr Kanonikat in Olmütz gesichert waren, hatten die Stellung ordentlicher ständischer Prälaten in Mähren und konnten zugleich kirchlich-politisch in Böhmen tätig sein. Gerade aus diesem Olmütz-Leitmeritzer Prälatenumkreis rekrutierten sich bedeutende Vertreter der habsburgischen Rekatholisierungspolitik, wie z.B. Jan Horák von Milešovka, der Erzieher in der Familie von Ferdinand I., Kaspar von Logau, der spätere Bischof von Breslau, Johann Prusinovský und Franz von Dietrichstein, beide Bischöfe von Olmütz, oder der spätere Erzbischof von Prag, Zbyněk Berka von Dubá. Die Rekatholisierungspolitik des Olmützer Kapitels erreichte so überregionale Bedeutung und beeinflußte im Prinzip das gesamte Territorium des böhmischen Staates[17].

Ähnliche Ambitionen wie das Kapitel zeigten auch die Bischöfe von Olmütz. Nach dem Tode des letzten Prager Erzbischofs Konrad von Vechta im Jahre 1431 wurde ihre Beziehung zu dem vakanten Prager Erzbistum sehr locker. Die Olmützer Bischöfe kehrten zu der Praxis vor dem Jahr 1344 zurück und meldeten verbal ihre Unterordnung unter das Mainzer Erzbistum an. Faktisch handelten sie aber als unabhängige Metropoliten, wobei sie von der Tatsache profitierten, daß sie unter den Prälaten in den böhmischen Ländern keine Konkurrenten hatten. Auch nach der Erneuerung des Prager Erzbistums 1561 hielten

---

16 Ebd., S. 67f.
17 Ebd., S. 69ff.; Miloš Kouřil: Město Olomouc a církev v letech 1550-1650 [Die Stadt Olmütz und die Kirche in den Jahren 1550-1650]. In: Historická Olomouc a její současné problémy 4 (1983), S. 27-32. Vgl. auch eine umfangreiche Dokumentation in folgenden Quellenpublikationen: Bohumil Navrátil (Hrsg.): Jesuité olomoučtí za protireformace. Akty a listiny z let 1558-1619 [Die Olmützer Jesuiten in der Gegenreformationszeit. Aktenstücke und Urkunden aus den Jahren 1558-1619]. Bd. 1. Brno 1916; Jiří Radimský: Jesuité v Olomouci [Die Jesuiten in Olmütz] 1567-1773. (Soupisy fondů Krajského archivu v Brně, Reihe E; Bd. 1) Brno 1952.

sich die Olmützer Bischöfe nicht für dessen Suffragane und setzten ihren bedeutenden Anteil an der Krönung der böhmischen Könige durch. In politischer Hinsicht war es jedoch wichtiger, daß sie sich als Diplomaten und ausgeprägte Vertreter der habsburgischen Dynastie bei der Formierung der Politik des böhmischen Staates und der Habsburgermonarchie engagieren konnten[18].

Die Erfahrungen der überregionalen Politik ermöglichten ihnen so, die Bedeutung der Kontakte zwischen der Elite in Böhmen und in den inkorporierten Ländern zu begreifen. Die allgemeine konfessionell-politische Lage in Mähren entwickelte sich nämlich für den Katholizismus sehr ungünstig, weil die absolute Mehrheit des Adels zum evangelischen Lager überging. Im letzten Viertel des 16. Jahrhunderts mußte sogar der Herrscher die obersten Landesämter mit Protestanten besetzen, da im Lande manchmal kein einziger Katholik aus dem mährischen Herrenstande war. Die Olmützer Bischöfe hofften provisorische Lösungen zu finden, aber erst Stanislaus Pawlowski brachte eine klare und langfristige Strategie. Dank des bischöflichen Besitzes und anderer Möglichkeiten gewann er Gönner in den höchsten Kreisen der böhmischen katholischen Aristokratie, insbesondere in den Ämtern des Oberstkanzlers, -burggrafs und -hofmeisters. Sie bildeten am königlichen und kaiserlichen Hofe Rudolfs II. eine effektive Agentur, die ihm half, mit der Stärke des böhmischen katholischen Adels die ernsten Probleme der Rekatholisierung in Mähren zu lösen. Pawlowski schuf so eine machtpolitische Achse zwischen Olmütz und Prag bzw. auch Wien, die die Machtverteilung im böhmischen Staat wesentlich änderte[19].

Parallel dazu versuchte er mit böhmischer Hilfe die konfessionell-politische Struktur der mährischen Ständegemeinde zu ändern. Pawlowski lud die Vertreter der böhmischen katholischen Adelsfamilien nach Mähren ein, insbesondere Popel von Lobkowitz und Berka von Dubá, und erleichterte ihnen den Zugang zu den höchsten mährischen Landesämtern. Nach der scheinbar aussichtslosen Situation der achtziger Jahre des 16. Jahrhunderts änderte Pawlowski so erfolgreich die Lage, wagte teilweise die ersten Schritte der Rekatholi-

---

18 Antonín Rezek: O poměru biskupů Olomouckých k arcibiskupům Pražským v XVI. století [Über das Verhältnis der Olmützer Bischöfe zu den Prager Erzbischöfen]. In: Český časopis historický 2 (1896), S. 39-42; František Snopek: K otázce poměru biskupův olomouckých k arcibiskupům pražským v XVI. století [Zur Frage des Verhältnisses der Olmützer Bischöfe zu den Prager Erzbischöfen im 16. Jahrhundert]. In: Český časopis historický 10 (1904), S. 444-445; S. Steinherz (Hrsg.): Briefe des Prager Erzbischofs Anton Brus von Müglitz 1562-1563. Prag 1907, Nr. 29, S. 62.
19 Kameníček (wie Anm. 7), Bd. 3, S. 1-29; Antonín Breitenbach: Spor biskupa Pavlovského s moravským soudem zemským o soudnictví nad kněžstvem [Die Auseinandersetzung des Bischofs Pawlowski mit dem mährischen Landrecht um die Jurisprudenz in geistlichen Angelegenheiten]. In: Časopis Matice moravské 30 (1906), S. 97-134, 228-270, 349-373; Bohumil Navrátil: Biskupství olomoucké 1576-1579 a volba Stanislava Pavlovského [Das Olmützer Bistum und die Wahl des Stanislaus Pawlowski]. Praha 1909; Jaroslav Pánek: Olomoucký biskup Stanislav Pavlovský a česká šlechta [Stanislaus Pawlowski, Bischof von Olmütz, und der böhmische Adel]. In: Okresní archiv v Olomouci. Olomouc 1989, S. 35-58; ders.: Renesanční dvůr olomouckého biskupa - obecné a zvláštní rysy [Der Renaissancehof des Olmützer Bischofs - allgemeine und besondere Merkmale]. In: Opera Historica. Editio Universitatis Bohemiae Meridionalis 3 (1993), S. 167-177.

sierung Mährens und schuf zugleich die Bedingungen für ihre Durchsetzung während des Episkopats Franz von Dietrichsteins. Ein positives Ergebnis dabei betraf die Maßnahmen im Schulwesen und bei der Erziehung der katholischen Intelligenz. Dazu gehörten schon unter den Vorgängern von Pawlowski die Gründung des Jesuitenkollegs in Olmütz 1566 und der Universität daselbst 1573 sowie die Einrichtung des Collegium Nordicum im Jahre 1578. Wenn die ersten zwei Institutionen für die Rekatholisierung Mährens und der Nachbarländer bestimmt waren, handelte es sich bei dem Collegium Nordicum sogar um die Erziehung der katholischen Intelligenz aus den skandinavischen Ländern. Obwohl die Bedeutung der Absolventen von diesen Einrichtungen aus den Jahren 1578-1619 für die Rekatholisierung des Schwedisch-Finnischen und Dänisch-Norwegischen Königreiches gering einzuschätzen ist, bewies hier das Olmützer Bistum im Zusammenwirken mit der Papstkurie Ambitionen von breiter internationaler Tragweite[20].

Die Entwicklung der Stadt Olmütz zu einem Landes- und Bischofszentrum vollzog sich also voller Widersprüche. Einige Jahrhunderte lang kämpfte Olmütz mit Brünn um die Anerkennung seiner Position als Landeshauptstadt. Es nutzte dazu nicht nur die Realpolitik, sondern auch die Mythologie, die seine antike Abstammung beweisen sollte (humanistische Vorstellungen über die Gründung der Stadt durch Julius Caesar oder über den Sieg über die Tartaren bei Olmütz). Eine interessante Rolle spielte die kulturelle Repräsentation auf dem Gebiet der Architektur und der bildenden Künste[21]. Für die Lösung des Streites um die Position einer mährischen Landeshauptstadt waren jedoch die staatspolitischen Interessen entscheidend, die an den traditionellen Polyzentrismus Mährens anknüpften und die die funktionale Trennung der zwei wichtigsten mährischen Städte bestätigten.

---

20 Miloš Kouřil: Skandinávští studenti na olomoucké univerzitě v době předbělohorské [Die skandinavischen Studenten an der Olmützer Universität in der Zeit vor der Schlacht am Weißen Berg]. In: Sborník k dějinám moravského školství 2, Přerov 1971, S. 3-24; Zdeněk Hojda: Collegia Nordica v Olomouci a Braniewu [Collegia Nordica in Olmütz und Braunsberg] 1578-1619. In: Acta Universitatis Carolinae - Historia Universitatis Carolinae Pragensis 30 (1990), Nr. 1, S. 49-95; Jaroslav Pánek: Biskup a kancléř (Stanislav Pavlovský a Vratislav z Pernštejna 1579-1582 a jejich úloha v počátcích rekatolizace Moravy [Der Bischof und der Oberstkanzler (Stanislaus Pawlowski und Wratislav von Pernstein 1579-1582 und ihre Rolle in den Anfängen der Rekatholisierung Mährens)]. In: Časopis Matice moravské 113 (1994), S. 35-47.

21 Ein Auswahlverzeichnis der umfangreichen Literatur zur Kulturgeschichte von Olmütz bringt das Buch von Hlobil/Michna/Togner (wie Anm. 1), S. 153-163. Zum erwähnten Thema vgl. darüber insbesondere Václav Novotný: Tataři na Moravě a bitva u Olomouce r. 1241 [Die Tartaren in Mähren und die Schlacht bei Olmütz im Jahre 1241]. In: ders., České dějiny [Böhmische Geschichte]. Bd. I/3. Praha 1928, S. 1005-1009; Eduard Petrů (Hrsg.): Humanisté o Olomouci [Die Humanisten über Olmütz]. Praha [1979]; Libuše Spáčilová / Vladimír Spáčil (Hrsg.): Popis královského hlavního města Olomouce, sepsaný syndikem Floriánem Josefem Louckým roku 1746 [Die Beschreibung der Stadt Olmütz von Florian Josef Loucký aus dem Jahre 1746]. Olomouc 1991; Ivo Hlobil/Eduard Petrů: Humanismus a raná renesance na Moravě [Der Humanismus und die Frührenaissance in Mähren]. Praha 1992.; Vladimír Spáčil (Hg.): Františka Jiřího Eberla Pragmatické dějiny města Olomouce [Die pragmatische Geschichte der Stadt Olmütz von Franz Georg Eberl]. Olomouc 1994; Jiří Fiala: Olomoucký pitaval [Der Olmützer Pitaval]. Praha 1994, bes. S. 81ff.

Brünn wurde zum Zentrum der weltlichen Macht, während Olmütz die Ebene der hohen kirchlichen Politik behielt. Gerade dies spielte in der Zeit der Reformation und Rekatholisierung die entscheidende Rolle.

An dem Beispiel von Olmütz, das zu einer ostmitteleuropäischen Zentralstadt zweiten Ranges zu werden hoffte, zeigt sich das Problem eines sich langfristig herausbildenden Polyzentrismus in einer historischen Landschaft. In diesem Fall liegen die Gründe schon in den Anfängen des Zusammenlebens Mährens mit Böhmen mittels einer zielbewußten territorialen, rechtlichen und administrativen Teilung des Landes. Diese festen regionalen Bedingungen verhinderten später eine konsequente politische und kulturelle Vereinigung des Landes sowie die Bildung einer einheitlichen Elite in einem einzigen Machtzentrum. Auch deshalb wurden Böhmen und Mähren zu Ländern mit einem gemeinsamen Schicksal und zur untrennbaren Basis des böhmischen Staates während des zweiten Jahrtausends. Es ist nicht nötig auszuführen, daß diese Tatsache eine weitreichende Bedeutung auch in der Zeit der jetzt verlaufenden Wandlungsprozesse in Mitteleuropa hat.

Hugo Weczerka

Breslaus Zentralität im ostmitteleuropäischen Raum um 1500

Ludwig Petry, der sich in sehr verdienstvoller Weise mit der Geschichte Breslaus beschäftigt hat, hielt vor einem Jahrzehnt einen Vortrag über das frühneuzeitliche Breslau als "Metropole für Südosteuropa", im Druck dann als "Metropole des Südostens" bezeichnet[1]. Hier soll der neutralere Begriff der "Zentralität" verwendet werden, obwohl die Kennzeichnung dieser Stadt als "Metropole" durchaus gerechtfertigt erscheint.

Was erwartet man von einer "Metropole"? Sie soll eine 'Hauptstadt' im umfassenden Sinne sein, nicht nur ein Verwaltungssitz, sondern ein in vielfältiger Weise hervorstechendes Zentrum politisch, geistlich, wirtschaftlich, kulturell, ein Ort, an dem die materiellen und geistigen Kräfte einer Landschaft oder einer Region sich sammeln, gebündelt, geordnet und verarbeitet werden, eine gewisse Macht entfalten und dann in das Land zurückstrahlen, eine lebendige Institution, die als Vorbild, als Maßstab, als Bezugsinstanz für andere Orte dient. Ein solcher zentraler Ort, um einen Begriff der Geographie anzuwenden, bildet einen Einzugsbereich heraus, der Einflußsphären anderer "Metropolen" berührt, sich mit ihnen überschneidet oder mit ihnen zusammenstößt[2].

Breslau besitzt im Spätmittelalter und in der frühen Neuzeit weitgehend die Merkmale einer solchen "Metropole" und verdient eine Untersuchung, welche Kräfte diese Metropolenstellung ausmachten, wie sie sich entwickelten und wie weit sie reichten.

Dem Funktionsreichtum und der Bedeutung einer "Metropole" entspricht in der Regel eine außergewöhnliche Siedlungsgröße und Bevölkerungsagglomeration. Dieses grobe Merkmal soll dazu dienen, zunächst einmal festzustellen, welche herausragenden Zentren überhaupt im östlichen Mitteleuropa am Ausgang des Mittelalters vorhanden waren.

Schlägt man um Breslau einen Kreis mit einem Radius von ca. 250 km, so befinden sich im 15. Jahrhundert in dem umschriebenen Gebiet nur drei Städte, die sich mit ihm messen

---

1 Ludwig Petry: Breslau in der frühen Neuzeit - Metropole für Südosteuropa. Vortrag auf der Jahrestagung des J.G. Herder-Forschungsrates in Marburg, 14. April 1984. Druck als: Breslau in der frühen Neuzeit - Metropole des Südostens. In: Zeitschrift für Ostforschung 33 (1984), S. 161-179.
2 Vgl. in diesem Band den Beitrag von Evamaria Engel und Karen Lambrecht sowie die einleitenden Bemerkungen von Maria Bogucka zu ihrem Aufsatz.

können: Prag, Krakau und Posen³. Der Moldaustadt Prag⁴ als politischem Zentrum der Krone Böhmen, der Schlesien seit dem 14. Jahrhundert als Nebenland angehörte, war Breslau unterlegen, auch von seiner Größe her (Prag hatte schon im 14. Jahrhundert 30 000-40 000 Einwohner), ebenso als Metropolitansitz (dem Schlesien allerdings nicht unterstellt war) und als Stätte universitärer Studien, als Handels- und Gewerbestadt hingegen wohl höchstens gleichwertig. Ähnliches gilt für Krakau⁵, auch wenn es mit ca. 14 000 Einwohnern um 1500 viel kleiner war als Breslau; seinem politischen Einfluß war Breslau zwar nicht unterworfen, aber der polnische König griff häufig in den wirtschaftlichen Konkurrenzkampf beider Städte zugunsten seiner Residenzstadt ein; kirchlich gehörten Breslau und Krakau zum selben Metropolitanbereich Gnesen, aber der Bischof am Sitz des Königs errang eine besonders starke Position, und die Stadt erfreute sich wie Prag seit 1364 einer Universität. Posen⁶, um 1500 eine Stadt von nur ca. 8 000 Einwohnern, reichte, wenn auch Bischofs- und Wojwodensitz, an Breslau eigentlich nur als Handelsstadt soweit heran, daß es mit ihm verglichen werden kann.

Verdoppelt man den Radius des Einzugsbereichs auf 500 km, so treten vor allem einige Handelsmetropolen ins Blickfeld, die Breslau als würdigen Partner zu schätzen wußten: Nürnberg, das aufkommende Leipzig und Danzig⁷; Lemberg⁸ war zwar erheblich kleiner, aber als Drehscheibe des Handels vom Schwarzen Meer nach Westen und zur Ostsee besaß es (noch) Bedeutung; mit Wien als Handelsstadt schließlich konnte sich Breslau durchaus messen, aber nach dem Erwerb der Krone Böhmen durch das Haus Habsburg wurde Wien auch für Schlesiens Hauptstadt das politische Oberzentrum.

---

3 Vgl. die Karte von Hektor Ammann: Wirtschaft und Verkehr im Spätmittelalter um 1500. In: Atlas Östliches Mitteleuropa. Hg. v. Theodor Kraus/Emil Meynen/Hans Mortensen/Herbert Schlenger. Bielefeld/Berlin/Hannover 1959, Blatt 14.
4 František Graus: Prag als Mitte Böhmens 1346-1421. In: Zentralität als Problem der mittelalterlichen Stadtgeschichtsforschung. (Städteforschung; Reihe A, Bd. 8) Hg. v. Emil Meynen. Köln/Wien 1979, S. 22-47; Peter Moraw: Zur Mittelpunktsfunktion Prags im Zeitalter Karls IV. In: Europa Slavica - Europa Orientalis. Festschrift für Herbert Ludat zum 70. Geburtstag. Hg. v. Klaus-Detlev Grothusen/Klaus Zernack. Berlin 1980, S. 445-489.
5 Vgl. Encyklopedia historii gospodarczej Polski do 1945 roku [Enzyklopädie der Wirtschaftsgeschichte Polens bis 1945]. Hg. v. Antoni Mączak u.a. 2 Bde. Warszawa 1981, hier Art. Kraków [Krakau]. Bd. 1, S. 365-369; zur Bevölkerungszahl vgl. Maria Bogucka/Henryk Samsonowicz: Dzieje miast i mieszczaństwa w Polsce przedrozbiorowej [Geschichte der Städte und des Bürgertums in Polen vor den Teilungen]. Wrocław 1986, S. 120.
6 Vgl. Encyklopedia (wie Anm. 5), Art. Poznań [Posen]. Bd. 2, S. 125f. Zur Bevölkerungszahl vgl. Bogucka/Samsonowicz (wie Anm. 5), S. 120. Zum Handel vgl. Leon Koczy: Handel Poznania do połowy wieku XVI [Der Handel Posens bis zur Mitte des 16. Jahrhunderts]. Poznań 1930.
7 Hektor Amman: Die wirtschaftliche Stellung der Reichsstadt Nürnberg im Spätmittelalter. Nürnberg 1970; zu Leipzig: Otto Gönnenwein: Das Stapel- und Niederlagsrecht. (Quellen und Darstellungen zur hansischen Geschichte; Neue Folge, Bd. 11) Weimar 1939, S. 133-136; Historia Gdańska. Tom I do roku 1454 [Geschichte von Danzig. Band 1 bis zum Jahre 1454] Hg. v. Edmund Cieślak. Gdańsk 1978.
8 Łucja Charewiczowa: Handel średniowiecznego Lwowa [Der Handel des mittelalterlichen Lemberg]. (Studja nad historją kultury w Polsce; Bd. 1) Lwów 1925.

Breslau selbst[9] ist der natürliche Mittelpunkt Schlesiens, im Urstromtal der Oder im Bereich zahlreicher Flußarme, Inseln und Nebenflußmündungen am Rande der mittelschlesischen Schwarzerdeplatte an einem bequemen Flußübergang gelegen, bei dem sich wichtige Verkehrsstraßen kreuzten. In der polnischen Frühzeit waren die Süd-Nord-Verbindungen von Prag nach Posen-Gnesen maßgebend; in der Zeit der deutschen Ostsiedlung wurde die vom Westen über Leipzig und Görlitz kommende "Hohe Straße", die sich ostwärts nach Krakau und Lemberg fortsetzte, zur führenden Verkehrsachse, daneben erlangten Verbindungen nach Nordosten zur Unterweichsel und südostwärts nach Oberungarn Bedeutung[10].

Breslau war von seiner Frühzeit an ein dreigliedriges Gebilde: landesherrliche Residenz, Bischofssitz und kaufmännisch-handwerkliche Ansiedlung. Alle drei Glieder hatten ihren Ursprung auf der später sogenannten Dominsel mit einem lockeren Siedlungskomplex auf beiden Ufern der Oder, dessen Schwerpunkt zunächst am rechten, nördlichen Oderufer lag, mit dem Beginn des Zuzugs von Deutschen um 1200 sich jedoch auf das linke Oderufer verlagerte. Dort erfolgte endgültig nach dem Mongoleneinfall die planmäßige Anlage einer etwa 60 ha großen Stadt zu deutschem Recht. Der 3,6 ha große Hauptmarkt der Ring und die beiden Nebenmärkte Neumarkt und Salzring bezeugen, daß hier mit einem weitreichenden Handel gerechnet wurde, und in der Tat erlebte die Stadt einen stürmischen Aufschwung als Fernhandelsstadt. Schon 1261 wurde sie um einen halbmondartigen Gebietsstreifen im Süden und Westen erweitert, zwei Jahre später entstand am Ostrand eine handwerklich ausgerichtete Neustadt, zunächst selbständig, seit 1327 mit der Altstadt vereinigt[11].

Die räumliche Erweiterung war Ausdruck eines schnellen wirtschaftlichen Wachstums. Breslau wurde Standort einer reich differenzierten gewerblichen Produktion[12]. Die inter-

---

9   Literaturangaben über Breslau siehe u.a. in: Bibliographie zur deutschen historischen Städteforschung. Bearb. v. Brigitte Schröder/Heinz Stoob, in Verbindung mit Wilfried Ehbrecht und Brigitte Schröder hg. v. Heinz Stoob. Teil 1. (Städteforschung; Reihe B, Bd. 1, Teil 1) Köln/Wien 1986, S. 219-227; Wolf-Herbert Deus: Breslau. In: Handbuch der historischen Stätten: Schlesien. Hg. v. Hugo Weczerka. Stuttgart 1977, S. 38-54, hier S. 53f.; Gesamtdarstellungen: F. G. Adolf Weiß: Chronik der Stadt Breslau von der ältesten bis zur neuesten Zeit. Breslau 1888; Hermann Margraf: Geschichte Breslaus in kurzer Übersicht. 2., vermehrte Auflage bearb. v. Otfried Schwarzer. Breslau 1913; Wacław Długoborski/Józef Gierowski/Karol Maleczyński: Dzieje Wrocławia do roku 1807 [Geschichte Breslaus bis zum Jahre 1807]. Warszawa 1958.

10 Max Rauprich: Breslaus Handelslage im Ausgange des Mittelalters. In: Zeitschrift des Vereins für Geschichte und Alterthum Schlesiens 26 (1892), S. 1-26; Janina Nowakowa: Rozmieszczenie komór celnych i przebieg dróg handlowych na Śląsku do końca XIV wieku [Die Verteilung der Zollstätten und der Verlauf der Handelsstraßen in Schlesien bis zum Ende des 14. Jahrhunderts]. Wrocław 1951; Wolfgang Kehn: Der Handel im Oderraum im 13. und 14. Jahrhundert. (Veröffentlichungen der Historischen Kommission für Pommern; Reihe 5, Heft 16) Köln/Graz 1968, hier S. 5-22.

11 Deutscher Städteatlas. Hg. v. Heinz Stoob. Lieferung IV. Altenbeken 1989. Nr. 5: Breslau. Bearb. v. Hugo Weczerka (dort weitere Literatur); Marta Młynarska-Kaletynowa: Najdawniejszy Wrocław [Das älteste Breslau]. Wrocław/Warszawa/Kraków 1992.

12 Długoborski/Gierowski/Maleczyński (wie Anm. 9), S. 75ff.; Roman Heck: Die gewerbliche Produktion der mittelalterlichen Stadt Wrocław. In: Hansische Studien IV. Gewerbliche Produktion und Stadt-Land

nationalen Handelsverbindungen reichten ebenso westwärts über Köln bis in die Niederlande wie ostwärts bis Lemberg und zum Schwarzen Meer, sie gingen in den Ostseeraum (Breslau wurde Mitglied der Hanse), in die oberdeutschen Reichsstädte und nach dem Südosten. Dem Schutz der eigenen Interessen diente unter anderem das 1274 erlangte Stapelrecht[13].

Der starken wirtschaftlichen Stellung entsprach ein selbstbewußtes städtisches Regiment, das vor allem von der reichen Kaufmannschaft geführt wurde. Der Erwerb der Stadtvogtei 1326/29 und des Befestigungsrechtes vor 1350 durch den Rat stärkte die politische Selbständigkeit der Stadt[14].

Dieser Vorgang wäre ohne die Schwächung der Landesherrschaft am Ort nicht möglich gewesen[15]. Breslau wurde beim Zerfall Polens 1138 ständiger Fürstensitz. Nach der Rückkehr der Söhne des vertriebenen ersten Herzogs von Schlesien 1163 wurde Breslau Sitz der über Mittel- und Niederschlesien herrschenden Linie der schlesischen Piasten. Die herzogliche Burg auf der Dominsel wurde ausgebaut. Herzoglicher Besitz war aber auch der linksodrige Uferstreifen, der außerhalb der neuen Stadtanlage von 1241 blieb. An seinem Westende entstand im 13. Jahrhundert eine neue herzogliche Burg.

Die Schwächung der Landesherrschaft in Breslau begann mit dem Einsetzen der Landesteilungen im Jahre 1242[16]. Als nur noch drei Weichbilder (Breslau, Neumarkt und Namslau) zum Herzogtum Breslau gehörten und die übrigen schwachen, von Polen losgelösten Herzöge den Schutz der Krone Böhmen suchten, vererbte der kinderlose Herzog Heinrich VI. von Breslau unter dem Einfluß des Rates der Stadt sein Land dem König von

---

Beziehungen. (Abhandlungen zur Handels- und Sozialgeschichte; Bd. 18) Hg. v. Konrad Fritze/Eckhard Müller-Mertens/Johannes Schildhauer. Weimar 1979, S. 43-53; Mateusz Goliński: Podstawy gospodarcze mieszczaństwa wrocławskiego w XIII wieku [Die wirtschaftlichen Grundlagen der Breslauer Bürgerschaft im 13. Jahrhundert]. (Publikacje Uniwersytetu Wrocławskiego, seria "Historia"; Bd. 85) Wrocław 1991.

13 Heinrich Wendt: Schlesien und der Orient. Ein geschichtlicher Überblick. Breslau 1916; Gönnenwein (wie Anm. 7), S. 84ff.; Kehn (wie Anm. 10), S. 35ff.; Hugo Weczerka: Die Südostbeziehungen der Hanse. In: Die Hanse und der deutsche Osten. Hg. v. Norbert Angermann. Lüneburg 1990, S. 117-132.

14 Gerhard Pfeiffer: Das Breslauer Patriziat im Mittelalter. (Darstellungen und Quellen zur schlesischen Geschichte; Bd. 30) Breslau 1929, Neudruck Aalen 1973; Roman Heck: Struktura społeczna średniowiecznego Wrocławia na przełomie XIV/XV wieku [Die gesellschaftliche Struktur des mittelalterlichen Breslau an der Wende vom 14. zum 15. Jahrhundert]. In: Sobótka 7 (1952), S. 57-94; Theodor Goerlitz: Verfassung, Verwaltung und Recht der Stadt Breslau. Teil I: Mittelalter. (Quellen und Darstellungen zur schlesischen Geschichte; Bd. 7) Hg. v. Ludwig Petry. Würzburg 1962, hier insbes. S. 29ff.

15 Geschichte Schlesiens. Hg. v. d. Historischen Kommission für Schlesien. Bd. 1: Von der Urzeit bis zum Jahre 1526. Breslau 1938. 4. durchgesehene und um Register und Literaturanhang erw. Aufl. hg. v. Ludwig Petry/Josef Joachim Menzel/Winfried Irgang. St. Michael 1983.

16 Vgl. die Übersicht der Landesteilungen bei Hugo Weczerka: Die Residenzen der schlesischen Piasten. In: Fürstliche Residenzen im spätmittelalterlichen Europa. (Vorträge und Forschungen; Bd. 36) Hg. v. Hans Patze/Werner Paravicini. Sigmaringen 1991, S. 311-347, hier S. 317.

Böhmen[17]. Mit dem Tode Heinrichs VI. 1335 fiel das Herzogtum Breslau als erstes schlesisches "Erbfürstentum" an die Krone Böhmen. Der Wegfall der landesherrlichen Komponente am Vorort Breslau bedeutete für den Rat der Stadt Machtzuwachs, und dies sehr real, als das Amt des Landeshauptmanns, d.h. des Vertreters des Königs im Erbfürstentum, an den Rat fiel, der damit zum Landstand wurde - zunächst 1361 für acht Jahre, seit 1425 aber für über zwei Jahrhunderte[18]. In dieser Funktion führte der Ratsälteste unter anderem in der alten Herzogsburg - von Karl IV. zur Kaiserburg ausgebaut - den Vorsitz im Mannrecht, dem obersten Gericht des Fürstentums Breslau.

Die dritte Machtkomponente in Breslau war die Kirche. Mit der Gründung der Kirchenprovinz Gnesen im Jahre 1000 tritt der erste Bischof von Breslau als Suffragan von Gnesen auf. Um die Domkirche im Südosten der Dominsel entstand im 12. Jahrhundert ein eigener kirchlicher Bezirk, der sich mit der allmählichen Aufgabe von Burgsiedlung und Suburbium ausweitete. Nach dem Tod des letzten Breslauer Herzogs fiel die ganze Dominsel unter geistliche Herrschaft, formell allerdings erst 1439[19]. Mit Stiften und Klöstern waren auch das rechte Oderufer, die Sandinsel und die Ränder der Stadt, vor allem der Nordrand besetzt. Zudem ist anzumerken, daß ein großer Teil der seit dem 14. Jahrhundert entstehenden Vorstädte im Besitz von Bischof, Domkapitel und Breslauer Stiften war und deren Jurisdiktion unterstand[20]. Zur Diözese Breslau gehörte ganz Schlesien in den Grenzen von etwa 1150. Neben den zentralen geistlichen Funktionen übte die Breslauer Kirche über die von ihr unterhaltenen Schulen - allein neun am Ort[21] - und als Auftraggeberin für kirchliche Bauten und deren Ausstattung einen großen Einfluß auf Kultur und Bildung in Breslau aus. Daß die Bischöfe nach Gewinnung eines eigenen Territoriums - des Herzogtums Neisse-Grottkau - häufig in Neisse residierten (insbesondere im 16./17. Jahrhundert), tat der Präsenz der Kirche in Breslau nur wenig Abbruch.

Ein Merkmal der Metropolenstellung von Breslau, das über die Grenzen Schlesiens hinausreichte, war dessen Position als Oberhof für Magdeburger Recht. Etwa anderthalb Dutzend schlesischer, kleinpolnischer und mährischer Städte hatten im 13. und 14. Jahrhundert Magdeburg-Breslauer Recht verliehen bekommen, darunter Krakau und Olmütz. Für mindestens 65 Städte in Schlesien, Mähren und im polnischen Grenzbereich wirkte der Breslauer Schöffenstuhl bis in das frühe 18. Jahrhundert als Oberhof[22].

---

17 Otfrid Pustejovsky: Schlesiens Übergang an die böhmische Krone. (Forschungen und Quellen zur Kirchen- und Kulturgeschichte Ostdeutschlands; Bd. 13) Köln/Wien 1975; Josef Joachim Menzel: Schlesiens Trennung von Polen und Anschluß an Böhmen im Mittelalter. In: Zeitschrift für Ostforschung 27 (1978), S. 262-274.
18 Goerlitz (wie Anm. 14), S. 76-79.
19 Edmund Małachowicz: Wrocław na wyspach. Rozwój urbanistyczny i architektoniczny [Das Breslau auf den Inseln. Städtebauliche und architektonische Entwicklung]. Wrocław 1981; ders.: Ostrów Tumski i wyspy we Wrocławiu [Die Dominsel und die anderen Inseln in Breslau]. Warszawa 1988.
20 Vgl. Weczerka (wie Anm. 11), Karte "Wachstumsphasen der Stadt Breslau".
21 Geschichte Schlesiens. Bd. 1 (wie Anm. 15), S. 499f.
22 Theodor Goerlitz: Die Oberhöfe in Schlesien. Weimar 1938; ders.: (wie Anm. 14), s. 107-111, 120-125.

Richten wir unser Augenmerk nun auf das eigentliche Thema: die Zentralität Breslaus im letzten mittelalterlichen und ersten neuzeitlichen Jahrhundert, genauer: von 1420 bis 1620. Kontinuität und Wandel sollen nacheinander in vier Bereichen beleuchtet werden: 1. Politik und Verfassung, 2. Handel und Gewerbe, 3. Bildung und Konfession, 4. Selbsteinschätzung und Fremdbeurteilung.

1. Am Anfang und am Ende der hier zu behandelnden Epoche stehen zwei Ereignisse, welche die herausgehobene Stellung der Stadt Breslau im rechten Licht erscheinen lassen: Im Jahre 1420 hält König Sigismund in Breslau einen Reichstag ab - es war der einzige östlich der Elbe durchgeführte Reichstag -, er nimmt die Huldigung der Nebenländer der Krone Böhmen entgegen und ruft zum Kampf gegen die Hussiten auf[23]. Standen die Schlesier damals auf seiten ihres böhmischen Oberherrn gegen die Ketzer in Böhmen, so befanden sie sich 200 Jahre später mit den böhmischen Ständen in einem Lager, als Friedrich von der Pfalz nach seiner Wahl zum König von Böhmen feierlich in Breslau einzog und sich von den schlesischen Ständen huldigen ließ[24]. Zwischen 1420 und 1620 fanden in Breslau noch mehrere Huldigungen statt, so 1469 für den Ungarnkönig Matthias Corvinus und 1527 für den ersten Oberherrn aus dem Hause Habsburg, Ferdinand I. Breslau war nach Prag als der "zweite Stuhl" der Krone Böhmen[25] anerkannt und das unumstrittene Zentrum ganz Schlesiens, auch wenn es längst nicht mehr die politische Landeshauptstadt war wie in seiner Frühzeit. Schlesien war in mehr als ein Dutzend souveräner Territorien zerfallen.

Der Breslauer Reichstag von 1420 markiert den Beginn der Wirren um die Herrschaft in Böhmen, die viele Jahrzehnte andauerten. Schlesien, das dabei zusammen mit den Lausitzen unter den böhmischen Ländern isoliert war, wurde stark in Mitleidenschaft gezogen, Breslau zwar weniger militärisch, wohl aber wirtschaftlich. Die Stadt gewann aber in dieser Periode an politischem Ansehen und Einfluß. Nach dem Strafgericht König Sigismunds über die zünftischen Aufrührer von 1418 während des Breslauer Reichstages herrschte der patrizische Rat unangefochten in der Stadt[26]. Daran änderte auch die Zulassung einzelner Zunftangehöriger zum Rat und zu den Schöffen durch König Albrecht II.

---

23 Robert Holtzmann: Der Breslauer Reichstag von 1420. In: Schlesische Geschichtsblätter (1920), S. 1-9; Emil Schieche: Politische Geschichte 1327-1526. In: Geschichte Schlesiens. Bd. 1 (wie Anm. 15), S. 202-303, hier S. 243-247.
24 Georg Jaeckel: Die staatsrechtlichen Grundlagen des Kampfes der evangelischen Schlesier um ihre Religionsfreiheit. Teil III: Der schlesische Ständestaat und der böhmische Aufstand bis zum Dresdner Akkord vom 18. Februar 1621. In: Jahrbuch für schlesische Kirchengeschichte 39 (1960), S. 51-90; Ludwig Petry: Politische Geschichte unter den Habsburgern. In: Geschichte Schlesiens (wie Anm. 15). Bd. 2: Die Habsburgerzeit 1526-1740. Hg. v. Ludwig Petry/Josef Joachim Menzel. Darmstadt 1973, S. 1-135, hier S. 71ff.
25 Markgraf (wie Anm. 9), S. 18.
26 Pfeiffer (wie Anm. 14), S. 194ff.; Długoborski/Gierowski/Maleczyński (wie Anm. 9), S. 199f.; Petry (wie Anm. 1), S. 164.

Breslaus Zentralität im ostmitteleuropäischen Raum um 1500 251

wenig[27]. Albrechts mehrmonatiger Aufenthalt in Breslau 1438 unterstrich die Bedeutung der Stadt. Petry spricht in diesem Zusammenhang von einer "vorübergehenden Aufwertung Breslaus zu einer Reichsresidenz"[28]. Daß der König - nachdem zwei Jahrzehnte davor der Reichstag noch in der Kaiserburg abgehalten worden war - seinen Wohnsitz auf der südlichen Ringseite im Haus "Zum Goldenen Becher" nahm[29], bringt deutlich zum Ausdruck, wo der politische Schwerpunkt lag; seit dem 16. Jahrhundert wohnten die königlichen Gäste regelmäßig in bürgerlichen Häusern auf der Westseite des Rings, und Rat und Bürgerschaft huldigten ihrem Oberherrn unter freiem Himmel neben dem Rathaus[30].

Das politische Gewicht und das Selbstbewußtsein Breslaus fanden in der Auseinandersetzung mit Georg von Podiebrad ihren stärksten Ausdruck. Schon die Weigerung der Stadt, zur Huldigung König Ladislaus' Postumus nach Prag zu ziehen, obwohl manche schlesische Stände dies taten, war Widerstand gegen den utraquistischen Verweser Georg von Podiebrad. König Ladislaus kam 1454 nach Breslau und nahm die Huldigung entgegen, aber die Stadt büßte mit einer Geldstrafe und verlor vorübergehend die Landeshauptmannschaft im Erbfürstentum[31]. Die Konfrontation erreichte ihren Höhepunkt, als Georg selbst zum König von Böhmen gewählt war und Breslau ihm trotz gegenteiliger Haltung anderer schlesischer Stände und auch des Bischofs von Breslau den Gehorsam verweigerte. Es kommt zum Krieg, Breslau stellt sich unter den Schutz des Papstes, dessen Legat die Geschicke in der Stadt lenkt, während ein Breslauer Gesandter in Rom die Verbindung zum Papst aufrechterhält. Die gegen Georg gerichtete katholische Liga versammelt sich 1467 in Breslau, ihr Gegenkönig Matthias Corvinus von Ungarn erlangt die Herrschaft über die Nebenländer der Krone Böhmen, indes Wladislaw aus dem Hause der Jagiellonen nur das Kernland Böhmen verbleibt[32].

Für den politisch selbständig handelnden patrizischen Rat von Breslau bedeutete die Herrschaft des Matthias Corvinus keine gute Zeit: die Ratmannen wurden nach der neuen Ratsverfassung (1475) von einem Bürgerschaftsausschuß gewählt, der Ratsälteste vom König eingesetzt[33]. Diese Verfassung überlebte nicht ihren Urheber. Aber eine wichtige Komponente der Zentralität Breslaus hat ihren Ursprung in dieser Epoche: die Schaffung

---

27 Markgraf (wie Anm. 9), S. 17; Petry (wie Anm. 1), S. 164f.
28 Petry (wie Anm. 1), S. 165, Anm. 11.
29 Markgraf (wie Anm. 9), S. 17.
30 Erich Fink: Geschichte der landesherrlichen Besuche in Breslau. (Mittheilungen aus dem Stadtarchiv und der Stadtbibliothek zu Breslau; Bd. 3) Breslau 1897; Weczerka (wie Anm. 16), S. 346.
31 Richard Koebner: Der Widerstand Breslaus gegen Georg von Podiebrad. (Darstellungen und Quellen zur schlesischen Geschichte; Bd. 22) Breslau 1916; Schieche (wie Anm. 23), S. 265ff.
32 Schieche (wie Anm. 23), S. 270ff.; Alfred A. Strnad: Die Breslauer Bürgerschaft und das Königtum Georg Poděbrads. Förderer und Freunde städtischer Politik an der päpstlichen Kurie. 2 Teile. In: Zeitschrift für Ostforschung 14 (1965), S. 401-435, 601-640.
33 Markgraf (wie Anm. 9), S. 19.

ständiger gesamtschlesischer Gremien und Behörden mit dem Sitz in Breslau[34]. Matthias Corvinus richtete Generallandtage ein, zu denen nicht nur die schlesischen Fürsten und die Stände der schlesischen Erbfürstentümer, sondern auch die Vertreter der Lausitzen geladen wurden. Tagungsort dieser mindestens jährlich stattfindenden Versammlungen war meist Breslau; dasselbe gilt für die niederschlesischen Landtage[35]. Nach dem Tode Matthias' änderte sich der Charakter der Generallandtage insofern, als die Fürsten und übrigen Stände sie in ein Instrument zur Stärkung ihrer Macht gegenüber der Krone umwandelten[36]. Das große Landesprivileg König Wladislaws von 1498 bestärkte die Schlesier in ihren Bestrebungen; es gewährte ihnen unter anderem das "Ober- und Fürstenrecht" als obersten, nur von den schlesischen Ständen abhängigen Gerichtshof[37].

Der Ausbau und die Festlegung Breslaus als verfassungs- und verwaltungsmäßiges Zentrum von Schlesien erfolgten dann in der Zeit der Habsburger, insbesondere unter Ferdinand I. In dieser Periode treten auch Breslau, Prag und Wien durch Verfassung und Dynastie in politische Beziehungen.

Das Oberamt oder die Oberlandeshauptmannschaft wurde ausgebaut. Der Oberlandeshauptmann war oberster Beamter des Königs für ganz Schlesien[38], aber als schlesischer Fürst - wie das Privileg von 1498 es vorschrieb - vertrat er zugleich die Interessen der schlesischen Stände. Von 1536 bis 1608 war es Brauch, daß der Bischof von Breslau zum Oberlandeshauptmann gewählt wurde[39], was zum Ansehen und Gewicht Breslaus beitrug. Die Fürstentage fanden - bis auf wenige Male, wo Grottkau im Bistumsland Versammlungsort war - in Breslau statt. 1535 erklärten die Breslauer ausdrücklich, keinen Fürstentag mehr beschicken zu wollen, der außerhalb ihrer Stadt stattfände[40]. Übrigens gehörte der Rat der Stadt Breslau als Inhaber der Landeshauptmannschaft des Erbfürstentums Breslau zusammen mit den Herren und Prälaten der Erbfürstentümer dem zweiten der drei Kollegien der Fürstentage an, und nicht wie die übrigen Städte dem dritten[41]. Die Fürsten errichteten in dieser Zeit in Breslau feste Niederlassungen; das Palais der Liegnitz-Brieger und das der Oppelner Fürsten existieren noch heute[42]. Das Ober- und Fürstenrecht tagte in der Breslauer Kaiserburg. Die durch die Türkengefahr notwendige straffe Steuererhebung

---

34 Felix Rachfahl: Die Organisation der Gesamtstaatsverwaltung Schlesiens vor dem dreißigjährigen Kriege. (Staats- und socialwissenschaftliche Forschungen; Bd. 13, Heft 1) Leipzig 1894, S. 99ff.
35 Ebd., S. 99.
36 Ebd., S. 130.
37 Ebd., S. 138; Abdruck des Privilegium Wladislai vom 28. Nov. 1498, S. 441-443.
38 Ebd., S. 156.
39 Ebd., S. 157.
40 Ebd. S. 146, Anm. 2.
41 Ebd., S. 144.
42 Marian Morelowski: Ocalałe komnaty i mury piastowskich rezydencji we Wrocławiu [Gerettete Räume und Mauern piastischer Residenzen in Breslau]. In: Sobótka 7 (1952), S. 19-56, 9 Abb., hier S. 37ff.

führte 1558 zur Einrichtung einer schlesischen Rentkammer als oberster Finanzbehörde, ebenfalls in Breslau[43].

Stärkten diese Einrichtungen die Bedeutung von Breslau als Metropole Schlesiens, so führten die Zentralisationsbestrebungen der Habsburger wie auch Ansprüche der böhmischen Stände zu Versuchen einer Unterordnung Breslaus unter Prag. Die schlesischen Fürsten und Stände wehrten sich gegen die Auffassung der böhmischen Stände, sie repräsentierten die Krone Böhmen, und wollten nur den König als ihnen übergeordnet anerkennen. Aber die vom König eingesetzten Organe zur Erledigung der Regierungsgeschäfte in den Ländern der Krone - wie die böhmische Hofkanzlei - übten tatsächlich auch auf Schlesien Einfluß aus[44]. Die 1549 nach dem an die schlesischen Städte ergangenen Verbot der Rechtseinholung in Magdeburg eingerichtete Appellationskammer sollte eigentlich nur für die Stadtgerichte in den Kronländern zuständig sein[45], aber es gab sogar Versuche, ihr auch das Breslauer Ober- und Fürstenrecht unterzuordnen[46].

Neben die Aufwertung Breslaus als Sitz zentraler schlesischer Einrichtungen sind die Bestrebungen der Stadt Breslau zu stellen, ihre Selbständigkeit zu erweitern und in verschiedenen Bereichen eine Rangerhöhung zu erreichen. Nicht alles ist gelungen, aber das in den Versuchen sich widerspiegelnde Selbstbewußtsein zeugt von den der Stadt innewohnenden Kräften jener Epoche. Hier sind nur Stichworte anzubringen, weil manche Gegenstände in andere Zusammenhänge gehören:
- die selbständige Befestigungspolitik
- der Versuch einer Territorienbildung
- der Versuch einer Universitätsgründung
- die frühe und rasche Einführung der Reformation trotz Anwesenheit des am alten Glauben festhaltenden Bischofs.

Auf die ersten beiden Punkte ist hier kurz einzugehen.

War der Rat der Stadt schon im 14. Jahrhundert im Besitz des Befestigungsrechts, so boten sich ihm später als Inhaber der Landeshauptmannschaft weitergehende Möglichkeiten, Breslau zu einer den modernen Kriegstechniken entsprechenden Festung auszubauen. Dies setzte schon unter Matthias Corvinus ein, wurde aber hauptsächlich in der habsburgischen Zeit im Zeichen der Türkengefahr in mehreren Phasen konsequent betrieben[47]. Dabei

---

43 Rachfahl (wie Anm. 34), S. 323ff.; Petry (wie Anm. 24), S. 26f.
44 Rachfahl (wie Anm. 34), S. 135ff.; vgl. künftig auch Joachim Bahlcke: Das Herzogtum Schlesien im politischen System der Böhmischen Krone. In: Zeitschrift für Ostmitteleuropa-Forschung (Zeitschrift für Ostforschung, Neue Folge) 44 (1995).
45 Rachfahl (wie Anm. 34), S. 232.
46 Ebd., S. 136; Petry (wie Anm. 24), S. 26.
47 Arwed Igert: Das Wehrrecht der Stadt Breslau unter besonderer Berücksichtigung der Habsburgischen Zeit. (Beiträge zur Geschichte der Stadt Breslau; Heft 10) Breslau (1939); Willy Klawitter: Geschichte der schlesischen Festungen in vorpreußischer Zeit. (Darstellungen und Quellen zur schlesischen Geschichte; Bd. 39) Breslau 1941; Günther Gieraths: Breslau als Garnison und Festung 1241-1941. Hamburg 1961; Ludwig Petry: Breslau in der schlesischen Städtelandschaft des 16. Jahrhunderts. In:

konnte die Stadt dank königlicher Vollmachten mit den Festungsanlagen ihre Außengrenzen verschieben, so daß sie um 1560 160 ha umfaßte (120 Jahre früher noch ca. 130 ha). Die Kirche konnte die Einbeziehung der Dominsel und der Sandinsel in den Festungsbereich verhindern, nicht aber den Abbruch des Prämonstratenserstifts St. Vinzenz auf dem rechten Oderufer im Jahre 1529, der verhindern sollte, daß die Anlage Belagerern vor der Stadt als fester Stützpunkt dienen konnte. Daß die inzwischen evangelisch gewordene Stadt die Niederlegung des Stifts wagte - auch wenn es ihrem Sicherheitsinteresse entsprach und nicht auf eine kirchenfeindliche Haltung zurückging -, zeugt von der starken Position des Rates[48].

Die Ambitionen des Breslauer Stadtrates waren in jenen Jahren sogar auf die Bildung eines eigenen Territoriums gerichtet[49]. Reiche Bürger erwarben schon seit dem 14. Jahrhundert einzelnen Grundbesitz und Dörfer - als Geldanlage - in der näheren und weiteren Umgebung, später tat dies auch die Stadt, ohne daß dahinter ein konkreter Plan zum Aufbau einer Herrschaft stand. Anders war die Situation 1529, als die Stadt im Zusammenhang mit den Maßnahmen gegen eine mögliche Türkengefahr von Herzog Karl von Oels 16 Dörfer nordöstlich von Breslau entlang der Weide sowie den Zoll von Hünern und Hundsfeld kaufte. Damit war eine Landbrücke zu dem zum Erbfürstentum Breslau gehörigen, aber durch Oelser Gebiet von den anderen Breslauer Weichbildern getrennten Weichbild Namslau geschaffen, zugleich bedeutete dies eine Sicherung der von Breslau über Oels nach Polen führenden Handelsstraße[50]. Dieser Erwerb blieb aber Episode; denn noch ehe das auf sechs Jahre befristete Rückkaufsrecht erlosch, versetzten Geldzahlungen des Königs den finanzschwachen Herzog von Oels in die Lage, den abgetretenen Besitz von der Stadt zurückzukaufen. Dafür konnte der Breslauer Rat auf dem Wege des Pfanderwerbs andere Besitzungen an sich bringen, die ebenfalls in sein Sicherheitskonzept paßten: 1534 das Burglehen Namslau und 1540 die Johanniterkommende Corpus Christi vor den Toren der Stadt Breslau[51].

Die Stadt an der Schwelle zur Neuzeit. Hg. v. Wilhelm Rausch. Linz/Donau 1980, S. 259-274 [Wiederabdruck in: Ludwig Petry: Dem Osten zugewandt. Gesammelte Aufsätze zur schlesischen und ostdeutschen Geschichte. Festgabe zum fünfundsiebzigsten Geburtstag. Sigmaringen 1983, S. 305-320, hier S. 308f.]

48 Heinrich Wendt: Kirchenpolitik und Stadtbefestigung in Breslau 1529-33. In: Zeitschrift des Vereins für Geschichte Schlesiens 48 (1914), S. 74-88; Petry (wie Anm. 47), S. 308.
49 Petry (wie Anm. 47), S. 309-311; Markgraf (wie Anm. 9), S. 23.
50 Zur Handelsstraße Breslau-Oels vgl. Friedrich Bruns/Hugo Weczerka: Hansische Handelsstraßen. Atlas, Textbd., Register. (Quellen und Darstellungen zur hansischen Geschichte; Neue Folge, Bd. 13, 1-3) Köln/Weimar 1962/1967/1968, hier Textbd., S. 642-646.
51 Heinrich Wendt: Breslaus Streben nach Landbesitz im 16. Jahrhundert. In: Zeitschrift des Vereins für Geschichte und Alterthum Schlesiens 32 (1898), S. 215-228; ders.: Die Verpfändung der Johannitercommende Corpus Christi zu Breslau, ein Beispiel habsburgischer Kirchenpolitik. In: Zeitschrift des Vereins für Geschichte und Alterthum Schlesiens 35 (1901), S. 155-184; Petry (wie Anm. 47), S. 310f.

Breslaus Zentralität im ostmitteleuropäischen Raum um 1500 255

In jedem Fall legen diese Aktionen Zeugnis ab von der städtischen Finanzkraft. Sie machte so manche Niederlagen erträglich, nicht nur wirtschaftliche, sondern auch politische, so etwa im Pönfall 1549, als die Stadt wegen ihrer Haltung im Schmalkaldischen Krieg und - was in den Vordergrund gerückt wurde - wegen Widerstands gegen eine neue Münzordnung im wesentlichen nur zu einer Geldstrafe verurteilt wurde[52]. Wenden wir uns nun den Grundlagen dieser Finanzkraft zu: dem Handel und Gewerbe.

2. Breslau war als Kreuzungspunkt wichtiger Straßen seit dem 13. Jahrhundert eine bedeutende Fernhandelsstadt. Es wurde zum überregionalen Austauschplatz westlicher Fertigwaren wie Tuche, Metallwaren und Kramwaren gegen östliche Rohstoffe wie Pelze und Wachs, polnisches Salz, oberungarisches Silber, Kupfer und Blei, auch orientalische Seiden und Gewürze aus den italienischen Schwarzmeerkolonien, es war aber auch Sammelpunkt einheimischer Erzeugnisse, teilweise im Lande aus importierten Rohstoffen und Halbfabrikaten verarbeitet[53]. Die Handelsziele, die Handelsbedingungen und die Handelsstraßen oder zumindest deren Wertigkeit im Breslauer Handelsnetz änderten sich zwar im Laufe der Jahrhunderte. Unverändert blieben jedoch die überragende Bedeutung Breslaus als Drehscheibe des Handels zwischen Ost und West und die große Reichweite seiner Handelsbeziehungen.

Im Westen reichten die Verbindungen Breslaus über Leipzig nach Köln und den Niederlanden, im Süden über Prag nach Nürnberg sowie nach Linz, Wien und nach Venedig. Im Osten, Nordosten und Südosten fand in der Frühzeit eine Wechselwirkung zwischen Handel und Niederlassung von Deutschen in Städten Kleinpolens, Rotreußens, Preußens und Oberungarns statt. Die Hauptachse des Breslauer Handels war damals die sogenannte "Hohe Straße", die von Leipzig über Görlitz nach Breslau und von hier weiter über Krakau nach Lemberg führte, wo die Wege zu den genuesischen Schwarzmeerkolonien erreicht wurden. Wichtig war auch die Verbindung nordostwärts nach Thorn - später Danzig -, über die Breslau Anschluß an den Ostseehandel der Hanse fand. Der Warenaustausch mit Polen und durch Polen war und blieb Hauptinhalt des Breslauer Handels. Dabei konnte es

---

52 Markgraf (wie Anm. 9), S. 25; Petry (wie Anm. 24), S. 21.
53 Rauprich (wie Anm. 10); Wendt (wie Anm. 13), S. 6ff.; Kehn (wie Anm. 10), S. 59ff.; Marian Wolański: Schlesiens Stellung im Osthandel vom 15. bis zum 17. Jahrhundert. In: Der Außenhandel Ostmitteleuropas 1450-1650. Die ostmitteleuropäischen Volkswirtschaften in ihren Beziehungen zu Mitteleuropa. Hg. v. Ingomar Bog. Köln/Wien 1971, S. 120-138.; Friedrich-Wilhelm Henning: Die Handelsfunktionen Breslaus in der ersten Hälfte des 16. Jahrhunderts. In: Scripta Mercaturae 6 (1972), S. 105-124 [Wiederabdruck in: Friedrich-Wilhelm Henning: Studien zur Wirtschafts- und Sozialgeschichte Mittel- und Ostdeutschlands. (Veröffentlichungen der Forschungsstelle Ostmitteleuropa an der Universität Dortmund; Reihe A, Nr. 42) Dortmund 1985, S. 185-205, hier S. 193ff.]; Weczerka (wie Anm. 13).

nicht ausbleiben, daß die Krakauer Stapelrechtsansprüche ebenso wie das Breslauer Niederlagsrecht häufig zu Streitigkeiten führten[54].

Das 15. Jahrhundert brachte Änderungen hinsichtlich der Ziele und Routen. Die Hussitenkriege bewirkten, daß von Nürnberg aus Breslau nicht mehr über Prag, sondern am Außenrand des böhmischen Kessels über Dresden angefahren wurde[55]. Das war übrigens die Zeit starker oberdeutscher Einwanderung nach Breslau; sie gewann in der Breslauer Kaufmannschaft großen Einfluß[56]. Der Fall Konstantinopels scheint zunächst die Landverbindung vom Schwarzen Meer westwärts über Lemberg und Breslau noch belebt zu haben. Um Krakau zu umgehen, wichen die Breslauer auf den Weg über Lublin nach Lemberg aus, bis nach der Einnahme der genuesischen Schwarzmeerkolonien durch die Türken 1475/84 Lemberg seine Vermittlerrolle im wesentlichen verlor und teilweise an Breslau abgab. Die Breslauer fanden aber vor allem im Nordosten neue Ziele: über Warschau und Wilna knüpften sie gute Beziehungen zu Rußland an, zunächst zu Novgorod, nach dem Fall dieser Republik zu Moskau. Im Süden gewann die Verbindung zu den Linzer Märkten und im 16. Jahrhundert zur Metallindustrie Österreichs (Steyr) an Bedeutung, deren Erzeugnisse Breslau nach dem Osten vermittelte[57]. In Ungarn erlangte Breslau durch seine Oberherren, die zugleich Könige von Ungarn waren, Privilegien, die den Handel erleichterten und intensivierten - teils unter Umgehung von Krakau[58].

In der ersten Hälfte des 16. Jahrhunderts verzeichnet Breslau manche Einbußen. 1515 muß es auf sein Niederlagsrecht verzichten, und es verliert Geschäfte an Leipzig und Posen[59], teils auch an Krakau. Aber die Stadt behielt trotzdem ihre Rolle als Handelsmetropole im östlichen Mitteleuropa, sie konnte sie in der zweiten Hälfte des 16. Jahrhunderts hier und da noch festigen, so nach der Lubliner Union durch die Intensivierung der Beziehungen zu Litauen.

Angesichts eines so weiten und reichhaltigen Handels könnte man in Breslau auch ein starkes, auf den Export ausgerichtetes Gewerbe annehmen. Tatsächlich ist dort schon früh ein breit gefächertes Handwerk nachweisbar. Im 14. Jahrhundert gab es knapp 30, im Jahre 1470 42 Zünfte[60]. Am stärksten vertreten waren im 15. und 16. Jahrhundert nach der Zahl der Zunftmitglieder das Nahrungsmittelgewerbe, das Bekleidungs-, Metall- und Tex-

---

54 Wendt (wie Anm. 13), S. 6ff.; Kehn (wie Anm. 10), S. 35ff.; Henning (wie Anm. 53), S. 187-192; Weczerka (wie Anm. 13).
55 Joachim Ahlborn: Die Nürnberger Fernkaufleute Markus und Matthäus Landauer und deren Handelsbeziehungen zum Osten (15. Jahrhundert). In: Zeitschrift für Ostforschung 19 (1970), S. 303-321.
56 Pfeiffer (wie Anm. 14), S. 225ff.
57 Franz Fischer: Die Sensenausfuhr aus Österreich nach dem Norden und Osten 1450-1650. In: Der Außenhandel Ostmitteleuropas (wie Anm. 53), S. 286-319.
58 Vgl. Wendt (wie Anm. 13), S. 58f.
59 Max Rauprich: Der Streit um die Breslauer Niederlage, 1490-1515. In: Zeitschrift des Vereins für Geschichte und Alterthum Schlesiens 27 (1893), S. 54-116.
60 Heck (wie Anm. 12), S. 45f.

tilgewerbe⁶¹. Während die Prozentzahlen der einzelnen Gruppen im 15. Jahrhundert nahe beieinander waren, lagen im 16. Jahrhundert das Nahrungsmittelgewerbe (26,23 %) und das Bekleidungsgewerbe (18,6 %) weit vor dem Metallgewerbe (11,1 %) und dem Textilgewerbe (10,2 %), die eigentlich als einzige in "nennenswertem Umfang" außerhalb des unmittelbaren Einzugsbereiches von Breslau abgesetzt haben. Friedrich-Wilhelm Henning schließt aus diesen Verhältnissen für die Zeit 1499-1579, daß das Breslauer Gewerbe zum überwiegenden Teil auf den örtlichen Bedarf ausgerichtet gewesen sei⁶². Die etwas günstigeren Prozentzahlen des 15. Jahrhunderts mögen auch einen größeren Exportanteil andeuten. Den Anteil der Zunftmitglieder an der Gesamtbevölkerung (1499: 1 701 Mitglieder, 1579: 1 919) schätzt Henning im Vergleich mit anderen Städten nicht hoch ein⁶³. Immerhin ist die Zahl der Zunftmitglieder in Breslau im Jahre 1403 (1 197) insgesamt höher als in Frankfurt/Main 1440 (991); die vorliegende Zahl für die Altstadt Prag 1429 ist etwa halb so groß wie die Breslaus; zusammmen mit den anderen Prager Städten (Kleinseite, Neustadt) mag die Metropole an der Moldau eine größere Anzahl von Zunftmitgliedern erreicht haben als Breslau, neben der aber die Zahl der Breslauer Zunftangehörigen gewiß noch respektabel erscheint⁶⁴.

Es gibt einen Bereich, in dem eine Fernwirkung des Breslauer Gewerbes feststellbar ist: das ist das Gewerberecht. Die Breslauer Statuten haben in der frühen Neuzeit das Gewerberecht zahlreicher Städte in Schlesien, der Oberlausitz, Böhmens und Mährens, vereinzelt auch Sachsens, Brandenburgs und Oberungarns sowie in Wien, Stettin, Posen und Thorn beeinflußt⁶⁵. Der Kaiser befahl den Wienern 1577, die Ordnung der Breslauer Weißgerber in Wien einzuführen, mit der Begründung: *Weil die neue Breßlauische Gerberordnung bey allen umbliegenden städten und landen in gemeinem gebrauch, observans und usu sey*⁶⁶.

3. Es ist bereits auf den Beitrag der Kirche zur Stellung Breslaus als zentraler Ort in Ostmitteleuropa hingewiesen worden; die Behörden der Diözese Breslau, die vielen Klöster und Stifte und die von der Kirche unterhaltenen Bildungseinrichtungen machten die Stadt auch zu einem geistlichen und geistigen Zentrum zumindest für Schlesien⁶⁷. Aber auch im

---

61 Ebd., S. 47; Henning (wie Anm. 53), S. 201.
62 Henning (wie Anm. 53), S. 201.
63 Ebd.
64 Heck (wie Anm. 12), S. 48.
65 Johannes Massek: Die Bedeutung von Breslau für die Gestaltung des Gewerberechts in Schlesien und seinen Nachbarländern während des 16. und 17. Jahrhunderts bis zur Auflösung der Oberzechen im Jahre 1731. Diss. Breslau 1941; Petry (wie Anm. 1), Karte nach S. 176; Deutscher Städteatlas (wie Anm. 11), Tafel 2: Hugo Weczerka: Breslau als Rechtsvorort (Karte).
66 Zitat bei Matthias Weber: Das Verhältnis Schlesiens zum Alten Reich in der frühen Neuzeit. (Neue Forschungen zur schlesischen Geschichte; Bd. 1) Köln/Weimar/Wien 1992, S. 371.
67 Ludwig Petry: Das literarisch-künstlerische Antlitz Schlesiens im Mittelalter. In: Volk - Sprache - Dichtung. Festgabe Kurt Wagner. Marburg 1960, S. 315-338 [Wiederabdruck in: Petry (wie Anm. 47, Dem Osten zugewandt), S. 223-246]; Emil Brzoska: Wissenschaft und Bildung in Schlesien bis zur

Bürgertum war eine geistige Elite vorhanden; Krakau, Wien und seit 1409 Leipzig waren die wichtigsten Studienorte der Schlesier[68]. Der Humanismus fand in der zweiten Hälfte des 15. Jahrhunderts in Breslau zahlreiche Anhänger. Zu Beginn des 16. Jahrhunderts tauchte der Plan auf, in Breslau eine Universität zu gründen. Dies hätte das Ansehen und die Bedeutung der Stadt als geistiges Zentrum zweifellos gestärkt und den Zuzug von Studierenden aus ganz Schlesien und aus Nachbarländern bewirkt. Der Stadtrat und das Domkapitel betrieben das Projekt, und auch der Bischof befürwortete es. Die Professoren sollten mit Prälaturen und Kanonikaten am Dom, an der Kollegiatstiftskirche Hl. Kreuz und an den Stadtpfarrkirchen dotiert werden. Dabei forderte der Rat der Stadt Mitwirkungsrechte, was zur Folge hatte, daß die kirchlichen Stellen aus Furcht vor dem großen Einfluß der Stadt sich zurückzogen, obwohl König Wladislaw 1505 bereits eine Gründungsurkunde für die Universität ausgestellt hatte. Schließlich scheiterte der Plan auch am Widerstand der Universität Krakau und des polnischen Königs, die erreichten, daß der Papst das nötige Stiftungsprivileg verweigerte[69].

Dafür erhielt ein Jahr später Frankfurt/Oder eine neue Universität, die von Schlesiern in der Reformationszeit häufig aufgesucht wurde[70]. Breslau jedoch sollte erst zweihundert Jahre später im Zuge der Gegenreformation eine Jesuitenuniversität erhalten.

Die Reformation kann nur sehr bedingt für die Ausweitung der Zentralität Breslaus in Anspruch genommen werden. Dafür bietet sie ein erneutes Beispiel für die selbständige Position der Stadt. So eifrig sie im 15. Jahrhundert gegen hussitische Einflüsse angekämpft hatte, so schnell öffnete sie sich dank der starken Verbreitung des Humanismus unter der Geistlichkeit und in der bürgerlichen Oberschicht den reformatorischen Ideen. 1523 und 1525 besetzte der Rat ohne Rücksicht auf das Besetzungsrecht des Domkapitels die Pfar-

---

Reformation. In: Beiträge zur schlesischen Kirchengeschichte. Gedenkschrift für Kurt Engelbert. Hg. v. Bernhard Stasiewski. Köln/Wien 1969, S. 36-75.

68 Joseph Klapper: Schlesisches Volkstum im Mittelalter. In: Geschichte Schlesiens. Bd. 1 (wie Anm. 15), S. 484-543, hier S. 501f.; Petry (wie Anm. 67), S. 237; Ursula Hielscher: Schlesier an der Universität Wien in der Zeit von 1365 bis 1658/59. In: Zeitschrift für Ostforschung 11 (1962), S. 648-673; Brzoska (wie Anm. 67), S. 57ff.; Franz Machilek: Die Schlesier an der Universität Prag vor 1409. Ein Forschungsbericht. In: Archiv für schlesische Kirchengeschichte 32 (1974), S. 81-102; Werner Laug: Schlesier an der Universität Krakau im Mittelalter. In: Jahrbuch für schlesische Kirchengeschichte NF 53 (1974), S. 26-40.

69 Ludwig Petry: Geistesleben des Ostens im Spiegel der Breslauer Universitätsgeschichte. In: Deutsche Universitäten und Hochschulen im Osten. Wiss. Abhandlungen der Arbeitsgemeinschaft für Forschung des Landes Nordrhein-Westfalen 30 (1964), S. 87-122 [Wiederabdruck in: Petry (wie Anm. 47, Dem Osten zugewandt), S. 403-428, hier S. 405f.]; Brzoska (wie Anm. 67), S. 69ff.; Werner Marschall: Geschichte des Bistums Breslau. Stuttgart 1980, S. 53; Franz Machilek: Schlesien. In: Die Territorien des Reichs im Zeitalter der Reformation und Konfessionalisierung. Land und Konfession 1500-1650. Bd. 2: Der Nordosten. Hg. v. Anton Schindling/Walter Ziegler. Münster 1990, S. 102-138, hier S. 111f.

70 Gottfried Kliesch: Der Einfluß der Universität Frankfurt (Oder) auf die schlesische Bildungsgeschichte, dargestellt an den Breslauer Immatrikulierten von 1506-1648. (Quellen und Darstellungen zur schlesischen Geschichte; Bd. 5) Würzburg 1961.

rerstellen der beiden Stadtpfarrkirchen mit reformatorischen Predigern[71]. Der Widerstand der alten Kirche war mäßig (er kam vornehmlich vom Domkapitel), und auch die neuen, habsburgischen Herrscher hielten sich zurück, so daß die Reformation in kurzer Zeit große Teile Schlesiens erfaßte. Der Rat von Breslau konnte als Inhaber der Landeshauptmannschaft die konfessionelle Selbstbestimmung durchsetzen. Von 1525 bis 1707 gab es in der Stadt keine katholische Pfarrkirche. Hingegen blieben die Dominsel, die Sandinsel, die Klöster unmittelbar am Rande der Stadt und die Kirchen der unter geistlicher Jurisdiktion stehenden Vorstädte katholisch. Vorsichtiges Taktieren auf beiden Seiten vermied weitgehend Zusammenstöße. Durch den Passauer Vertrag (1552) und den Augsburger Religionsfrieden (1555) wurde die Einführung der Reformation in Breslau stillschweigend anerkannt. Der Majestätsbrief von 1609 ermöglichte der Stadt die Einrichtung eigener kirchlicher Behörden; 1615 wurde ein Stadtkonsistorium gebildet[72].

Eine Folge der Reformation war die Neuordnung des Schulwesens durch die Stadt. Schon 1528 entstand eine Schul- und Kirchenordnung. Zwar griff die Stadt nicht den alten Universitätsplan wieder auf, dafür richtete Herzog Friedrich II. 1526 in Liegnitz Universitätsstudien ein, die allerdings bald eingingen[73]. Die Schulen an den drei Breslauer Pfarrkirchen gewannen jedoch solche Bedeutung, daß sie evangelische Schüler nicht nur aus Schlesien, sondern auch aus dem Ausland - bis hin zur Zips - anzogen[74].

4. Es ist hier versucht worden, die objektiven Elemente zusammenzutragen, die Breslau als Metropole des Spätmittelalters und der frühen Neuzeit kennzeichnen, und die Stadt wenigstens andeutungsweise in das Beziehungsgeflecht der größten Städte Ostmitteleuropas einzuordnen. Auf eine Beschreibung der Stadt und ihrer Bauten wurde verzichtet, obwohl auch ein eindrucksvolles Stadtbild zur Vorstellung von einer Metropole gehört. Breslau ist mit seinen zahlreichen Kirchen und Klöstern, seinen stattlichen Bürgerhäusern und Stadttoren dieser Forderung gewiß ebenfalls gerecht geworden, wenn sich auch darunter kaum Bauten befanden, die durch ihre Einzigartigkeit Weltberühmtheit erlangt haben - vielleicht bis auf eine Ausnahme, und diese ist bezeichnend: das Rathaus, das in den Jahren 1471-

---

71 Vgl. Kurt Engelbert: Die Anfänge der lutherischen Bewegung in Breslau und Schlesien. In: Archiv für schlesische Kirchengeschichte 18 (1960), S. 121-207, 19 (1961), S. 165-232, 20 (1962), S. 291-372; Georg Jaeckel: Die staatsrechtlichen Grundlagen des Kampfes der evangelischen Schlesier um ihre Religionsfreiheit. Teil I. In: Jahrbuch für schlesische Kirchengeschichte 37 (1958), S. 102-136; Machilek (wie Anm. 69), S. 113ff.
72 Machilek (wie Anm. 69), S. 118-130.
73 Petry (wie Anm. 69), S. 405.
74 Gustav Bauch: Geschichte des Breslauer Schulwesens vor der Reformation. (Codex diplomaticus Silesiae; Bd. 25) Breslau 1909; ders.: Geschichte des Breslauer Schulwesens in der Zeit der Reformation. (Codex diplomaticus Silesiae; Bd. 26) Breslau 1911; Ludwig Petry: Das Zipser Deutschtum in seinen kulturellen Beziehungen zu Schlesien vom 16. bis zum 18. Jahrhundert. In: Schlesisches Jahrbuch 9 (1937), S. 57-74 [Wiederabdruck in: Petry (wie Anm. 47, Dem Osten zugewandt), S. 170-185.

1504 seinen prunkvollen Ausbau erlebte und in dem später auch die Fürstentage stattfanden, und nicht etwa in der zum Behördenbau abgesunkenen Kaiserburg.

Das Bild der Metropole Breslau sollen die Aussagen einiger zeitgenössischer schriftlicher und bildlicher Quellen abrunden. Das älteste Stadtbild von Breslau findet sich in der Schedelschen Weltchronik von 1493, und zwar handelt es sich um eine wirkliche Ansicht der Stadt (wenn auch mit manchen Fehlern) und nicht um eine Phantasiedarstellung[75]. Diesen Vorzug verdankte Breslau vermutlich (ebenso wie Neisse) auch den Beziehungen seines Bischofs Johann IV. Roth zu Hartmann Schedel[76]. Dieser nennt Breslau eine "edle und bei dem deutschen und sarmatischen Volk" eine "namhaftige Stadt". Sie sei mit "wunderbarlichen" Mauern umgeben, an den Mauern seien viele Türme, in der Stadt weite Gassen und Wege mit schönen, "zierlichen" Häusern[77]. Ob die gleiche Höhe von Elisabethkirchen- und Domturm eine Gleichrangigkeit von Bürgertum und Domklerus ausdrücken könnte, wie Ludwig Petry gefragt hat[78], mag dahingestellt sein. Jedenfalls ist zu 1480 überliefert, man habe beim Ausbau des Turmes der Pfarrkirche St. Elisabeth die Absicht gehabt, den Wiener Stephansturm um einige Meter zu überbieten[79]. Achtzig Jahre später wurden Wien und Breslau noch einmal miteinander verglichen: Kaiser Ferdinand I. ließ 1561 Wien und Breslau vermessen, und es ergab sich, daß Breslau mit einem Umfang von 6 510 Wiener Ellen die Kaiserstadt um 468 ½ Ellen übertraf[80]. Ein Jahr später entstand der älteste Stadtplan von Breslau. Der 186 x 187 cm große farbige Plan, vom Stadtrat beim Künstler Barthel Weihner in Auftrag gegeben, mit dem 1530 vom König verliehenen prächtigen Wappen geschmückt, ist eine großartige Darstellung der Stadt und ihrer unmittelbaren Umgebung (Maßstab ca. 1:1400), zugleich Ausdruck des Selbstbewußtseins der bürgerlichen Führung[81].

Hierzu sei das um ein halbes Jahrhundert ältere schriftliche Zeugnis des aus Brieg gebürtigen Bartholomäus Stein gesetzt, der nach einer Lehrtätigkeit als Geograph an der Wittenberger Universität in das Johanniterkloster zu Breslau eintrat. Um 1512 verfaßte er eine ausführliche *Descripcio Vratislavie*, und zwar unter dem Eindruck der Bedrohung des Niederlagsrechtes von Breslau, von der er den Niedergang der Stadt befürchtete[82]. Aus diesem

---

75 Petry (wie Anm. 1), S. 167.
76 Franz-Christian Jarczyk: Neisse in der Schedelschen Weltchronik von 1493. In: Schlesischer Kulturspiegel 29 (1994), 1, S. 13-15.
77 Vgl. Ausstellungskatalog Ostdeutsche Galerie Regensburg/Stiftung Kulturwerk Schlesien: Breslau. Ansichten aus sechs Jahrhunderten. Erstausstellung Ostdeutsche Galerie Regensburg 27. März bis 2. Oktober 1983. Bearb. v. Rupert Schreiner S. V.
78 Petry (wie Anm. 1), S. 168.
79 Ebd. Der hohe Turm der Elisabethkirche stürzte 1529 um.
80 Markgraf (wie Anm. 9), S. 25.
81 Krystyna Szykuła: Zbiory Kartograficzne Biblioteki Uniwersyteckiej we Wrocławiu [Kartographische Sammlungen der Universitätsbibliothek in Breslau]. Wrocław 1978, S. 147.
82 Descripcio tocius Silesiae et civitatis regie Vratislaviensis per M. Bartholomeum Stenum. Barthel Steins Beschreibung von Schlesien und seiner Hauptstadt Breslau. (Scriptores rerum Silesiacarum; Bd. 17).

Grunde habe er - so schreibt Stein - "Breslau, der Hauptstadt Schlesiens und dem ehemals einzigen und sicherlich am meisten besuchten Binnenhandelsplatz der Völker des Nordens" (*Vratislaviam, Silesie metropolim et aquilonarium gencium unicum quondam et celleberrimum in mediterraneis emporium*) eine eingehende Beschreibung gewidmet[83]. Breslau habe vormals eine solche Macht entfaltet, "daß es allein das ganze Land nach seinem Willen lenkte und drängte, Königreiche und kriegerische Herrscher gegeneinander ausspielte"[84]. Stein war überzeugt, "daß ganz Schlesien die ihm nicht abzustreitende Gesittung und allen Wohlstand und schließlich seine ganze Kultur von Breslau als dem Ausgangspunkt eines lebhaften Handels mit allen umwohnenden Völkern empfangen habe, und daß das Aufblühen aller übrigen Städte erst als eine Folge davon anzusehen sei"[85].

Breslau ging an dem Verlust des Niederlagsrechts nicht zugrunde, und es ist bemerkenswert, daß ein Nichtschlesier, der Kaschauer David Sigismund, 65 Jahre später eine ähnliche Beurteilung Breslaus vornahm wie Stein: keine Stadt seines Heimatlandes Ungarn könne es mit Breslau aufnehmen; die Stadt sei Herrin ihres Geschickes, sie habe die Mittel, sich gegen Angriffe zu behaupten, sie lasse keine Könige über sich herrschen, was sie vor dem Schicksal bewahre, bei einem Streit die Beute des Siegers zu werden[86].

Es ist kein Wunder, daß Breslau unter diesen Umständen manchmal als Reichsstadt bezeichnet oder mit solchen in eine Reihe gestellt wurde, obwohl es als Glied der böhmischen Länder, die innerhalb des Römischen Reiches eine Sonderstellung einnahmen[87], gar keine Reichsstadt werden konnte[88].

Eine - wenn auch nur vorübergehende - Beschneidung ihrer Größe sollte die Stadt erst im Dreißigjährigen Krieg erleiden, nachdem die Schlesier zusammen mit den böhmischen Ständen 1609 von Rudolf II. den sogenannten Majestätsbrief erstritten und sich 1620 auf die Seite des Gegenkönigs Friedrich von der Pfalz geschlagen hatten. Breslau verlor 1635 die Landeshauptmannschaft im Erbfürstentum Breslau und büßte damit an politischem Einfluß ein.

Zusammenfassend kann festgestellt werden, daß Breslau im Ostmitteleuropa des Spätmittelalters und der frühen Neuzeit ein herausragender zentraler Ort war, der sich hinsichtlich seiner Bebauung und Bevölkerungszahl, seiner wirtschaftlichen Stärke und sozialen Differenziertheit durchaus mit den anderen großen Städten des Raumes messen konnte: mit Krakau, Prag und Posen, vielleicht etwas weniger mit dem überragenden Danzig.

Hg. v. Hermann Markgraf. Breslau 1902. Einleitung; S. 1-29: Silesitane terre succinta descripcio (lateinisch mit deutscher Übersetzung). S. 30ff.: Descripcio Vratislavie (ebenfalls lateinisch und deutsche Übersetzung).
83 Ebd., S. 34f.
84 Ebd.
85 Ebd., S. 36f.
86 Petry (wie Anm. 1), S. 171.
87 Vgl. Weber (wie Anm. 66).
88 Petry (wie Anm. 47), S. 308 und S. 317, Anm. 13; vgl. auch ders. (wie Anm. 1), S. 175.

Breslau war also auf jeden Fall eine Wirtschafts- und Handelsmetropole. Im politischen, geistigen und kirchlichen Bereich stand es zwar in Schlesien ohne Konkurrenz an der Spitze, bezogen aber auf ganz Ostmitteleuropa waren ihm Prag und Krakau, auf einzelnen Gebieten vielleicht sogar noch andere Städte überlegen. Gemessen an den eingangs genannten Forderungen an eine wirkliche "Metropole", kann die Frage, ob Breslau eine Metropole gewesen sei, nicht eindeutig mit einem Ja beantwortet werden.

Karl Vocelka

Du bist die port und zir alzeit, befestigung der christenheit - Wien zwischen Grenzfestung und Residenzstadt im späten Mittelalter und in der frühen Neuzeit

Aus der Sicht der Menschen seit dem 17. Jahrhundert war Wien als Reichs-, Haupt- und Residenzstadt zweifellos das politische und häufig auch das intellektuelle Zentrum Mitteleuropas, wenn auch in verschiedenen Lesarten: Wien als die Stadt der barocken Kaiser, Wien als Stadt der Musiker der Wiener Klassik, Wien als Tagungsort des tanzenden Kongresses, Wien als Bastion der Revolution von 1848, Wien als die Stadt der Fin-de-Siècle-Kultur oder auch das "Rote Wien" der Zwischenkriegszeit - um nur einige zu nennen. Diese dominierende Funktion Wiens ist für die hier zur Diskussion stehende Epoche des späten Mittelalters und der frühen Neuzeit keineswegs so klar umrissen[1].

In der Periode des frühen und hohen Mittelalters gab es im Gebiet des heutigen Österreich - ähnlich wie in anderen Territorien - eine stark ausgeprägte Polyzentralität. Unter den Babenbergern, die von 976 bis 1246 herrschten, waren Pöchlarn, Melk, Gars, Tulln, Klosterneuburg und Wien zentrale Orte der Herrschaftsausübung. Schon in der Spätzeit der babenbergischen Herrschaft konzentrierte sich diese im Zentralraum Wien, dazu gehört auch das noch lange wichtige Klosterneuburg. Eine zentrale Frage bei der Definition des Begriffes Hauptstadt ist zweifellos jener Zeitpunkt, zu dem in den Quellen von einer Stadt als "Hauptstadt" gesprochen wird. Bei Wien ist das 1172 der Fall, als die Stadt in einer Urkunde *civitas metropolitana* genannt wird. Nach dem kurzen Intermezzo der Regierung

---

1 Herwig Ebner: Die habsburgischen Residenz- und Hauptstädte in den österreichischen Erblanden im späten Mittelalter und in der frühen Neuzeit (Ein Überblick). In: Geschichtsforschung in Graz. Festschrift zum 125-Jahr-Jubiläum des Instituts für Geschichte der Karl-Franzens-Universität Graz. Hg. v. Herwig Ebner/Horst Haselsteiner/Ingeborg Wiesflecker-Friedhuber. Graz 1990, S. 29-41. Eine wirklich gute und moderne Stadtgeschichte fehlt leider, Werke wie Erwin Schmidt: Wiener Stadtgeschichte. Von der Keltensiedlung zur Weltstadt. Wien/München 1968, geben einen eher populärwissenschaftlichen Überblick. Noch immer gut verwendbar ist die Geschichte der Stadt Wien, 6 Bde. 1897ff. Sieht man von der ideologischen Ausrichtung ab, ist auch Friedrich Walter: Wien. Die Geschichte einer deutschen Großstadt an der Grenze. Bd. 1 und 2 (bis 1790). Wien 1941 brauchbar; als ein Beispiel für die Neuansätze über die hier diskutierte Epoche sei genannt Richard Perger: Die Wiener Ratsbürger 1396 bis 1526. Ein Handbuch. (Forschungen und Beiträge zur Wiener Stadtgeschichte; Bd. 18) Wien 1988.

des Böhmenkönigs Přemysl Ottokar II., unter dem Wien eine untergeordnete Rolle spielte, kam es unter den Habsburgern zu einer Verfestigung dieser Hauptstadtfunktion Wiens[2]. Insbesondere in der zweiten Hälfte des 14. Jahrhunderts entstanden aus der Rivalität Herzog - oder, wie er sich selbst nannte, Erzherzog - Rudolfs IV. mit seinem Schwiegervater Karl IV. in Prag neue Impulse für die Stadt. Der gotische Ausbau des Domes von St. Stephan wäre dabei zu nennen, vor allem aber die Gründung der Universität Wien, der *Alma Mater Rudolfina* 1365[3]. Die Wirren innerhalb der habsburgischen Familie, die Zwistigkeiten zwischen den nach altem habsburgischen Recht "zur gesamten Hand" belehnten Habsburgern führten in der Folge zu Länderteilungen, so daß für die erste Hälfte des 15. Jahrhunderts neben Wien auch Graz und Innsbruck zu Residenzstädten habsburgischer Teillinien wurden[4].

Die habsburgische Residenz in Wien war um die Mitte des 15. Jahrhunderts jedenfalls noch sehr bescheiden, die Hofburg bestand damals nur aus dem Schweizertrakt und der 1449 gegründeten Burgkapelle[5]. Die politischen Konflikte dieser Zeit, die Auseinandersetzungen Kaiser Friedrichs III. mit seinem Bruder Albrecht VI., die Parteien innerhalb der Stadt Wien, die mal für den einen, mal für den anderen der Brüder Partei ergriffen, was schließlich sogar zur Belagerung des Kaisers in der Wiener Burg führte, waren nicht dazu angetan, diese Residenzfunktion der Stadt unter Friedrich III. und seinem Sohn Maximilian I., der die Belagerung in der Hofburg in bitterer Erinnerung behielt, zu fördern. Unter

---

2   Ferdinand Opll: Zum Hauptstadtproblem im babenbergischen Österreich. In: Die Hauptstadtfrage in der Geschichte der österreichischen Bundesländer. (Mitteilungen des Museumsvereins Lauriacum-Enns; NF 29) Enns 1991, S. 14-25, mit weiterführender Literatur.

3   Allgemein vgl. Alexander Fussek: Die politische Stellung Wiens um 1400 (von Rudolf IV. bis Albrecht V.). In: Österreich in Geschichte und Literatur 11 (1967), S. 243-246. Vgl. aber etwa auch Ursula Begrich: Die fürstliche "Majestät" Herzog Rudolfs IV. von Österreich. Ein Beitrag zur Geschichte der fürstlichen Herrschaftszeichen im späten Mittelalter. (Wiener Dissertationen aus dem Gebiet der Geschichte; Bd. 6) Wien 1965; Alphons Lhotsky: Die Problematik der geschichtlichen Erscheinung Rudolfs IV. In: ders.: Aus dem Nachlaß, Bd. 5: Zur europäischen Geschichte. Zur österreichischen Geschichte. Zu Forschung und Lehre, Wien 1976, S. 127-142; Alfred A. Strnad: Libertas ecclesiae und fürstliche Bistumspolitik. Zur Lage der Kirche in Österreich unter Herzog Rudolf IV. In: Römische Historische Mitteilungen 6/7 (1964), S. 72-112; Nikolaus Grass: Zum Stifterbild im Wiener Stephansdom. I: Prolegomena zu einer Geschichte des herrscherlichen Bildrechtes im Heiligtum. II: Das Bild Herzog Rudolfs des Stifters im Stephansdom. III: Die Fürstenstatuen am Stephansdom. In: Königskirche und Staatssymbolik. Ausgewählte Aufsätze zur Rechtsgeschichte und Sakralkultur der abendländischen Capella regia. Mit einem Geleitwort von Louis Carlen. Hg. v. Louis Carlen/Hans C. Faußner. (Forschungen zur Rechts- und Kulturgeschichte; Bd. 14) Innsbruck 1983, S. 237-251; Viktor Flieder: Die Stiftungen Herzog Rudolfs IV. und ihre Beziehungen zur Errichtung des Wiener Bistums. In: Jahresbericht der Albertus-Magnus-Schule Wien 18 (1965), S. 3-19.

4   Vgl. zum allgemeinen Geschichtshintergrund Günther Hödl: Habsburg und Österreich 1273 bis 1493. Gestalten und Gestalt des österreichischen Spätmittelalters. Wien/Köln/Graz 1988; Karl Gutkas: Die Stellung der österreichischen Länder in Spätmittelalter und früher Neuzeit. In: Der österreichische Föderalismus und seine historischen Grundlagen. Wien 1969, S. 43-65.

5   Harry Kühnel: Die Hofburg. (Wiener Geschichtsbücher; Bd. 5) Wien/Hamburg 1971, dort sind auch die Detailstudien Kühnels zitiert.

Maximilian I. war Wien zwar zeitweilig Residenz, doch der Kaiser hielt sich auch gern in anderen Städten - allen voran in Innsbruck - auf, dessen Lage zum Reich günstiger war und dessen landschaftliche Bedingungen die Jagd - stets eine große Leidenschaft der Habsburger - leichter ermöglichten[6].

Dies änderte sich nur zum Teil, als unter den Enkeln Maximilians I. eine Teilung der habsburgischen Länder zwischen dem spanischen König und Kaiser des Reiches, Karl V., und Erzherzog Ferdinand vollzogen wurde. Ferdinand residierte in den ersten Jahren seiner Herrschaft zwar in Wien, doch seine Konfrontation mit den aufrührerischen Ständen, an deren Spitze der Wiener Bürgermeister Dr. Martin Siebenbürger stand, vergiftete die Beziehung zu dieser Stadt erheblich[7].

Nach den Ländererwerbungen 1526, als die böhmischen und ein kleiner Teil der ungarischen Länder unter Habsburgs Herrschaft fielen, wurde Wien Residenz eines größeren Reiches, stand in einem anderen Netz neuer politischer Konstellationen. Zwei widerstreitende Bestrebungen der Habsburger in dieser Zeit sind sichtbar. Einerseits spielte zunehmend Prag eine wichtige, wenn nicht die wichtigere Rolle als Aufenthaltsort des Herrschers. Während Ferdinand I. und Maximilian II. sich teilweise in Prag, teilweise in Wien aufhielten - um hier von den Reisen ins Reich etc. abzusehen -, verlegte schließlich Rudolf II. 1583 seine Residenz ganz nach Prag, und Wien sank für einige Jahre zu einer recht provinziellen Stadt ab. Das Fehlen des Hofes machte sich allenthalben bemerkbar[8].

Gewissermaßen der Gegentrend zu dieser Verlagerung der Interessen nach Prag ist in dem Ausbau der Residenz zu sehen. Mit der Hofstaatsordnung Ferdinands I. von 1527

---

6   Zu den Auseinandersetzungen zwischen Friedrich III. und Albrecht VI. vgl. Peter Csendes: Wien in den Fehden der Jahre 1461-1463. (Militärhistorische Schriftenreihe; Bd. 28) Wien 1974. Zu den Wirren mit Matthias Corvinus vgl. allgemein: Matthias Corvinus und die Renaissance in Ungarn 1458-1541. Katalog der Ausstellung auf der Schallaburg. (Katalog des Niederösterreichischen Landesmuseums; N.F. 118) Wien 1982; vgl. dazu auch Isabella Ackerl: König Matthias Corvinus. Ein Ungar, der in Wien regierte. Wien 1985; Ferdinand Opll: Matthias Corvinus und Wien (1485-1490). Katalog zur Kleinausstellung des Wiener Stadt- und Landesarchivs. (Wiener Geschichtsblätter; Beiheft 3) Wien 1985; Ferdinand Opll/Richard Perger: Kaiser Friedrich III. und die Wiener 1483-1485. Briefe und Ereignisse während der Belagerung Wiens durch König Matthias Corvinus von Ungarn. (Forschungen und Beiträge zur Wiener Stadtgeschichte; Bd. 24) Wien 1993; András Kubinyi: Die Wiener Regierung des König Matthias Corvinus. In: Wiener Geschichtsblätter 45 (1990), S. 88-99; Richard Perger: Die ungarische Herrschaft über Wien 1485-1490. In: Wiener Geschichtsblätter 45 (1990), S. 53-87.
7   Christiane Thomas: Wien als Residenz unter Kaiser Ferdinand I. In: Studien zur Wiener Geschichte. Jahrbuch des Vereins für Geschichte der Stadt Wien 49 (1993), S. 101-117.
8   Karl Vocelka: Die kulturelle Bedeutung Wiens im 16. Jahrhundert. In: Wien an der Schwelle der Neuzeit. Festgabe des Wiener Stadt- und Landesarchives anläßlich des stadtgeschichtlichen Symposions in Wien 1974. Wien 1974, S. 66-78; auch in: Wiener Geschichtsblätter 29 (1974), S. 239-251. Christiane Thomas sieht die Rolle Wiens unter Ferdinand noch recht günstig und verweist mit Recht auf die allzu scharfen Bemerkungen des sonst so gründlichen Robert John Weston Evans in dem Band Europas Fürstenhöfe (Hg. v. A. G. Dickens. Graz/Wien/Köln 1978, S. 121) und die alte Studie von Anton von Gévay: Itinerar Kaiser Ferdinands I. 1521-1564. Wien 1843.

entstanden Zentralbehörden⁹, wie der Hofrat, der geheime Rat, die Hofkammer und die Hofkanzlei mit dem Sitz in Wien. Baulich wirkte sich das ebenfalls aus, 1535-1552 wurde der Schweizertrakt der Hofburg ausgebaut, 1559-1569 die Stallburg und 1575-1577 der Amalientrakt angefügt, und schließlich wurde unter Maximilian II. auch das sogenannte Neugebäude, eine *villa suburbana*, ab 1569 erbaut, das aber bald wieder verfiel[10].

Parallel dazu ist zu sehen, daß seit 1510 Wien der ständige Tagungsort des Landtags des Landes Österreich unter der Enns (des heutigen Niederösterreich) war und daß die Stände zwischen 1539, als sie den Grund und Boden für die Errichtung des Landhauses ankauften, und 1571, als die Einwölbung des großen Landtagssaales stattfand, sich ebenfalls baulich etablierten. Die Stadt Wien selbst war natürlich auch in der Städtekurie der niederösterreichischen Stände repräsentiert und zahlte einen Anteil von etwa einem Achtel der Steuern, was dem Gesamtanteil der übrigen Mitglieder der Städtekurie entspricht[11].

Am Beginn der frühen Neuzeit war Wien also ein dreifaches Verwaltungs- und Behördenzentrum geworden, einerseits war es der Sitz der alten landesfürstlichen niederösterreichischen Ämter (z.B. Vizedom, Münzmeister), aber andererseits auch von Behörden der niederösterreichischen Gruppe der Erblande (also der Länder, die Donau- und Innerösterreich bildeten), z.B. von Regiment und Kammer, und ebenfalls der Hofbehörden auf Grund von Ferdinands Regelungen 1527.

Ein weiteres wesentliches Kriterium für die Frage nach der Metropolenfunktion einer Stadt sind zweifellos die Versammlungen, die an diesen Orten stattfinden. Die Tatsache, daß der niederösterreichische Landtag in Wien tagte, wurde schon erwähnt. Dem ist noch hinzuzufügen, daß seit der Babenbergerzeit Wien sehr häufig als Ort von Schwertleiten und Hochzeiten in Erscheinung trat[12]. Im 16. Jahrhundert wurde diese Tradition Wiens als Stadt der Festlichkeiten fortgesetzt, wobei einige dieser Feste - modern ausgedrückt - als eine Art von "Gipfeltreffen" zu bewerten sind. Besonders ist in diesem Zusammenhang an ein für die österreichische Geschichte einschneidendes und folgenreiches Ereignis im Jahre 1515 zu denken. In Wien versammelten sich drei Monarchen Mitteleuropas: Kaiser Maximilian I. empfing den böhmischen und ungarischen König Wladislaw Jagiello und den polnischen König Sigismund. Dieses Treffen endete mit einer Reihe von Absprachen über die gegenseitige Erbfolge und einer letztlich später erst voll realisierten Doppelhochzeit

---

9   Vgl. Thomas Fellner/Heinrich Kretschmayr: Die österreichische Zentralverwaltung 1. Abt. 1. und 2. Bd. Wien 1907.
10 Vgl. Kühnel (wie Anm. 5), zum Neugebäude vgl. Hilda Lietzmann: Das Neugebäude in Wien. Sultan Süleymans Zelt - Kaiser Maximilians II. Lustschloß. München/Berlin 1987.
11 Hermann Riepl: Der Landtag in Niederösterreich. Werden, Wesen, Wirken. (Wissenschaftliche Schriftenreihe Niederösterreich; Bd. 60) St. Pölten/Wien 1981; Karl Gutkas: Landesfürst, Landtag und Städte Niederösterreichs im 16. Jahrhundert. In: Jahrbuch für Landeskunde von Niederösterreich N.F. 36 (1964), S. 311-319; Angelika Hametner: Die niederösterreichischen Landtage von 1530-1564. Diss. Wien 1970.
12 Opll (wie Anm.2), S. 22.

zwischen den Habsburgern und den Jagiellonen. Die Ergebnisse dieses "Wiener Kongresses" führten schließlich mit den tragischen Ereignissen der Schlacht bei Mohács, in der der junge Jagiellone Ludwig II. starb, zu jener politischen Konstellation, welche die Donaumonarchie begründete und den ersten Schritt zum Aufstieg der Habsburger zur mitteleuropäischen Vormacht darstellte[13].

Der barocke Wiener Historiograph Matthias Fuhrmann betont in seiner abschließenden Bemerkung zu diesem Anlaß die große Zahl der prominenten Teilnehmer nochmals, wenn er sagt: *Es war ein sonderliches Glücks-Verhängnus, daß nebst dem Röm. Kayser, zween Königen, einen Königlichen Prinzen, und 2 Königlichen Princeßinen, zween Cardinalen, 13 Bischöffen, zween päpstliche Legaten, 6 Fürsten und ein so grosse Anzahl derer Magnaten und mancherley Nationen bey 3 Wochen lang sich in Wien befunden, gleichwohl kein eintziger Aufflauff, Feuer-Schade, oder dergleichen Ungelegenheiten, sich begeben und ereignet, sondern alles wohl und glücklich abgeloffen, und gar niemand mißvergnüget von Wien abgereiset*[14].

Aber auch eine Reihe anderer, politisch bescheidenerer Feste wäre zu erwähnen, die durch ihre künstlerische Ausgestaltung nicht nur den "splendor" der Dynastie, sondern auch den Ruhm Wiens verkünden halfen. Der Einzug Maximilians II. 1552 - im übrigen mit dem ersten Elefanten, den man in Mitteleuropa je sah -, das Treffen Kaiser Maximilians II. mit Albrecht V. von Bayern (eine Art Staatsbesuch) mit reichlicher festlicher Umrahmung 1560 oder die Hochzeit Karls II. von Innerösterreich mit Maria von Bayern 1571, die nicht nur - wie man annehmen sollte - in Karls Residenzstadt Graz, sondern eben auch in Wien stattfand, wären hier in erster Linie zu nennen. Auch die verschiedenen im Anschluß an Krönungen erfolgten Einzüge, und Ritterspiele in Wien, z.B. 1563 oder 1577, gehören in diese Reihe der Festlichkeiten in der Residenzstadt Wien[15].

Alle diese bisher angeführten Tatsachen zeigen deutlich, daß es ernsthafte Bemühungen der Ausgestaltung der Stadt zu einer Residenzstadt der Habsburger im 16. Jahrhundert

---

13 Hermann Wiesflecker: Kaiser Maximilian I. Das Reich, Österreich und Europa an der Wende zur Neuzeit, 5 Bde. Wien 1971-1986, hier 4. Band 1981, S. 181-204; aber auch Helga Jorde: Kaiser Maximilian I. Die Erbländer, das Reich und Europa im Jahre 1515. Diss. Graz 1977; Jan Vyslouzil: Der Wiener Kongreß des Jahres 1515 im Spiegel tschechischer Quellen und Literatur. In: Wiener Geschichtsblätter 30 (1975), S. 135-142.

14 Matthias Fuhrmann: Alt- und Neues Wien oder Dieser Kayserliche und Ertz-Lands-Fürstlichen Residenzstadt Chronologisch- und Historische Beschreibung. Wien 1739, 2. Teil S. 734.

15 Vgl. etwa Karl Vocelka: Habsburgische Hochzeiten 1550-1600. Kulturgeschichtliche Studien zum manieristischen Repräsentationsfest. (Veröffentlichungen der Kommission für neuere Geschichte Österreichs; Bd. 65) Wien/Köln/Graz 1976; ders.: Die Wiener Feste der Frühen Neuzeit in waffenkundlicher Sicht. In: Studien zur Wiener Geschichte. Festschrift aus Anlaß des hundertfünfundzwanzigjährigen Bestehens des Vereines für Geschichte der Stadt Wien. (Jahrbuch des Vereins für Geschichte der Stadt Wien; Bd. 34) Wien 1978, S. 133-148; Hermann Goja: Die österreichischen Schützengilden und ihre Feste 1500-1750. Studien zu ihrer Geschichte. Wien 1963; Heidi Haslinger: Höfische Feste der Renaissance im süddeutschen Raum. Unter Berücksichtigung ihrer spätmittelalterlichen Vorbilder. Dipl. Wien 1989.

sehr wohl gab. Verglichen damit ist die Situation der kirchlichen Organisation schwierig. Die ursprünglichen österreichischen Länder (das heutige Nieder- und Oberösterreich) gehörten seit der Christianisierung zum Bistum Passau - ein Zustand, der im wesentlichen bis zu den Reformen Josephs II. und seiner Diözesanregulierung 1785 bestehen blieb. Seit dem Mittelalter gab es aber Versuche der Babenberger (schon vor 1210 ist der erste belegt!) und später der Habsburger, ein Landesbistum zu gründen, dessen Diözesanort natürlich Wien sein sollte. Doch alle diese Versuche scheiterten, und selbst als es Kaiser Friedrich III. 1469 gelang, Wien zum Bischofssitz zu machen, umfaßte der Diözesansprengel dieses Bistums nur die Stadt und ihre Umgebung, der Einfluß Passaus auf das umliegende Land blieb ungeschmälert[16].

Durch das rasche Voranschreiten der Reformation in Wien, wo ein großer Teil der Bürger der neuen Lehre zuströmte, wurde die kirchliche Lage nicht gerade verbessert, zumal die Spannung zu den Habsburgern, die katholisch blieben, sich auch im Verhältnis zwischen den Bewohnern der Residenzstadt und ihren habsburgischen Herren auswirkte[17]. Die Habsburger trieben auch in Wien die Gegenreformation energisch voran, schon 1551 wurden die Jesuiten nach Wien berufen, eine Reihe von Maßnahmen in der zweiten Hälfte des 16. Jahrhunderts verhinderte die weitere Ausübung des evangelischen Gottesdienstes in der Stadt, doch bestand noch bis ins frühe 17. Jahrhundert hinein die Möglichkeit des "Auslaufens", also die Möglichkeit, lutheranischen Gottesdienst in einem der adligen Schlösser in den Wiener Vororten (besonders wichtig war dabei der Besitz der protestantischen Adelsfamilie Jörger im damaligen Vorort Hernals, dem heutigen 17. Wiener Gemeindebezirk) zu hören.

Während also im institutionellen Rahmen - vor allem im säkularen Bereich der ständischen und der landesfürstlichen Herrschaft - einige Aspekte für eine Absicherung der Metropolitanfunktion Wiens zu sehen sind, muß man doch die erheblichen wirtschaftlichen und politischen Schwierigkeiten ins Kalkül ziehen, die ein Gegengewicht zur verstärkten Zentralität Wiens bildeten und schließlich auch zur schrittweisen Verlegung der Residenz nach Prag, die sich dann 1583 endgültig vollzog, beitrugen.

Der Wohlstand Wiens bis zum 15. Jahrhundert war vor allem begründet auf dem Zwischenhandel, der durch ein altes Niederlagsrecht, das seit 1221 formuliert war, abgesichert

---

16 Vgl. zum Überblick: Die Zeit der frühen Habsburger. Dome und Klöster. 1279-1379. (Katalog des Niederösterr. Landesmuseums; N.F. 85) Wien 1979; sowie Karl Lechner: 500 Jahre Diözese Wien. Vorgeschichte und Geschichte des Wiener Bistums. Mit Bemerkungen über das Bistum Wiener Neustadt. In: Unsere Heimat 40 (1969), S. 53-70; Helmut Kröll: Beiträge zur Geschichte der Besitzverhältnisse des Bistums Wien. Staatsprüfungsarbeit am Institut für Österreichische Geschichtsforschung. Wien 1962; Viktor Flieder: Stephansdom und Wiener Bistumsgründung. Eine diözesan- und rechtsgeschichtliche Untersuchung. (Veröffentlichungen des kirchenhistorischen Instituts der katholisch-theologischen Fakultät der Universität Wien; Bd. 6) Wien 1968.
17 Moritz Smets: Wien im Zeitalter der Reformation. Preßburg 1875 (Neudruck Wien 1969); Dorothea Kinzel: Ein Beitrag zur geschichtlichen Forschung über das Bistum Wien zur Zeit der Reformation. 2 Bde. Diss. Wien 1949.

wurde[18]. Der Hauptverkehrsweg Mitteleuropas war die Donau, auf der oder entlang derselben ein großer Teil des Handels aus dem süddeutschen Raum nach Ungarn und von dort weiter in den Balkan hinein ablief. Wien lag - wie das bei zentralen Orten ja stets der Fall ist - auch an einem Verkehrsknotenpunkt, allerdings spielte die Straße nach Norden in den böhmischen Raum noch keine größere Rolle[19]. Eine sehr große Bedeutung kam hingegen der nach Süden führenden sogenannten Venedigerstraße über den Semmering zu, deren Beherrschung von den Wiener Bürgern mit großer Zähigkeit behauptet wurde.[20] Schon die Babenberger versuchten, nachdem sie ihr Herrschaftszentrum in den Wiener Raum verlegt hatten, den Handelsverkehr systematisch nach Wien umzulenken. Diese wirtschaftliche Blüte der Stadt machte sich auch in den Bevölkerungszahlen bemerkbar. Um 1500 hatte die Stadt selbst ca. 1 250 Häuser und die Vorstädte hatten etwa 900, die Bevölkerungszahl - deren Schätzungen sehr schwanken - lag wohl eher bei 20 000 Menschen, von denen 1 700 bis 1 800 Bürger waren, als bei 50 000 und 10 000 in den Vorstädten, wie es Zeitgenossen (z.B. Enea Silvio Piccolomini), aber auch moderne Historiker behaupten[21].

Der Groß- und Transithandel lag in den Händen deutscher Kaufleute und Niederleger, die Wiener selbst dominierten nur den Kleinhandel. Einzig und allein der Weinbau und die Weinausfuhr - jährlich 75 760 Hektoliter - waren eine beständige Einnahmequelle der Bürger der Stadt. Die Landesfürsten förderten ihre Residenzstadt nicht immer in geeigneter Weise, so bestätigte etwa Maximilian I. zwar 1512 das Niederlagsrecht Wiens in einer feierlichen Urkunde, aber schon im Jahre darauf privilegierte er die oberdeutschen Niederleger, die damit den Fernhandel voll in ihre Hand bekamen. Neben diesen dominierenden Süddeutschen gab es aber auch eine große Zahl von Händlern aus allen Ländern Europas, die in Wien Handel trieben. Wolffgang Schmeltzl schildert in seinem Lobspruch auf Wien 1548 beredt diese Internationalität der Stadt:

> *An das Lugek kam ich ongefer,*
> *Da tratten Kauffleüt hin vnd her,*

---

18 Peter Csendes: Zur Wiener Handelsgeschichte des 16. Jahrhunderts. In: Wien an der Schwelle der Neuzeit (wie Anm. 8), S. 44-53; Herbert Tschulk: Weinbau und Weinhandel im Wiener Raum im Hoch- und Spätmittelalter. Staatsprüfungsarbeit am Institut für Österreichische Geschichtsforschung. Wien 1983.
19 Die Donau. Facetten eines europäischen Stromes. Katalog zur oberösterreichischen Landesausstellung 1994 in Engelhartszell. Linz 1994.
20 Vgl. Ferdinand Tremel: Zur Geschichte des Wiener Italienhandels im 16. Jahrhundert. In: Nachrichtenblatt des Vereines für Geschichte der Stadt Wien NF 3 = 58 (1941), S. 22-27; Karl Vocelka: Die Bedeutung der Beherrschung des "schrägen Durchganges" für die Adriapolitik der Habsburgermonarchie. In: Römische historische Mitteilungen 31 (1989), S. 137-147, und die dort zitierte Literatur.
21 Kurt Klein: Daten zur Siedlungsgeschichte der österreichischen Länder bis zum 16. Jahrhundert. (Materialien zur Wirtschafts- und Sozialgeschichte; Bd. 4) Wien 1980; ders.: Die Bevölkerungsentwicklung in den größeren Sammelsiedlungen Österreichs seit dem Hochmittelalter. In: Mitteilungen der österreichischen geographischen Gesellschaft 132 (1990), S. 56-90.

Al Nacion in jr claidung.
Da wirt gehört manch sprach vnd zung,
Ich dacht ich wer gen Babel khumen,
Wo alle sprach ein anfang gnomen,
Vnd hört ein seltzams dräsch vnd gschray
Von schönen sprachen mancherlay.
Hebreisch, Griechisch vnd Lateinisch
Teutsch, Frantzösisch, Türkisch, Spanisch,
Behaimisch, Windisch, Italianisch,
Hungarisch, guet Niderlendisch,
Naturlich Syrisch, Crabatisch,
Rätzisch, Polnisch vnd Chaldeisch[22].

Doch schon vor den wirtschaftspolitischen Eingriffen Maximilians I. und lange vor der wirklich akuten Türkengefahr machten sich Tendenzen bemerkbar, die der wirtschaftlichen Situation Wiens schwer zu schaffen machten. Die zweite Hälfte des 15. Jahrhunderts war eine wirtschaftliche Krisenzeit der Stadt. Die vielen Fehden im Lande, denen der schwache Kaiser Friedrich III. nicht Herr werden konnte, seine eigene Verwicklung in Familienauseinandersetzungen mit seinem Bruder Albrecht VI., der Zwist um Ladislaus Postumus und der Konflikt mit Matthias Corvinus schränkten den Ungarnhandel ein. Nach dem Tod des Ladislaus Postumus wurde in Ungarn der Sohn des Reichsverwesers Johannes Hunyadi, der junge Matthias Corvinus, zum König gewählt, der in einem ständigen Konflikt mit Kaiser Friedrich III. stand. Matthias mischte sich in innere Spannungen zwischen Ständen und Kaiser ein und zog 1477 durch Österreich, wo er nur Wien und Krems nicht einnehmen konnte. 1485 lagerte das Heer des Corvinus im Osten der Stadt Wien, die mit großen Steinen beschossen wurde, so daß die Wiener Bürger, vom Kaiser im Stich gelassen, schließlich am 23. Mai 1485 kapitulieren mußten. Wenige Tage später zog Matthias Corvinus mit großem Prunk in Wien ein. Fünf Jahre lang stand Wien nun unter der Herrschaft des Matthias Corvinus, der ein gebildeter, am Humanismus interessierter Mann war, der sich vor allem der Universität, die einen Tiefstand erreicht hatte, annahm und sie durch Geldzuwendungen und Privilegienbestätigung zu fördern suchte. Erst als Matthias 1490 starb, war der Weg für die Habsburger zur Wiedererlangung der Herrschaft in Wien frei[23]. Man kann sich gut vorstellen, daß diese Wirren der wirtschaftlichen Lage Wiens in

---

22 Wolffgang Schmeltzl: Ein Lobspruch der Hochlöblichen weitberümbten Khünigklichen Stat Wien in Osterreich, welche wider den Tyrannen vnd Erbfeindt Christi nit die wenigist, sondern die höchst Hauptbefestigung der Christenhait ist. Wien 1548 (Neudruck 1949), Vers 325-338.
23 Vgl. zu der in Anm. 6 angegebenen Literatur noch Karl Gutkas: Friedrich III. und Matthias Corvinus. (Wissenschaftliche Schriftenreihe Niederösterreich; Bd. 65) St. Pölten/Wien 1982; Gyula Rászó: Die Feldzüge des Königs Matthias Corvinus in Niederösterreich 1477-1490. (Militärhistorische Schriftenreihe; Bd. 24) Wien ³1982.

Wien zwischen Grenzfestung und Residenzstadt

dieser Zeit nicht gerade förderlich waren. Die Jahresrechnung der Stadt fiel von der ersten Jahrhunderthälfte mit durchschnittlich 12 500 Pfund Pfennig in der zweiten Jahrhunderthälfte auch deutlich auf 11 500 Pfund Pfennig[24].

Noch schwerwiegender sind die Veränderungen der wirtschaftlichen Lage der Stadt nach 1526 mit der latenten Türkennot zu sehen[25]. Mit der Erwerbung eines Teiles von Ungarn durch die Habsburger hatte man auch einen übermächtigen Gegner erworben. Die Auseinandersetzung mit den Osmanen beschränkte sich keineswegs ausschließlich auf Ungarn, 1529 drang das Hauptheer der Osmanen unter Sultan Süleyman bis nach Wien vor. Die Stadt wurde von Graf Niklas Salm verteidigt, der über etwa 10 000 Mann Truppen verfügte. Das osmanische Heer, 150 000 Mann stark, erreichte am 25. September die Mauern Wiens. Die Verteidigungsanlagen der Stadt waren in keinem besonders guten Zustand, die Ummauerung war noch nicht "modern", d.h. nach italienischem Vorbild ausgebaut, was einer Belagerung mit Artilleriebeschuß besseren Widerstand hätte entgegensetzen können als die mittelalterlichen Mauern der Stadt. Da die Osmanen keine schwere Belagerungsartillerie mitführten, spezialisierten sie sich auf das Legen von Minen, die eine Bresche in die Mauer sprengen sollten, um einen Sturm auf die Stadt zu ermöglichen. Anfang Oktober war die Lage der eingeschlossenen Stadt schon recht bedrohlich, doch auch die Versorgungslage der Türken und die Disziplin ihrer Truppen ließen zu wünschen übrig. Am 13. Oktober versuchten die Osmanen noch einmal verzweifelt, die Stadt im Sturm zu nehmen. Da der Sultan eine Annäherung eines Entsatzheeres unter Ferdinand unter Mithilfe von Reichstruppen befürchtete, entschloß er sich in Anbetracht der fortgeschrittenen Jahreszeit zu einem Abbruch der Belagerung. Zwar war die Stadt Wien noch einmal davongekommen, doch der Schock der Türkenbelagerung wirkte lange nach[26].

Einerseits konnte man zwar stolz sein, der Belagerung widerstanden zu haben, wie es etwa der Apologet der Stadt Wolffgang Schmeltzl in seinem bekannten: *"Ein Lobspruch der Hochlöblichen und weitgerümbten Stat Wienn in Osterreich, wölche wider den Tyrannen vnd Erbfeindt Christi ... die Hauptbefestigung"* ist, der 1548 erschienen ist, beschreibt:

---

24 Reinhard E. Petermann: Wien von Jahrhundert zu Jahrhundert. Kulturgeschichtliche Entwicklung der Stadt im Rahmen der Zeitgeschichte mit besonderer Berücksichtigung der wirtschaftlichen Wandlungen. 1. Teil. Wien/Leipzig/New York 1927, S. 140.

25 Karl Vocelka: Die osmanische Expansion und die Situation Österreichs. In: Peter Broucek/Walter Leitsch/Karl Vocelka/Jan Wimmer/Zbigniew Wójcik: Der Sieg bei Wien 1683. Wien/Warszawa 1983, S. 73-98; ders.: Die inneren Auswirkungen der Auseinandersetzung Österreichs mit den Osmanen. In: Südost-Forschungen 36 (1977), S. 13-34.

26 Walter Hummelberger: Wien in der Verteidigung gegen die Türken. In: Österreich und die Osmanen - Prinz Eugen und seine Zeit. (Schriften des Instituts für Österreichkunde; Bd. 51/52) Wien 1988, S. 42-55; ders.: Wien als Festung. In: Die Türken vor Wien. Europa und die Entscheidung an der Donau 1683. Salzburg 1982, S. 102-107; ders.: Wiens erste Belagerung durch die Türken 1529. (Militärhistorische Schriftenreihe; Bd. 33) Wien 1976.

> *O Edles Wienn! selbs in mir sprach*
> *Du bist die port vnd zir alzeit,*
> *Befestigung der Christenheit!*
> *Der Türck mit ernst frü vnd spat*
> *Sein kopff an dir zerstossen hat*[27]!

Doch andererseits war der Schaden an der Stadt selbst groß. Dabei muß man noch ins Kalkül ziehen, daß 1525 ein verheerender Stadtbrand 400 Häuser der Stadt in Rauch und Trümmer gelegt hatte; im Zuge der Türkenbelagerung 1529 wurden 834 Vorstadthäuser zerstört. Man kann nicht mit Sicherheit sagen, ob der Aufbau der Stadt so schnell erfolgte oder ob man der Schmeichelei Wolffgang Schmeltzls so sehr mißtrauen muß, denn dieser beschreibt schon knapp 20 Jahre später die Stadt in glühendsten Farben:

> *Als dann ich bsicht die Stadt mit fleiß,*
> *Vnd maint ich wer im Paradeiß.*
> *Wie gweltig höff, hewser ich fandt*
> *Khaum gesehen in einem landt!*
> *An hewsern außen vnd innen gmäl,*
> *Als werens eytel Fürsten säl!*
> *Mit thürnen, festen gibelmaurn,*
> *Für feind vnd fewr wol für traurn*[28].

Unbeschadet der Frage, wie schnell und erfolgreich der Wiederaufbau der Stadt nach dem großen Brand 1525 und der Türkenbelagerung von 1529 vor sich ging, erst sehr langsam erholte sich das Image der Stadt - um es modern auszudrücken - von der Belagerung 1529. Wien galt als eine Grenzfestung gegen das gefürchtete osmanische Reich, dessen Grenze, die sich in den vierziger Jahren des 16. Jahrhunderts verfestigt hatte, etwa bei Komorn, also nur etwa 70-80 km östlich der Wiener Stadtmauern, verlief. Jederzeit rechnete man wieder mit einem Angriff auf die Stadt.

Diese Einstellung zu Wien blieb für einen großen Teil des 16. Jahrhunderts bestimmend und stellt mit einen wesentlichen Grund dar, weshalb die Residenzfunktion der Stadt mit Prag geteilt wurde. Sicherlich können auch einige andere Gründe angeführt werden, allen voran die Tatsache, daß Prag das Zentrum des wirtschaftlich wichtigsten Teiles der Länder der Habsburger war und auch schon seit langer Zeit - zumindest aber seit dem großartigen Ausbau unter Karl IV. - eine Infrastruktur aufwies, die der Wiens zumindest ebenbürtig war. Selbstverständlich war keine Stadt mit einer vergleichbaren Residenzfunktion für die

---

27 Schmeltzl (wie Anm. 22), Vers 194-198.
28 Schmeltzl (wie Anm. 22), Vers 291-298.

Habsburger in Ungarn zugänglich, da das von Matthias Corvinus so prächtig im Renaissancestil ausgebaute Buda im Herrschaftsbereich der Osmanen lag. Bis ins beginnende 18. Jahrhundert konnte nur Preßburg eine gewisse zentrale Rolle für die Habsburger als Krönungsstadt und für die Stände als Tagungsort behaupten. Dieses allgemein besprochene Auf und Ab der Zentralität Wiens im späten Mittelalter und in der frühen Neuzeit möchte ich zum Abschluß meiner Ausführungen noch an einem Fallbeispiel exemplifizieren, der Universität[29].

Schon um die Mitte des 15. Jahrhunderts hatte die Universität in Wien, die Rudolf IV. 1365 gegründet hatte, eine große Blüte erreicht. Von den Gelehrten, die an ihr wirkten, seien Johannes von Gmunden als Mathematiker und Astronom, der die Kenntnisse der Antike und der Araber vermittelte, Georg von Peuerbach, der die Trigonometrie durch die Einführung des Sinus bereicherte und Regiomontanus (Johannes Müller), dessen Sternbücher die großen Entdecker der Neuzeit leiteten, genannt. Die inneren Wirren und die Auseinandersetzung mit Matthias Corvinus haben gegen Ende des 15. Jahrhunderts zum Abstieg der Wiener Hohen Schule geführt.

Schon einige Jahrzehnte davor, um 1450, hatte am Hofe Friedrichs III. die Verbreitung humanistischer Ideen begonnen. In diesem Zusammenhang wäre vor allem der Name Enea Silvio Piccolomini zu nennen, der zunächst in kaiserlichen Diensten stand, ehe er eine große kirchliche Karriere - unter dem Namen Pius II. wurde er Papst - machte. Dieser urteilte überaus negativ über die Universität in Wien: *Auch die Schule der freien Künste, der Theologie und des Kirchenrechts besteht in Wien ... hier strömt eine große Anzahl von Studierenden aus Ungarn und aus den Alpenländern zusammen ... Der größte Fehler aber dieser Hochschule ist, daß auf die Dialektik das größte Gewicht gelegt wird, und man zuviel Zeit auf ganz nutzloses Zeug vergeudet ... Übrigens gehen die Studenten selbst in Vergnügungen auf und haben nur Sinn für Wein und gutes Essen. Nur wenige werden wirklich Gelehrte, sie lassen sich auch nicht im Zaum halten, Tag und Nacht ziehen sie*

---

29 Rudolf Kink: Geschichte der kaiserlichen Universität zu Wien. 2 Teile. Wien 1854; Franz Gall: Alma mater Rudolphina. 1365-1965. Die Wiener Universität und ihre Studenten. Wien 1965; Marianne Baumgart: Die Wiener als Studenten an der Wiener Universität im Spätmittelalter (1365-1518). (Dissertationen der Universität Wien; Bd. 154) Wien 1982; Das alte Universitätsviertel in Wien. 1385-1985. Hg. v. Günther Hamann/Kurt Mühlberger/Franz Skacel. (Schriftenreihe des Universitätsarchivs; Bd. 2) Wien 1985, darin vor allem die Beiträge von Helmuth Größing: Die Wiener Universität im Zeitalter des Humanismus von der Mitte des 15. bis zur Mitte des 16. Jahrhunderts; Paul Uiblein: Die Wiener Universität im 14. und 15. Jahrhundert; Kurt Mühlberger: Zu den Krisen der Universität Wien im Zeitalter der konfessionellen Auseinandersetzungen. In: Bericht über den achtzehnten Historikertag in Linz, veranstaltet vom Verband Österreichischer Geschichtsvereine in der Zeit vom 24. bis 29. September 1990. (Veröffentlichungen des Verbandes Österreichischer Geschichtsvereine; Bd. 27) Wien 1991, S. 269-277. Zu den Reformatoren vgl. Erwin Liebert: Zwingli in Wien. In: Die evangelische Gemeinde H. B. in Wien. Jubiläumsfestschrift. (Forschungen und Beiträge zur Wiener Stadtgeschichte; Bd. 16) Wien 1986, S. 6-13.

umher und sind für die Bürger eine wahre Plage. Zudem läßt sie die große Begehrlichkeit der Weiber an nichts anderes denken[30].

In der Zeit Kaiser Maximilians I. kam es dann erneut zu einer kurzen Blüte, die durch das Eindringen des Humanismus gekennzeichnet war. Die Nachfolger der Generation von Peuerbach, Gmunden und Regiomontanus an der Universität Wien waren Männer wie Johannes Stabius, der als Geograph und Kartograph wirkte und als Historiograph und Genealoge des Kaisers eng mit dem Hof verbunden war, oder der Mathematiker Georg Tannstetter, der sich Collimitius nannte und nach dem Vorbild von Celtis eine "Sodalitas Collimitiana" gründete. 1497 wurde Konrad Celtis von Ingolstadt nach Wien berufen und lehrte hier lateinische Rhetorik und Philosophie; neben seiner wissenschaftlichen Tätigkeit war er auch ein bedeutender Dichter. In dem 1501 von Kaiser Maximilian I. eingerichteten "Collegium Poetarum et Mathematicorum", einer Art Akademie der Wissenschaften, organisierte er die Lehrenden und die Lernenden. Neben Celtis wirkten auch der als Historiker und Dichter hervorgetretene Johannes Cuspinianus und der nach dem Tod von Celtis bedeutendste Wiener Humanist Joachim Vadianus. Unter den Studenten der Wiener Universität waren auch einige Männer, die in der religiösen Auseinandersetzung seit 1517 eine bedeutende Rolle spielen sollten; Huldrych Zwingli und der Täufer Konrad Grebel studierten ebenso in Wien wie der große Gegenspieler Luthers, Johannes Eck.

Viele dieser humanistisch gebildeten Angehörigen der Universität standen in enger Verbindung mit dem Hof, arbeiteten an den genealogischen und autobiographischen Schriften des Kaisers mit. Auch einige der bedeutenden Künstler, die in Wien wirkten, standen im Zusammenhang mit Maximilians I. familiengeschichtlichen und propagandistischen Werken, wie etwa Burgkmair, Schäuffelin oder der Hofmaler Bernhardin Strigel. Parallel mit der Entwicklung der Bildungsstätte Universität entstanden auch zahlreiche Buchdruckereien in Wien, obwohl die Stadt sicherlich im 16. Jahrhundert nicht als ein Zentrum der schwarzen Kunst gelten kann. Während in der Zeit des Humanismus die Wiener Universität blühte, setzte knapp nach Vadians Abgang 1518 der Verfall ein. Einige Ursachen sind dabei maßgeblich, eine Pestepidemie 1521 und natürlich wieder die Türkengefahr. Immatrikulierten sich in den ersten Jahrzehnten des 16. Jahrhunderts noch 500-600 Studenten in Wien, so sank diese Zahl seit 1521 drastisch auf zunächst rund 200, um dann 1532 mit nur 12 Studierenden einen absoluten Tiefpunkt zu erreichen[31].

Während die wichtigsten Persönlichkeiten des Geisteslebens bis zur Zeit Maximilians I. noch weitgehend aus dem Kreise der Universität stammten, spielte diese nach dem großen

---

30 Otto Rommel: Wiener Renaissance. Wien/Zürich 1947, S. 66.
31 Die Zahlen stammen aus dem vom Fonds zur Förderung der wissenschaftlichen Forschung geförderten Projekt: "Zur Sozialgeschichte des Universitätsbesuchs im Spätmittelalter und am Beginn der Neuzeit am Beispiel der Universität Wien. Prosopographische und quantitative Aspekte", dessen Hauptmitarbeiter Mag. Thomas Maisel, Mag. Ingrid Matschinegg und Dr. Albert Müller sind. Thomas Maisel danke ich für die statistische Auswertung.

Niedergang in den zwanziger Jahren des 16. Jahrhunderts intellektuell kaum eine Rolle, wenn es auch eine Reihe lokal bedeutsamer Gelehrter wie Wolfgang Lazius und Caspar Ursinus Velius gab. Die großen Gelehrten der zweiten Hälfte des Jahrhunderts standen viel eher in Beziehung zum Hofe als zur Universität. Männer wie der bedeutende Botaniker Carolus Clusius, der Türkeireisende, Diplomat und humanistisch gebildete Polyhistor Augier Ghislain de Busbecq, der kaiserliche Leibarzt Crato von Krafftheim, der Hofhistoriograph Johannes Sambucus oder der erste Bibliothekar der Wiener Hofbibliothek, der Niederländer Hugo Blotius, standen in einem nahen Verhältnis zum Hofe Maximilians II[32].

So spiegelt sich auch in unserem kleinen Beispiel der Universität das allgemein Festgestellte deutlich: die Wirren des späten 15. Jahrhunderts unter Corvinus und noch mehr die osmanische Bedrohung 1529 hatten die Stadt Wien schwer getroffen. Die wirtschaftliche Grundlage Wiens, der Ungarnhandel, zerbröckelte zusehends und nahm der Stadt die wirtschaftliche Prosperität. Die Angst der Menschen vor der osmanischen Bedrohung - die durch eine geschickt gesteuerte kirchlich-herrscherliche Propaganda stets präsent war - machte Wien zu einem Außenposten des Reiches, zu einer Grenzfestung. Zwar ist diese Flucht aus Wien nicht ganz linear ablesbar, doch zeigen die Studentenzahlen diesen Trend ebenso deutlich wie die Tatsache, daß die Hofhaltung der Habsburger in Wien nur mehr eine von zwei Alternativen darstellte. Einerseits verlor Wien also im 16. Jahrhundert zunehmend als Herrschaftszentrum an Bedeutung, andererseits wurden durch Maßnahmen, wie etwa den Behördenausbau in Wien, auch Voraussetzungen für den erneuten Aufstieg der barocken Haupt- und Residenzstadt geschaffen. Dieser bereitete sich mit der Rückkehr des Hofes aus Prag im 17. Jahrhundert vor und kam letztlich erst nach der zweiten Wiener Türkenbelagerung 1683 zum Höhepunkt, zu einem Zeitpunkt also, zu dem sich deutlich abzeichnete, daß Wien nicht mehr Grenzfestung des Abendlandes war. Erst spät, am Ende des 17. Jahrhunderts, wurde also jener Glanz des kaiserlichen Wien in seiner Verbindung von katholisch-barocker und imperial-absolutistischer Repräsentation faßbar, von dem die Stadt heute noch manches spüren läßt.

---

32 Vocelka (wie Anm. 8).

Winfried Eberhard

Metropolenbildung im östlichen Mitteleuropa.
Eine vorläufige Diskussionsbilanz

Die kulturelle Identität Europas gründet zum einen in der Universalität des lateinischen Christentums, der griechischen Philosophie und des römischen Rechts, sie ist aber zum anderen aus ethnisch-sprachlicher und politisch-regionaler Pluralität mit ihren jeweils besonderen Identitäten gewachsen. Seit der politischen Neukonstituierung des europäischen Zentralraums nach dem Zerfall des Karolingerreichs und seit der Christianisierung und Angliederung neuer Reiche an die lateinische Christenheit besonders in der östlichen und nördlichen Nachbarschaft, aber auch in Südwesteuropa hatte jene Pluralität einen langen Prozeß der Interessenkonflikte und der Konkurrenz ebenso wie der gegenseitigen kulturellen Durchdringung, der Ausbreitung, Aneignung und Differenzierung von Normen und Werten, von Innovationen und Institutionen zur Folge.

Exemplarisch für den langanhaltenden Prozeß des kulturellen und ökonomischen Transfers ebenso wie der politisch-nationalen Konflikte wurden in Europa besonders die Räume verdichteter ethnisch-sprachlicher Pluralität: Süditalien-Sizilien, die iberische Halbinsel, die Gebirgsräume der Pyrenäen und vor allem der Alpen, das westliche Mitteleuropa des lange fluktuierenden lotharingischen Zwischenraums um Rhein und Maas, insbesondere aber das östliche Mitteleuropa zwischen Ostsee und Adria. Diese kulturellen Transferräume bildeten große städtische Zentren aus, in denen sich ethnische und kulturelle Vielfalt, Anregung und Auseinandersetzung verdichteten und die somit gleichsam zum Brennspiegel jener Pluralität wurden. Nachdem auf der iberischen Halbinsel und in Süditalien-Sizilien der frühe Staatsabsolutismus schon um 1500 die ethnische und kulturelle Vielfalt zerstört hatte, blieben Zentren lebendiger Pluralität nur im westlichen Mitteleuropa - mit den sich ablösenden Metropolen Brügge, Antwerpen und Amsterdam - und in Ostmitteleuropa bis in unser Jahrhundert erhalten. Als der große Impuls für die Entstehung einer dauerhaften Struktur ethnisch-sprachlich-kultureller Vielfalt im östlichen Mitteleuropa erwies sich der Landesausbau des 13./14. Jahrhunderts von den Territorien des Deutschen Ordens über die polnischen, böhmischen bis zu den ungarischen Ländern, in denen die meist deutschen, später auch jüdischen Neusiedler mit ihren rechtlichen, ökonomischen und geistlich-kirchlichen Innovationen integriert wurden. Die slawisch-deutsch-magyarisch-jüdische Pluralität prägte seither auch die großen Zentren, die sich im 14./15. Jahrhundert nicht nur als Handelsstädte und kirchliche Metropolen, sondern auch als Residenzen und teilweise Universitätsstädte konsolidierten und so ihre funktionale Vielfalt ausprägten.

Für die in der Epoche der Industrialisierung mit ihrem demographischen Aufschwung und ihrer Mobilität gewachsenen Großstädte Ostmitteleuropas um 1900 ist der Begriff "Metropole" unbestritten: Wien, Budapest, Prag, Warschau, Lemberg, Wilna. Belletristik und Publizistik rühmen - teilweise nostalgisch - deren inzwischen verlorene ethnische und kulturelle Pluralität oder betrauern ihre soeben in Sarajevo zu beobachtende Zerstörung. Dahinter steht das Bewußtsein, dabei sei eine kulturelle Potenz, ein Reichtum Europas verlorengegangen - auch wenn diese Pluralität in den hundert Jahren vor ihrem Ende eher Konflikt als Kooperation bedeutete. Für die ostmitteleuropäischen Zentralstädte des Spätmittelalters und der frühen Neuzeit ist dagegen der Begriff der Metropole ungewöhnlich und umstritten - er war es auch in der Diskussion (Schramm) des hier dokumentierten Symposiums -, zumal wenn man Buda, Prag, Krakau und Danzig mit Paris, London, Antwerpen, Venedig, Rom oder Florenz im 16. Jahrhundert unter dem Kriterium der gesamteuropäischen Ausstrahlung vergleicht (DaCosta Kaufmann). Erstens jedoch bezieht sich die Funktion einer Metropole zwar auf ein überregionales Ausstrahlungsfeld, nicht aber unbedingt auf Gesamteuropa. Die überregionale Attraktivität Prags um 1400 und um 1600, Krakaus um 1500 für Gelehrte, Humanisten, Künstler und Geistliche, Kaufleute und Diplomaten ist unbestritten, auch wenn sie kaum über den Rhein nach Westen reichte. Andererseits verlor Antwerpen seinen Rang bald an Amsterdam, wurde Florenz nach den Medici zur Provinz, war Rom nur seit 1450 für etwa zweihundert Jahre eine europäische Kulturmetropole, und das Paris des 16. Jahrhunderts spielte anders als im 14. oder 17. Jahrhundert eine Rolle nur noch als Hauptstadt Frankreichs. Das bedeutet zweitens, daß die Stabilität der Funktion von Metropolen in dieser vorindustriellen Epoche nicht nur in Ostmitteleuropa problematisch war.

Eine wesentliche Voraussetzung für eine kontinuierliche Metropolenentwicklung bestand in der Stabilität der Staatsbildung und damit in der dauerhaften Anwesenheit von Hof und Residenz mit Behördenorganisation. Gerade die Staatsbildung war aber in jener Epoche in vielen Ländern und vor allem im östlichen Mitteleuropa noch nicht abgeschlossen und konsolidiert, sondern entwickelte sich unter dem Einfluß vieler dynastischer, politischer und militärischer Faktoren. So war die Attraktivität und ausstrahlende Zentralität Prags für lange Zeit unterbrochen, zwischen der hussitischen Revolution und der Mitte des 16. Jahrhunderts (Šmahel, Pešek). Budas Metropolenbedeutung ist zwar unter Matthias Corvinus offenkundig, endet jedoch spätestens mit der osmanischen Eroberung. Seit dem Ende der Jagiellonendynastie verlor Krakau seine Hauptstadtfunktion und gesellschaftliche Attraktivität an das werdende Warschau (Bogucka). Diese Instabilität ostmitteleuropäischer Metropolen wurde in den Referaten ausdrücklich behandelt und in der Diskussion immer wieder als Problem für die Anwendung des Metropolenbegriffs angesprochen. Dennoch zeigte sich im Ergebnis, daß der Begriff auch für diese frühe Zeit einen bedeutenden heuristischen Wert besitzt und damit produktive Fragestellungen herausfordert.

Da es sich um die Epoche des intensiven Funktionswandels und der Funktionsdifferenzierungen in der Metropolenbildung handelt, fragte die Diskussion immer wieder nach deren konstitutiven Bedingungen und Faktoren. Dabei ist die "Übergröße" (Bogucka) ein relativer Begriff, der sich auf ein Städtenetz einer Großregion bezieht, in dem auch sekundäre Zentren vergleichend zu berücksichtigen sind, zumal in der Zeit des Wandels nicht a priori feststeht, welches Zentrum die größeren Chancen zur Metropolenbildung beinhaltet. Für die Genese und den Wandel von Metropolen wurden sodann exogene und endogene Faktoren unterschieden. Dabei wären die äußeren politischen Faktoren, die nicht aus der Stadtentwicklung selbst zu erklären sind, stärker zu berücksichtigen, so etwa die osmanische Expansion für die Verschiebung und Differenzierung der ungarischen Zentren, das Ende des Deutschordensstaates für die Zentrenbildung der Ostseeregion, die polnisch-litauische Union für die Verlagerung der Residenz aus dem nun zu peripheren Krakau nach Warschau, ebenso der Dynastiewechsel in Polen nach den Jagiellonen oder in Ungarn und Böhmen mit dem Beginn der Habsburgerherrschaft. Als konstitutive Bedingung für die Genese von Metropolen wie für ihre Stabilität oder Veränderung wurden diese exogenen Faktoren in den Beiträgen noch nicht ausdrücklich thematisiert, obwohl Wandel und Verlagerung von Metropolen in vielen Beiträgen einen Schwerpunktaspekt bildeten. Politische, exogene Faktoren erscheinen zunächst als zu selbstverständliche Rahmenbedingung, um sie eigens zu problematisieren. Für künftige sowohl synchrone als auch diachrone Vergleiche der Metropolenentwicklung werden sie wohl einen stärkeren Erklärungswert beanspruchen dürfen, zumal für die Epoche des 15.-17. Jahrhunderts, als im sich ausbildenden Mächte-Europa Staaten und Dynastien sich noch stärker und häufiger veränderten als etwa in der Epoche der ausgeprägten Großmächte und modernen Nationen seit Ende des 18. Jahrhunderts. In dieser Epoche hatten jene exogenen Faktoren eben eine besondere Stabilität und Kontinuität der Metropolenentwicklung zur Folge, die noch besondere Impulse aus dem ökonomischen und sozialen Aufschwung der Industrialisierung und der Nationalbewegungen erfuhr. Obwohl bei Fernand Braudel die Metropolenbildung West- und Südeuropas von Welthandelsverbindungen abhängt, wurde in der Diskussion einerseits festgestellt, daß für den Charakter der Metropolen im östlichen Mitteleuropa ökonomische Bedeutung und wirtschaftliche Voraussetzungen nicht so erheblich waren wie die politischen. Andererseits wurde zu Recht vorgeschlagen, Verkehrslage und exogene Wirtschaftsfaktoren für den Vergleich deutlicher zu berücksichtigen, wie es etwa Czacharowski für Polen exemplifiziert hat.

Der Hauptakzent in Referaten und Diskussion lag indes auf den endogenen Faktoren für die Ausbildung und den Wandel von Metropolen. Im Vordergrund standen dabei zum einen die Multifunktionalität, zum anderen Pluralität und Integrationskraft. Dafür bilden die großen Zentren in der Tat auch das konzentrierteste Untersuchungsfeld. Metropolen erforderten nicht nur eine gewisse Größe der städtischen Agglomeration, sondern insbesondere die Vereinigung einer Vielfalt von politischen, kirchlichen und kulturellen Funktionen, die für das Land Bedeutung besaßen: Residenz und Hof, kirchliche Institutionen (Erzbischof), Bildungszentren (Universität, Schulen). Fehlt eine wesentliche Funktion auf Dauer oder wird sie von einer anderen Stadt wahrgenommen, so stellt sich auch von den inneren Bedingungen her die Frage nach den Stabilitätschancen der Metropole und ihrer Ausstrahlung. Als Alternative zur Multifunktionalität einer Metropole läßt sich daher gelegentlich die Aufteilung von Zentralitätsfunktionen auf mehrere Zentren beobachten, so daß man jeweils von spezifischen wirtschaftlichen, politischen, kirchlichen oder künstlerischen Metropolen sprechen muß. Die Schlußdiskussion machte im Zusammenhang dieser Funktionsvielfalt darauf aufmerksam, daß bislang auf die Bedeutung der kirchlichen Zentralität, ihrer Funktionen und Institutionen zu wenig geachtet wurde. Sie wäre nicht nur für die gesellschaftliche Pluralität (Geistliche, Adel, Bürger) und die politische Zentralität zu berücksichtigen, sondern insbesondere auch in ihren Impulsen für die kulturelle Entwicklung der Metropolen und für deren Ausstrahlungsfeld.

Besonders charakteristisch gerade für die Zentren des östlichen Mitteleuropa war bekanntlich ihre Pluralität, und zwar nicht nur die gesellschaftliche wie in allen großen Zentren, sondern auch die ethnische und schließlich konfessionelle Pluralität. Sie ließ sich für Prag, Krakau und Buda, besonders aber auch für Danzig bis in die Kunstgeschichte hinein zeigen. Als entscheidende Frage bleibt dann freilich im einzelnen zu untersuchen, wie weit Metropolen imstande waren, gesellschaftliche, ethnische oder konfessionelle Pluralität wirklich zu integrieren. Die Antwort darauf, ob Adel, Hof, Bürgertum und Klerus, ob Slawen, Deutsche und Juden, ob Lutheraner, Calvinisten und Katholiken tatsächlich kooperierten, gar Formen von Durchmischung entwickelten oder gegenseitige Anregungen rezipierten – oder ob es nur um distanzierte Koexistenz, gar um eine latente Konfliktsituation ging, die Antwort darauf ist entscheidend für die Bewertung der typischen ostmitteleuropäischen Pluralität. Diese Frage der Integrationskraft von Metropolen bleibt daher der Forschung insbesondere aufgegeben. Immerhin konnte die Kunstgeschichte (Harasimowicz) etwa für Krakau und Danzig eine deutliche Tendenz zur Amalgamierung unterschiedlicher stilistischer Kunsteinflüsse und politisch-konfessioneller Kulturebenen beobachten.

Umstritten bleiben vorerst die Innovationskraft und die Ausstrahlung der Metropolen. Zwar können Impulse, Innovationen und Ausstrahlungen der Hofkunst Budas zur Zeit des Matthias Corvinus, des Prager Hofs Rudolfs II. oder der Kultur und Wirtschaft Danzigs plausibel gezeigt werden. Sie blieben aber zeitlich begrenzt und international nur in Einzelelementen (Kunst, Wirtschaft) wirksam. Damit ist zum einen wiederum die Stabilität der Metropolenfunktionen und die Kontinuität der Metropolenentwicklung problematisiert, zum anderen aber auch die Reichweite der Ausstrahlung, die mit dem Begriff "Hinterland" (Bogucka) angesprochen ist, auch wenn man von vornherein die überregionale Wirkung dieser Metropolen nur für das östliche Mitteleuropa in Rechnung stellt. Die weitergreifende Ausstrahlung von Kunst, Universitäten oder Wirtschaft nach Österreich, in den Ostseeraum oder das östliche und südliche Deutschland wäre im einzelnen noch genau zu prüfen. In diesen Problemstellungen hat es sich jedenfalls nicht nur als vorteilhaft, sondern als unerläßlich erwiesen, die kunstgeschichtlichen Beziehungen und Konzentrationen in das Beobachtungsfeld einzubeziehen.

Im Vergleich der verschiedenen Länder ergab die Diskussion schließlich eine tendenzielle Differenzierung in der Typologie der Zentralität. Trotz des Bedeutungsverlustes der Hauptstadt Prag für etwa hundert Jahre folgten die böhmischen Länder nämlich dem monozentrischen Modell. Olmütz und Breslau nahmen zwar zeitweilig bedeutende überregionale Funktionen wahr - so in Wirtschaft, Kultur und Kirche -, konnten jedoch auf Dauer der Hauptstadt Prag den Rang an Attraktivität und funktionaler Vielfalt nicht ablaufen. Während Prag am Anfang des 15. Jahrhunderts als Hauptzentrum der Revolution und Reformation fungierte, wurde es seit 1590 wieder zum beherrschenden politischen und kulturellen Zentrum mit zunehmendem Gewinn an gesellschaftlicher und kirchlicher Pluralität und an kultureller Ausstrahlung und Attraktivität. Die Voraussetzung dafür war freilich wieder ein exogener Faktor, die kaiserliche Residenzverlagerung von Wien nach Prag. Unter dem Aspekt der Stabilität der Metropolen bleibt dann allerdings die Frage zu klären, ob die Europäisierung Prags durch kirchliche und adlige Kultur in der Barockzeit nicht eine Überprüfung der These vom erneuten Verlust an Bedeutung und Zentralität dieser Stadt nahelegt. Während Prag seine einstige Bedeutung um 1600 zurückgewann, bildete sich Wien im 16. Jahrhundert erst allmählich zum primären Zentrum aus, so daß die österreichischen Länder, die in den ostmitteleuropäischen Vergleich unbedingt einzubeziehen sind, sich vom polyzentrischen zum monozentrischen Modell entwickelten. Auch hier spielte der exogene Faktor der Ausweitung des Habsburgerreichs mit der Folge der räumlichen Zentralität Wiens eine entscheidende Rolle. Bis zur osmanischen Eroberung kann auch für Ungarn der monozentrische Typus beobachtet werden, da die Agglomeration von Buda mit ihrer gesellschaftlichen Pluralität sowie ihrer Konzentration von politischen, kulturellen und kirchlichen Funktionen das unbestreitbare Zentrum bildete. Die räumliche Differenzierung einiger Zentralitätsfunktionen (Buda - Stuhlweißenburg - Visegrád - Gran) minderte diese Bedeutung nicht, da sich auf diese Weise ein dichter Zentralraum entwickelte, der sich auf Buda ausrichtete.

Aufgrund des starken Eigenlebens der Regionen und besonders der Lehensländer Polens entstand hier ein polyzentrischer Typus mit räumlich weit differenzierten Zentralfunktionen: Krakau, Warschau, Danzig, deren kulturelle und politische Ausstrahlung ganz unterschiedlich war. Unter den Strukturbedingungen der polnischen Kronländer konnte sich überdies in Königsberg ein bedeutendes sekundäres Zentrum entwickeln, das mit Universität und Reformation auch für die polnischen Kernregionen eine besondere Bedeutung gewann (Małłek).

Berücksichtigt man solche sekundären Zentren in Ostmitteleuropa (Preßburg, Olmütz, Breslau, Königsberg) als unvollendete Hauptstädte mit Teilfunktionen überregionaler Zentralität, so wird deutlich, daß in Ostmitteleuropa trotz allem die Tendenz zur Polyzentralität verbreitet war. Dies stellt freilich für diese Epoche in Europa keine Besonderheit dar, das aus dem Mittelalter überkommene polyzentrische Modell prägte vielmehr auch viele Länder West- und Südeuropas (Spanien, Italien, ebenfalls England). In der Entwicklungsepoche des modernen Mächte-Europa war nämlich die Bedeutung von Metropolen und ihrer Entwicklungschancen zumindest noch unentschieden und wurde wesentlich beeinflußt von den erheblichen machtpolitischen Veränderungen, die sich erst im 18. Jahrhundert stabilisierten.

Insgesamt haben Beiträge und Diskussionen zwar bestätigt, daß die Anwendung des Metropolenbegriffs auf das Spätmittelalter und die frühe Neuzeit problematisch ist, zumal auch die sekundären Zentren mit ihren Teilfunktionen zu berücksichtigen sind. Dabei ist deutlich geworden, daß Phänomen und Begriff der modernen Metropole mit ihren sozioökonomischen Bedingungen der Industrialisierung nicht auf jene Frühzeit zu übertragen sind. Dennoch scheint sich der Begriff mit seinen funktionalen Implikationen als tragfähig für die Eröffnung neuer Perspektiven auf die Entwicklung der Zentralstädte und ihres exogenen und endogenen Bedingungsgeflechts zu erweisen.

Autorenverzeichnis

Dr. Leszek Belzyt, *Forschungsschwerpunkt Geschichte und Kultur Ostmitteleuropas (Berlin, Deutschland)*

Prof. Dr. habil. Maria Bogucka, *Polska Akademia Nauk, Instytut Historii (Warszawa, Polen)*

Prof. Dr. habil. Antoni Czacharowski, *Uniwersytet Mikołaja Kopernika, Instytut Historii i Archiwistyki (Toruń, Polen)*

Prof. Dr. Thomas DaCosta Kaufmann, *Princeton University, Department of Art and Archaeology (Princeton, USA)*

Dr. Ernő Deak, *Österreichische Akademie der Wissenschaften, Kommission für Wirtschafts-, Sozial- und Stadtgeschichte (Wien, Österreich)*

Prof. Dr. Winfried Eberhard, *Forschungsschwerpunkt Geschichte und Kultur Ostmitteleuropas (Berlin, Deutschland)*

Prof. Dr. Evamaria Engel, *Forschungsschwerpunkt Geschichte und Kultur Ostmitteleuropas (Berlin, Deutschland)*

Prof. Dr. Jacob Goldberg, *The Hebrew University of Jerusalem, Department of History (Jerusalem, Israel)*

Dr. habil. Jan Harasimowicz, *Uniwersytet Wrocławski, Instytut Historii Sztuki (Wrocław, Polen)*

Dr. Zdeněk Hojda, *Univerzita Karlova, Filozofická fakulta, Katedra pomocných věd historických a archivnictví (Prag, Tschechische Republik)*

Prof. Dr. habil. Mariusz Karpowicz, *Uniwersytet Warszawski (Warschau, Polen)*

Prof. Dr. András Kubinyi, *ELTE Régészeti Tanszék (Budapest, Ungarn)*

Dr. Karen Lambrecht, *Forschungsschwerpunkt Geschichte und Kultur Ostmitteleuropas* (Berlin, Deutschland)

Prof. Dr. habil. Janusz Małłek, *Uniwersytet Mikołaja Kopernika, Instytut Historii i Archiwistyki* (Toruń, Polen)

Dir. Dr. Ernő Marosi, *Magyar Tudományos Akadémia. Művéstzettörténeti kutató csoport* (Budapest, Ungarn)

Dr. Hanna Nogossek, *Johann-Gottfried-Herder-Institut* (Marburg, Deutschland)

Univ.-Doz. Dr. Jaroslav Pánek DrSc., *Univerzita Karlova, Filozofická fakulta, Ústav českých dějin* (Praha, Tschechische Republik)

Univ.-Doz. Dr. Jiři Pešek, *Univerzita Karlova, Fakulta sociálních věd, Centrum německých a rakouských dějin* (Praha, Tschechische Republik)

Prof. Dr. František Šmahel DrSc., *Akademie věd České republiký, Historický ústav* (Praha, Tschechische Republik)

Univ.-Doz. Dr. Karl Vocelka, *Institut für österreichische Geschichtsforschung* (Wien, Österreich)

Dr. Hugo Weczerka (Marburg, Deutschland)

Bildnachweis:

Archiv M. Karpowicz, Warszawa 17, 18, 19, 20
Archiv I. Petrás 1
Bildarchiv Foto Marburg 2, 3, 5, 6, 7, 9, 10, 12, 13,
Bildarchiv J.-G. Herder-Institut, Marburg 4, 11,
Kunsthistorisches Museum Wien 21, 23
Muzeum Narodowe Poznań 24
North Carolina Museum of Art 22
Polska Akademia Nauk, Instytut Sztuki, Warszawa 27; J. Ścidorski 16; J. Langda 14, 15, 25

Ortsregister

Das Ortsregister verzeichnet die deutschen Ortsnamen und verweist an erster Stelle der Klammer auf den heutigen Ortsnamen (nur für Ostmitteleuropa), an den folgenden Stellen gegebenenfalls auf weitere historische Namensformen. Die in der Vorsatzkarte eingezeichneten Orte sind mit * markiert.

* Aachen 13f., 19
* Agram (Zagreb) 154
  Alexandria 35
  Altofen → Óbuda
  Amsterdam 7, 37, 73, 75, 84, 86f., 90, 277f.
  Ankara 73
  Antwerpen 36f., 39 73, 75, 86f., 277f.
  Athen 35
* Augsburg 63f., 69, 82, 170, 259

  Banská Bystrica → Neusohl
  Bardejov → Bartfeld
  Bartenstein (Bartoszyce) 128, 133
  Bártfa → Bartfeld
* Bartfeld (slowak. Bardejov, ungar. Bártfa) 167
  Bartoszyce → Bartenstein
  Basel 185, 198
* Bautzen 117
* Berlin -/Cölln 7, 11, 15, 17f., 21, 23, 106, 123
  Besztercebánya → Neusohl
  Blatna (Blatná) 42
  Boletice nad Labem → Politz
* Bologna 129, 176
  Brandeis a. d. Elbe/Altbunzlau (Brandýs nad Labem/Stará Boleslav) 192
  Brandenburg/Havel 14
  Braşov → Kronstadt

  Brassó → Kronstadt
  Bratislava → Preßburg
* Breslau (Wrocław) 7f., 15, 17, 25, 27, 33, 44, 61-64, 66-69, 115-117, 122, 145, 222, 233, 235, 238, **245-262**, 281f.
* Brest-Litowsk 121, 143
* Brieg (Brzeg) 22, 115, 260
  Brno → Brünn
* Brody 136
* Bromberg (Bydgoszcz) 76, 118
  Brügge 277
* Brünn (Brno) -/Burg Spielberg 8f., 17, 21, 64-66, 69, 233-243
  Brüssel 73
  Brzeg → Brieg
  Bückeburg 44
* Buda/Ofen (Budapest) 7f., 17, 19, 23, 27, 30f., 39f., 41, 43, 45, 47-50, 53, 55, 58f., 61-63, 66-69, **145-165**, 167, 174f., 178f., 185, 213, 216, 233, 273, 278, 280f.
  Budapest → Buda, Óbuda, Pest
* Bukarest 11
  Bydgoszcz → Bromberg
  Byzanz (Istanbul, Konstantinopel) 17, 73, 256

  Čáslav → Tschaslau
  Černjachovsk → Insterburg

Cēsis → Wenden
Český Krumlov → Krummau
Cheb → Eger
Chełmno → Kulm
Chomutov → Komotau
Chyžné → Hizsnyó
Cluj-Napoca → Klausenburg
Como 41

* Danzig (Gdańsk) -/Oliva 25, 28f., 39, 57, 61-64, 66-69, 76, 78, 81-84, 86-91, 99-107, 115-121, 123, 127, 133, 141, 246, 255, 261, 278, 280f.
* Debreczin (Debrecen) 64f., 69
  Den Haag 73
* Dresden 256
  Düsseldorf 25

* Eger (Cheb) 64, 187
  Eibenschitz (Ivančice) 238
* Elbing (Elbląg) 44, 62-67, 69, 99, 115, 125, 127
  Eperies/Preschau (slowak. Prešov, ungar. Eperjes) 181
  Esztergom → Gran

* Florenz 37-41, 112, 173, 278
  Frankenstein (Ząbkowice Śląskie) 42
  Frankfurt/Main 17, 19, 25, 117, 222, 257
* Frankfurt/Oder 115, 123, 258
* Fünfkirchen (Pécs) 30, 164

  Gars a. Inn 263
  Gdańsk → Danzig
* Genua 37
  Georgenberg (slowak. Spišská Sobota, ungar. Szepesszombat) 183
* Glogau (Głogów) 117, 240
* Gnesen (Gniezno) 76, 115-117, 120-123, 246f. 249
  Golub (Golub-Dobrzyń) 119
* Görlitz 43, 117, 247-255
* Gran (Esztergom) 19, 27, 38, 40, 51, 145, 156, 172, 177f., 281

* Graz 264, 267
  Grodków → Grottkau
  Großbrazdim (Veliký Brázdim) 198
* Großwardein (Nagyvárad) 165
  Grottkau (Grodków) 252
  Gwardejsk → Tapiau

  Hainburg 171
  Halle 106
  Heiligenbeil (Mamonowo) 128
* Hermannstadt (rum. Sibiu, ungar. Nagyszeben) 147, 163, 181
  Héthárs → Siebenlinden
  Hizsnyó (Chyžné) 183
  Hochwald (Hukvaldy) 236
  Hohensalza (Inowrocław) 42
  Hradec Králové → Königgrätz
  Hukvaldy → Hochwald
  Hundsfeld (Wrocław-Psie Pole) 254
  Hünern (Psary) 254

  Iglau (Jihlava) 235, 238
  Ingolstadt 274
* Innsbruck 43, 220, 264f.
  Inowrocław → Hohensalza
  Insterburg (Černjachovsk) 44
  Istanbul → Byzanz
  Ivančice → Eibenschitz

  Jáchymov → Joachimsthal
  Jarosław 143
  Jerusalem 136
  Jihlava → Iglau
* Joachimsthal (Jáchymov) 64f.

  Kaliningrad → Königsberg
  Kalisch (Kalisz) 115
  Kaschau (slowak. Košice, ungar. Kassa) 115, 147, 163, 167, 180, 184, 261
  Kazimierz → Krakau
  Kiew 117
  Kittsee 171
* Klausenburg (rum. Cluj-Napoca, ungar. Kolozsvár) 180f.

Ortsregister 287

Klein-Zeben → Zeben
Klosterneuburg 27, 263
Kolberg (Kołobrzeg) 123
* Köln 14, 63, 69, 100, 117, 248, 255
Kołobrzeg → Kolberg
Kolozsvár → Klausenburg
* Komorn (slowak. Komárno, ungar. Komárom) 165, 272
Komotau (Chomutov) 192
Königgrätz (Hradec Králové) 42, 186
Königsaal (Zbraslav) 27
* Königsberg (russ. Kaliningrad, poln. Królewiec) -/Kneiphof -/Löbenicht 8, 21, 30, 33, 63f., 69, 84f., 87, **127-133**, 282
Konin 115
Konstantinopel → Byzanz
* Konstanz 121, 176
Körmöcbánya → Kremnitz
Košice → Kaschau
* Krakau (Kraków) -/Kazimierz 7f., 28-30, 38f., 41-43, 45, 47, 51f., 55-59, 61-64, 66-69, 76-79, 81f., 85, 89, 91, 93-95, 98, 115-117, 119-121, 124, 131, 136, 138-143, 145, 158, 207, 222, 233, 246f., 249, 255f., 258, 261f., 278-281
* Kremnitz (slowak. Kremnica, ungar. Körmöcbánya) 169
Krems 270
Kremsier (Kroměříž) 236, 239
Królewiec → Königsberg
Kroměříž → Kremsier
* Kronstadt (rum. Brașov, ungar. Brassó) 147, 163, 180
Krummau (Český Krumlov) 187
* Kulm (Chełmno) 15, 119, 125
* Kuttenberg (Kutná Hora) 29, 62f. 65f., 187

Laun (Louny) 192
Łęczna 143
Legnica → Liegnitz
Leibitz (slowak. Ľubica, ungar. Leibic) 184
Leipzig 117, 129, 207, 222, 246f., 255f., 258
Leitmeritz (Litoměřice) 42, 192, 240

* Lemberg (russ. Lwow, ukrain. Lwiw, poln. Lwów) 62-65, 67, 69, 81f., 115-117, 136, 140f., 246-248, 255f., 278
* Leutschau (slowak. Levoča, ungar. Lőcse) 180-184
Levoča → Leutschau
* Liegnitz (Legnica) 22, 259
Linz 255f.
* Lipany 186f., 207
Lipiany → Siebenlinden
Liptószentandrás (Svätý Ondrej nad Hronom) 183
Litoměřice → Leitmeritz
Löbau (Lubawa) 119
Lőcse → Leutschau
London 18, 34, 72f., 75, 81, 278
Louny → Laun
Lubawa → Löbau
* Lübeck 15, 63f., 69
Ľubica → Leibitz
* Lublin 64f., 67, 76, 81f., 117, 120f., 123, 136, 138-143, 256
Lugano 41
Lwiw → Lemberg
Lwow → Lemberg
Lwów → Lemberg

* Magdeburg 192, 249
Mährisch Neustadt (Uničov) 238
Mährisch Trübau (Moravská Třebova) 41
* Mailand 34, 48, 113, 230
* Mainz 13
Malbork → Marienburg
Mamonowo → Heiligenbeil
Mantua 230
* Marienburg (Malbork) 100, 125, 127
Mauerbach 27
Melide 109
Melk 263
Melnik (Mělník) 192
Menyő (rum. Mineu) 178
Meseritz (Międzyrzecz) 115, 123
Měšice 198
Metz 63

Międzyrzecz → Meseritz
Mineu → Menyő
Modena 230
* Mohács 30, 161, 164, 167, 267
Molfetta 44
Montepulciano 111f.
Moravská Třebová → Mährisch Trübau
Moskau 64, 256
Mühlbach (rum. Sebeş, ungar. Szászsebes) 180
* München 14

Nagyszeben → Hermannstadt
Nagyszombat → Tyrnau
Nagyvárad → Großwardein
Nakel (Nakło) 123
Namslau (Namysłów) 248, 254
Neapel 34
Neisse (Nysa) 249, 260
Neudorf (Spišská Nová Ves) 182
Neumarkt (Środa Śląska) 248
* Neusohl (slowak. Banská Bystrica, ungar. Besztercebánya) 183
New York 35, 73
Novgorod 63f., 69, 256
Nürnberg 17, 19f., 39, 41, 63f., 69, 82, 94, 96, 117, 146, 167, 180, 204, 222, 246, 255f.
Nysa → Neisse

Óbuda/Altofen (Budapest) 62, 145, 147f., 157, 164
* Ödenburg (Sopron) 167, 180
Oels (Oleśnica) 254
Ofen → Buda
Oleśnica → Oels
Oliva → Gdańsk
* Olmütz (Olomouc) 8f., 33, 64-66, 69, **233-243**, 249, 281f.
Olomouc → Olmütz
*Oppeln (Opole) 115, 252

* Padua 176
Parczew 143
Parczów 76

Paris 13, 16-19, 34, 73, 75, 81, 175f., 220, 278
Passau 259, 268
Pécs → Fünfkirchen
* Pest (Budapest) 40, 61-63, 66, 69, 145-148, 151, 153-157, 160f., 163, 165
* Petrikau (Piotrków Trybunalski) 76, 81
* Pilsen (Plzeň) 187
Piotrków Trybunalski → Petrikau
Plzeň → Pilsen
Pöchlarn 263
Politz a. d. Elbe (Boletice nad Labem) 192
* Posen (Poznań) 42, 63-65, 67, 69, 82, 103, 115-117, 120-124, 136, 140f., 246f., 251, 256f., 261
Pozsony → Preßburg
Poznań → Posen
Prabuty → Riesenburg
* Prag (Praha) -/Altstadt (Staré Město), -/Hradschin (Hradčany) -/Kleinseite (Malá Straná), -/Neustadt (Nové Město), -/Vyšehrad 8f., 11-15, 17f., 21, 25-30, 33f., 39, 41-47, 51-53, 57-59, 62-69, 117, 138, 141, 175f., 180, **185-211**, **213-221**, **225-233**, 235, 237, 240f., 246, 250-262, 265, 272, 275, 278, 280f.
Praust (Pruszcz Gdański) 103
Preschau → Eperies
Prešov → Eperjes
* Preßburg (slowak. Bratislava, ungar. Poszony) 8, 19, 27, 64-67, 69, 151, 157, **163-172**, 175, 180, 273, 282
Příbram 206
Pruszcz Gdański → Praust
Psary → Hünern

Quedlinburg 14

* Radom 76
Rawa Mazowiecka 81
* Regensburg 13f., 16, 19, 26
Riesenburg (Prabuty) 129
Riga 21, 84f.
Rom 35, 37, 41, 110f., 113, 278

Ortsregister

Rostock 84
Rothsürben (Zórawina) 44

S. Andrea della Valle 110
Saaz (Žatec) 186
Sabinov → Zeben
Sarajevo 278
* Salzburg 23
* Sandomir (Sandomierz) 76, 115, 117
Sathmar (rum. Satu-Mare, ungar. Szatmár) 172
Satu-Mare → Sathmar
Schäßburg (rum. Sighişoara, ungar. Segesvár) 180
Schlan (Slaný) 192
Schuliz (Solec Kujawski) 118
Schwihau (Švihov) 42
Sebeş → Mühlbach
Segesvár → Schäßburg
Sevilla 34
Sibiu → Hermannstadt
Siebenlinden (slowak. Lipiany, ungar. Héthárs) 184
Sighişoara → Schäßburg
Slaný → Schlan
Solec Kujawski → Schuliz
Sopron → Ödenburg
Speyer 19
Spišská Nová Ves → Neudorf
Spišská Sobota → Georgenberg
Środa Śląska → Neumarkt
Stadthagen 44
Stargard i. Pom. (Stargard Szczeciński) 106
Stębark → Tannenberg
* Stettin (Szczecin) 14, 62f., 65, 69, 123, 257
Steyr 256
* Straßburg 63
* Stuhlweißenburg (Székesfehérvár) 19, 27, 145, 147-149, 156, 165, 175, 281
Svätý Ondrej → Liptószentandrás
Švihov → Schwihau
Szábszebes → Mühlbach
Szatmár → Sathmar
Szczecin → Stettin

Szeben → Zeben
Szegedin (Szeged) 147
Székesfehérvár → Stuhlweißenburg
Szepesszombat → Georgenberg

Tabor (Tábor) 186
Tannenberg (Stębark) 118f.
Tapiau (Gwardejsk) 127
* Thorn (Toruń) 62-67, 69, 76, 82, 99, 115-121, 123, 127f., 255, 257
Tobitschau (Tovačov) 40
* Tokaj 165
Toruń → Thorn
Tovačov → Tobitschau
Trier 13
Trnava → Tyrnau
Tschaslau (Čáslav) 204
Tuchel (Tuchola) 123
Tulln 263
Tykocin 142
Tyrnau (slowak. Trnava, ungar. Nagyszombat) 167

Überlingen 43
Uničov → Mährisch Neustadt
Urbino 49

Vác → Waitzen
Veliký Brázdim → Großbrazdim
* Venedig 37, 41, 146, 230, 255, 278
* Veszprim (Veszprém) 157
Vilnius → Wilna
* Visegrád 19, 39, 47, 145f., 148f., 153, 161, 175, 182, 281
Vyškov → Wischau

Waitzen (Vác) 157
* Warschau (Warszawa) -/Ujazdów 8, 11, 27, 29, 33, 64f, 69, 76-83, 87, 91, **109-114**, 121, 123, 136, 138f., 142f., 233, 256, 278f., 281
Washington DC 73
Wenden (Cēsis) 21
Wetzlar 19

* Wien 8, 11, 16, 19, 23, 25, 27, 29f., 43, 46,
    62-65, 69, 117, 157, 165, 167, 171, 180,
    207, 221, 225, 227, 233, 237, 241, 246, 252,
    255, 257f, 260, 263-275, 278, 281
  Wiener Neustadt 170, 180
* Wilna (Vilnius) 65, 120f., 256, 278
  Wischau (Vyškov) 238
  Wittenberg 103, 260
  Wolfenbüttel 45
  Wrocław → Breslau
  Wrocław-Psie Pole → Hundsfeld

  Ząbkowice Śląskie → Frankenstein
  Zagreb → Agram
  Žatec → Saaz
  Zbraslav → Königsaal
  Zeben (slowak. Sabinov, Szeben), Klein-/,
    183f.
  Znaim (Znojmo) 235, 238
  Zórawina → Rothsürben

Personenregister

Die Namen historischer Persönlichkeiten wurden mit einer kurzen Annotation versehen; bei zeitgenössischen Autoren, die im Text zitiert werden, wurde auf eine solche verzichtet. Benutzte Abkürzungen: Bf.=Bischof, Bg.=Bürger, Bgf.=Burggraf, Bgm.=Bürgermeister, Ebf.=Erzbischof, Fst.=Fürst, Gem.=Gemahlin, Gf.=Graf, HM=Hochmeister, Hz.=Herzog, Kg.=König, Kgn.=Königin, Ks.=Kaiser, Mkgf.=Markgraf

Adalbert (Wojciech), Hl., Bf. v. Prag 117, 121
Alberti, Leon Battista, Architekt 49
Albrecht II., dt. Kg., Kg. v. Böhmen u. Ungarn 52, 175, 187, 190, 250f.
Albrecht V., Hz. v. Bayern 267
Albrecht VI., Hz. v. Österreich 264, 270
Albrecht v. Brandenburg-Ansbach, HM des Dt. Ordens, Hz. v. Preußen 21, 128, 130-133
Alexander Jagiello, Kg. v. Polen 101, 119
Andreas III., Kg. v. Ungarn 163
Andreas v. Hermannstadt, Baumeister 181
Anne de Foix Candale, Gem. Kg. Wladislaws II. v. Böhmen u. Ungarn 53, 59
Aristoteles, griech. Philosoph 207
Arndt, Johann, luther. Theologe 104, 106
Attavante di Gabriello di Vante, Miniaturist 40
Aventin, Johannes, Humanist 26

Bahr, Patrizierfamilie in Danzig
- Juditha 102
- Simon 102
Bákocz, Thomas, Ebf. v. Gran 50
Bałaban, Majer 138
Balogh, Jolán 181
Barca, Pietro Antonio, Architekt 113
Bassompière, François de, Marschall 230

Báthori, Stephan, Palatin v. Ungarn 165f.
Behem, Balthasar, Stadtschreiber 95, 98
Béla IV., Kg. v. Ungarn 157, 169
Below, Georg v. 12
Berecci, Bartholomeo, Architekt u. Bildhauer 38, 56, 97
Berges, Wilhelm 18
Berka v. Dubá, Zbyněk, Ebf. v. Prag 229, 240f.
Białostocki, Jan 42
Blocke, van der, Künstlerfamilie
- Abraham 100, 102
- Isaak 100, 105
- Willem 100
Blotius, Hugo, Humanist 275
Blumenau, Kaspar, Ordensbruder 132
Bogucka, Maria 19, 136, 141, 278f., 281
Boner, Severinus, Bgf. in Krakau 96
Bonfini, Antonio, Historiograph 49
Bourdieu, Pierre 37
Brahe, Tycho, Astronom 45
Bramante, Donato, Architekt 112
Braudel, Fernand 36, 279
Braun, Georg, Kupferstecher 93
Brenngyssen, Johannes, Baumeister 181
Břetislav I., Fst. v. Böhmen 76
Breton, André, Schriftsteller 35

Brueghel, Jan d. Ä., Maler 44
Buonaccorsi, Filippo (Callimachus), Humanist 41, 55, 94, 119
Bürgi, Jobst, Mathematiker 45
Burgkmair, Hans, Maler 274
Burke, Peter 34-37, 39f., 45
Busbecq, Augier Ghislain de, Schriftsteller 275

Callimachus s. Buonaccorsi
Canavesi, Hieronymus, Bildhauer 39, 42
Čapek, Jan, Komponist 209
Capistranus, Johannes, Franziskaner 210
Castello, Matteo da, Architekt 109-111, 114
Castelnuovo, Enrico 34, 36
Cecilia Renathe, Kgn. v. Polen, 1. Gem. Kg. Wladislaws IV. 77
Celtis, Konrad, Humanist 26, 94, 274
Chagall, Marc, Maler u. Graphiker 35
Chimenti di Leonardo Camicia, Architekt 50
Chlumčany, Matyáš Louda v., Bg. in Prag 206
Christaller, Walter 26
Christo, Jawatschew, Künstler 35
Cimabue (Cenni di Pepo), Maler 173
Clark, Kenneth 36
Clusius, Carolus (Charles de l'Ecluse), Botaniker 275
Colin, Alexander, Bildhauer 43
Copernicus, Nicolaus, Astronom 119
Corvinus, Laurentius, Humanist 119
Cosmas v. Prag, Chronist 13
Creutz, Philippe, Ordensbruder 131
Cuspinianus, Johannes (Spießhaymer), Humanist 161, 274
Czacharowski, Antoni 279

DaCosta Kaufmann, Thomas 278
Deák, Ernő 19
Dietrichstein, Franz v., Bf. v. Olmütz 238, 240, 242
Długosz, Johannes (Jan), Geschichtsschreiber 52, 121
Dobeneck, Hiob v., Bf. v. Pomesanien 129
Dohna, Adelsfamilie 130

Dorothea, 1. Gem. Hz. Albrechts v. Preußen 132
Drági, Tamás, Personalis 159
Dubravius, Johannes (Jan Doubravský v. Skála), Bf. v. Olmütz 238
Dürer, Künstlerfamilie
- Albrecht, Maler u. Kupferstecher 41
- Hans, Maler 41

Eck, Johannes, kath. Theologe 274
Ekkehard v. Aura, Chronist 14
Elisabeth v. Habsburg, Gem. Kg. Kasimirs IV. 52, 95
Enea Silvio Piccolomini s. Pius II.
Ennen, Edith 71f.
Ernuszt, János, jüd. Kaufmann aus Buda 151
Eulenburg, Adelsfamilie 130
- Botho zu 128, 131
- Wendt zu 128
Ewert, Lucas, Maler 101

Falkenstein, Adliger 130
Ferdinand I., Ks., Kg. v. Böhmen u. Ungarn 23, 43, 59, 165f., 169, 215, 217-221, 225f., 240, 250, 252, 260, 265f., 271
Ferdinand II., Ks., Kg. v. Böhmen u. Ungarn 237
Ferdinand III., Ks., Kg. v. Böhmen u. Ungarn 237
Ferdinand v. Tirol, Erzhz., Statthalter in Böhmen 43, 219f., 225f.
Filarete, Antonio, Architekt 49, 112
Filippo Scolari (Pippo Spano), Obergespan 48
Finlay, Roger 72
Fiorentinus, Johannes, Steinmetz 178
Fisher, Robert Moore 74
Florence, Philip Sargant 72
Fontana, Domenico, Architekt 109, 111, 114
Forstreuter, Kurt 127
Franciscus Florentinus, Architekt u. Bildhauer 55f.
Friedrich I. Barbarossa, Ks. 13
Friedrich III., Ks. 149, 191, 264, 268, 270, 273

Personenregister

Friedrich I., der Streitbare, Kurfst. v. Sachsen 179
Friedrich II., Hz. v. Schlesien 259
Friedrich, Hz. v. Sachsen, HM des Dt. Ordens 128-130
Friedrich III., Bgf. v. Nürnberg 20
Friedrich v. d. Pfalz, Kg. v. Böhmen 250, 261
Frommel, Christoph Luitpold 113
Fuhrmann, Matthias, Historiograph 267
Furtner, Jodok, Kaufmann in Nürnberg 167

Gabelentz, Johann v.d., Ordensbruder 131
Gaertner, Christoph, Maler 45
Gameren, Tilman van, Baumeister 107
Gasser, Anton, Maler 45
Gattenhofer, Christoph, Adliger 131
Georg v. Podiebrad, Kg. v. Böhmen 51, 185, 187, 195, 198f., 201, 203, 206f., 209-211, 251
Georg v. Bayern (Bażyński), Wojwode v. Marienburg 131
Gert, Stephan, Jurist 129, 131
Ginzburg, Carlo 34, 36
Giotto di Bondone, Maler 173f.
Giovanni da Ravenna von Padua, Humanist 176
Gmunden, Johannes v., Mathematiker u. Astronom 273f.
Gorky, Arshile, Maler 35
Gras, Norman Scott Brien 83
Grebel, Konrad, Täufer 274
Gregor v. Sanok, Bf. v. Lemberg, Humanist 48
Gross, Bartolomäus, Jurist 131
Guilbaut, Serge 35

Haldenhoff, Wilhelm, Mediziner 129
Hannewald, Andreas, Berater Ks. Rudolfs II. 230
Harasimowicz, Jan 280
Hawbitz, Johann, Adliger 131
Hedwig v. Anjou, Gem. Kg. Wladislaws II. Jagiello 52
Heide, Sebastian v.d., Jurist 129
Heinrich VI., Hz. v. Breslau 248f.

Heinrich Julius, Hz. v. Braunschweig-Wolfenbüttel 230
Heinrich v. Diessenhofen, Domherr in Konstanz 14
Heintz, Josef d. Ä., Künstler 45
Henckel, Johannes, Pfarrer 183
Henning, Friedrich-Wilhelm 257
Heydecke, Johann (Mirica), Stadtschreiber 94
Hibbard, Howard 110
Hieronymus v. Prag, Magister 185, 205
Hlaváček, Ivan 21
Hlawitschka, Eduard 14
Hoffmann v. Grünbühl
- Ferdinand, Präsident der Hofkammer 230
- Hans Friedrich, Rat 230
Hoghenberg, Franz, Kupferstecher 93
Hubatsch, Walther 130
Hus, Johann, Reformator 185, 205

Inglingen, Ulrich v., Adliger 131
Innozenz III., Papst 169
Isserles, Moses, jüd. Gelehrter 138f.

Joachim, Erich 130
Jobst, Mkgf. v. Mähren 234
Jörger, Adelsfamilie 268
Johann, Mkgf. v. Mähren 21
Johann I. Albrecht, Kg. v. Polen 55, 101, 119, 124
Johann Bornemisza, Kastellan v. Buda 164
Johann Hunyadi, Reichsverweser v. Ungarn 48, 270
Johann II. Kasimir, Kg. v. Polen 80, 106
Johann III. Sobieski, Kg. v. Polen 106f.
Johann IV. Roth, Bf. v. Breslau 260
Johann v. Zápolya, Kg. v. Ungarn 165
Jones, Emrys 34-36
Joseph II., Ks. 268
Julius II. (Giuliano della Rovere), Papst 112

Karl IV., Ks., Kg. v. Böhmen 7, 18, 21, 25, 29, 62, 188, 234, 249, 264, 272
Karl V., Ks. 265

Karl I. Robert v. Anjou, Kg. v. Ungarn 47, 161, 175
Karl II., Erzhz. v. Innerösterreich 267
Karl I., Hz. v. Oels 254
Kasimir III., der Große, Kg. v. Polen 119
Kasimir IV. Jagiello, Kg. v. Polen 51f., 95, 100f., 118-120, 124, 127
Kazanowski, Magnatenfamilie 79
Kepler, Johannes, Astronom 45
Kittlitz, Adelsfamilie 130
Kitzscher, Johann, Jurist 129
Klee, Michael, Kaufmann in Preßburg 167
Klonowic, Sebastian Fabian, Dichter 90
Kobersee, Adelsfamilie 130
- Peter 128
Koniecpolski, Magnatenfamilie 79
Königsegg, Adelsfamilie 130
Konrad v. Jungingen, HM des Dt. Ordens 119
Konrad v. Vechta, Ebf. v. Prag 240
Kozel, Jan, Maler 231
Krafftheim, Johann Crato v., Mediziner 275
Kreytzen, Adelsfamilie 130
Kubinyi, András 21
Kubler, George 42
Kuiper, Anthony, holländ. Kaufmann 86
Kulmbach, Hans Suess v., Maler 39, 41, 96
Kunheim, Adelsfamilie 130
- Daniel v. 128
Kunvald, Pešík v., Bgm. der Altstadt Prag 205
Kupener, Christoph, Jurist 129
Kurcz, Kaspar, Maler 98

Ladislaus I., der Hl., Kg. v. Ungarn 179
Ladislaus Postumus, Kg. v. Böhmen u. Ungarn 187, 251, 270
Ladislaus, Kg. v. Ungarn 148
Langhenicke, Kurz, Adliger 131
Lazar, Jude in Prag 189
Lazius, Wolfgang, Gelehrter 275
Ledvinka, Václav 229
Lehndorf, Adelsfamilie 130
Lesgewang, Adelsfamilie 130
Leto, Pomponio, Lehrer 41
Lichtenberger, Elisabeth 11f.

Lobkowitz und Hassenstein, Bohuslaus v., Humanist 239
Lobkowitz, Popel v., Adliger 241
Logau, Kaspar v., Bf. v. Breslau 240
Louise Marie Gonzague, Gem. Kg. Wladislaws IV. u. Kg. Johanns II. Kasimir 80
Luditz (Žlutice), Wenzel v., Baumeister 200
Ludwig I., der Große, Kg. v. Ungarn 47, 164, 176
Ludwig II., Kg. v. Böhmen u. Ungarn 53, 164, 216, 267
Ludwig VI., Kg. v. Frankreich 13
Ludwig v. Erlichshausen, HM des Dt. Ordens 127
Lurja, Salomon, jüd. Gelehrter 139
Luther, Martin, Reformator 103, 132, 274
Lyndenaw, Johann, Adliger 131

Mączak, Antoni 90
Maderno, Carlo, Architekt 109, 114
Małek, Janusz 282
Małowist, Marian 89
Maria v. Habsburg, Kgn. v. Ungarn, Gem. Kg. Ludwigs II. 164, 166
Maria v. Bayern, Gem. Erzhz. Karls II. v. Innerösterreich 267
Matthias Hunyadi Corvinus, Kg. v. Ungarn u. Böhmen 29, 38-40, 47-51, 53, 58, 66, 68, 146, 148-151, 154, 157, 159, 163, 169, 175-177, 250-253, 270, 273, 275, 278, 280
Maximilian I., Ks. 264, 266, 269f., 274
Maximilian II., Ks., Kg. v. Böhmen u. Ungarn 170, 220, 265-267, 275
Medici, ital. Familie 278
Meister der Annenaltäre 184
Meister des Antoniusaltars v. Georgenberg 183
Meister des Barbara-Altars v. Neusohl 183
Meister Benedikt 57
Meister E. S. 182
Meister Georg 100
Meister des Georgsaltars v. Georgenberg 183
Meister des Hochaltars v. Szmrecsány 182
Meister des Kabsdorfer Altars 183
Meister des Leitmeritzer Altars 42

Personenregister

Meister v. Okolicsnó 184
Meister der Stiborgrabmäler 178
Melantrich, Georg, Buchdrucker 222
Meynen, Emil 27
Michalovice, Adelsfamilie 200
Michelangelo Buonarroti, Bildhauer, Maler u. Architekt 173
Michelozzo di Bartolomeo, Bildhauer u. Architekt 112
Milešovka, Jan Horák v., Erzieher der Familie Ks. Ferdinands I. 240
Miltitz, Heinrich, Ordensbruder 131
Mitterauer, Michael 23
Mladoňovice, Peter v., Magister 209
Möller, Anton, Maler 102-104
Monogrammist TH 183
Monogrammist I.V.M. 211
Moraw, Peter 12, 18, 20
Mosca, Giovanni Maria (Gianmaria), genannt il Padovano, Baumeister u. Bildhauer 38, 41, 98
Müglitz, Anton v., Ebf. v. Prag 215
Müller-Mertens, Eckhard 21
Münsterberg, Adelsfamilie 42

Naker, Liborius, Chronist 129
Neitmann, Klaus 21
Netolický, Buchdrucker 222
Neuhaus, Adelsfamilie 219
- Adam II. v. 229
Nikolaus V., Papst 206
Noguchi, Isamu, Bildhauer 35
Nyáry, Franz, Hofstallmeister 168

Obberghen, Antonis van, Baumeister 100
Olahus, Nicolaus, Ebf. v. Gran 161
Olszowski, Andreas, Primas v. Polen 107
Ossoliński, Magnatenfamilie 79
Otto III., Ks. 14

Paik, Nam June, Multimediakünstler 35
Paravicini, Werner 20
Parler, Baumeister- u. Bildhauerfamilie 180, 200, 211

Partein, Adliger 130
Pašek v. Wrat, Jan, Oberbgm. in Prag 217
Patze, Hans 20
Paul III. (Alessandro Farnese), Papst 113
Paul v. Leutschau, Bildschnitzer 183
Paur, Johann, Kaufmann in Wien u. Buda 167
Pawlowski, Stanislaus, Bf. v. Olmütz 238, 241
Perbandt, Brosius, Adliger 128
Pernstein, Adelsfamilie 230
Pešek, Jiři 278
Peterle, Michael, Buchdrucker 231
Petry, Ludwig 245, 251, 260
Peuerbach, Georg, Astronom u. Mathematiker 273f.
Philipp II. August, Kg. v. Frankreich 18
Pius II. (Enea Silvio Piccolomini), Papst 269, 273
Polak, Jakob, jüd. Gelehrter 138
Polentz, Georg v., Jurist 131
Pollaiuolo, Antonio di, Künstler 40
Portugal, Christoph, Adliger 131
Přemysl Ottokar II., Kg. v. Böhmen 169, 264
Pröck, Adelsfamilie 130
- Johann 128
Prossel, Jacob, Einwohner v. Nürnberg 232
Prusinovský, Johann, Bf. v. Olmütz 240
Puchner, Mikuláš, Maler 211
Puchspaum, Hanns, Baumeister 180

Quadro, Giovanni Battista, Architekt 109
Quitzow, Dietrich v., Adliger 15

Ranisch, Barthel, Baumeister 107
Rauter, Adelsfamilie 130
Reček, Jan, Bg. in Prag 206
Regiomontanus (Johannes Müller), Mathematiker u. Astronom 273f.
Rejsek, Matthias, Architekt 200, 211
Ried, Benedikt, Architekt 42, 53, 216
Rippe, Adelsfamilie 130
Roder, Christoph, Adliger 128, 131
Rokycana, Johann, Ebf. v. Prag 205, 211
Rosenberg, Adelsfamilie 187, 230
Rosskopf, Wendel, Baumeister 43

Rudolf II., Ks., Kg. v. Ungarn u. Böhmen 44f., 59, 220, 225, 227f., 232, 241, 261, 265, 280
Rudolf IV., Hz. v. Österreich 264, 273
Rye, Egidius van der, Maler 93

Sadeler, Egidius, Kupferstecher 44, 231
Salm, Niklas, Gf., Feldhauptmann 271
Sambucus, Johannes (Szambocky, János), Historiograph 275
Samsonowicz, Henryk 90
San Clemente, Don Guillén de, Botschafter 230
Sandrart, Joachim v., Maler 45
Schäuffelin, Hans Leonhard, Maler 274
Schedel, Hartmann, Chronist 260
Schertwitz, Adliger 130
Schilling, Heinz 22
Schlesinger, Georg, Adliger 131
Schlick, Quirin, Ordensbruder 131
Schlieben, Adelsfamilie 130
- Dietrich v. 130
Schlögel, Karl 24
Schmeltzl, Wolffgang, Dichter 269, 271f.
Schomburg, Georg, Propst v. Preßburg, Vizekanzler 164
Schönberg, Adelsfamilie
- Dietrich v., Berater Hz. Albrechts v. Preußen 130
- Hans v., Humanist 129
Schramm, Gottfried 278
Schultz, Helga 18
Sculteti, Johann, Domherr v. Frauenburg 129
Severin, Buchdrucker 222
Sforza, Giovanni Battista, Diplomat 230
Siebenbürger, Martin, Bgm. in Wien 265
Sigismund, Ks., Kg. v. Ungarn u. Böhmen 39, 47-50, 146, 155, 157f., 163f., 169, 175, 178f., 185-187, 198, 206f., 250
Sigismund I., der Alte, Kg. v. Polen 55-59, 79f., 101, 119, 131, 141f., 266
Sigismund II. August, Kg. v. Polen 30, 80, 86, 101, 109, 119
Sigismund III. Wasa, Kg. v. Polen 80, 106, 109, 114
Sigismund, David, Autor 261

Simon VI., Gf. v. Lippe-Detmold 230
Sixtus V. (Felice Peretti), Papst 114
Skirgiello, Fst. v. Litauen 120
Šmahel, František 216, 278
Sobieslaw II., Hz. v. Böhmen 186, 192f.
Speymann, Johann, Bgm. v. Danzig 102
Spieß, Hans, Baumeister 53, 201
Spranger, Bartholomäus, Maler 44
Stabius, Johannes, Humanist 274
Starowolski, Szymon, Schriftsteller 143
Stefan, der Hl., Kg. v. Ungarn 175
Stein, Bartholomäus, Geograph 260f.
Stella, Familie
- Erasmus, Arzt 129
- Paolo, Bildhauer 43
Stoß, Veit, Bildhauer 39, 41f., 55, 93-96, 183
Strigel, Bernhardin, Maler 274
Süleyman, Sultan 271

Tannstetter, Georg (Collimitius), Mathematiker 274
Teltsch, Ulrich Kříž v., Schreiber 208
Thúróczy, János, Chronist 158f.
Thyme, Johann, Adliger 131
Tomicki, Piotr, Bf. v. Posen 124
Topolski, Jerzy 90
Toynbee, Arnold Joseph 35
Truchsess, Adelsfamilie 130
- Kunz 128, 131

Ulenhart, Niclaus, Novellist 232
Urban VIII. (Maffeo Barberini), Papst 110

Vadianus, Joachim, Humanist 274
Valečovský, Vaněk, Unterkämmerer, Literat 209
Vasari, Giorgio, Maler 173
Vavřinec (Laurentius) v. Březová, Chronist 209
Veleslavín, Buchdrucker 222
Velius, Caspar Ursinus, Humanist 275
Vergerio, Pietro Paolo, Humanist 176
Verrocchio, Andrea del, Künstler 40
Versor, Johannes, Philosoph 207
Vischer, Peter, Künstler 39, 41, 94, 96
Visconti, Filippo, Hz. v. Mailand 48

Personenregister

Vitéz, Johannes, Ebf. v. Gran 48, 164
Vries, Künstlerfamilie
- Adriaen de, Bronzegießer 44
- Hans Vredeman de, Maler 39, 100, 105

Wacker v. Wackenfels, Johann Matthias, Kammerrat 230
Wallerstein, Immanuel 36f.
Wapowski, Bernhard, Humanist 119
Warnke, Martin 175
Watt, Paul v., Bf. v. Samland 129
Watzenrode, Lucas, Bf. v. Ermland 120
Weiblingen, Ordensbrüder
- Adrian v. 131
- Faustin v. 131
- Leo v. 131
Weihner, Barthel, Maler 260
Wenzel IV., dt. Kg., Kg. v. Böhmen 52, 185f., 188f., 194
Werbőczy, Jurist 158f.
Werthern, Dietrich v., Schriftsteller 129
Wieczwiński, Johann, Starost v. Bratian 131
Wladislaw I. Łokietek (Ellenlang), Kg. v. Polen 76
Wladislaw II. Jagiello, Kg. v. Polen 52, 118-120, 122-124
Wladislaw II., Kg. v. Böhmen (=Wladislaw IV.) u. Ungarn 49, 51-55, 58f., 101, 151, 185, 188, 191f., 198f., 201, 213, 216, 225, 234, 251f., 258, 266
Wladislaw IV. Wasa, Kg. v. Polen 80, 86, 140
Wolmut, Bonifaz, Architekt 43
Wusterwitz, Engelbert, Chronist 15

Zedler, Johann Heinrich, Verleger 16, 26
Želivský, Jan, Prediger 186
Zehmen (Cema), Achatius v., Unterkämmerer 131
Žídek, Pavel, Enzyklopädist 209
Zimm, Alfred 11
Zwingli, Huldrych, Reformator 274

Tafelteil

Abb. 1 Bakóczkapelle am Dom in Gran, 1506-1507

Abb. 2 Benedikt Ried: Nordfassade des Wladislawsaales auf der Prager Burg, 1493-1502

Abb. 3 Innenansicht des Wladislawsaales

Abb. 4 Egidius Sadeler: Kunstmarkt im Wladislawsaal. Kupferstich, 1607 (Detail)

Abb. 5 Königliches Lustschloß (Belvedere) auf der Prager Burg, 1538-1561

Abb. 6 Schloß Stern bei Prag, 1555-1556

Abb. 7 Stuckrelief im Zentralraum des Erdgeschosses von Schloß Stern, 1556-1560

Abb. 8 Jakob Hoefnagel (?): Panorama der Stadt Krakau von Süden. Kupferstich, vor 1600

Abb. 9 Franciscus Florentinus und Bartholomeo Berecci: Innenhof des Wawel-Schlosses in Krakau, 1507-1536

Abb. 10 Bartholomeo Berecci: Sigismundkapelle am Waweldom in Krakau (rechts), 1519-1533

Abb. 11 Sigismundkapelle, Grabmal Sigismunds I. und Sigismunds II. August

Abb. 12 Sigismundkapelle, Innenansicht

Abb. 13 Tuchhalle auf dem Marktplatz in Krakau, 1556-1560

Abb. 14 Hans Vischer: Grabplatte des Burggrafen Severinus Boner in der Marienkirche in Krakau, 1538

Abb. 15 Peter Vischer d.Ä./Veit Stoß: Epitaph des Callimachus in der Dominikanerkirche in Krakau, 1496/1500

Abb. 16 Veit Stoß: Hochaltar der Marienkirche in Krakau, 1477-1489

Abb. 17 Matteo Castello: Das königliche Schloß in Warschau, Westfassade, 1613-1619

Abb. 18 Hauptportal des königlichen Schlosses

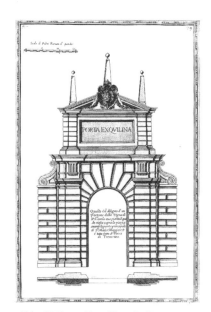

Abb. 19 Porta Esquilina in Rom. Kupferstich

Abb. 20 Blick aus der Piwna-Straße auf das Eckürmchen des königlichen Schlosses

Abb. 21 Dirck de Quade van Ravesteyn: Ruhender weiblicher Akt ("Schlafende Venus"), um 1608. Wien, Kunsthistorisches Museum

Abb. 22 Christoph Gaertner: Venus und Satyr. North Carolina Museum of Art

Abb. 23 Josef Heintz: Diana und Aktäon, um 1590/95. Wien, Kunsthistorisches Museum

Abb. 24 Anton Möller (zugeschrieben): Allegorie des Hochmuts, um 1600.
(Aus der Bilderfolge "Modell der Welt und der Danziger Gesellschaft").
Poznań, Muzeum Narodowe

Abb. 25 Hans Vredeman de Vries: Allegorie der Beständigkeit, 1594-1595.
Rechtstädtisches Rathaus in Danzig

Abb. 26 Anton Möller (zugeschrieben): Trauung nach lutherischem Ritus, um 1610. Pfarrkirche in Praust bei Danzig

Abb. 27 Isaak van der Blocke: Apotheose der Stadt Danzig, 1606-1608.
Rechtstädtisches Rathaus in Danzig